浙江数智金融的创新与探索

2018—2020年
浙江省金融科技优秀案例汇编

郭心刚　汪　炜　主编

ZHEJIANG UNIVERSITY PRESS
浙江大学出版社
·杭州·

发展数字经济是我国把握新一轮科技革命和产业变革新机遇的战略选择。习近平总书记高度重视数字经济相关产业发展，多次强调要不断做强做优做大我国数字经济。浙江省更是把发展数字经济作为"一号工程"，2022年7月13日，省委书记袁家军在全省数字经济高质量发展大会上指出：数字经济是后工业化的新经济形态，是一场影响广泛深远的新经济革命。《浙江省数字经济发展"十四五"规划》提出：到2025年，数字经济发展水平稳居全国前列、达到世界先进水平，全省数字经济增加值占GDP比重达到60%左右，高水平建设国家数字经济创新发展试验区。

数智金融是数字经济的重要领域，在数字经济发展中发挥着前置性、基础性作用。袁家军书记在2021年浙江省金融工作座谈会上强调，要构建数智化区域金融运行体系，搭建富有浙江特色的数智金融平台，提升服务实体经济能力、服务百姓普惠金融能力、金融产业高质量发展能力、金融风险防控处置能力。要以数字化的思维、方法和手段促进金融理念创新、制度创新、模式创新，实现金融质量变革、效率变革、动力变革，构建金融服务多跨场景，打造数智金融先行省。

浙江是我国金融科技先发地和数智金融引领区。从20世纪90年代以恒生电子为代表的第一批金融IT企业成立，到21世纪以蚂蚁集团为代表的新一代金融科技企业崛起，浙江的金融科技和数智金融一直走在全国前列，甚至产生了一批全球领先的金融科技创新服务产品和业务模式。特别是，近年来随着金融科技和数字经济变革的不断深化，浙江的各类持牌金融机构积极参与到数智金融创新与探索中，数智金融的业务和场景在更多领域、更大范围迅速铺开，开始从早期的移动支付、小微借贷渗透到数字普惠金融、财富管理、在线保险、供应链金融、智能投顾等各个金融业务领域；大数据、云计算、人工智能、区块链、隐私计算、信息安全等新兴金融科技也开始大量运用到数智金融服务的各类多跨场景中，产生了一大批具有较高创新和推广价值的优秀案例。

基于上述背景，在浙江省地方金融监管局的指导下，浙江省金融业发展促进会和浙江省金融研究院从2018年起开始在全省范围内开展年度金融科技优秀案例的评审认定活动，邀请省地方金融局、人民银行杭州中心支行、浙江银保监局、浙江证监局、浙江大学等行业监管、学术科研机构专家和业内专家，对各机构申报项目开展多轮专业化的评审，每年评选10个左右金融科技方面的优秀案例。为了进一步总结和宣传我省数智金融领域的成功经验和创新做法，更好地发挥优秀案例的示范引领作用，我们把2018—2020年三年中评选的优秀案例汇集出版，希望在更大范围内宣传推广浙江数智金融的探索和创新成果，为我省数智金融先行省工作做出贡献。

浙江省金融业发展促进会会长　郭心刚

浙江省金融研究院院长　汪　炜

目 录

2020 年

2018 年

浙商银行区块链应用——应收款链平台

实施单位：浙商银行股份有限公司

浙商银行于2017年8月推出基于区块链技术的应收款链平台，实现"区块链+供应链金融"的拓荒式创新，充分利用了区块链的去中心、防篡改、防抵赖特性，借助这一技术保障的刚性信任能力，实现了应收款的签发、承兑、保兑、支付、转让、质押、兑付等功能，使得核心企业资信能够可靠、可信地随着应收款在区块链上同步流转，实现了应收款在供应链上下游的流通，有效盘活了企业的应收账款，解决了传统模式下中小企业融资难、融资贵的问题。在此基础上，浙商银行还持续"做长、做宽、做深"产品，进一步推出了仓单通、订单通、分期通等产品，构成供应链金融服务产品的完整拼图。在国务院对金融机构服务民营企业、引导企业稳妥"降杠杆"的大环境以及银行转型升级的大背景下，该平台是浙商银行不断在金融科技领域进行探索和实践的又一成果，是国内商业银行将区块链应用于应收款融资领域的首创。自上线以来，应收款链平台受到了企业的广泛好评，短短一年落地项目达1111个、平台用户超4600户。

一、项目背景及意义

长期以来，企业融资难、融资贵的问题就是社会关注的焦点，银行作为企业融资的主要渠道，肩负着调节社会资源配置、支持企业健康发展的重任。浙江省是全国中型及小微企业最为活跃的地区，通过业务模式创新、产品创新、服务创新解决企业融资难题更是浙商银行作为省内主要金融机构的重大责任。

（一）项目背景

企业供应链的资金流中，现金只是一小部分，绝大多数采用"赊账"进行结算，大量应收款躺在账上难以流动，因此供应链企业盘活应收账款的金融需求客观存在且巨大。国家统计局公布的数据显示，2017年末全国规模以上工业企业应收账款余额达到13.48万亿元，比前一年增长8.5%。据此推算，全国各类企业"沉淀"的应收账款大大超过20万亿元，其中有超过三分之一的上市公司的应收账款或应付账款余额大于5亿元。而金融机构和保理公司的商业保理业务量仅为5000亿元，这意味着盘活的应收账款占比不足4%，处于弱势地位的中小企业面临着融资难、融资贵的困境。国务院高度重视这一问题，国务院办公厅出台《关于积极推进供应链创新与应用的指导意见》，"鼓励商业银行、供应链核心企业等建立供应链金融服务平台，为供应链上下游中小微企业提供高效便捷的融资渠道"。

应收账款保理、质押等传统供应链融资方式，操作手续复杂，融资成本较高，道德风险也难以防范，这是传统供应链金融服务不能适应业务发展的根本原因。而浙商银行从 2015 年开始研究区块链技术应用，并且敏锐地察觉到这一技术与供应链金融的高度契合性，于 2017 年 8 月率先推出基于区块链技术开发建设的应收款链平台，利用区块链高可信、可追溯、不可篡改、防抵赖的技术特性，实现了应收账款的可信、可靠流动，浙商银行也因此成为业内首家将区块链技术应用于应收账款场景的商业银行。

（二）项目意义

结合本省经济形势和银行"平台化"战略，浙商银行打造的应收款链平台提供了帮助供应链核心企业及上下游企业盘活应收款、降低融资成本、解决融资难问题的金融服务，充分体现了浙商银行徐仁艳行长常说的"把复杂留给自己、把方便留给客户"的服务理念。

对浙商银行来说，应收款链平台也是撬动优质客户资源、培育基础客群、提升行业竞争力的重要利器。通过该平台可批量扩展核心企业和广泛的中小企业资源，组织吸收相关企业的结算性存款，且该业务模式属于轻资产经营，以增加中间业务收入为主要目标，有助于转变以往依靠息差收入为主的传统运营模式。

从全社会来看，企业融资难、融资贵的问题长期以来就是社会关注的焦点，应收款链平台更可以切实帮助企业实现平稳"降杠杆"，解决广大民营中小企业的融资难题，助力全社会激活企业发展活力。

经过一年的运行，应收款链平台已成为国内少数将区块链技术真正投入供应链金融实际业务并已产生可观的经济和社会效益的区块链创新成果，在服务实体经济、助力小微企业方面取得了实实在在的有益成效。

二、项目内容

（一）让供应链金融上下游"通起来"

近年来随着市场经济的高速发展，以核心企业为轴心、辐射众多中小企业的供应链金融发展迅猛，市场规模巨大，然而出于风险控制难、操作烦琐、效率低、成本高等原因，供应链金融业务仅在汽车领域等少量行业得到广泛应用，众多领域的中小企业难以享受到供应链金融的利好。面对供应量金融这片市场蓝海，浙商银行决定另辟蹊径，以金融科技和商业模式创新为依托，切实推动应收账款盘活问题的解决。

应收款链平台以"互联网+实体企业+金融服务"为导向，创新区块链技术应用，把企业应收账款转化为电子支付结算和融资工具——区块链应收款，为企业客户提供应收款签发、承兑、保兑、支付、转让、质押、兑付等功能。举例来说，付款企业在平台上向供应商签发区块链应收款，银行进行保兑，供应商收到区块链应收款后，可以对外支付和转让变现，或申请质押融资，方便企业融资。企业使用区块链应收款对外进行支付结算，可以减少现金流出；或者通过应收款链平台向供应商签发应收款，方便供应商融资，则可要求适当延长账期，延后现金流出。同时，企业可用临时性资金买入、持有自己签发承兑的应收款，随时可以卖出，获得持有期间的贴现收入和利差，增加收益。企业通过减少账面应收账款的方式对外进行支付结算，可以减少新的负债形成，达到降低负债率、降杠杆的目的。（参见图1）

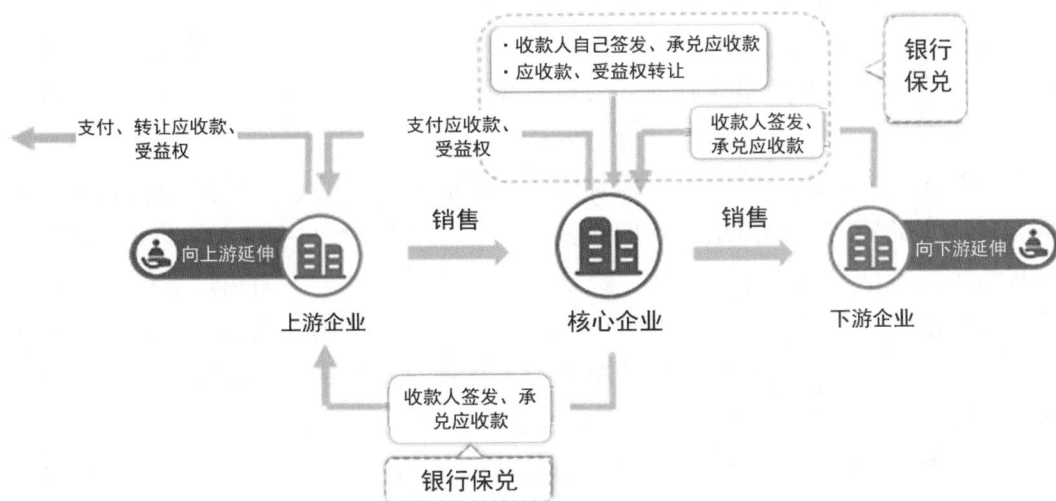

图1　应收款链平台业务示意

在这个依托供应链构筑的商圈内，核心企业就像微信群主建群一样，通过应收款链平台，把上下游的中小企业拉进商圈。核心企业利用自身商业信用签发区块链应收款，进行支付结算；中小企业利用收到的区块链应收款变现或融资，基于核心大企业的商业信用，"背靠大树好乘凉"，议价能力更强、资金成本更低，从而有效缓解中小企业融资难、融资贵问题。

浙商银行应收款链平台可以提供单一企业、产业联盟、区域联盟等多种合作模式，助力企业构建供应链金融商圈。单一企业商圈，由集团企业发起建立、成员企业和供应链上下游企业共同参与，在商圈内办理应收账款的签发、支付、融资等业务，并可以转让至圈外机构，增强流动性。产业联盟商圈，由核心企业发起建立、产业链上下游企业和联盟成员共同参与，从下游客户签发应收账款开始，在物流中无缝嵌入资金流，减少联盟成员外部融资和资金沉淀。区域联盟商圈，由区域内龙头企业发起、其他加盟企业参与，延伸到各加盟企业的供应链上下游客户，根据真实交易和商业信用签发应收账款，在联盟内进行转让、融资等。

依托应收款链平台构建供应链金融商圈，可充分挖掘集团企业及上下游优质企业的商业信用价值，上下游企业可依托核心企业或银行信用盘活应收账款，减少资金占压，从而缓解融资难、融资贵问题，营造良好的供应链生态圈。

（二）企业的应收款链平台应用案例

长久以来，应收账款规模高企制约了企业的周转和发展。而在浙商银行的应收款链平台上，下游买方企业可签发、承兑应收账款，将账面的应收账款转变为安全、高效的支付结算工具，盘活应收账款，减少对外负债；上游企业收到应收账款后，既可直接用于支付，也可拿来转让或质押融资。

案例一：延长账期、深化合作黏性——美特斯邦威

美特斯邦威是一家拥有数百家供应商、年营收近 70 亿元的大服饰品牌，每逢节假日，都是服饰类产品销售旺季，大量货品要提前铺进。对于美特斯邦威来说，与上游供应商大量的资金往来都须合理安排并结算核清，这是一项非常重要但繁复的工作。对此，浙商银行帮助美特斯邦威搭建应收款链平台，美特斯邦威基于与上游供应商之间的真实采购需求，在应收款链平台上签发承兑区块链应收款，并在浙商银行给予的授信额度内申请保兑，灵活支付给上游企业。上游供应商收到美特斯邦威的区块链应收款后，可继续向上游支付，也可以转让给浙商银行变现或入池质押融资，大大降低了上游小微企业的融资成本。而对于美特斯邦威而言，应收款链平台帮助其延长了账期，增强了与供应商的合作黏性。

美特斯邦威应收款链平台于 2017 年 11 月 21 日成功开通，首批参与的供应商多为与美特斯邦威合作多年的优质供应商，分布在山东、江苏等各地。截至 2018 年 10 月末，美特斯邦威应收款链平台注册用户数 92 个，应收款累计签发 301 笔，共计 71454 万元，转让给浙商银行余额为 57042 万元。

案例二：找准痛点，量体裁衣——浙江名瑞机械

浙江名瑞机械（下面简称"名瑞"）是智能制造设备提供商，这几年销售增长很快，此前与其他银行开展过全额保证金设备按揭业务，但线下操作手续复杂，且资金占用压力较大。浙商银行温州分行在与名瑞交流的过程中了解到，名瑞经销商较多，2018 年约有 250 家，销售网络遍布全国各地，下游经销商中既有个人客户，也有公司客户。名瑞的痛点是，如何解决下游客户中普遍存在的融资难、融资贵的问题，提升经销商管理效率，提高市场占有率。

浙商银行为名瑞量体裁衣，以名瑞作为应收款链平台主办单位搭建分期通业务平台，负责成员准入、额度分配、利率设置等平台管理工作；下游客户通过注册成为平台用户，名瑞根据每家客户规模和合作关系等因素，对每个成员核定分期额度及期限。通过名瑞签发分期通应收款、付款人承兑的模式，已经准入的下游客户可在平台内用分期通应收款购买名瑞包装机并分期还款，一方面缓解了下游客户融资难、融资贵的问题，另一方面利用应收款链平台自动短信提示、每期还款自动扣账的功能亮点，减轻企业管理250余户下游客户应收账款的工作量，提高了名瑞的销售额和市场占有率。浙商银行量体裁衣的贴心服务也获得了名瑞的好评，实现了企银合作的双赢。

案例三：帮助中小企业实现快速回款——武汉市市政建设集团

武汉市市政建设集团（下面简称"市政集团"）是一家国有大型建筑施工企业，其上游原材料经销商多为小微企业、民营企业。借助浙商银行的供应链金融创新，在依托区块链技术建设的应收款链平台上，市政集团的应付账款可以改造成"区块链应收款"，灵活支付给上游企业，帮助上游企业获得融资。而且全程线上操作，高效便捷，一改过去保理手续烦琐、耗费时间和人力成本的缺点。

市政集团作为核心企业，2018年已签发区块链应收款金额近8000万元，帮助上游企业第一时间收到工程款，大大缓解了上游中小企业的资金压力，有效降低了企业资金成本。

（三）基于应收款链平台实现"三通"融无限

应收款链业务的成功大大激发了浙商银行深入企业流动性服务和供应链金融的信念和决心。为进一步帮助企业激活存量资产，浙商银行基于应收款链平台创新开发了区块链订单通、仓单通和分期通等兄弟产品，满足不同场景下企业定制化的需求，实现"三通"融无限。

先从仓单通说起。2018年10月18日，在第二届世界油商大会上，浙商银行与浙江石油化工交易中心、中化兴中石油转运（舟山）有限公司联手打造的全国首个油品交易区块链仓单通平台正式上线。仓单通平台是浙商银行运用区块链技术开发的，集仓单签发、转让、质押、融资、交易、清算、提单等功能于一体的综合性在线业务平台，包括快捷仓单签发、便利仓单转让、特色质押融资以及高效提单取货等四大基本功能，能为大宗商品交易提供进出口融资和内外贸综合联动的系统性服务方案。

存货人可通过仓单通平台将仓储货物的提货单转化为区块链电子仓单，既可分拆转让，又可在线质押给银行获得融资。仓单持有人可凭区块链电子仓单提取货物，实现线上挂牌交易、线下实物交割同步进行，减少了传统模式的交易环节，提升了业务的安全性、合规性和时效性。

2018年9月末，浙商银行首笔系统对接仓单通业务——珠海港仓单通平台落地运行，实现了仓单通平台与企业仓储物流系统的对接。浙商银行徐仁艳行长对仓单通的解读是："仓单通业务基于区块链技术的独立性、无因性等特征开发，为不易变质的大宗商品、季节性商品提供了高效安全的质押融资、交易流通服务，也有利于核心企业形成稳定的销售体系和客群，对大宗商品的供应链金融提升具有重要价值。"

基于这样的理念，浙商银行不仅在供应链上随时提供流动性支持，同时扮演着信用中介，帮助企业缓解一次性付款压力，减少应收款占压和外部融资，这都有利于核心企业形成稳定的销售体系和客户群体。订单通业务也是如此，银行与核心企业、经销商或终端客户三方签订协议，经销商根据与核心企业签订的、真实有效的批量采购合同和订单，通过应收款链平台向核心企业签发应收款，进行批量订购、分批打款提货；银行负责资金监管、打款提货通知、履约见证等服务。早在2018年9月末，该行就为天津的平行进口车代理公司天津久车悦搭建了卖方订单通应收款链平台，其下游经销商签发了首笔40万元订单通应收款，用于采购车辆，帮客户提前获得融资。

订单通、仓单通都是帮助企业提前获得融资的创新业务模式，而分期通则在还款方式上花了心思。分期通的核心思想是，供应链核心企业依据与上下游企业、终端消费者的真实贸易需求，用分期还款的方式签发区块链应收款，根据约定期限及利率，分期兑付应收款。基于此，大家熟悉的买车、买设备等消费分期、采购分期，都可以通过应收款链平台实现。而浙商银行帮助企业搭建技术平台，在需要时提供流动性支持，满足平台流动性管理与运营管理要求。

三、项目的技术路径

应收款链平台是将区块链技术应用于应收款场景，通过区块链多中心、可追溯、不可篡改等特性，提供可信、可靠的权属转移记载，实现核心企业及其上下游企业之间的应收款流通，将本不易流通的应收款转变为安全、高效的支付手段和融资工具。同时，由于区块链技术尚在商用化早期，必须对区块链应用的关键技术问题进行适应性改造，如国密算法支持、数据访问隔离、客户平权关系等，使得这一技术能够适应金融行业的应用场景，并且满足监管的基本要求。基于区块链技术，具有核心企业资信的应收款能够在供应链上下游被拆分、流转，交易双方均可清晰追溯该笔应收款的全部签发、流转信息，具有完全可靠的特性，既能够被用于直接支付，又因其高资信而能被上游中小企业用于融资，帮助企业解决融资难、融资贵的问题。

（一）系统架构

应收款链平台包括易企银平台、区块链平台等应用系统。其中，区块链平台实现区块链基本支持功能，包括密钥管理、交易管理、合约管理、账本管理等，并提供可视化界面对节点、交易、区块信息进行监控。应收款链平台，基于区块链底层实现应收款全流程管理：平台面向易企银等应用系统提供各类服务接口，实现应收账款全生命周期管理，包括签发、承兑、保兑、转让、贴现、提示付款、质押等交

易。（参见图2）

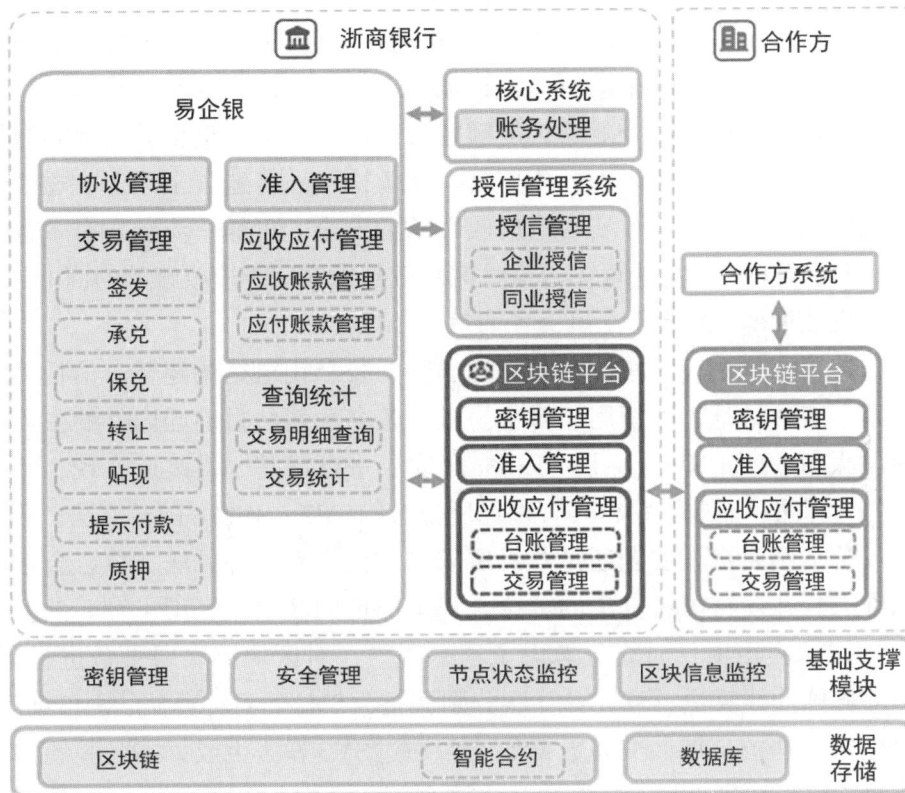

图2 应收款链平台系统架构

应收款链平台支持银行、非银机构等通过应用程序接口接入平台，可从直接应用APP服务、接入平台接口、接入区块链底层接口三个层面参与。

（二）技术平台

应收款链平台基于国内自主知识产权的趣链区块链平台进行开发。采用高鲁棒性共识算法——针对现有PBFT算法进行了改进——可以将系统延时控制在0.3秒之内，并且支持每秒10000笔以上的交易吞吐量；采取CA准入机制，通过CA认证授权，实现联盟链的准入机制，对节点进行分级权限控制；基于第三代区块链技术，引入HyperVM智能合约，既保持了以太坊虚拟机的沙盒安全模型，又在执行性能方面有可以逼近二进制原生代码的效率；实行多级加密机制，采用ECDSA（椭圆曲线数字签名算法）对交易签名、ECDH密钥协商，基于加法同态加密与可链接环签名技术的分级加密技术，保证系统的信息安全与隐私；在最底层的存储层面，在底层区块链数据结构部分使用开源的高性能存储机制LevelDB。

（三）关键技术特点

1. 利用区块链技术实现资产的可信存证和流转

区块链具有去（多）中心、高可信、可追溯、不可篡改等技术特性。浙商银行充分利用区块链在权属转移中的可信存证能力，以区块链作为价值传输和可信的信息传输基础平台，使得核心企业资信能够随着应收款在区块链上同步流转，链上机构实现了实时同步、权责清晰、互相监督、高效协作，打造了全线上、透明化和监管可量化的区块链业务体系，实现了应收账款的安全、可靠、流动，有效盘活了应收账款，浙商银行也因此成为业内首家将区块链技术应用于应收账款的商业银行。

2. 对区块链技术进行大量金融业务的适应性改造

（1）支持国密算法。区块链中非对称加密的公私钥对是构建整个信任体系的基石：公钥用于表达地址，私钥用于对交易进行签名。然而目前国内外的主流区块链通常均为以太坊、IBM HyperLedger Fabric 等底层平台或基于其改造实现，使用的是 RSA 和 ECC 等算法，而非国家密码管理局所公布的 SM2、SM3 等国密算法。因此，这些区块链无论从国家金融安全还是监管要求等方面来看，都无法在核心金融领域进行应用，唯有打造支持国密算法的、符合我国国情的区块链底层平台。浙商银行在实施区块链技术应用项目时充分考虑了这一因素，对区块链底层平台进行了改造，将原有 ECC 椭圆曲线算法、SHA-2 算法分别调整为 SM2 非对称算法、SM3 杂凑算法，实现了对国密算法的支持，交易数据的哈希通过 SM3 算法生成，签名验签涉及的公私钥对通过 SM2 算法实现，支持客户从中国金额认证中心等可靠第三方 CA 机构发布的国密证书。

（2）确保数据隔离。区块链的特点是各节点均可获得全部数据，因此产生一个核心问题：如何保证客户、金融机构只能查询自身数据，从而避免个人信息泄露和机构之间争夺客户资源，同时保证监管机构能够获取所有数据。在应用层面，浙商银行通过智能合约进行约束，通过虚拟机确保智能合约的执行环境被完全隔离，运行在虚拟机内部的代码不能接触到网络、文件系统或者其他进程。在查询时验证查询方签名，确保客户只能查询自己的资产、交易记录，确保金融机构只能查询与自身相关的客户对应的交易记录；监管机构可获得特别权限，允许其访问区块链中所有客户及金融机构的交易数据，但控制不允许发起任何操作。在数据存储层面，持久化的数据以特定编码方式进行存储，而非明文存储，任何试图从持久层导出数据的尝试都只能够获得乱码而无法识别。通过以上两种方式，提供了数据隔离的基本能力，确保参与各方不能利用区块链节点存储有全部数据的特性以不当的方式获得他行数据。

（3）对平权机制的适应性改造。区块链技术的核心理念即是去中心、去信任，可在没有第三方权威中心的情况下以技术和平台提供参与者的互信。银行同业之间通过联盟链构建信任，而银行客户仍然信任银行，从而形成银行机构间的平权。在此基础上，浙商银行进一步考虑了客户与银行机构之间的平权关系，使得银行与银行之间、客户与银行之间都通过区块链技术来实现相互信任。为此，浙商银行应收款链平台采用了二级数字签名机制，即客户指令的安全性、抗抵赖性由网银USB Key来保证和实现，而区块链平台本身实现对参与机构发起指令的软验签。在此机制下，浙商银行所应用的联盟链针对的是金融机构之间形成的区块链，而非最终客户之间形成的区块链，有效实现了客户平权和账户安全的平衡。

3. 利用云计算技术支持弹性扩展

应收款链平台直接部署于浙商银行云平台之上，利用云计算高可用、高可靠的弹性可扩展能力，应收款链平台提供了强大的并发处理能力，能够支持业务的快速扩展和新功能的快速迭代。

4. 网上银行级别的安全体系

根据业务特点设计了专门的安全体系，采用SSL加密技术、输入控件技术、二维码验证等措施，保障数据传输和客户敏感信息的机密性和完整性；采用USB Key、短信认证等作为身份鉴别和交易认证手段，并根据不同用户设置不同的用户权限管控，达到网上银行的安全级别要求。

5. 稳定高效的系统效能

平台具有高吞吐量和低系统延迟的特点，交易吞吐量大于每秒10000笔，系统延迟小于300毫秒。在底层区块链数据结构部分，使用开源的高性能存储机制LevelDB。LevelDB性能非常突出，其随机写性能达到每秒40万条记录，而随机读性能达到每秒6万条记录。在趣链区块链的应用场景中，LevelDB在确保数据可靠存储的前提下，实现了对数据的高效查询和维护。

四、项目的创新成果

（一）首家将区块链技术应用于应收账款的商业银行，实现"区块链+供应链金融"的拓荒式创新

利用区块链技术去（多）中心化、可追溯、不可篡改等特性，浙商银行提供技术支持，搭建应收款交易的核心企业及其上下游企业可通过应收款链平台签发、承兑应收款，将账面的应收账款转变为安全、高效的支付结算工具，盘活应收账款，减少对外负债。截至2018年末已申请6项相关专利。

（二）激活应收款流动性，缓解融资难、融资贵问题

围绕核心企业，银行机构为应收款流通提供信用支持；上游企业收到应收款后，可在平台上直接支付用于商品采购，也可以转让或质押应收款盘活资金，方便对外支付和融资。这样一来，便有效盘活了企业应收账款，并带动产业链整体"去杠杆、降成本"，优化财务报表，加快资金周转，增强竞争力。尤其是纳入中小微企业范畴的上下游，依托核心企业或银行信用盘活应收账款，可大大减少中小企业的资金占压，降低融资成本，从而缓解融资难、融资贵问题。

（三）帮助企业构建供应链金融生态

应收款链平台可以提供单一企业、产业联盟、区域联盟等多种合作模式，帮助企业构建围绕核心企业的供应链金融生态。依托应收款链平台，可充分挖掘集团企业及上下游优质企业的商业信用价值，上下游企业可依托核心企业或银行信用盘活应收账款，减少资金占压，降低融资成本，营造良好的供应链生态圈。

（四）强化耦合多项先进金融科技，采用云平台支持弹性扩展和快速迭代

应收款链平台建设之初便直接部署在浙商银行云平台之上，云平台基于浙商银行软件服务化和硬件虚拟化的技术，提供了强大的计算和存储能力，支持业务的快速扩展和新功能的快速迭代，有助于应收款链平台业务以及衍生兄弟业务的快速迭代升级。同时，云平台与大数据平台相结合，为基于企业业务数据分析开展风险管理和精准营销打下了良好的技术力量基础。

五、项目的经济效益

运行近一年来，应收款链平台取得良好的经济效益：一方面，应收款链平台的创新基于核心客户对上下游客户的信息不对称，并采取与物权、资金流对应的风险控制措施，有效缓解了信息不对称导致的融资难；另一方面，解决了融资贵问题，平台的最大亮点在于"变"中小客户的间接融资为直接融资，有效降低了资金成本。截至 2018 年 10 月末，应收款链平台落地项目达 1111 个，平台用户超 4600 户，平台累计签发 902 亿元，签发余额 825 亿元。

（一）企业角度

一是盘活应收账款，应收款链平台将核心企业及供应链上下游账面沉淀的应收款，改造成为支付结算、融资工具，可以随时对外支付或融资。二是优化现金流出，使用区块链应收款对外进行支付结算，减少现金流出；或者将应付款通过应收款链平台向供应商签发应收款，可要求适当延长账期，延后现金流出的节点。三是增加财务收入，企业可用临时性资金买入自己签发承兑的应收款，随时可以卖出，增加持有期间的贴现收入和利差，增加收益。四是降低负债率，企业通过减少账面应收款的方式对外进行支付结算，可以减少新的负债形成，达到降低负债率、去杠杆的目的。

（二）银行角度

应收款链平台上线一年以来已成为浙商银行撬动优质客户资源、提升行业竞争力的利器。一是打造了差异化的竞争优势，深化了与企业集团及其上下游企业的合

作，依托核心企业批量拓展供应商客户，培育基础客群，带动其他银行业务增长。二是实现轻资产经营，有利于改善资产结构，增强流动性，以增加中间业务收入为主要目标，转变以往依靠息差收入为主的传统运营模式，通过更加专业的服务提升浙商银行市场竞争力和经营能力。三是通过该平台批量扩展客户，撬动优质核心企业和广泛的中小企业资源，通过应收款链平台吸收保证金，有助于组织吸收相关企业的结算性存款。

六、项目的社会效益

在我国经济结构调整的关键之年，本轮去杠杆周期的关键时刻，如何把防范化解金融风险和服务实体经济更好结合起来，同时降低实体经济的融资成本，成为当前金融机构的"发力点"。

"现在民营企业太难了。如果易行长给我批准一个银行，我一定拯救那些企业于血泊之中，一个一个地救。"这是2018年9月初某上市公司董事长向央行行长易纲吐苦水时说的话。一句"玩笑话"引发哄堂大笑，笑声背后道出了诸多实体企业家的心声。融资难、融资贵等流动性问题，长期困扰着诸多实体企业。全国工商联调研数据显示，2017年，融资成本因素居于各项影响企业发展的成本因素之首，是企业最主要的成本负担。作为国家经济资源的重要配置机构，银行有责任实实在在地创新，为企业的烦恼支招。

作为全国性股份制商业银行的浙商银行，创新推出池化融资平台、应收款链平台和易企银平台这三大流动性服务平台，通过嵌入企业生产经营的方方面面，提高效率，减少传统融资，逐步将企业财务成本、杠杆降下来。李克强总理在2017年《政府工作报告》中提出要积极稳妥去杠杆，多措并举降成本，要在控制总杠杆率的前提下，把降低企业杠杆率作为重中之重，促进企业盘活存量资产。作为贸易中最常见的赊账，应收账款一直是困扰着企业的难题之一，诸多实体企业因在贸易过程中采用赊销的形式，产生了大量应收账款。一旦下游企业回款周期延长，这些应收账款便只能"趴"在账上，影响到企业的资金周转速度和经营现金流。作为区块链技术的创新应用，应收款链平台将企业应收账款转化为电子支付结算和融资工具，盘活了应收账款，加快了资金周转，减少了企业的对外负债，降低了融资成本，更好地服务了实体经济和实体企业。

七、项目的社会评价

自2017年8月投入市场以来，应收款链平台荣获了浙江金融科技十大案例、环球金融Stars of China 2017等众多奖项，受到百余家知名媒体的采访、报道或者转载，获得了社会高度的认可。

特别令浙商银行感到鼓舞和振奋的是多家应收款链平台客户对该产品表达出了高度的认可：美特斯邦威财务负责人夸奖道："采用区块链应收款工具的好处是能将负债到期时间做更合理的安排，同时，这项创新技术能帮助我们根据资金预测计划，提前安排资金。"江苏环亚董事长张惊涛十分认可该商业模式的多赢优势："跟浙商银行应收款链平台的合作，我们跟供应商之间是联合关系，跟银行是共赢关系。对于环亚来说，增强了与供应商的合作黏性。"同时，江苏环亚的上游供应商之一——常州强龙富安建材有限公司，其董事长路建卫站在上下游企业角度高度评价了应收款链平台，"平常货款到年底30%~40%还收不回来。过去账期3个月，如果是给一张6个月的银行承兑汇票，实际上账期有9个月；小企业在银行贷款，利率在10%以上，固定资产不多，有时还需要求助民间借贷融资"，而依托江苏环亚在浙商银行常州分行的授信，通过应收款链平台，"环亚给我们的应收款是带息签发的，在浙商银行融资成本比过去低约50%~60%；环亚帮我们提前把货款收回来，只需要两天贷款就到账了。我们后面可以去滚动投入使用，时间缩短，效率大大提高，心里特别踏实"。

纵观浙商银行对公产品的迭代过程，都是"从客户中来"的生动演绎。基于多年的企业流动性服务深耕经验和公司业务口碑积累，浙商银行推出了企业流动性管理利器"三大平台"——池化融资平台、易企银平台和应收款链平台，成功将碎片化的客户智慧和需求集成为常态化的创新机制，打造了对客户用心、贴心、定制化的一站式综合金融服务平台。应收款链平台是国内商业区块链技术在应收款业务中的首次应用，短短一年间便受到了企业和社会的广泛认可，这不仅得益于"区块链+供应链金融"的服务模式创新，同时也得益于长期以来浙商银行专注"企业流动性服务"的实践经验积累和市场口碑效应。

未来，浙商银行将延续"从客户中来"的产品理念，在坚持监管合规的原则前提下，继续以应收款链平台的成功经验为蓝本，敢为人先，率先探索和实践金融科技，深化业务与技术的融合创新，在产品、模式、服务上不断提升，进一步服务客户，承担社会责任，发挥一家总部位于杭州的全国性股份制商业银行服务全国和浙江省实体经济的光热力量。

（项目负责人：徐仁艳）

蚂蚁风险大脑智能监管科技系统

实施单位：蚂蚁金服大安全－风险大脑团队

我国金融业经过多年改革与发展，在银行、证券、保险等传统金融监管方面已进入正轨，但在如何有效监管好地方"7+4+n"新型类金融机构方面，还有待进一步完善。2018年年初至8月中旬全国各地500余家P2P平台惊现"爆雷潮"再次说明，我国地方监管机构的防范风险工作任重道远。

近一年来，蚂蚁金服与全国多省、市金融监管部门合作，在助力地方金融监管科技能力建设上取得有益进展。2018年，北京、天津、河北、广州、重庆、西安、贵阳和温州等10个省、市金融监管部门已与蚂蚁金服携手，利用"蚂蚁风险大脑"加强监管科技能力方面的建设及提升。其中，部分城市还与蚂蚁金服共建了"金融科技创新实验室"，开展更多深入的合作。

一、项目背景及意义

（一）项目背景

习近平总书记在党的十九大会议上强调"健全金融监管体系，守住不发生系统性金融风险的底线"。中央经济工作会议也提出了今后三年要重点打好"防范化解重大风险"等三大攻坚战，首要就是要防控金融风险。

中共中央、国务院《关于服务实体经济防控金融风险深化金融改革的若干意见》（中发〔2017〕23号）明确提出，要完善中央与地方金融监管职责分工，赋予地方政府对小额贷款公司等七类地方金融组织和辖区内投资公司等四类机构履行监管职责，并且要加强金融监管问责。同时还指出，发挥互联网和大数据等技术在金融机构业务流程改造、金融产品创新、内部风险控制以及企业增信和金融监管中的作用。完善各领域监管信息系统，建立金融监管信息共享交换平台。健全风险监测预警和早期干预机制，加强对金融机构和金融活动的全流程、全链条动态监测预警，及时有效识别重大风险隐患，对苗头性、倾向性、趋势性问题早发现、早预防、早整治。

地方金融机构和类金融机构的快速发展以及非法集资态势的日益严峻，给地方金融监管的理念、手段、能力带来严峻挑战。现行的监管手段相对金融科技发展滞后，在一定程度上影响了金融监管的效率和水平。为应对新的监管需求，扩大风险监测范围与准确度，需要运用信息化技术手段，通过数据采集互通、大数据处理、机器学习、科学建模等方法建立专业、有效的地方金融综合监管平台。一方面，建立适应金融改革开放的实时数据监测体系，覆盖全部金融机构和金融市场的创新业务，实现全部金融机构的业务数据上报，建立各类金融机构的业务监管体系。另一方面，加强对非法金融活动的监控，实现对内外部数据的整合建模，建立对企业的动态监测体系。最终实现"监测预警—处置反馈—督办问责—持续监测"的完整监管闭环，对金融风险实现穿透式、无缝隙、多维度监测防控，达到对金融风险"及早发现、及时预警、有效处置"的目的，助力地方金融监管和科技创新，以及对金融风险的系统性防范。

（二）项目建设的意义

维护金融稳定和可持续发展，是国家和地方经济领域的重要工作，对经济健康发展至关重要。当前，地方金融监管范围不断扩大，受监管机构的业务种类繁多，金融领域风险呈现出隐蔽性、突发性、扩散快、危害性等特点，需要监管机构谨慎管理和监控。因此，地方金融管理局作为地方金融监管部门，亟须建设一整套以大数据、人工智能等先进技术支撑的地方金融风险预警防控系统。通过对民间金融组织进行全面的跟踪分析和风险防范，对地方企业进行信用风险评级及风险监测预警，积极探索以大数据、人工智能为创新监管手段的新途径，切实提高防范潜在风险的能力，保障地方金融体系安全、稳健、高效运行，增强企业服务能力。

二、项目内容

过去这10多年，因为对安全的重视，蚂蚁金服已经累积了丰富的经验和技术。从2017年开始，蚂蚁金服决定对外开放，监管科技是蚂蚁金服发力的一个重点。如今，蚂蚁金服已经与国内多个省、市的金融局、金融办建立合作，而这个金融安全的防护网仍在不断完善。

蚂蚁风险大脑是蚂蚁金服结合自身10多年的风险攻防经验，利用人工智能、云计算、区块链等领先科技手段，以人工智能为核心，形成的一个类似于人类大脑行为的风险防控体系。以技术驱动的智能风控规避了传统风控基于人工经验的盲区，让风控不再需要通过人工识别黑产的作弊类型，减少人工干预，最终达到自动防御的理想状态。

蚂蚁风险大脑过去是服务于蚂蚁金服内部，基于蚂蚁金服丰富的金融场景，形成的账户保护、资金安全，以及集资、赌博、欺诈等全类型的风险防控。在10多年的金融风控过程中，蚂蚁风险大脑具备了一整套金融风控的经验，包括风险识别的能力，风险预警、决策的能力，风险处置的能力。一整套的解决方案构建了一个风险防控的闭环，一套全方位、立体化的风控体系，支撑蚂蚁金服10多年来整个业务的良好发展。

（一）地方金融监管的痛点

现有监管手段难以及时识别、防范和化解互联网环境下的部分新型金融风险。2017年下半年，国家明确"7+4+n"类金融机构由地方金融监管部门履行监管职责。部分地方金融监管形势面临"风险难防"的局面。例如，2018年以来，各地共数百家金融平台出现资金链断裂、创始人跑路、集资诈骗等问题。现实中，大量"7+4+n"类金融机构产品类别多而复杂、线上线下开展业务，在金融风险方面具有隐蔽性强、涉众性广、风险积聚快等特点，这导致地方金融监管机构使用现有的监管手段难以趁早、趁小发现部分新型风险。

进一步看，造成"风险难防"的原因是新型类金融机构难以被有效监管。近年，我国金融业蓬勃发展，在传统金融业之外，各地"7+4+n"新型类金融机构的数量呈现"激增"局面。各省市的类金融机构数量（剔除银行、保险、证券等传统机构，下同）少则上千家，多则数万家。例如，在工商登记系统内，天津市的类金融机构数量为1万家以上，北京市的类金融机构数量超过6万家，江苏省超过3万家。尽管地方监管机构定期、动态收集各家企业资本和业务等数据，但监管部门有限的人手和常规监管模式难以有效动态管理数量众多、业务复杂的新型类金融机构。

再进一步看，造成"风险难防、机构难管"的深层次原因是监管科技落后于金融业态发展。新型类金融机构普遍互联网化发展，人工智能、大数据分析等金融科技已被较广泛使用。而与此同时，我国不少地方还处于传统线下监管阶段；部分城市虽已初步建设了在线监管平台，但仍存在数据割裂、分析能力不足、系统维护升级跟不上等问题。

（二）蚂蚁金服提供监管科技服务的具体做法

1. 开发蚂蚁风险大脑助力地方监管提升监管科技能力，实现智能化"管机构"

2017年7月至今，蚂蚁金服基于自身全球领先的金融风控能力和经验，在充分与多地金融监管机构进行需求共创的基础上，开发了监管科技产品蚂蚁风险大脑的1.0和2.0版本。该系统于2018年末已初步接入全国各省市数十万家"7+4+n"类金融机构，具备了"管机构"的基础条件。

蚂蚁风险大脑为新型类金融机构实时从多个维度进行智能分析。该系统基于监管合规要求，设计了小额贷、融资担保、P2P网络借贷、私募股权基金、投资公司、地方交易所等10多种新型类金融机构的风险评估体系。各体系内的每家类金融机构都将从工商合规、企业股权、产品经营、舆情分析、负面涉诉等多个维度接受蚂蚁风险大脑的智能化"体检"——风险分析和评估。例如，蚂蚁风险大脑可实现全天24小时对社交平台、媒体、垂直网站等全网信息渠道进行风险舆情探测；实时对工商司法行业等多个公开公示信息源进行整合，构建机构画像及其关联图谱，对机构风险进行深度挖掘。最终，蚂蚁风险大脑实现对每家被监管类金融机构的金融风险、业务风险和合规风险的判断评价，并成为监管部门"管机构"的抓手和参考内容。

蚂蚁风险大脑的核心能力在于支付宝和蚂蚁金服十几年来在保护用户资金、账户、交易安全以及识别非法金融活动中积累的智能风控技术，其相关模型和算法集中反映了蚂蚁金服对金融风险的理解判断能力，对风险大数据的分析解读能力。蚂蚁金服已协助多个地方政府金融监管部门建立地方金融风险监管平台，把传统监管升级为智能化、科技化的实时监管。

2. 利用蚂蚁风险大脑提前识别、预警金融风险，帮助监管部门"打早""打小"，促进金融科技行业健康发展

在利用监管科技能力"管机构"基础上，蚂蚁风险大脑可初步解决"防风险"难题。由于拥有对新型类金融机构实时风险的评价能力，蚂蚁风险大脑至少可以在三方面助力地方金融监管部门防范和化解金融风险：一是可以帮助地方监管部门实现对金融风险的早发现、早预警和早处置；二是可以穿透式识别类金融机构风险，为监管机构采取降杠杆措施提供宏观和微观依据；三是可以协助监管部门处置金融案件，实时建立案件追踪闭环，实现案件线索溯源和团伙挖掘。

举例来说，2018年上半年某地金融监管部门为验证蚂蚁风险大脑的风险识别能力，向蚂蚁金服提供了几十家企业的名单，试验排查高风险企业。而在此之前，金融监管部门已通过传统手段排查，发现其中8家为需要重点监测的高风险机构。最终，蚂蚁风险大脑不仅准确识别该8家高风险机构，还通过其中一家机构摸查出另两家注册在异地的关联企业高度符合"非法集资"模型。

蚂蚁风险大脑的另一个作用是"促发展"。首先，"防风险"和"管机构"本身就是促进金融业健康发展的重要保障。其次，蚂蚁金服与多个省份和城市的金融监管部门共同成立"金融科技创新实验室"，助力监管部门利用监管科技能力为类金融机构提供创新支持等服务。例如，蚂蚁金服与某省共同探索利用区块链技术建设地方金融监管系统，监管机构未来将作为区块链节点成员，基于智能合约实时执行监管规则。

（三）蚂蚁金服提供监管科技服务的意义

1. 创新防范和化解金融风险的科技监管手段，改变我国监管科技落后于金融科技发展的局面

多地金融监管部门负责人在与蚂蚁金服洽谈引进蚂蚁风险大脑时提到，金融科技和监管科技就像是"矛"和"盾"的关系，双方不能此长彼短；然而，目前的形势是监管科技发展要比金融科技相对滞后一些。为解决监管科技落后的问题，2017年5月，央行在成立金融科技委员会时指出，今后将强化监管科技的应用实践，积极利用大数据、人工智能、云计算等技术丰富金融监管手段，提升跨行业、跨市场交叉性金融风险的甄别、防范和化解能力。显然，当前我国多省市地方金融监管部门

和蚂蚁金服共同推进的监管科技实践，有利于改变监管科技的落后局面。

2.驱劣扶优并净化行业，长期有利于我国金融科技行业健康发展

2016年和2018年两波P2P平台的"爆雷潮"，在社会上形成互联网金融"不靠谱"的广泛认知。事实上，"爆雷潮"是"伪""劣"和风险防控能力差的互联网金融企业造成的，并不能代表该行业的主流。中国、美国、印度等均有不少基于互联网的金融科技企业健康发展，其利用数字普惠金融模式服务了数十亿人。未来，随着地方金融科技监管能力的完备，新型类金融机构领域将更好地实现驱劣扶优和行业净化，这将利于金融科技行业的长期健康发展。

3.间接为投资者创造更安全、健康的金融投资环境

大量居民冒着较大风险参与P2P平台理财，在一定程度上说明我国居民理财需求旺盛。但在目前状况下，一些不安全的、"伪"的、"劣"的互联网金融机构打着金融创新的旗号，让不少投资者遭遇欺诈或不正常损失。地方科技监管能力的加强，将在很大程度上改变局面，通过净化投资环境起到保护投资者的作用。

三、项目的技术路径

蚂蚁风险大脑智能监管科技系统整体架构大体分为三层：基础设施层、平台服务层和应用层。基础设施层主要负责提供IT基础设施和安全保障；平台服务层负责提供上层应用所需要的基础服务，以方便上层应用的快速开发；应用层直接提供业务所需要的各种功能。

（一）基础设施层

基础设施层是整个平台的底盘，提供所有的硬件和基础IT软件。硬件部分包括机房、机架、电源、网络设备、服务器、存储设备、线缆等。

软件部分包括容器、运维管理软件、资源监控软件、负载均衡管理软件、安全管控等。容器提供了轻量级的资源隔离方案，运维管理软件允许IT管理人员对资源进行管理维护。资源监控软件可以实时掌握分布式集群中每台机器的资源使用情况，根据资源利用率进行扩容或缩容。安全管控负责整个基础平台的网络和信息安全，包括网络流量监控、主机入侵防御、安全审计和集中管控等。

（二）平台服务层

平台服务层为上层应用提供相关的数据和系统服务，包括大数据存储计算平台、ETL数据集成平台、数据分析平台、机器学习平台、决策引擎、搜索引擎、中间件、日志监控、权限管理服务等。

大数据存储计算平台：为平台工具和业务应用提供基础海量存储和分布式计算能力，包含数据的处理、非结构化数据（图片等）的处理和批量计算等功能。

ETL数据集成平台：对收集到的原始数据进行验证、清洗和转换后存储到大数

据平台和关系数据库供机器学习平台、决策引擎和上层应用使用。

数据分析平台：通过可视化的方式分析数据、制作报表，进行多维度风险分析，使大数据快速产生价值、快速作用于业务应用；同时基于人工智能进行技术和业务指标的自动拆解、业务指标异动的自动发现、业务趋势的预测等。

机器学习平台：通过简明直观的界面配置完成复杂的机器学习、大数据建模等工作，平台内建金融风控领域的常用人工智能算法，支持模型的快速部署，降低人工智能技术应用于风险防控业务的门槛，提高算法应用效率。

决策引擎：通过配置规则的方式，结合清洗出来的特征数据和人工智能模型对金融风险进行识别决策。

搜索引擎：提供基于文本的模糊搜索服务。

中间件：中间件为上层应用的开发提供了完整的开发框架，包括模块化开发、标准的日志打印、配置管理、依赖管理和编译打包等功能。同时提供动态配置管理、消息服务、会话保持、定时任务管理等基础服务。

日志监控：通过日志监控可以了解业务和系统的运行情况，包括日志搜集、可视化展示、异常报警等功能。

权限管理：支持用户注册、登录、功能和数据权限授权与验权、会话保持等功能。

（三）应用层

应用层提供面向最终用户的各种业务应用系统。这些业务应用系统构建在平台服务层和基础服务层之上，专注于业务逻辑的实现。

蚂蚁风险大脑结合地方金融风险预警防控工作的实际情况，按照统筹规划、分步实施、逐步完善的原则，贯彻整体设计、急用先建、急用先行、讲求实效的方针，分别完成基础设施建设、业务系统开发建设、标准规范制定、数据资源加工建设等各方面，为构建完善的地方金融风险预警防控系统奠定了扎实的基础。

四、项目的创新成果

蚂蚁金服集团从2004年支付宝业务创建以来，一直是金融科技的开拓者和领先者，极其注重金融风险防范和金融生态环境维护。10多年来，蚂蚁金服一直致力于运用自身业务经验、数据沉淀和科技能力，与金融监管、公检法司等单位开展了各类金融违法活动的识别、防范与打击的合作。

迄今为止，蚂蚁金服为超过6亿的实名认证用户提供了包含支付、理财、信贷、保险等方面的金融服务，为700多万家小微企业和个体创业者提供了信用贷款服务。在自身的业务实践中，蚂蚁金服依托阿里系生态圈所包含的海量数据，通过实时分析与机器学习，实现支付宝交易资损率不到百万分之一，远低于国际主要网络支付机构千分之二的平均资损率，居世界绝对领先水平。

蚂蚁金服专注核心的"BASIC"科技能力（B为区块链，A为人工智能，S为金融安全，I为物联网，C为云计算），能够充分支撑各类金融级业务和监管场景的技术需求。在多年的金融业务发展实践中，蚂蚁金服集团积淀了风控、基础技术、服务连接和信用等核心技术能力，首创了每秒百万级的分布式金融交易处理架构；自主研发了全球首个支持广域部署和强一致容灾能力的关系型数据库；智能风控能力可以将资金风险控制在百万分之一以内，与合作单位共同获得2016年国家科技进步奖二等奖。在区块链等新技术创新实践上，蚂蚁金服有着丰富经验，先后推出了商品安全溯源、雄安新区租房管理系统和城市积分，以及全球首个跨境电子钱包区块链汇款等创新服务。

蚂蚁金服汇聚了业内顶尖金融科技风险管理人才和数据算法科学家技术团队，专业技术人员在蚂蚁人才体系中占比已经超过40%。多年来，蚂蚁金服陆续有多位年轻科学家入选《麻省理工科技评论》（*MIT Technology Review*）"全球35位35岁以下科技创新青年"榜单，团队国际化、年轻化、专业化优势明显。通过自身业务的打磨，蚂蚁金服已经在金融业务、数据、算法、风险运营等不同领域，形成了多层次、立体化的技术人才梯队，不但能够高质高效地构建创新技术平台，还能有效保障技术平台长效运营。通过提升监管科技水平，加强数据的整合和处理能力，加强金融大数据的分析与应用能力，监管能力将得以有效提升，有助于维护正常的金融秩序，维护社会稳定和广大投资者的合法权益。

蚂蚁风险大脑是蚂蚁金服根据自身10多年的风险攻防经验，利用云计算、大数据、人工智能、区块链等领先科技手段，融合各地金融监管实践研发的智能监管科技系统，在防范风险的同时，让创新更好地促进普惠金融和新经济的发展。

五、项目的经济效益

开展金融改革，加强对地方金融机构的监测监管，实现对企业的信用风险评级及风险监测预警，能有效促进企业信贷投放，提升金融服务实体经济的能力，产生金融改革溢出效应，切实解决地方经济发展存在的突出问题。这不仅对地方社会经济健康发展至关重要，而且对全国的金融改革和经济发展也具有重要的探索意义。因此，地方金融风险预警防控平台建设具有一般项目建设无法比拟的经济效益。

蚂蚁风险大脑能够协助各地监管部门对类金融机构进行多维度的风险排查，实现涉众风险、经营风险、合规风险等全领域动态扫描。通过知识图谱挖掘，让监管部门拥有"透视眼"，及时发现关联机构间的潜在风险，从根源处识别出疑似的金融欺诈团伙，并且还可以帮助监管部门构建地区及行业整体风险指数，快速识别地区及行业的风险"水位"，掌握宏观金融风险趋势变化。

六、项目的社会效益

近几年，部分中小企业出现资金链断裂现象，对社会稳定造成了一定影响。为更好地做好金融风险防范，蚂蚁风险大脑还探索性地引入最新的区块链技术，与风险大脑结合，将地方金融监管机构、监管科技平台和相关企业的行为"上链"，记录在同一个账本上，不可篡改，更有助于信息的准确和透明，多方同时在线并形成协同机制，对风险进行准实时识别和穿透式监管。

随着金融科技的不断发展，监管科技将成为全行业关注的话题。如今，整个中国已经在往数字经济方向转型升级，怎么运用数据更好地构建一个全数字化的监管平台，是一个亟待研究的重要课题。蚂蚁金服相信从被动到主动的监管过程在未来几年是一个重点突破的方向。有了数字化监管的模式之后，接下来便是发展。现在金融监管更多是防控风险，但未来更多是从监管的职能往发展的职能转型升级。蚂蚁金服希望构建一个金融创新跟风险防控平衡发展的模式，在风险可控的范围内助力金融创新，用金融创新更好地服务实体经济，服务消费经济。最后，未来整个金融防范的风险识别，包括追踪的流程全部线上化之后，提供的将是一个更加可信的金融环境。

七、项目的社会评价

蚂蚁金服从2004年（当时还叫支付宝）提供担保业务起，便希望通过新的、平等的、先进的技术，让普罗大众的生活变得更美好，让生产经营变得更高效。基于这个理念，蚂蚁金服明确了发展的三个方向——普惠、科技、全球化，而风险控制对于蚂蚁金服来讲是长期坚持的一条生命线。

如今，蚂蚁金服提供的这种安全保障在业界是最高的，资损率低至百万分之一，之后应该还能够再降一个数量级。蚂蚁金服在安全领域能取得这样的成绩，背后的原因是整个两千多人的安全团队做了各种各样的研发和模型。

蚂蚁金服已经累积了丰富的经验和技术，并持续地对社会开放，而金融监管将是蚂蚁金服技术能力开放的重点之一。蚂蚁风险大脑已经为全国多地金融监管部门提供金融风险防控的技术能力支撑。未来，这张金融安全的防护网将不断完善，且会不断向其他政务民生领域扩散。

无论是信息报送和反馈价值的建立，还是共同上链的探索，蚂蚁风险大脑的目的都在于共享共建，让科技成为地方监管部门的助力，帮助各个城市提升本地化的风险防范能力，更好地保障民众的财产安全。未来，蚂蚁金服希望把自身更多的风控技术、风险大脑的能力开放出来，跟各地监管部门一起共创一个更加平等可信的金融环境，更好地防控风险。在防范系统性金融风险的攻坚战中，蚂蚁金服责无旁贷。我们相信，未来，科技将成为金融监管与金融创新平衡发展的原动力。

（项目负责人：王黎强）

杭州银行智慧银行

实施单位：杭州银行股份有限公司

杭州银行大力推进智慧银行建设，通过技术引领来推动营业网点智能化转型。该项目以柜面分流和柜面自助化为理念，运用新技术、数据分析和统一管理等手段给客户提供便捷的自助业务操作及产品推介，最终实现营销、服务的智能化，为客户提供了全新的体验。据悉，自智慧银行项目推进以来，柜面业务在自助设备上的分流率大幅提高，2018年10月的柜面业务分流率达85.77%；共压缩了241个柜口，从柜台中释放了372名柜员，客户的等候时间和业务办理时间下降显著，新设机构的营业大厅面积也有所减少，基本达到了减员增效、提升服务质量的目标。该项目还荣获中国信息化最佳实践奖，入选浙江金融科技十大案例，取得软件著作权一项，实现了经济效益和社会效益的双丰收。

一、项目背景及意义

（一）项目背景

近年来，随着社会的飞速发展，老百姓对于金融服务的需求已经不仅仅局限于传统的存贷款业务，还涉及各类创新的投资理财方式、银行卡服务、支付宝卡通、网上银行、微信网厅等新产品。银行的服务也从线下走向了线上，既有传统渠道的营业网点作为客户服务的主阵地，也有网上银行、微信银行等新阵地等待开拓。根据行业的实际情况和杭州银行的现实背景，有不少业务必须请客户走进营业大厅办理。出于种种历史遗留原因，杭州银行承担了大量诸如发放社会养老金的社会责任工作，这部分工作业务量繁多，社会影响大，难免会给其他客户的日常交易带来一定的影响。在业务高峰时期，网点人流量大、客户等待时间长、各种新业务层出不穷，业务办理的效率不高，给营业网点的日常运营带来了挑战。

（二）项目意义

杭州银行通过智慧银行的技术开发来引领并推动营业网点的智能化转型。以柜面分流和柜面自助化为理念，通过优化服务流程，为客户提供全新体验。依托各类智能设备、数字媒体和人机交互技术，高效配置资源和优化流程。以客户为中心，用科技创新理念塑造新服务、新运营的业务模式，体现自助、智能、智慧的特色。

通过探索网点功能区域分布的标准化、自助化，引导客户自助办理业务，减少客户在营业厅的等待时间，从而有效分流柜面业务。通过对自助机具上业务办理的流程和功能优化，将更多的柜面业务向自助迁移，提升运营服务效率、缩短业务处理时间，也可以让柜面人员逐渐走向厅堂，为客户提供面对面的服务，同时借此提升整体服务效率。大厅员工以面对面的服务方式，结合大数据分析平台应用，智能分析各类现金与非现金设备运维管理数据、交易分析数据等功能，以及大数据客户画像标签和产品推荐算法，在客户使用自助机具时后者自动识别客户，为客户推荐最合适的金融产品，通过了解客户的需求，最终实现精准营销。

二、项目内容

杭州银行智慧银行主要分非现金类设备平台、现金类设备跨平台、智能数据分析平台、互动类设备管理平台等模块，不同模块互相独立却又关系紧密。

（一）非现金类设备平台的特点

与杭州银行现有的其他系统关系紧密。与银行后台系统（核心、管理、支付、理财、基金、信贷、外汇、代理业务、二维码、影像平台、客户关系管理系统等）深度连接，按需调用相关信息。

跨平台兼容不同厂家的不同种类产品。智慧银行内的自助交易机、智能发卡机、回单打印机，普通网点的老发卡机、老交易机，网点外的外拓销售机，都具备接入该平台的条件，并且兼容了证通、长城、东信银星等多个品牌多种不同型号的设备，无须按不同品牌分立多个管理平台，提升了管理效率。

平台功能强大，可以通过后台配置实现不同机具机型的功能叠加与修改，大大加快了开发进度，避免了重复开发。

设备运维状态集中管控，实时监控各设备部件状态、日志、数据报表、故障自动报警等，在同一平台上实现了设备运维状态的统一实时监控、自动报警功能，方便运维人员监控与排除故障。

对于传统ATM机无法接纳的存折业务提出了解决方案，通过预约取款等功能与现金类设备进行互动连接。

与PAD等移动外设互通信息，对于新开卡、转账汇款等敏感交易实时传送审核信息到审核员的PAD上，与移动设备联动，便于审核员实时审核。

与数据平台对接，实现了客户识别，结合大数据客户画像标签和产品推荐算法，给每个客户赋予了个性化的标签，因人而异智能推荐产品。

（二）现金类设备跨平台的特点

现金类设备跨平台是一套以ATM网络化管理为核心的自助设备监控管理系统，以提高对ATM事件监控、内容及软件分发、现金管理、客户关系管理等方面的能力，使得ATM自助设备监控管理系统成为ATM渠道的信息管理中心、监视与控制中心、经营决策中心。

支持不同厂商、不同应用的设备监控管理,功能上包括设备监控、日志管理、版本控制、无纸化功能、故障管理、报表子系统、冠字号管理子系统、系统管理子系统、交易监控等。

(三)智能数据分析平台的特点

智能数据分析平台基于对渠道沉淀的历史交易、故障运维、清机加钞等数据的自动采集、建模、分析和挖掘,提供设备效益分析、设备故障分析、网点服务质量评估、加钞设备智能筛选、加钞配额预测及线路规划等智能化功能。通过具有探索式行为识别(behavior indentity,简称BI)特征的智慧化多维分析工具,结合数据图表驾驶舱、地理信息系统(geographic information system,简称GIS)等直观、丰富的数据可视化展现形式,实现对现金自助渠道生产运维的全面洞察和决策支持。

(四)互动类设备管理平台的特点

互动类设备管理平台着力于银行的新形势发展需求,提供了现代的、自助化的服务平台。该管理平台可以统一对银行的资讯、产品信息等进行快速的精准投放,让客户更加方便、多样化、快捷地获取最新的资讯。

互动类设备管理平台支持引导台、互动桌面、电子银行展示屏、3D贵金属展示台、微信打印机等互动类设备的接入,对设备进行广告管理、实时状态管理,具备报表统计、故障率统计、远程运维等功能。同时能够对客户点击的内容进行数据的分析加工并形成报表,呈现客户对银行的关注情况,为精准营销提供决策上的支持。

三、项目的技术路径

(一)非现金类设备平台的优点

1.先进性

系统采用"瘦"客户端B/S架构,面向服务的架构设计,以服务为导向,服务的实现与提供相分离,系统构件模块松耦合,层次清晰,封装规范,在确保系统整体效能的情况下易于扩充、升级、维护。

系统支持私有云服务器架构、云服务器横向扩展、F5等负载均衡硬件,系统具备平台无关特性。

系统数据库支持PostgreSQL、DB2、MySQL、Sybase、Oracle、Informix等主流数据库,中间件支持WebLogic、WebSphere、JBoss、Tomcat等主流中间件。

在自助设备上部署C端跨平台软件,C端跨平台软件支持跨厂商平台、跨操作系统平台,消除了厂商、操作系统的差异,实现在不同厂商、不同操作系统下为用户提供统一的体验。

2. 稳定性

系统采用集群式服务器部署，当某一节点发生故障时不影响整个系统的稳定运行。

高并发访问处理机制，满足旺季业务高峰交易的需要，以服务器集群部署的模式，达到终端高并发访问的目的。

数据分类存储，适应日终批处理、瞬间浪涌业务、大量报表集中生成等特殊情况。系统采用灵活的数据存储机制，内存数据存储服务存放外设当前状态、应用下载状态、网络连接状态及用户操作信息等正在进行中的热数据，为状态的实时显示提供数据来源。DB 存放外设异常信息、应用安装状态、网络异常信息及设备配置信息等被高频取用的数据，通过它们对终端进行及时运维，保证系统响应迅速，不卡顿。将数据分区存储，减轻平台负担，利于交易稳定快速地进行，适应日终批处理、瞬间浪涌业务、大量报表集中生成等特殊情况。

3. 安全性

（1）安全恢复（备份恢复策略）

操作系统及数据库安全：操作系统和数据库依靠自身安全保证，强调具有 C2 级的安全特性 DAC 数据信息验证，保证每条数据信息不被篡改，重要数据双机备份，数据安全。

系统日志：建立三级日志体系，即在用户界面层、应用服务层和数据存储层分别设有日志机制。根据操作权限为日志设立多种级别，对于关键事件予以记录，为非法登录控制、事故追查等提供多种手段。

文件存储安全：重要文件加密存储，管理日常资料文件备份。

（2）安全防护（安全控制机制）

使用密钥管理系统来实现密钥的安全管理，它是卡应用系统的安全保证与应用基础，提供卡的密钥灌装、更新、文件初始化、交易记录验证，保证密钥的安全传输及应用，运用可靠精细的数字证书管理系统，使用以数字证书为核心的加密传输、数字签名等安全技术，确保传输时敏感数据的真实性、完整性、保密性。系统通过在后台对所有服务增加整套热备服务器，保证终端交易的平稳进行，确保万无一失；采用非对称算法实现前后端信息传输加密机制，采用符合银联标准的密码键盘硬加密机制进行后端和银行前置之间的数据通信，保障传输报文的绝对安全，防止外界攻击、中途窃取等情况的发生。

（3）安全检测（运行管理监控）

终端接入认证：对接入本系统的自助终端需要先进行注册、颁发证书，确定其合法身份。

数据传输安全：数据传输过程 3DES/SM4 进行报文内容加密，MAC 验证报文信息的完整性；文件传输采用加密传输以及完整性验证；移动设备采用电子签名、证书非对称加密方式保障安全。

（4）安全反应（故障处理手段）

从以下几方面实现全面风险防范和风险控制。

①事前

身份审核：一是通过联网核查、芯片信息与实时照片的比对，审核客户身份，核对一致则继续进入后续流程，核对不一致则终止业务流程；二是通过客户证件与客户本人的比对（面见审核），再次审核客户身份，核对一致则指纹授权后确认结束流程，核对不一致则取消审核，业务终止。身份审核方式支持大堂PAD审核以及集中审核，并根据不同的业务类型采取不同的风险控制模式，同时满足效率和风险控制的需求。

②事中

限额控制：转账或其他需要风控的交易金额超过5万元（可调整），需要进行客户身份审核，当日累计限额超过参数设置的终端限额，不能通过终端办理。

柜面办理：部分业务，当客户账户余额较大（可参数设置，如设置可通过终端办理密码重置的账户余额，当超过该余额时密码重置终端不能办理），为防控风险，可中止流程，提示客户到柜面办理。

交易三录：对易产生纠纷的交易（根据人民银行要求，一般指购买自有理财产品或代销产品），从客户点击业务菜单开始到交易结束进行全程录音、录像、录屏，并实时保存至后台，可随时通过管理系统调阅审查。

短信验证：部分业务采取向客户手机发送验证码，由客户完成在设备上录入验证码后继续办理。

③事后

电子档案：终端采取电子档案保管，客户自助办理，无须填写业务申请书和其他纸质凭证，全程采用电子化作业方式，业务受理、处理、人像等整个电子记录均纳入运营档案管理系统保管，业务凭证与照片信息通过无纸化实现有效对接和电子归档，实现档案电子化调阅与查询。

风险检查：网点营运主管和高级柜员根据重要空白凭证查库频率对本网点的终端的重要单证进行查库，并对终端业务的合规性进行自查。终端合规性检查纳入柜面检查工作内容。

4. 可维护性

系统监控子系统根据预设预警阈值采用多种途径进行预警，包括监控界面醒目提示、运维管理人员邮件、短信通知，并提供多种远程处理手段供运维管理人员使用以进行错误排查及简单快速处理，包括远程设备重启、外设模块诊断、界面截图、日志抓取等，并可持续跟踪记录硬件故障原因、维修进度和处理结果，为后续硬件故障统计分析及硬件厂商评分提供数据基础，保障系统维护。

非现金类设备平台技术参数详见表1。

表1　非现金类设备平台技术参数

分类	参数			性能指标
性能指标	系统并发处理能力			≥1500笔/秒
	系统交易转发时间			≤80毫秒
	认证响应时间			≤1秒
	单笔交易处理时间			≤3秒
	日终批量处理时间			≤1.5小时
	系统并发最大客户数			≥40000个
质量指标	数据库要求		交易成功率	≥99.9%
		全量备份	整体备份时间	≤1小时
			系统恢复时间（RTO）	≤1.5小时
			备份系统与系统之间更新时间（RPO）	≤24小时
		增量备份	系统备份时间	≤60秒
			系统恢复时间	≤0.5小时
			备份系统与系统之间更新时间	≤60秒
	应用程序要求		系统恢复时间	≤500毫秒
			备份系统与系统之间更新时间	0毫秒
	系统稳定运行后连续三个月内，账务差错率			≤0.001‰

（二）现金类设备跨平台的优点

1. 总中心化

考虑到银行数据大集中的趋势，以及现实网络的速度有了很大的提高，现金类设备跨平台采用了总中心模式，这样整个应用就可以集中部署，即服务器部署在总行，各分行、支行的管理人员和监控人员使用浏览器登录到系统。

2. B/S模式

彻底免去了客户端部署这一烦琐的工作，实现了客户端的零维护。客户只需打开浏览器，敲入URL地址即可登录系统，开始工作。B/S的缺点是一些特殊的功能由于受限于浏览器，不容易实现。经过充分考察，我们认为现在随着WEB技术的发展，ATM运营管理所需的客户端功能都是可以在浏览器中实现的，故而采用了B/S模式。

3. 平台化

本系统整体结构清晰，平台化原则明确。平台内部模块化程度高，系统总体分为网点建设管理、远程监视、远程管理、版本控制、故障处理、业务报表、系统管理、无纸化、冠字号、其他功能等几大模块，各模块功能清晰独立，模块之间耦合程度均较低。

同时在应用层内也是严格地进行了组件化设计，并将组件进行了分级处理，以便开发人员根据实际需要选用。比如在数据库访问方面采用Hibernate技术将所有数据库操作进行了全面封装，极大地提高了系统的开发速度。

4. 实用性

本系统设计贴近银行网点动态管理和自助设备实时监控的业务需求，并可以根据具体业务需求做便捷的客户化工作，使系统易于操作。信息内容全面多样，具有权威性，并有良好的视觉效果和可读性，能满足管理各个层面人员的查询需要，真正使得本系统成为自助设备的信息管理中心、监视控制中心及经营决策中心。

5. 模块化

系统模块化体现在硬件、操作系统、数据库这三大方面。整个现金类设备跨平台软件划分为数据库服务器、应用服务器、版本服务器、WEB服务器、通知服务器几大模块，这些模块功能上相互独立，既可以分开部署到不同的服务器上，也可以部署在同一台服务器上。开发使用了与平台无关的语言Java，所以它可以部署在Windows服务器上，也可以部署在UNIX服务器或Linux服务器上。数据库部分作为数据的集中存储地，也是相对独立的，可以根据情况使用DB2、Oracle、SQL Server、MySQL等，而软件无须做任何改动。

6. 可扩展化

充分考虑未来发展的客观需要，展望信息技术和知识经济飞速发展的时代特征，系统建设将遵循近期实施和远期发展相结合的原则，在功能设计上留有余地，保障今后的业务发展的需要。

应用是支持水平扩展的。在自助设备数量不多时，可以只使用一台服务器；随着自助设备数量的增加，一台服务器的硬件性能不够时，可以再增加服务器的数量，实行分布式部署，水平扩展，而不用去单纯提高单台服务器的硬件性能，进行垂直扩展，这样可以有效地控制项目成本。

7. 标准化

现金类设备跨平台的各个模块实现都使用了业界的标准技术。应用的开发使用了Java。Java经过多年的发展，已经是使用相当广泛的主流开发语言，它较好地兼顾了运行效率和开发效率，比较适合开发服务端软件。在客户端，遵循的是CEN/XFS标准，直接捕获由信号处理器发出的硬件状态信息，避免了通过ATMC（ATM control，终端设备控制系统）上报硬件状态信息而造成的信息不标准、不准确。WEB端的开发，使用了 JSP、JSTL、HTML 等标准，在 IE 控管台上，使用了 AJAX（异步 JavaScript 和 XML）来完成状态的实时刷新，无须安装任何附加插件，使用更方便。

现金类设备跨平台技术参数详见表2。

表2　现金类设备跨平台技术参数

分类	参数		性能指标
性能指标	系统并发处理能力		≥100笔/秒
	交易处理时间		≤300毫秒
	一般 WEB 请求响应时间		≤3秒
	历史数据查询、远程控制类请求及报表等 WEB 请求响应时间		≤12秒
	对外服务时间		7*24小时
	日终批量处理时间		≤0.5小时
	系统并发最大客户数		≥100个
质量指标	数据库要求	系统有效率	≥99.9%
		全量备份 整体备份时间	≤2.5小时
		全量备份 系统恢复时间	≤3小时
		全量备份 备份系统与系统之间更新时间	≤24小时
		增量备份 系统备份时间	≤2分钟
		增量备份 系统恢复时间	≤30分钟
		增量备份 备份系统与系统之间更新时间	≤2分钟

（三）智能数据分析平台的优点

智能数据分析平台基于 FusionInsight Hadoop 平台，具备 TB 级乃至 PB 级的海量数据分析挖掘和秒级响应的能力。从技术架构的角度自下而上分为数据存储层、数据计算层和数据应用层，提供从数据自动化采集、ETL、数据存储到分布式计算、OLAP 建模、实时 SQL 接口以及数据挖掘算法支持等一站式服务，支撑上层数据驾驶舱、多维分析、统计报表、GIS 分析、数据挖掘等各类数据分析型应用和业务场景的实现。该平台最突出的特点如下。

1. 智能（inteligence）

多数据源自动化采集和 ETL 处理；TB 级数据秒级响应能力；从交易、故障维护、运营收益和服务质量等方面实现对现金自助设备运维的深刻洞察。

2. 智慧（wisdom）

提供"所见即所得"的探索式 BI 分析工具；基于场景模型的机器学习，实现

"沙里淘金"。

3. 可视化（visualization）

形式多样的多主题图表数据驾驶舱；结合地理位置信息的GIS分析。

智能数据分析平台技术参数详见表3。

表3　智能数据分析平台技术参数

分类	参数			性能指标
性能指标	聚合查询响应时间			≤2秒
	明细查询响应时间			≤3秒
	认证响应时间			<1秒
	数据量级别			TB及以上
	系统并发最大客户数			200
质量指标	查询成功率			>99%
	全量ETL处理时间			<24小时
	增量ETL处理时间			<1小时
	全量建模处理时间			<3小时
	增量建模处理时间			<1小时
	统计数据更新频率			<24小时，部分数据15分钟一次
	数据库要求	全量备份	整体备份时间	≤1小时
			系统恢复时间	≤1.5小时
			备份系统与系统之间更新时间	≤24小时
		增量备份	整体备份时间	≤2分钟
			系统恢复时间	≤30分钟
			备份系统与系统之间更新时间	<1分钟
	应用程序要求	系统恢复时间		<3秒
		备份系统与系统之间更新时间		1秒

（四）互动类设备管理平台的优点

1. 安全、稳定

对于银行来说，信息的发布及展示不允许出现任何的差错，否则会造成严重的社会影响，所以该平台采用了多层审核制，对发布的内容可追溯，具有统一出处、分散管理、统一审核的特点。同时严格进行数据校验，对于校验失败的展示内容采用提示、搁置等功能，确保了展示的可靠性和设备的正常运行。

2.最大范围地整合银行的资源

银行的信息发布牵涉的部门多、内容广，互动类设备管理平台整合了银行现阶段各部门需要发布的信息，采用统一出处、分散管理、统一审核的方式。

互动类设备管理平台技术参数详见表4。

表4　互动类设备管理平台技术参数

分类	参数			性能指标
性能指标	系统并发处理能力			≥50笔/秒
	查询处理时间			≤300毫秒
	一般WEB请求响应时间			≤3秒
	信息维护、平台内容的发布时间			≤2分钟
	数据查询、远程控制类请求及报表等WEB请求响应时间			≤12秒
	对外服务时间			7×24小时
	系统并发最大客户数			≥100个
质量指标	系统有效率			≥99.9%
	数据库要求	全量备份	整体备份时间	≤2.5小时
			系统恢复时间	≤3小时
			备份系统与系统之间更新时间	≤24小时
		增量备份	系统备份时间	≤2分钟
			系统恢复时间	≤30分钟
			备份系统与系统之间更新时间	≤2分钟

四、项目的创新成果

杭州银行智慧银行推广成效明显，取得较好的社会和经济效益。通过各类智能机具应用，在实现柜面分流、拓展营销、优化流程、降本增效、改善服务、提升客户体验和网点形象等方面，取得了明显的成效。

在已建成的智慧银行旗舰店，我们通过对功能分区、客户动线、视觉风格进行重新设计，更有效地引导与分流客户；通过一体化设计，统一了营业厅家具与设备的风格，再辅以重新定制的机具系统用户界面与动画效果，构成了整体的视觉效果。厅堂环境美观，客户导引有效。(参见图1)

通过已经建成的智慧网点，我们改变了传统营业网点给客户留下的印象，缩短客户等待时间，为客户快速办理相关业务；通过面对面的服务，更好地与客户交流；通过互动体验使客户了解各种金融服务，满足客户金融需求。整体来讲，智能网点正在逐步迈向运用技术、管理等手段给客户提供便捷的自助业务操作及银行产品了解的服务方式，逐步实现营销、服务的智能化。（参见图2）

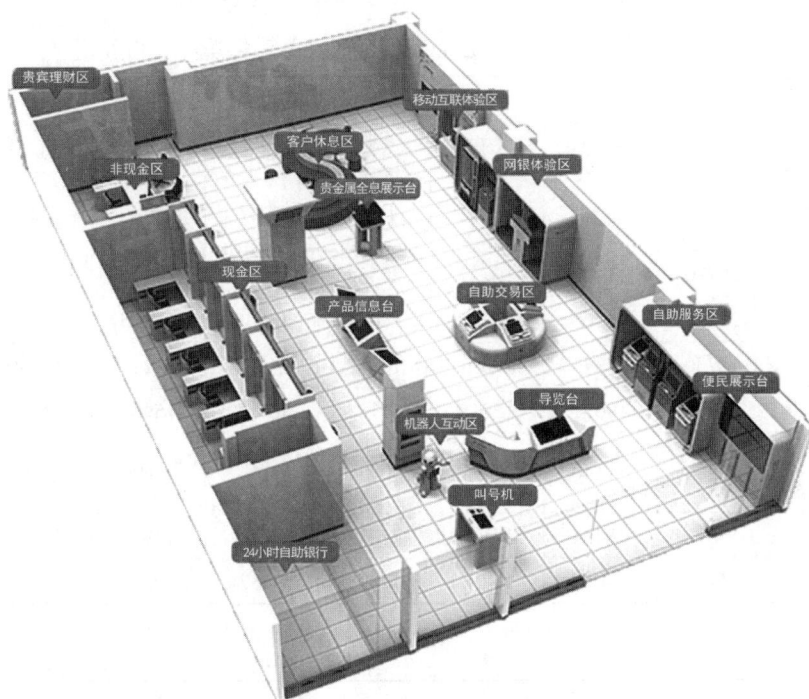

图1　智慧银行旗舰店设计图

杭州银行智慧银行方案获得同业高度认可，人民银行、消费者协会等监管部门领导先后指导调研，给予了高度评价；非现金类设备管理平台取得了《软件著作权证书》；智慧银行总行营业部旗舰店获得了"全国百佳网点"称号；杭州银行智慧银行方案参加了中国国际金融设备展，并于2018年4月参加第三届中国信息化融合发展创新大会，经第三方机构综合测评，杭州银行智慧银行项目获得"2018年度中国信息化（智慧银行）最佳实践奖"。

五、项目的经济效益

开拓智慧银行这一项目的初衷之一是让更多的柜面业务向自助迁移，以提升运营服务效率、缩短业务处理时间，同时引导柜面人员走出柜台，逐步走向厅堂，为客户提供面对面的服务，借此提升整体服务效率。

从营业机构的角度看，通过配合智慧银行项目的不断摸索，能够让柜员走出柜台，直接面向客户服务。表5是在2017年就率先开始试点智慧银行项目的试点支行柜员业务量情况，从表中可以看出，自从该支行开始试点半年以来，柜面"减负"效果明显：储蓄柜员A出于个人原因离职；储蓄柜员F成功转为大堂经理，走向了专职营销的岗位；日常还有一名柜员作为移动柜员，走出柜台直接为客户提供服务，提供业务咨询、操作指导、业务授权等服务，柜员数量净减少两名。主要业务柜面替代率逐步上升（见图3），达到了预期效果，基本符合设想。

表5　2017年5—12月某试点支行柜员业务量情况（单位：笔）

柜员	时间							
	5月	6月	7月	8月	9月	10月	11月	12月
柜员A（个人原因离职）	4067	5761	1841	1563	1227	1896	738	414
柜员B	15710	17402	16727	20532	15468	14720	19561	16367
柜员C	22986	18266	18365	18026	16049	14955	12705	15821
柜员D	18730	21345	19691	16987	16727	13217	16789	14810
柜员E	14904	19031	15718	17183	15509	15906	11537	13588
柜员F（转岗大堂经理）	16888	11140	7967	4519	5154	6518	6636	1160
柜员G	13892	18454	17186	17777	14807	14997	11544	13923
柜员H	21147	19067	16752	17818	9837	8658	9504	12146

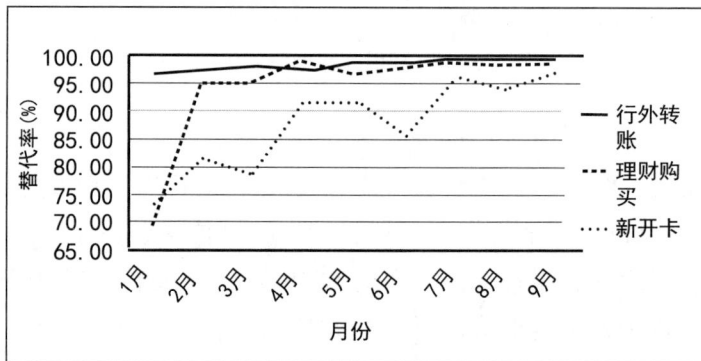

图3　2018年1—9月某试点支行主要业务柜面替代率情况

从全行角度看，2018年1—10月，全行非现金类设备总交易量3560万笔，是2016年同期的2.07倍。其中，跨行汇款业务量44.7万笔，分流率98.52%；理财购买66.4万笔，分流率99.91%。智能发卡机共自助新开IC卡30.6万张，分流率94.56%；2018年10月的柜面业务总分流率达85.77%；从2018年6月全行集中推广智慧银行项目开始，全行已压缩241个柜口，从柜台中释放了372名柜员，利用智能化运维管理平台的设备主动报障率达95%，机具开机可用率95.5%。大批柜员从柜台走向厅堂，走向直接面对客户的营销一线，基本达到了减员增效、提升服务质量的目标。

另外，由于客户在智能设备上办理业务的时间大大少于在柜台人工办理的时间，厅堂里排队等候的长龙缩短了。因此在租赁营业场地时，可以适度规划营业厅的大小和布局，统筹考虑办公区域和营业厅的大小，节约场地租赁费用。

六、项目的社会效益

在社会效益方面，智慧银行破解了长期以来银行排队长、办理慢的痛点，进一步提升业务办理效率，减少客户等候时间。作为承担杭州市养老金发放等社会责任的本地银行，智慧银行项目为广大客户，特别是中老年客户，减少了大量的排队等候时间，大大提升了客户体验，基本实现了常见业务自助办理，客户不排队、少排队的目标。同时，针对必须在柜台办理的业务，采取了调整客户动线，按需开启柜台的方式，平衡了客户和营销的需求。在业务办理时间方面，以新开卡及联动签约为例，在柜面办理需要至少 30 分钟，而智能设备办理只要 5 分钟；跨行汇款和理财购买在柜面办理需要至少 20 分钟，而智能设备办理分别只要 3 分钟和 5 分钟；20 万元现金存款在柜面办理需要至少 30 分钟，而智能设备办理只要 8 分钟。拱宸桥支行和秋涛支行是本项目的试点支行，地处老城区中心位置，业务量大，柜员每天加班到很晚，通过试点，支行柜员每天基本能够准时下班。拱宸桥支行的客户平均等候时间从 2 小时缩减到 20 分钟，秋涛支行的客户平均等候时间也缩减到 15 分钟。

杭州银行首创的大额现金机具，针对客群需求研发，深受客户和柜员欢迎，机构的装机需求强烈。一台大额存取款机可以替代本网点存折业务（存取款业务）的50%，最高一天业务量近500笔，大大减轻了柜面业务压力，受到柜员欢迎；该机具日均存取款交易额约103万元，使用效率二倍于同网点存取款一体机，单笔平均交易额是同网点存取款一体机的三倍。（参见表6）

表6　2018年1—9月某试点支行大额存取款机分流率汇总

	1月	2月	3月	4月	5月	6月	7月	8月	9月
柜面存折业务	3307	3404	3030	2152	1967	3453	2327	1854	3067
大额存取款机存折业务	1150	2735	2134	1891	2104	3095	3341	2918	4596
分流率	25.80%	44.55%	41.32%	46.77%	51.68%	47.27%	58.94%	61.15%	68.98%

智能数据分析平台通过对自助渠道现金库存、成本效益、网点服务质量等多方面的综合分析，为管理人员量化评估渠道运营状况、末位淘汰效益不佳设备、评级网点和实行相应奖惩机制提供数据支撑和决策支持。门户支持大屏交互式触控操作，采用卡片翻转效果，为客户呈现和揭示相关指标背面更多的价值信息，如现金库存

历史趋势、效益指数历史趋势、排名机构详情和从其他维度对交易分布的分析等。面向高级用户提供面向主题的数据探索式 BI 分析工具,支持钻取、切面、切片、转轴等分析操作,在多维度中展现与分析数据。本平台打通了多个业务子系统数据间的通道,在数据仓库体系下进行定期的挖掘和分析,用报表解释业务现状、发现问题、控制风险,从而满足各部门个性化、碎片化、实时的数据分析需求。

智能数据分析平台基于加钞运维场景,运用人工智能技术有效地解决了 ATM 金额预测、加钞自动分组和加钞路径优化等难题,提出了一套完备、智能的 ATM 加钞规划解决方案,提高 ATM 运营效率、集约化管理水平和服务质量,让加钞变得更加智慧。

七、项目的社会评价

智能网点的旗舰店杭州银行环北支行多次接待了上级领导和同业嘉宾的考察指导,受到了监管部门的肯定和同业专家的好评;智慧银行方案成功亮相中国国际金融设备展,在北京会展中心与广大业界专家进行了面对面的交流。2018 年,智慧银行项目获得中国信息协会颁发的"2018 年度中国信息化(智慧银行)最佳实践奖",项目组成员在颁奖大会上就智慧银行建设的相关经验作了主旨演讲,会同广大参会嘉宾就上述经验进行了分享。智慧银行项目近期不光荣获浙江金融科技十大案例,还取得软件著作权一项,得到了各界充分的肯定。

（项目负责人：徐浩）

浙江农信基于分布式技术的银行新型核心业务系统

实施单位：浙江省农村信用社联合社

随着互联网技术的迅猛发展以及全球经济的高涨，互联网金融促使金融机构发生了翻天覆地的变化。为积极应对新兴技术带来的机遇与挑战以及互联网金融业务快速创新的发展要求，浙江省农村信用社联合社（下面简称"浙江农信"）在"十三五"科技信息建设规划中，提出了以"金融＋互联网"为目标，主动引入以云计算、分布式、大数据等新技术进行的IT架构变阵，建立整合、共享、开放的银行新型核心业务系统（又称"网络核心平台"）对接互联网，满足浙江农信未来互联网业务快速发展的需要，重构网络时代浙江农信系统的核心竞争力。

浙江农信研究的网络核心平台基于分布式架构设计，为金融机构提供更合理、实用且极富互联网金融创新特色的IT总体架构，支持高并发、海量数据及分布式部署架构，实现了系统去IOE（不用IBM小型机、Oracle数据库、EMC存储设备）化，具有非常强大的产品支持能力和产品扩展能力。

网络核心平台的定位是为互联网B2C、B2B等各种商业形态提供客户、账户、支付、融资和资产管理等金融核心功能，提供开放式、交互式的金融交易平台，以及为面向互联网的网络银行、电子商城、微社区、同业合作平台、供应链金融平台等开放平台提供支撑。

一、项目背景及意义

在当下"互联网＋"时代，银行利率市场化，金融脱媒进程加快，金融监管日趋严格，使得普惠金融、绿色金融、科技金融成为经济发展的新方向。

同时，移动互联网、线上支付、电子商务等互联网金融，借助云计算、大数据、人工智能等创新信息技术迅猛发展，衍生出了新的金融市场生态环境，改变着社会消费习惯和商业模式，推动着银行向数字化转型，也促使着金融行业向移动化、社交化、多元化转变。

作为全省81家农信系统金融机构的省级管理机构，浙江农信在新金融生态格局下，面临着巨大挑战，亟须转型升级。一是传统集中式IT架构弊端逐渐显现，已无法满足IT系统面向海量客户提供高效全面的金融产品和服务的需求。二是跨界竞争日趋激烈，互联网金融对银行核心业务领域造成了极大冲击，影响银行收入来源、增加吸储难度、分流客户群体等。三是业务需求的变化使得银行的客户结构、盈利模式、服务方式等随之发生了变化，生态圈金融、场景金融等新模式带来了业务场景和业务设计的变化，新生代客户广泛使用电子货币和移动支付技术，金融消费习惯的改变使得金融服务更加注重方便、快捷和客户体验。四是信息和资金安全成为金融科技创新的重中之重。

与此同时，银行业传统商用技术和架构逐渐向开放、开源、分布式系统架构转型已成为一种必然趋势。从传统架构向分布架构转型也是银行生存和发展的迫切需求。生态化、场景化的金融服务对银行支付、征信、风险管理、理财等核心业务领域产生了极大冲击，互联网技术创造了平台经济、共享经济，也推动着金融服务模式的创新，银行若不加快技术转型的步伐就将面临被淘汰的命运。而且去IOE、自主可控的IT战略是我国金融安全的迫切要求，以X86、开源为特征的技术体系有利于改变我国银行业长期以来基础软硬件等核心技术完全依赖国外厂商的现状。

浙江农信通过分布式技术构建网络核心平台，积累了大量的技术和实施经验，逐步达到统一技术框架、统一标准与规范、真正自主可控等目标，为未来私有云建设奠定技术基础。网络核心平台的建设符合国家去IOE、自主可控的金融监管要求，也体现了农信科技架构转型的成果，更是增强了自身生态化、场景化的数字银行支撑能力。

二、项目内容

（一）浙江农信网络核心平台的"双轮驱动"模式

浙江农信在"十三五"科技信息建设规划中，提出以"金融+互联网"为目标，以金融为本、科技为器，在研究和借鉴国内外先进和成熟的互联网技术体系及方法论的基础上，选择"稳态+敏态"联动创新模式，主动通过引入当下流行的主流技术，在去IOE和自主可控的前提下进行IT架构变阵，基于分布式技术构建开放式、交互式、功能强大的网络核心平台对接互联网，与传统银行核心系统进行衔接和交互，并以此为基础延伸拓展、合作互联，分层次、递推式地构建综合生态圈，实现线上线下融合，促进IT架构转型升级，推动浙江农信绿色智慧银行的发展。

对于柜面核心平台：保持稳态业务发展，充分发挥银行雄厚的资本实力、广泛的线下渠道、庞大的客户基础、完善的风控体系等一系列核心优势。

对于网络核心平台：坚持敏态业务发展，产品和服务提供"由外向内"，从客户体验与客户价值和定位出发，强调营销和风控管理，重视有价值的主动获客。整个应用架构体系建设完成后，新旧平台将在较长时间内"敏稳双态"共存，并形成优势互补。随着移动互联网业务及客户习惯的逐步改变，柜面核心平台的产品和应用将逐步转移到网络核心平台，使网络核心平台成为承载和驱动浙江农信业务发展的主动力。

整个平台的建设是一个艰巨而又漫长的过程，在浙江农信IT建设的发展史上，其涉及范围最广，投入人数最多，实施周期最长，历时18个月。自2017年4月22日正式上线以来，整个平台运行平稳、高效，提供了良好的客户体验，平台建设的各个阶段都达到了预期的指标。

（二）网络核心平台业务与功能规划

"互联网+"时代，行业格局已发生显著变化，互联网金融正不断改变着商业银行的支付模式、融资格局及服务模式。我们对网络核心平台的业务和功能进行了规划（参见图1）。平台主要有如下几个特点。

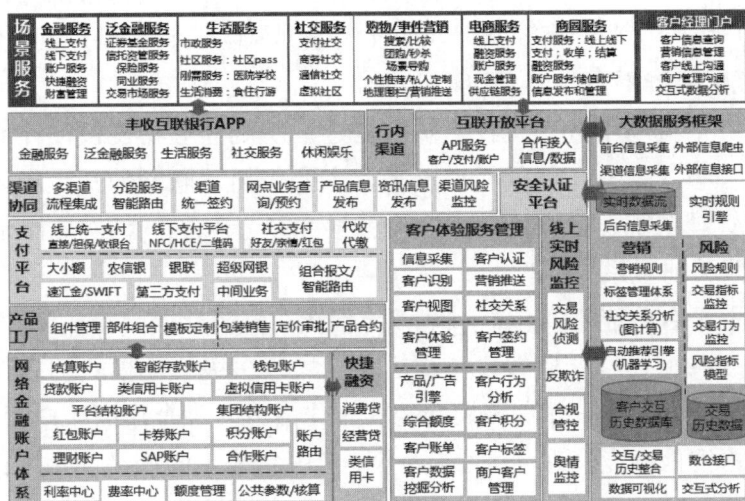

图1　网络核心平台整体架构

第一，构建互联开放平台。秉承互联网的开放、合作、互联精神，通过"开放平台"战略，在服务、产品和数据等方面加强与第三方的合作，实现互联互通。

第二，构建"以客户为中心"的服务体验管理平台。以客户体验为核心，实现客户服务渠道共享、线上线下协同、服务场景和流程创新；全面采集客户行为等静态和动态数据，通过大数据分析等技术，优化客户体验、控制客户风险、提升客户价值。

第三，构建网络金融账户体系。面向互联网客户形态，构建一个脱离存折、卡片等传统硬件介质，依托手机或可穿戴设备等便携式移动设备的电子账户、虚拟账户等网络金融账户体系。

第四，构建支付创新平台。结合支付场景提供安全、可靠、便捷的支付服务，实现线上、线下支付收单一体化管理，全面支持各种支付方式及手段的创新和应用。

第五，构建服务产品化平台。通过产品工厂实现产品的快速组装、定制和上线；

将银行传统产品、金融同业产品和非金融产品包装、定价和销售，支持跨界产品和业务模式创新。

第六，构建数字化运营管理平台。培养以数据为支撑的精细化运营管理能力。通过互联网产品运营，实现吸引新客户、留住老客户、增加客户黏性的目标。

第七，主动实施架构转型，积极采用云计算等技术。网络金融核心平台采用成熟度高、开放性强的分布式、虚拟化、云计算等技术，采用规范与标准先行、自主可控的策略，逐步构建安全可靠的云平台应用体系。

第八，引入大数据技术，建立大数据服务体系。结合网络金融核心平台的应用，进一步推进数据标准化和规范化建设，完善数据治理体系。建立大数据服务体系，构建大数据服务平台和服务接口。通过大数据实现客户数据采集及分析，实现精准营销，提升客户体验及平台获客能力。加强大数据风险控制，提升运营管理水平。

（三）互联网融资平台

互联网融资平台基于分布式技术平台构建，基础业务功能被设计成可灵活扩展和便捷调用的分布式服务。互联网融资平台主要包括互联网消费金融账户系统、互联网消费金融管理系统、互联网消费金融预警系统、互联网消费金融催收系统、互联网消费金融网关前置系统。

互联网融资平台功能主要包括：基于流程化、规范化的审批机制，支持全自动、人工、半自动多种模式；支持省联社、法人机构等多级管理模式的合作商管理（包括合作商基础信息维护、合作商规模管控、合作商风险、合作商账户管理等）；基于产品层级的客户授信额度管理，区分 E 分期、E 闪贷等不同产品的额度；灵活的利率工厂可以设置机构自定义贷款利率，轻松应对利率市场化；以参数化和组件化为设计基础，支持两级法人运营体系的产品销售工厂，满足不同客户群产品的组装要求；支持产品核算和公共参数管理等，具备完整的业务核算功能；实现互联网线上线下一体化的大额分期业务、纯线上的场景消费业务和无指定用途预借现金业务。

"支付即贷款"是 E 闪贷的产品特色，有别于传统贷款先取现再使用的模式，依托浙江农信的丰收互联生态圈、丰收 e 支付，客户可以像使用信用卡一样直接使用 E 闪贷进行消费，享受浙江农信提供的商品购买和生活服务。未来，通过丰收 e 支付服务输出，浙江农信客户也可以直接在其他 APP（如电商、团购、酒店、交通出行类）使用 E 闪贷进行消费。

三、项目的技术路径

（一）网络核心平台技术架构规划与设计

在充分研究和论证当前的主流技术特点的前提下，我们确定了网络核心平台应重点考虑服务化、消息、缓存、分库分表、应用平台、自动运维等技术方向。这些技术能满足秒杀、业务快速变化与创新等网络金融平台的典型业务场景。以此构建的分布式基础技术平台具有高可用性、可伸缩性、安全性、可移植性、可管理性、高性能、技术成熟度高等特点。（参见图2）

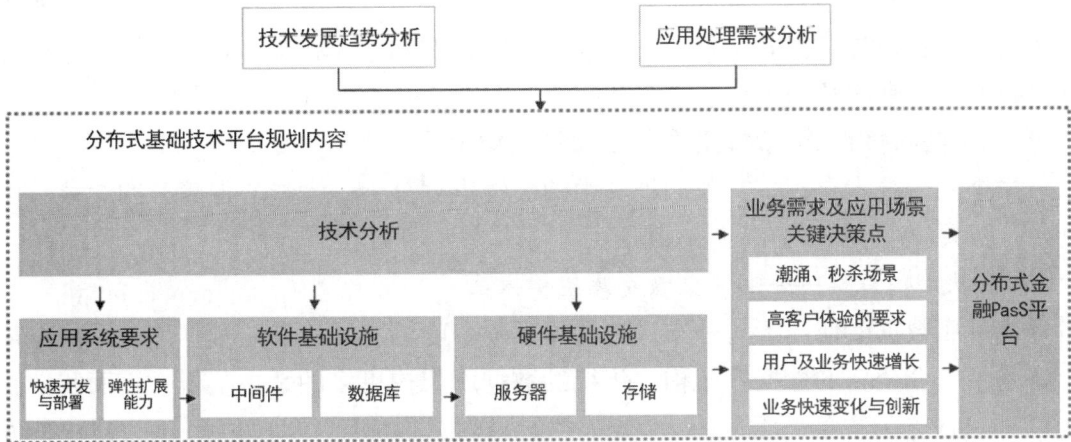

图2　网络核心平台技术架构规划

（二）网络核心平台应用架构的交互与融合方案

我们从应用着手，设计平台应用架构的交互与融合方案（详见图3）。系统基于分布式技术平台构建，基础业务功能被设计成可灵活扩展和便捷调用的分布式服务。系统业务分层清晰，相对独立，因此提升了系统横向扩展能力和业务创新能力。

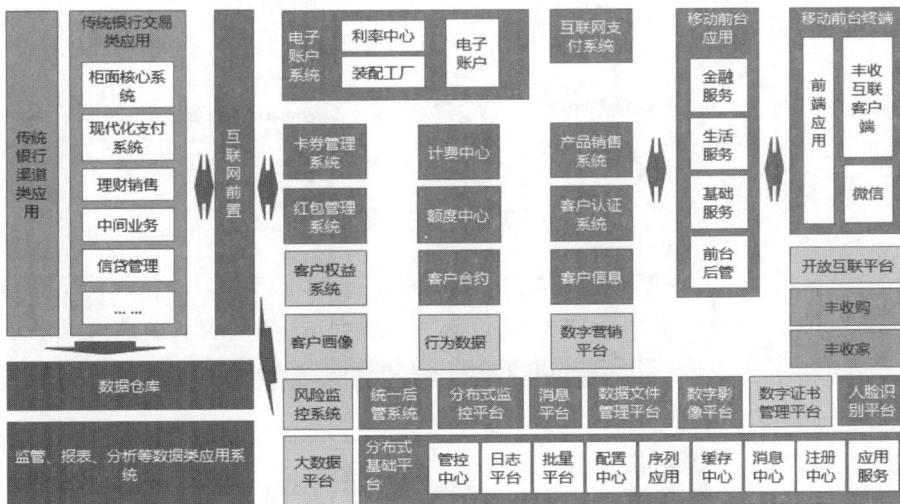

图3　网络核心平台应用架构的交互与融合方案

平台整体功能分为前端用户接入、后台服务处理、关联系统交互三大模块。整个服务是基于X86开放式的基础技术架构，涵盖了分布式服务、消息中心、缓存中心、流程引擎等。

整个分布式技术平台包括DevOps开发运维管理平台、分布式中间件平台以及基于分布式基础技术平台之上的各个应用系统：可以降低系统集成难度，有利于技术人员熟练掌握相关技术；有利于实现系统自动化部署，支持快速发布；有利于实现系统自动运行监控，提升运行稳定性和安全性；有利于进行整体技术升级，适应互联网技术的快速发展。

（三）网络核心平台的关键技术点设计与应用

整个平台技术点很多，我们把其中的关键点划分为一大核心保障、四大核心中间件、四大应用组件、四大运维利器。

1.一大核心保障——高可靠数据库架构体系

高可靠数据库使用了与分布式架构体系融合度更高的MySQL数据库，并根据需要搭建了一套全新的数据库架构。传统的数据库架构更多的是主从模式，而我们独创以Shadow作为主备，当Master节点发生异常时可以做到自动切换；通过自主研发的Qlik软件保证了数据不丢失；架构中也使用了读写分离技术，对外提供读写两个VIP——Master提供写服务，Shadow与Slave提供读服务；支持通过参数设置将延迟过大的Slave踢出读资源池，防止读到的数据过于老旧。已达到的性能：并发数在200的情况下，QPS（query per second，每秒查询率）读为20万以上，写为3万以上。（参见图4、图5）

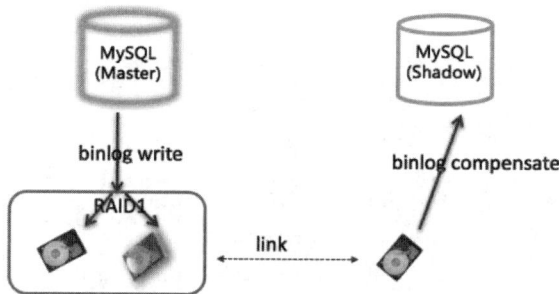

图4　高可靠数据库架构体系示意（1）

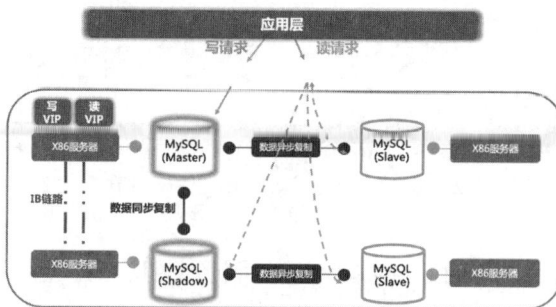

图5　高可靠数据库架构体系示意（2）

2.四大核心中间件

我们建设了服务、消息、缓存、数据库等四大核心中间件来支撑整个系统。

我们的分布式服务框架（见图6）是基于阿里开源的Dubbo衍生而来的。Dubbo被众多公司选作服务框架的基础。Dubbo为了满足不同的场景需求，适配了很多功能。我们对于其中用不到的功能做了精简，修改了原有功能在服务节点有变更时可能造成的广播风暴问题及优雅停机的缺陷，扩展了Dubbo-admin对多个注册组的支持等功能；新增了服务运行监控、服务TOP排名、服务调用链、服务限流、服务降级等功能。通过这些技术上的改造，再配合我们服务调用的整个流程，实现了对服务全方位的管理和监控，从而基于Dubbo形成了一套自有的更完善的服务框架。已达到的性能：并发数在200的情况下，TPS（transaction per second，每秒处理的消息数）可以达到1.5万。

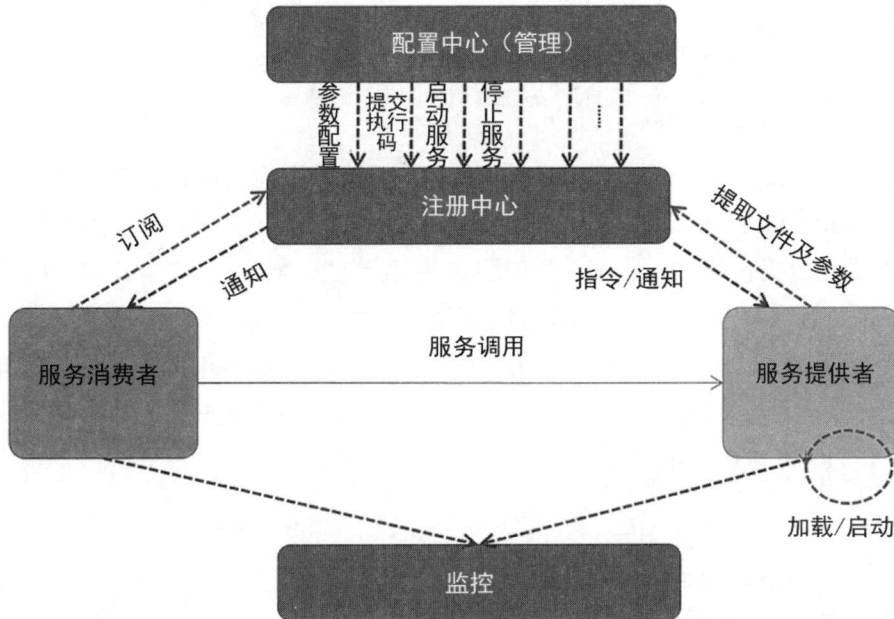

图6　分布式服务框架示意

分布式消息中间件（见图7）基于ActiveMQ衍生而来，实现了一整套完善的消息处理机制。在两个一主一从的集群模式下，并发数在200时，TPS超过了6万。另外，本身ActiveMQ的消息是不可靠的，我们提供了高可靠的方案，并完善了异常处理机制，优化了集群部署方案。目前主要应用在技术解耦、流量削峰、消息通信以及异步处理上。

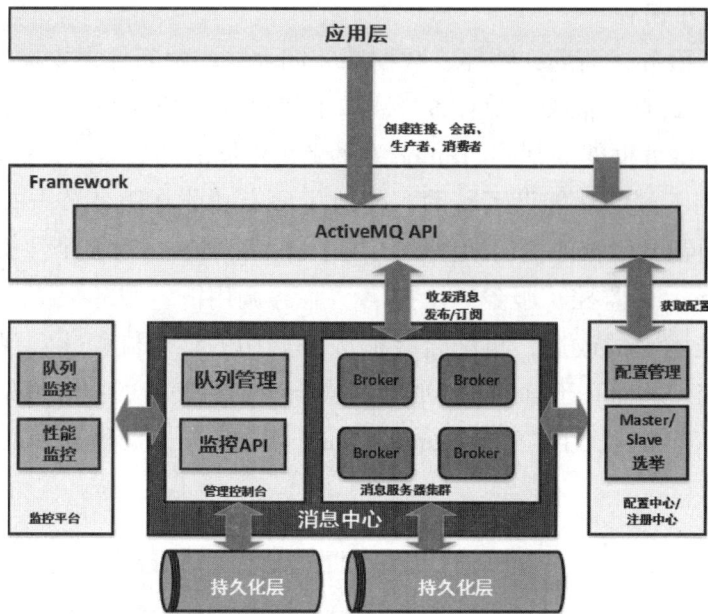

图7　分布式消息中间件示意

　　为了满足高读写性能场景的业务需求，我们基于当前主流的两种缓存技术Redis和MemCached建设了分布式缓存中间件（见图8）。该中间件提供了多种部署方式，对于哨兵模式，我们在Client API上扩展了哈希算法，解决了单个Redis实例承载能力问题。提供了多种接入方式，方便不同语言应用的快速接入。提供了对Lua脚本的支持以及基于Redis的功能模块，如分布式锁等功能。同时实现了监控和管理功能，做到故障自动转移、快速缩容和扩容。已达到的性能：两个一主一从，并发数在200的情况下，TPS可以超过11万。

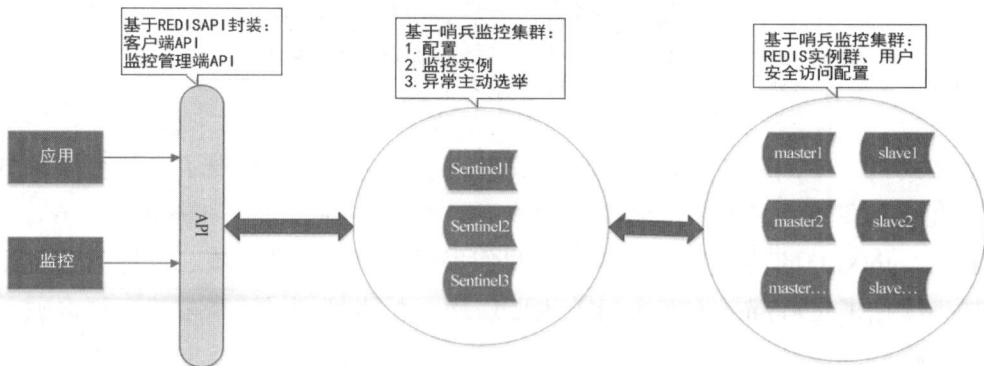

图8　分布式缓存中间件示意

分布式数据库中间件（见图9）可以实现便捷的分库分表，对应用透明。我们将基于阿里Cobar发展而来的MyCat作为我们的分布式数据库中间件的核心。在建设的过程中，我们改了MyCat本身较多的BUG，并新增了数据库连接数的限制，以此来保护数据库的连接数不被撑爆，进而保护整个应用的稳定运行；增加监控数据库宕机并重启后，去除不可用连接功能。已达到的性能：并发数在200的情况下，单节点TPS可以达到1.7万。

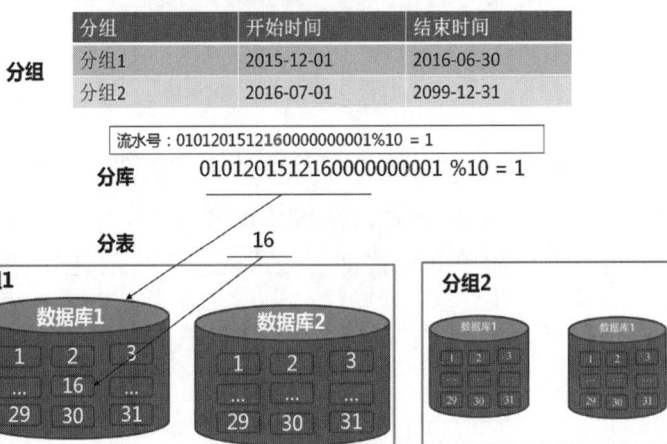

图9　分布式数据库中间件示意

通过分布式数据库中间件与前面讲到的高可靠数据库的结合，我们在数据库层面可以实现数据不丢失、便捷的分库分表和读写分离等功能，让数据库不再成为我们的瓶颈，助力我们轻松应对不断增长的用户和快速发展的业务。当前，我们将网络金融平台垂直划分成电子账户、支付系统、客户系统等多个库，对于其中的大表，如客户系统再进行分表。

3.四大应用组件

四大核心中间件加强大的数据库保障机制，构成了整个分布式技术核心。为便于应用的快速开发，我们还建设了流程引擎、配置中心、序列组件、批量组件这四大应用组件。

流程引擎用于将多个业务单元组合起来实现一个完整的业务功能。基于扩展Spring Schema方式自主实现，流程编排完全配置化，无任何业务代码侵入，支持服务动态循环调用，支持并行和异步调用。（参见图10）

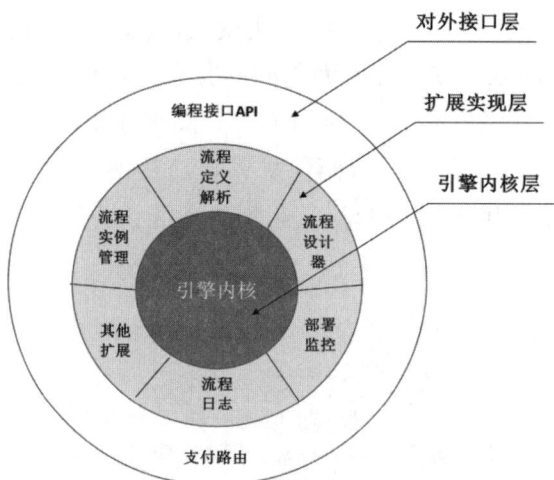

图10　流程引擎分层结构示意

为了实现对整个平台的配置文件、配置项的集中管理、变更的自动推送，我们在Disconf的基础上进行了改造和封装，建设了配置中心，由该组件提供统一的配置管理服务，应用只需要进行简单的配置即可完成配置文件的托管。（参见图11）

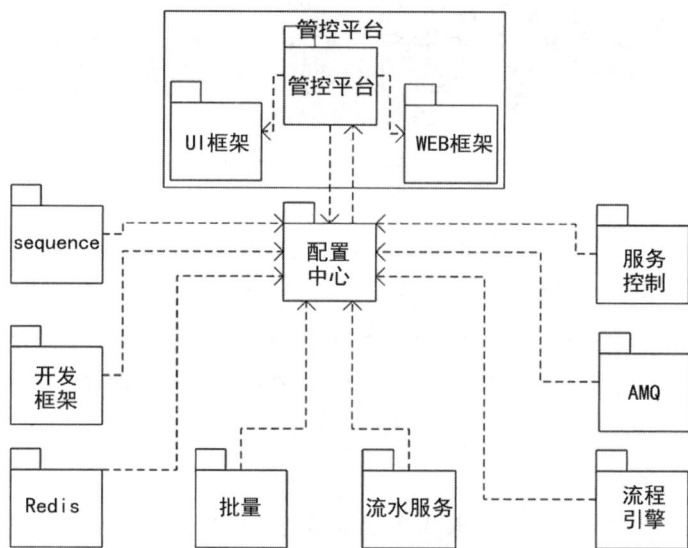

图11　配置中心架构示意

在复杂的分布式系统中，往往需要对大量的数据和信息进行唯一标识，为了便于应用快速开发，且达到各系统生成的ID不重复的目标，我们建设了序列组件，由该组件提供不同场景下ID的快速生成。

该组件可独立部署，通过Dubbo方式进行调用，采用双缓存技术极大提升性能。

网络金融平台所有子系统的ID号均由该组件生成，比如订单号、业务跟踪号、交易流水号等。（参见图12）已达到的性能：单机TPS可以到10万。

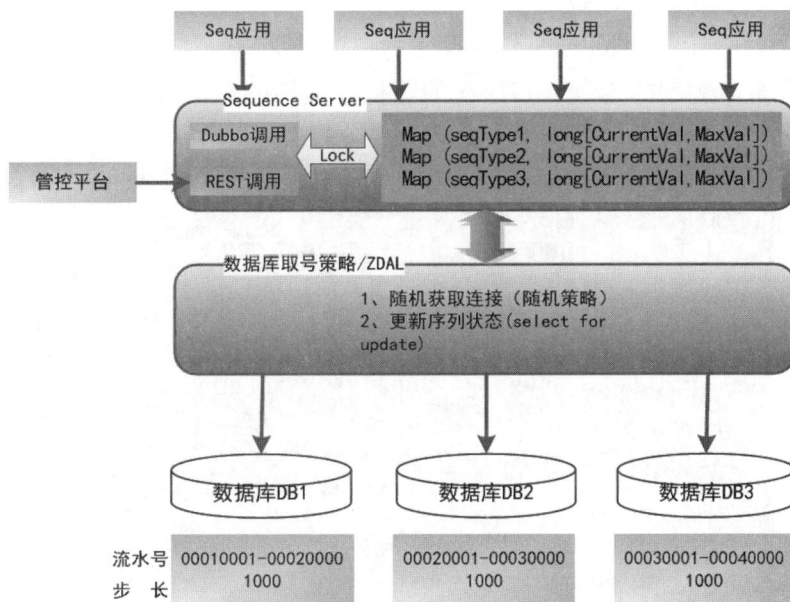

图12　可独立部署的序列组件示意

批量组件，用于快速开发批量的功能组件，主要包含调度模块和执行模块。组件完全自主开发，提供了强大的自定义线程池，支持取消作业、超时停止作业等功能，避免了某一批量因异常而一直占用系统资源。开发包支持分库分表。提供平台统一接口，便于关联系统或平台快速接入，提供丰富的可视化操作界面，降低了批量配置和管理的难度，并能直观地展示批量执行状态。（参见图13）已到达的性能：并发数在100的情况下，调度模块的TPS为400左右。

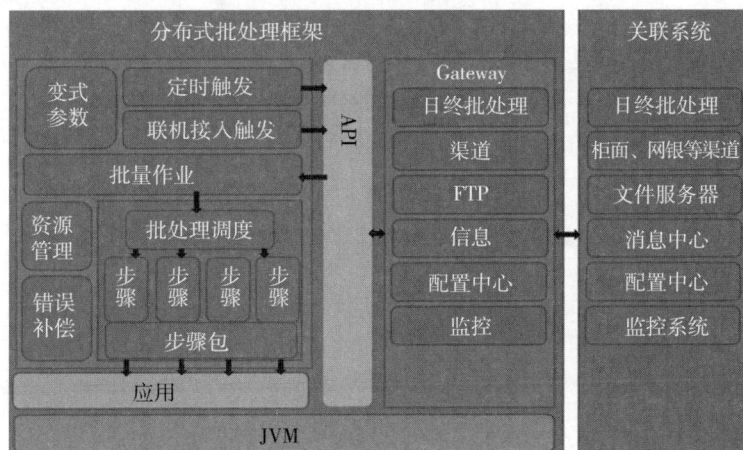

图13　批量组件架构示意

4.四大运维利器

为了支撑整个分布式中间件和应用组件的良好运行，我们从运维、部署等角度出发，再建设了四大运维利器。

管控平台是一个综合的管理和监控平台，提供的主要功能有各组件的管理和监控、服务的全生命周期的管理、多层次的监控及灵活的预警规则。（参见图14）

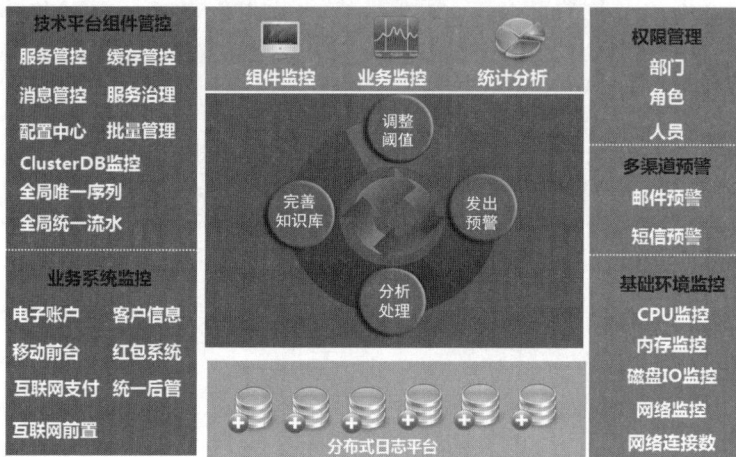

图14　管控平台架构

部署平台最大限度地简化了部署的步骤，人工只需要做一些简单的配置即可，极大地提升了部署的效率。平台支持一键打包、一键部署、一键回退；支持灰度发布与优雅停机（需应用支持）；支持多环境、多实例、多配置、多角色权限等能力；支持与Jenkins的集成。（参见图15）

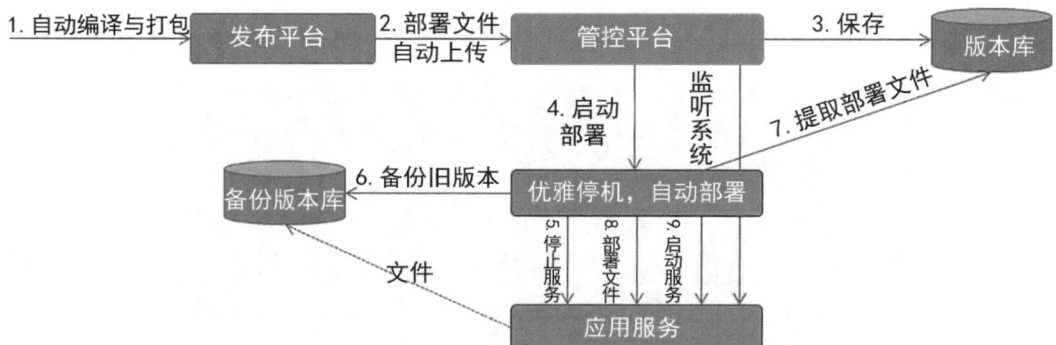

图15　部署平台架构

当前的日志平台我们主要收集了应用的完整业务日志、服务执行日志、服务trace日志：通过收集到的业务日志帮助我们快速查找问题；通过收集到的服务执行日志实现前面我们讲到的服务运行监控和服务TOP排名功能；通过收集到的trace日志进行分析，实现服务调用链的展示。（参见图16）未来，我们可以依托日志平台实现更多的功能。

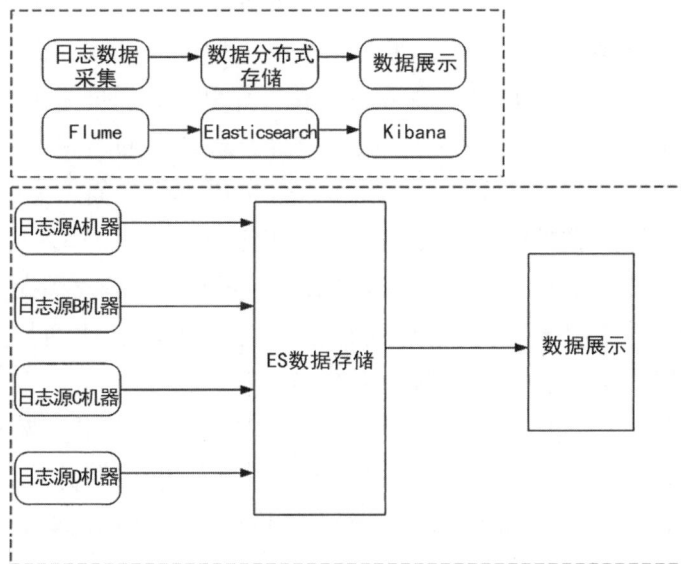

图16　日志平台架构

网络核心平台提供了图形化查看具体某个服务在某个时间段内的执行情况的功能，通过服务运行监控功能可以查看到服务的平均耗时、最大耗时、最小耗时、成功数、失败数、并发数等指标，便于了解服务的运行状况。

服务运行监控是查看单个服务的状态，服务TOP排名是对全行级或具体某个应用的所有服务从不同维度做对比排名。平台可以通过该功能查看所有服务中平均耗时/最大耗时/并发数等指标排前n位的服务是哪些，以此来了解服务运行的总体状况。

应用性能管理平台以真实用户体验管理和代码级应用性能管理为核心，实现了前端浏览器、网络传输、应用性能、中间件性能、数据库性能的自动关联及分析，协助用户提早发现、尽快解决应用系统的性能和可用性问题。

应用性能管理平台由探针、管理服务器、管理控制台三部分构成。探针安装在被监控应用服务器上，负责收集业务系统的性能数据。管理服务器接收来自探针和前面浏览器的性能数据，并将其存储在性能数据库中。管理控制台实现对应用系统的性能监控，故障诊断，代码级问题定位、告警，以及历史性能对比分析。与日志平台不同的是，这个是无埋点式监控。

四、项目的创新成果

在自主可控、去IOE的指导思想下，浙江农信采用"引入吸收开源软件+自主研发为主"的理念来构建基于分布式技术的网络核心平台，逐步实现了浙江农信"十三五"规划的"互联网+"战略。平台已平滑、稳健、高效、安全地运行了一年，既满足了支持海量客户、高并发、高可用、高可靠和横向弹性扩展等技术要求，又建立了全渠道的业务服务体系。在技术层面，分布式技术的运用带来了巨大的效能，主要体现在高可靠、高性能、弹性扩展及运维效果提升等方面，突破了数据库瓶颈，提高了开发效率，弥补了烟囱式的系统架构的缺陷。在运维方面，运用X86，有效降低了服务器成本。采用敏捷迭代的开发模式，使得开发效率大幅提升，部署能力提升了40%，增加了系统服务时间及业务利润。各系统性能均达到甚至超越预期，比如客户系统TPS为1.5万以上，电子账户系统TPS为9000多。

网络核心平台已初步形成了较为完善的共享服务体系。平台架构庞大，业务覆盖广，应用场景多，承载了1700万的用户体量。整个平台划分成21个子系统，到2018年底，各个系统之间交互的服务已经超2000个。针对数据量大的应用进行分库分表处理，如客户系统按照业务需求切分成32个库，满足未来用户和交易的快速增长。

网络核心平台自上线以来，产品组合与创新能力有了极大的提升，培养了全渠道运营能力和线上线下协同营销能力，产品推出周期比之前加快了1/3。根据用户的个性化需求，推出了450余种产品，全方位、多角度地满足了客户随时随地的需求，提升了客户体验和用户黏性。

农信机构IT系统建设的最大特点就是要满足多级法人的管理模式和产品创新需要。考虑到地区经济发展水平的差异和法人行社业务上的需求方向不同，浙江农信网络核心平台通过引入共享服务中心和产品工厂，实现了业务人员全程使用可视化界面，快速满足法人行社不同需求的产品包装、审核和发布，并可同时对多渠道产品进行集成，提供定制化的跨产品组装和销售，从而有效减少个性化产品的定制开发时间，满足了辖内法人行社特色产品的快速组合和创新需求。

在互联网融资平台建设过程中，基于大数据风控、决策技术，通过模型评分给予授信额度，充分利用人行征信信息和客户在浙江农信的历史数据，并积极接入鹏元征信等第三方征信数据，建立实时的交易反欺诈、申请反欺诈和信用风险防控体系。结合电子账户无介质、线上化特征，推出线上认证开户、自动授信、秒批秒贷、随借随还的互联网消费金融产品，全面提升客户融资服务的可得性和便捷度。

在业务推广过程中，利用浙江农信网点多、人员多的优势，进行试点行社现场推广。业务经营管理和指导重点倾斜，充分调动行社的积极性和创造性，鼓励行社自行对接各类自身所需场景，将基础产品进行包装，输出到不同的业务场景中使用。此外，由省联社出面，统一与各大互联网公司、支付公司进行对接合作，将自身消费金融产品包装成支付方式，输出到各种不同的互联网业务场景中，对业务进行引流。通过这些"线上+线下"双重的业务推广模式，增大业务数量以及业务规模，提升影响力。截至2018年底12家行社上架E闪贷产品，已产生白名单客户将近500万名，总放款笔数超过5000笔，总放款金额6000多万元。

五、项目的经济效益

基于分布式技术构建的网络核心平台在满足了稳定性、灵活性、横向弹性扩展、交易量突发和快速响应的要求下，注重经济效益和社会效益的统一。随着业务量和承载量的不断提升，所带来的直接和间接经济效益不断体现。

一是服务器的购置成本及运维成本大幅下降。传统的集中式架构体系，服务器成本高昂，对基础软硬件产品的可靠性、可用性依赖度高。Oracle数据库按中央处理器数量收费，一个就要22万元。传统架构下建设本次核心业务系统的服务器购置成本总价约9565371元，而基于分布式架构体系的服务器购置成本仅需1218936元。

二是在小额高频的消费金融时代，浙江农信互联网融资平台抓住消费金融的新型盈利增长点，细分垂直领域服务。银行零售转型有助于节约银行资本，同时获取更高的收益率并降低不良贷款率。

六、项目的社会效益

浙江农信基于分布式技术构建的网络核心平台是普惠金融、绿色数字金融的有力执行者，能够最大限度地利用平台资源为用户提供便捷、灵活的服务。网上银行、手机银行、微信银行等的推出和发展，充分弥补了传统金融服务的欠缺和不足，提升了对以往传统金融业难以服务好的中小微企业和中低收入者的金融服务。浙江农信坚持服务"三农"的市场定位，其丽水溯源项目是依托丰收互联二维码支付并包含相关食品溯源信息的高效交易方式。供货方生成包含账（卡）号和户名信息的二维码，收购方扫描该二维码（也可手动输入供货方账户信息），同时添加食品交易信息，提交完成转账。后台将交易的相关字段传送至丽水办事处机房，形成食品溯源信息库。

在网络核心平台的建设过程中，浙江农信积累了宝贵的经验和教训，不仅为未来互联网金融业务的创新与发展打下坚实基础，更能给其他省级农信联社在互联网生态下如何进行"IT变阵"及数字化转型提供参考和借鉴。

浙江农信互联网融资平台是借助互联网核心平台，推动融资业务模式升级的重要一步。借助金融科技利器，不仅可以解决获客难、风控难、决策慢、欺诈多等商业银行互联网融资发展道路上的一系列问题，还能够更加全面地释放居民，特别是农村居民的消费潜力，对拉动经济增长、实现普惠金融、响应乡村振兴、促进自身转型发展等方面都有着重大的意义。如浙江农信的"普惠快车"整合了30万元以下小额贷款客户的信用评级、授信、利率定价等业务流程，实现了小额农贷"一站式"综合评价。同时，通过贷后检查实现定期走访，在走访过程中营销联社网上银行、手机银行、贷记卡、理财产品等，比起柜员通过柜台营销，显得更自然，也更具说服力。这样以贷款为业务中心，以"方便"为理念核心的流程，不仅减轻了客户经理的内部工作量，也有利于提升农信区域竞争力，增强客户黏性。

相比传统金融，普惠金融进一步增加了金融服务的广度和深度，尤其是触及了那些被传统金融关在门外的农村居民、贫困群体、小微企业等。互联网融资平台则通过运用互联网技术，将金融服务延伸到城市和农村的角角落落，使每个人都能便捷地享受到基础的金融服务，推动普惠金融的发展。浙江农信作为服务"三农"的主要践行者，具备网点全覆盖的天然优势，可以顺势抓住农村互联网消费金融市场的巨大发展潜力，利用信息科技在农村金融领域的应用，提供更加适合农村消费者的金融产品和服务，进而促进自身转型发展。

七、项目的社会评价

浙江农信基于分布式技术构建的网络核心平台注重经济效益和社会效益的统一，是普惠金融、绿色金融的最佳实践，获得了社会各界一致的好评，先后获得了中国人民银行颁发的2017年度科技发展奖三等奖，被银保监会评定为2017年度银行业信息科技风险管理三类课题，以及农信银的2017年度十大技术创新优秀案例。

浙江农信在此项目中对于分布式技术的合理运用和业务的整合、扩展也为其他行社及同行业在IT系统建设、学术分析以及信息化进程的推进等方面提供了很好的借鉴。

浙江农信网络核心平台的建设加强了跨界合作，各互联网公司、电商平台等第三方平台可以实现在服务、产品和数据等方面的合作，实现互联互通。从信贷角度讲，互联网融资平台的普惠特质，受到了广大较低收入客户的普遍欢迎，互联网金融不断创新的金融模式，可以有效解决小微企业融资难的问题。

对于用户而言，自从浙江农信基于分布式技术构建网络核心平台以后，各类系统的应用性能有了极大的提升，具体表现为：一是界面美观。扁平化设计风格，布局简洁，并且提供多种皮肤进行选择，不会造成审美疲劳。二是应用系统运行速度明显加快。未改造时，登录手机银行、网银系统、统一后台管理系统等应用系统，业务繁忙时，会有延时的现象，业务提交要等几秒钟再返回结果；改造后则未产生卡顿的现象，非常顺畅，处理结果返回也相当快，加快了柜面业务处理速度。三是打开 IE 浏览器速度加快。很多应用系统是通过 IE 浏览器来访问的，特别是客户经理办理的信贷业务，因办理一笔贷款，须录入许多资料。采用新平台后，由于打开 IE 浏览器及提交速度加快，缩短了办理贷款的时间。

（项目负责人：金丽丽）

金智塔金融大数据分析与智能风险监测预警系统

实施单位：杭州金智塔科技有限公司

针对互联网金融业高速发展带来的杠杆率过快攀升、非法募资等问题，杭州金智塔科技有限公司（简称"金智塔"）研发了金融大数据分析与智能风险监测预警系统，利用云计算、大数据、人工智能等新兴数字技术为政府监管机构提供大数据智能风险监测预警服务，为企业提供风控服务，大大提高了监管机构对金融机构监管的及时性、准确性、主动性，以满足多样化的监管要求。

一、项目背景及意义

自2015年央行发布《互联网金融指导意见》以来，政府层面一直在不断加强对互联网金融（简称"互金"）的监管措施，发布了《网络借贷信息中介机构业务活动管理暂行办法》《小额贷款公司网络小额贷款业务风险专项整治实施方案》《关于规范整顿"现金贷"业务的通知》等一系列监管文件，明确提出不得吸收公众存款、不得归集资金设立资金池、不得自身为出借人提供任何形式的担保等十二项禁止性行为，对打着网贷旗号从事非法集资等违法违规行为，坚决打击和取缔，保护投资人等的合法权益。而2018年6月以来的网贷危机也暴露了互金企业存在虚假宣传、高杠杆、期限错配等问题，需要监管机构通过对互金风险的专项整治，化解存量风险，消除风险隐患，同时建立适应互金特点的监管制度体系。

杭州金智塔科技有限公司研发的金融大数据分析与智能风险监测预警系统，构建以大数据和人工智能等技术为核心的数字化监管体系，增强市场信息透明度，为互金监管提供大数据抓手。透过产品的表面形态看清业务实质，将资金来源、中间环节与最终投向连接起来，按照"实质重于形式"的原则甄别业务性质，强化监管渗透的深度、广度和频度，实现业务风险全流程识别，真正解决新技术所导致的混业型金融创新带来的潜在风险与不确定性，从而实现互金行业的健康有序发展。

二、项目内容

杭州金智塔科技有限公司是杭州市高新技术企业、青蓝计划企业。

其基于人工智能技术，将互联网科技的大数据应用、科技化侦测管理手段与银行、小贷和消费金融机构的业务相结合，构建金融大数据监管生态；为监管机构和中小金融机构提供相应的智能风险监测预警服务和智能风控服务。向金融机构开放技术能力的同时，与金融机构一起推动普惠金融发展。

项目内容主要包括：一是为金融监管机构提供风险监测预警。提供区域金融智能监管平台，建立互金平台风险指数，为各区域政府搭建金融智能监管平台，使得互金发展朝着合规健康发展，为互金监管提供大数据抓手。二是为中小金融机构提供智能风控服务。在放贷业务的强监管下，通过提高风控水平，帮助中小金融机构减少坏账损失。金智塔科技开发"知他"风控系统，专注于提升消费金融企业的风控能力，提供特征提取与风控建模服务；提供自动化的画像标签抽取工具，覆盖了常用的数据来源，如企业业务数据、业界常用第三方用户报告等，产出画像维度近两千维；提供灵活可扩展的建模体系，预置了专家规则模型、逻辑回归、梯度提升决策树、深度神经网络等模型；后端支持规则权重调整、模型选择与多端分离训练与部署等功能。本软件基于分布式架构实现，提供快速的大数据建模能力；针对小批量数据的同时也支持单机部署，简单易用，功能丰富。

三、项目的技术路径

（一）总体架构

智能监管预警系统的总体架构设计如图1所示。

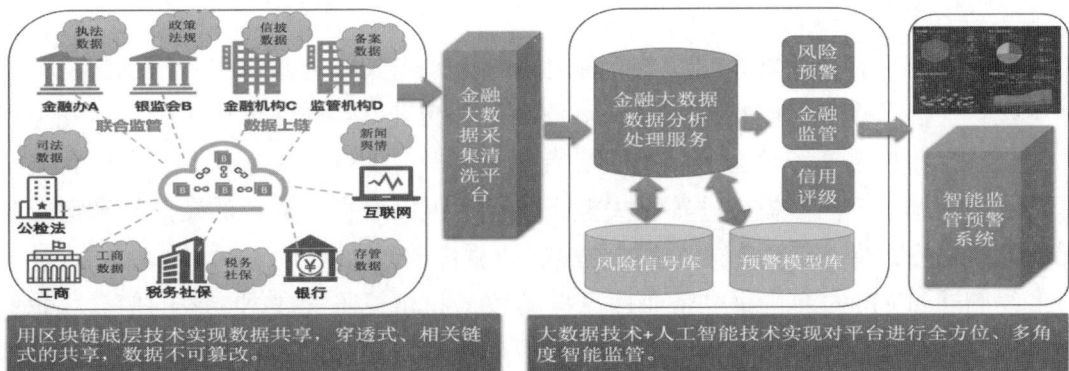

图1　智能监管预警系统总体架构设计

该系统利用大数据技术整合汇聚平台机构数据、监管执法数据、工商数据、社保税务数据、存管数据、司法数据以及互联网第三方新闻资讯、社交等互联网数据，使用区块链底层技术进行数据共享、数据上链，实现穿透式、相关链式的共享，确保数据不可篡改。

通过金融大数据采集清洗平台对数据进行清洗和融合；通过大数据和人工智能技术，建立互金平台大数据画像；对机构平台进行风险因子分析，拟用CRITIC方法和专家法相结合，确定各个风险指标权重，构建风险预测模型，输出风险指数，为政府部门监管提供参考。风险指数可以为监管部门监控各个平台的发展情况，识别高风险平台，为政府监管提供可能的方向和可衡量的标准。可以通过风险指数和各个子指数的得分，判断各自平台的风险情况，并以此调整监管策略。

（二）数据接入与抓取

被监管机构需要接入的数据维度超过400多个，如图2所示。

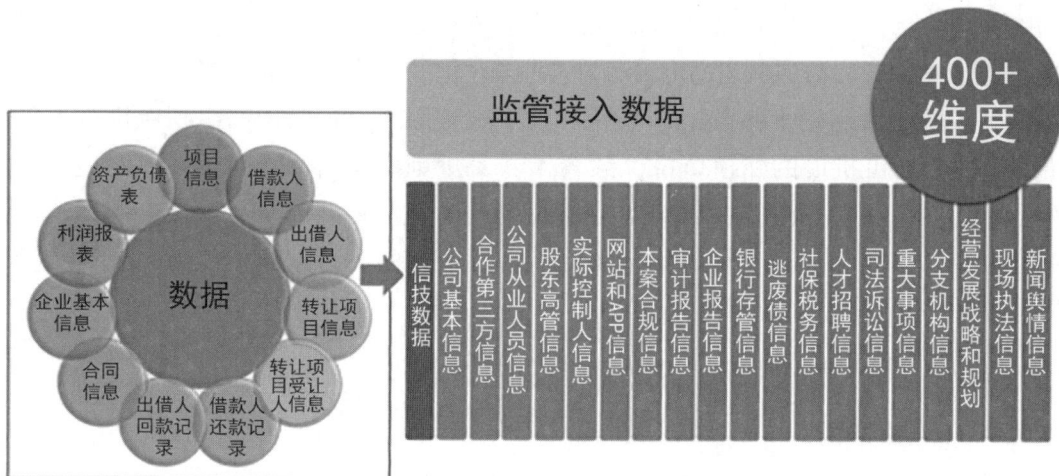

图2　数据接入示意

信息披露平台企业数据接口规范采用API的方式获取企业的相关信息，总共有15个接口。涉及企业基本情况、资产负债表、利润表、互联网债权类融资、互金产品及收益权转让融资等数据，以及网络借贷直接撮合的合同要素信息、合同状态信息、履约信息、合同模板文件等相关登记信息。可以对平台运营的资产端和运营状况进行实时的监控，帮助政府监管单位更好地监管平台机构。

我们通过API的方式获取企业信息披露数据和相关监管数据接入的信息。我们建议接口数据提供企业使用以下几种技术保障接口安全：采用HTTPS协议进行数据传输；使用授权和签名算法进行接口访问的开放授权；使用POST进行参数请求和参数接收；我们将提供指定IP，企业可以设置指定IP为白名单访问权限。

数据抓取方面，我们使用网络爬虫Scrapy技术抓取互联网公开的新闻资讯以及社交等信息。Scrapy的架构如图3所示。

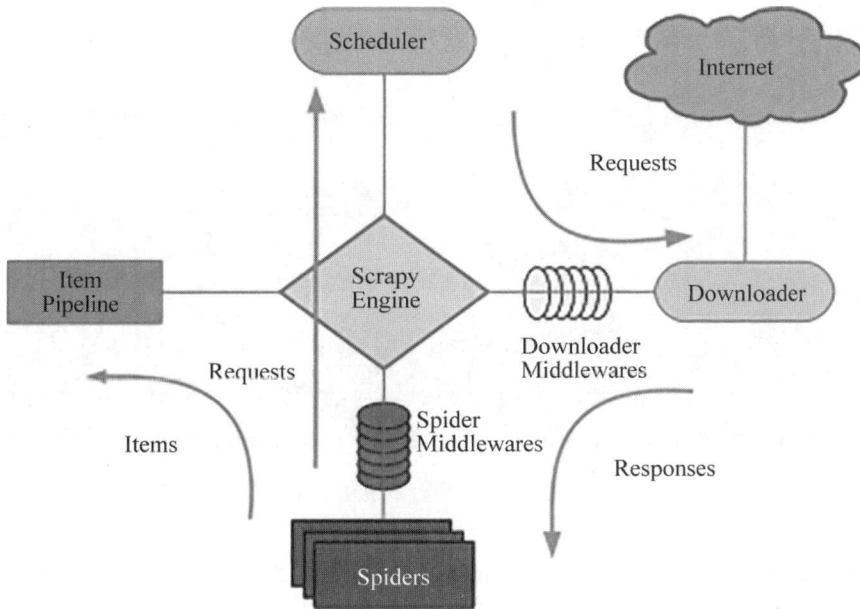

图 3　数据抓取架构

Scrapy Engine（引擎）负责控制数据流在系统所有组件中流动，并在相应动作发生时触发事件。Scheduler（调度器）从引擎接受 requests（请求）并将它们入队，以便之后引擎请求它们时提供给引擎。Downloader（下载器）负责获取页面数据并提供给引擎，而后提供给 Spider。Spider 是 Scrapy 用户编写用于分析 response 并提取 item（即获取到的 item）或额外跟进的 URL 的类。每个 Spider 负责处理一个特定的（或一些）网站。Item Pipeline 负责处理被 Spider 提取出来的 item。典型的处理有清理、验证及持久化（例如存取到数据库中）。Downloader Middleware（下载器中间件）是在引擎及下载器之间的特定钩子（specific hook），处理 Downloader 传递给引擎的 response（也包括引擎传递给下载器的 request）。Spider Middleware（Spider 中间件）是在引擎及 Spider 之间的特定钩子，处理 Spider 的输入（responses）和输出（items 及 requests）。其提供了一个简便的机制，通过插入自定义代码来扩展 Scrapy 的功能。

（三）数据清洗与融合

由于数据来源渠道多样，数据质量各异，我们需要对数据做清洗与融合；部分数据有残缺、错误、重复等各类问题，需要对数据进行重新审查和校验，目的在于删除重复信息，纠正存在的错误，处理无效值和缺失值，并确保数据一致性。利用有关技术如数理统计、数据挖掘或预定义的清理规则将脏数据转化为满足数据质量要求的数据。

（四）监管预警模型

智能监管预警系统功能架构如图 4 所示。

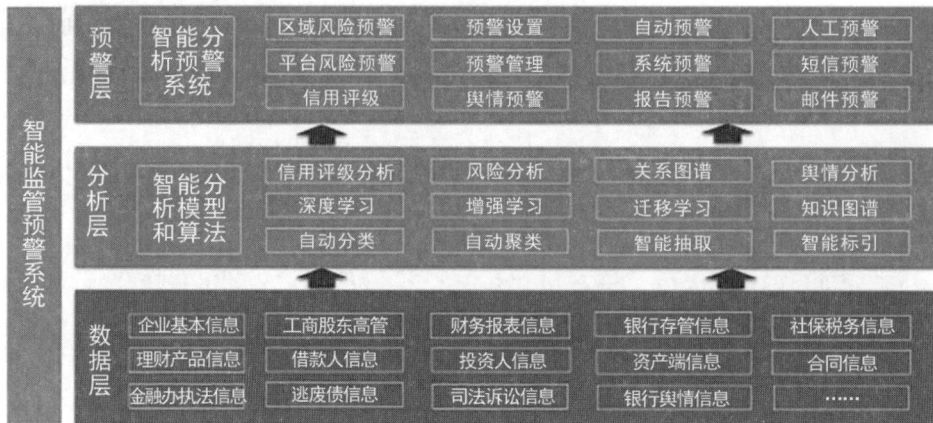

图4　智能监管预警系统功能架构

金智塔根据区域政府要求，对互金平台的信息披露、银行存管、税务社保、平台备案、新闻曝光、公安经侦等监管预警数据进行收集整理。通过AI技术、智能分析模型和算法对互金平台数据进行分析，构建互金平台大数据画像，并建立风险预警模型，根据合规风险、技术风险、经营风险、资金风险、司法风险、舆情风险等六个维度，建立互金平台风险指数，对互金平台各类风险进行实时监控和预警，帮助政府部门机构及时、高效地对互金平台进行监管。监管预警模型如表1。

表1　互金平台监管预警模型

一级指标	二级指标	三级指标	指标性质	工具变量
合规指数	是否备案登记		定性变量，（0，1）	
	是否银行存管		定性变量，（0，1）	
	是否电子存证		定性变量，（0，1）	
	是否ICP经营许可		定性变量，（0，1）	
	是否满足借款限额		定性变量，（0，1）	
	是否进行财务审计		定性变量，（0，1）	
	信息披露		连续变量，负向指标	信息披露比例
风险预防指数	是否第三方增信		定性变量，（0，1）	
	风险准备金		连续变量，负向指标	风险准备金初始
	是否加入协会		定性变量，（1，2，3，4），1代表国家级，2代表省级，3代表市级，4代表县级	

一级指标	二级指标	三级指标	指标性质	工具变量
技术风险指数	是否三级等保		定性变量，（0，1）	
	HTTPS/SSL证书		定性变量，（0，1）	
资金风险指数	平台资金风险	交易规模	连续变量，负向指标	
		资金净流入	连续变量，负向指标	
		注册资本	连续变量，负向指标	
		平均参考收益率	连续变量，正向指标	
		平均借款期限	连续变量，正向指标	
		贷款余额	连续变量，正向指标	
		资金杠杆	连续变量，正向指标	
		累计逾期代偿金额	连续变量，正向指标	
		逾期金额	连续变量，正向指标	
		金额逾期率	连续变量，正向指标	
		坏账率	连续变量，正向指标	
	投资人资金风险	投资人数	连续变量，负向指标	
		前十大投资人投资金额占比	连续变量，正向指标	
		满标用时	连续变量，负向指标	
	借款人资金风险	借款人数	连续变量，负向指标	
		人均借款金额	连续变量，正向指标	
		前十大借款人待还金额占比	连续变量，正向指标	
		贷款标数	连续变量，负向指标	
舆论风险指数	新闻舆情		连续变量，正向指标	负面新闻占比
	曝光信息		连续变量，正向指标	曝光新闻数量

对于每个指标变量进行预处理之后，我们开始计算各个子指数的数值。指数采用加权求和的方法进行计算，一级指标权重根据专家意见进行划分，高频指标占比最大，达到45%，因为高频指标包含了交易数据和舆论数据，对于平台风险预警效果显著。低频指标占比40%，其中合规指数权重较大。中频指标占比15%。二级指标（包括资金风险指数中的三级指标）的权重拟用CRITIC方法进行确定，公式为：

$$W_j = \frac{G_j}{\sum_{j=0}^{m} G_j} \quad , G_j = S_j \sum_{k=0}^{m} (1 - R_{kj})$$

其中，S_j 为第 j 个特征的类间标准差，R_{kj} 为第 j 个指标与第 k 个指标之间的相关系数。

指数构建步骤如图 5 所示。

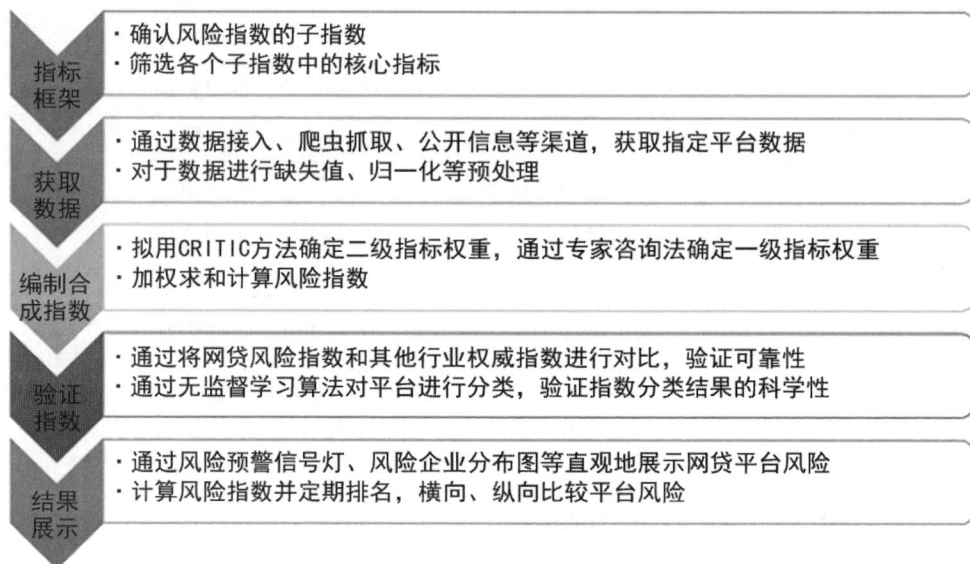

图 5　指数构建步骤

（五）大数据可视化

该平台汇聚全国 6400 家左右互金公司、2000 多家银行理财机构、100 多家直销银行、500 多家互联网保险平台等的数据，在此基础上研发了中国互金平台大数据监测可视化大屏，清晰掌握全国互金行业在平台数量、业务类型、问题平台分布、合规情况、利率走势、成交量、投资人和借款人规模等方面的发展状况，帮助政府实时了解互金行业发展最新宏观动态，为政府部门监管提供参考。

（六）"知他"消费金融风控建模平台

本系统是基于对个人通信、地理、信贷、公积金等异构数据源的结构解析、数据整合以及类型转换来进行相关风控模型的构建、训练和调优，并且基于签名验证和 HTTPS 协议为用户提供简洁安全的信用报告查询功能的一站式服务平台。总体上可以将其划分为数据清洗、模型构建以及用户服务 API 接入三大模块。本系统总体功能架构设计如图 6 所示。

增加平台风控可以推动行业发展，帮助企业建立以大数据、人工智能、云计算等技术为核心的风控体系，从而推动互金行业更加健康有序地发展。通过"技术＋金融"的普惠，"信用"不再是少数人的奢侈品，它和普通人的每个生活场景紧密联系。每个场景的"信用"可度量、可采集、可流动、可交易，从而与人类的生活形成良

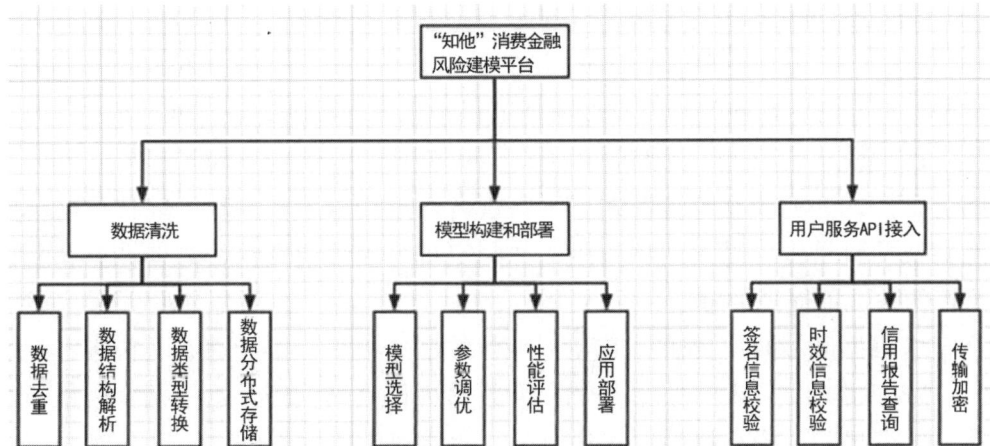

图6 "知他"消费金融风控建模平台的功能架构设计

性闭环。同时风控平台赋能金融监管、帮助政府构建金融大数据监管生态，可有效避免监管滞后问题，实现对金融科技活动的"分环节""渗透式"监管。

四、项目的创新成果

（一）建立全国金融机构大数据管理系统

该平台汇聚全国6400家左右互金公司、2000多家银行理财机构、100多家直销银行、500多家互联网保险平台等的数据，是国内数据量最全的大数据管理系统，在此基础上研发了中国互金平台大数据监测可视化大屏，清晰掌握全国互金行业的发展状况。

（二）与浙江省互金联合会共同研发企业信披系统，促进互金行业平稳发展

金智塔配合省互金联合会共同研发企业信披系统。满足在当前金融科技发展不可逆转的趋势之下，金融监管既要促进创新又要防范风险的需求；运用网络信息技术，促进金融提质增效，更好地服务实体经济、防控金融风险、深化金融改革。

在银保监会的信披规范指引下，制定了会员企业运营数据接入规范，接入近40个平台的每日运营数据，运用大数据分析、数据可视化等技术手段进行经营风险评估，制定风险识别标准，精准监管，准确有效地处理各类风险，引导金融机构稳健运行，防止发生系统性金融风险。

重点针对各家金融机构的债权实际标的进行监控，确认债权关系，有效避免关联企业的骗贷行为，同时避免企业设立资金池或存在期限错配的风险。

在此基础上，每月配合浙江省互金联合会提供中国与浙江省的互金行业发展大数据分析报告，为监管提供决策支持，及时向市场提示风险，维护金融稳定。

（三）推进落地全国首个互联网金融沙盒监管预警平台

"沙盒理念"，即在受限的安全环境中运行应用程序，并通过限制授予访问权限，为一些来源不可信、具备破坏力或无法判定程序意图的程序提供试验环境。

监管沙盒模式的引入，为监管者平衡金融科技的发展与风险控制寻找到了一个有效的监管模式。在沙盒监管模式下，监管者通过测试了解创新，评估风险，决定该金融科技项目是否可以大面积商用，并判定现有监管规则是否需要调整，从而在风险可控的前提下促进金融创新。

金智塔根据区域政府要求，对互金平台的信息披露、银行存管、税务社保、平台备案、新闻曝光、公安经侦等监管预警数据进行收集整理。并根据合规风险、技术风险、经营风险、资金风险、司法风险、舆情风险等六个维度，建立互金平台风险指标，为各区域政府搭建金融智能监管平台，促进互联网金融发展朝着合规健康发展。（参见图7）

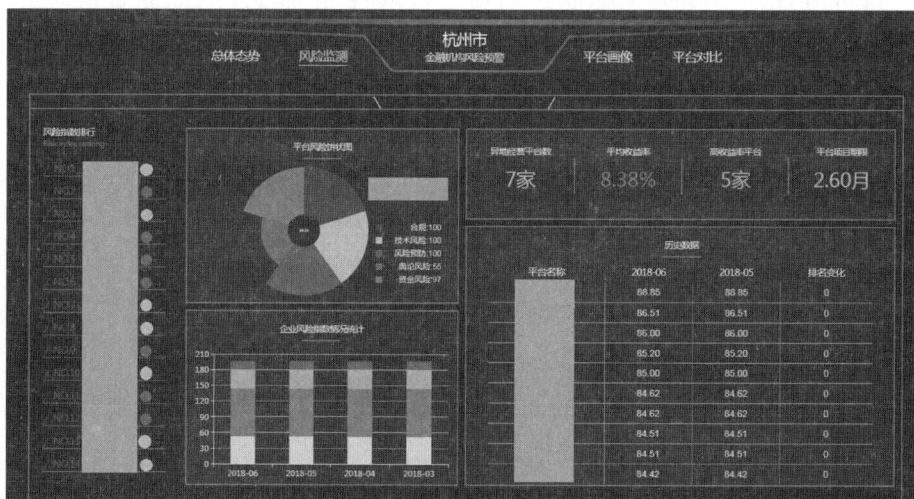

图7　互联网金融沙盒监管预警平台示意

（四）独创"知他"风控系统，助力企业风控升级

金融科技助力普惠金融，降本提效，拓宽服务边界。金智塔通过金融大数据、机器学习等技术，逐步打造以人工智能为核心的先进技术体系，为中小银行、小贷、消费金融及第三方数据公司等多领域机构提供智能风控服务。

独家智能风控系统"知他"通过海量数据分析，配合多维度算法模型，将业务场景与风控模型紧密结合，根据风险新规律、新特征，及时预警、调整、优化模型，通过大数据分析实现精准的风险定位，支持业务的创新持续健康发展。（参见图8）

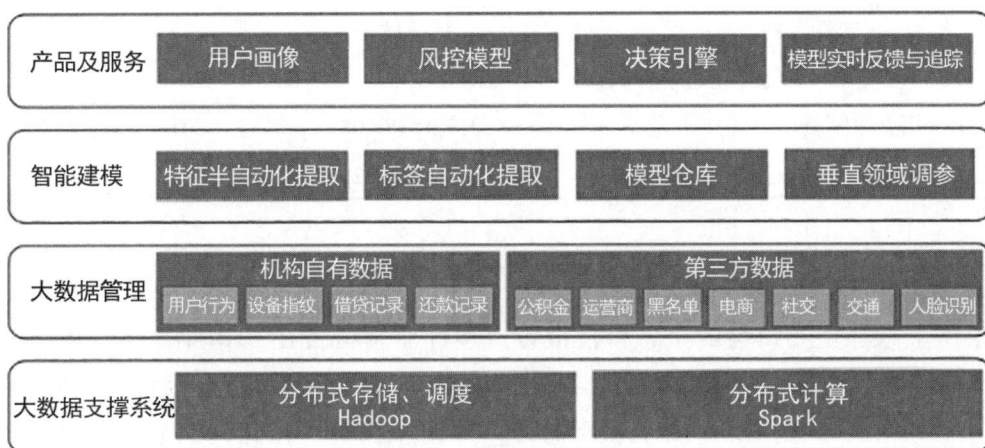

图8 "知他"技术方案

（五）专利

金智塔金融大数据分析与智能风险监测预警系统所获专利及专利申请情况如表2所示。

表2 专利及专利申请明细

专利/专利申请号	专利名称
专利号 ZL200810214333.9	一种基于定制的索引建立方法、装置和系统
专利申请号 201710673166.3	一种自动化垂直细分领域的爬虫爬取方法及其管理系统
专利申请号 201710670225.1	一种基于地理经济和社交关系的网贷平台风险评估方法
专利申请号 201710613263.3	众筹行业景气度分析方法与系统
专利申请号 201710707583.5	网贷平台价格指数分析方法、装置、介质及计算机系统

（六）软件著作权

金智塔金融大数据分析与智能风险监测预警系统所取得的软件著作权情况如表3所示。

表3 软件著作权明细

软件名称	登记号	日期
金智塔投资理财调查Android版平台软件	2017SR561412	2017年8月18日
金智塔投资理财调查iOS版平台软件	2017SR561332	2017年8月18日

续表

软件名称	登记号	日期
金智塔网贷数据接入与信息披露平台软件	2017SR039035	2016 年 11 月 11 日
金智塔 P2P 网贷可信导航平台	2017SR040168	2017 年 2 月 13 日
金智塔 P2P 互金数据采集平台	2017SR038229	2017 年 2 月 13 日

五、项目的经济效益（预期效益）

根据金融稳定委员会的金融科技报告，预计监管科技在 2020 年市场规模将发展到 64.5 亿美元。金智塔目前专注于监管报告的自动化与风险管理，后期也会向全方位监管服务拓展，包括支付安全、反欺诈、市场监控等。在此基础上，金智塔每年经济效益预估在 5000 万到 1 亿元。

六、项目的社会效益

宏观层面，如何对业务中的金融活动实施有效监管，成为当下各国监管者关注的焦点。金智塔研发的金融机构大数据管理系统、信披系统以及沙盒预警监控平台，通过大数据与人工智能等科技手段，使金融机构更加便捷地报送数据，及时发现业务风险、系统风险。协助监管机构有效应对金融科技发展过程中的风险跨界传染、技术依赖风险、金融顺周期性放大和监管套利等挑战。实现对金融科技活动的"分环节""渗透式"监管，推动金融服务升级、传统金融机构转型，以及建设普惠金融体系。

微观层面，金智塔独创的"知他"风控系统，通过大数据、人工智能技术，帮助企业将自身业务数据与第三方数据报告融合，满足各种业务场景的风控需求；同时帮助企业建立自身的风控模型，提高审批效率，降低人工成本，显著提升企业收益，促进金融行业健康有序发展。

七、项目的社会评价

宏观层面，金智塔研发的金融机构大数据管理系统、信披系统以及沙盒预警监控平台得到了监控部门的鼓励和肯定。

同时，金智塔也是多个大数据权威机构会员，包括科技部四方现代服务产业联盟、浙江省大数据科技协会、浙江省互联网金融联合会、杭州市云计算与大数据协会，并在 2018 年 9 月成为杭州信用大数据融合联盟创始会员。

微观层面，金智塔研发的"知他"系统，不但为互金公司提供风控服务，也正在向传统金融机构输出技术能量，帮助客户实现智能风险定价，有效降低逾期率、坏账率，同时显著提升企业收益，促进金融行业健康有序发展。该系统得到了客户的广泛认可，在业内形成口碑，部分项目已进入二期开发阶段。在此基础上，金智塔获得了一系列奖项，包括 2017 年 10 月荣获中国 FinTech 大会"最佳 FinTech 服务企业"，2017年12月被评为"智在人为"2017年度浙商人工智能榜单最具创新性企业，2018年3月荣获杭州市金融办中国金融科技创客（杭州）大赛铜奖，荣获2017年度中国金融科技创客大赛总决赛优胜奖，被评选为杭州市云计算与大数据协会2017年度杭州市云计算与大数据优秀项目。

（项目负责人：郑小林）

恒生大宗商品交易与风险管理系统

实施单位：恒生电子股份有限公司

大宗商品行业既有传统产业属性又有金融属性，随着金融服务实体经济和供给侧结构性改革的深入，越来越多大宗商品产业链机构参与到金融中，利用金融工具实现资金融通和企业经营风险管理，保护企业利润价值，以求企业的长续稳健经营。但是大宗商品行业机构在参与金融的过程中，还存在信息化建设落后、信息技术系统割裂、期货现货无法统一、风险管理系统化不足的问题，而国内到2018年还没有一套成熟的大宗商品交易与风险管理系统。

当前国内对于期现结合的管理大多采用手工的方式来处理，期货现货两条腿分别记账、难以匹配，集团内部的经营数据统计及各个集团子公司的风险情况难以追踪到每个项目，同时造成财务系统、企业资源计划系统、OA系统与期现管理之间的割裂，从而导致效率低下、风险不可控。

国内期货客户交易编码制度实行一户一码的原则，而大宗商品行业机构通过期货市场进行套期保值等业务时，难以分业务人员或团队来共同操作，因此需要一套能够支持内部分组委托、业绩独立考核的交易系统来帮助其进行综合管理及风险管控。

基于以上行业现状和问题，恒生电子股份有限公司（以下简称"恒生"）结合在金融、产业等行业的IT整体解决方案经验，推出大宗商品交易与风险管理系统，帮助大宗商品行业机构建设整体信息技术平台，打破信息壁垒，有效整合期货现货，实现全面经营风险管理，结合大数据、区块链、高性能计算、全球交易网络等金融科技推动大宗商品行业经营管理模式的转型升级。

一、项目的背景及意义

在服务实体经济和供给侧结构性改革的政策背景下，期货行业在衍生品品种和服务模式上不断创新，中国大宗商品期货成交量已连续七年位居世界第一，风险管理子公司也不断通过仓单服务、基差交易、期货+保险等创新形式服务产业客户；同时，随着产业客户参与期货相关制度改革的推进，产业链上下游企业对于风险管理的需求得到满足，产融结合的趋势走向纵深发展。

然而，当下无论是风险管理子公司还是产业客户，在风险管理工作中都存在

"期现无法统一管理""风险无法统一管理"的问题，导致期货现货两条腿走路、风控不及时、管理不规范、数据统计不便捷等问题，阻碍了业务发展，甚至引发合规风险问题。

恒生二十多年来致力于为资本市场和产业提供整体解决方案，在金融交易和供应链金融领域都有成熟的解决方案，而大宗商品交易与风险管理系统则是恒生通过挖掘产业客户参与金融遇到的痛点，开创性地提出的"期现一体化"解决方案。该系统旨在通过技术手段消除信息壁垒，推动企业"期现统一风控"，以项目为中心推动企业内部流程化、精细化管理，最终促进产融结合，服务于实体企业发展。

目前恒生已与国内领先的大宗商品供应链服务商——北大方正物产集团，签订战略合作协议。同时该平台已经在格林大华资本正式运行，成为风险管理子公司IT建设的先行者，大大提升了业务效率，保障了风险可控。

二、项目内容

近年来，随着IT技术的迅猛发展，新型的IT技术改变了传统业务实现方式，带来了新的市场机会。同时，伴随大宗商品行业市场容量不断壮大，参与主体增多，业务涉及期货、股票、债券等金融业务，原有的期货交易与金融交易割裂的模式已不能满足新的需求。与此同时，还存在大量的场外交易市场（over-the-counter，简称OTC）交易，业务数据没有统一的标准和规制。为此，本次恒生为各大贸易商和大宗商品集团推出大宗商品交易与风险管理系统，将现货交易与金融交易有机结合起来，推动行业提升IT建设水平，实现精细化管理。

该系统使公司对各类业务范围的界定、业务数据的报送口径形成统一的理解，有利于消除信息壁垒，推动数据共享和业务协同。在统一标准的基础上，开展业务综合统计等基础设施建设，汇集全行业、全口径、全生命周期的业务数据，运用大数据技术加以深度分析挖掘，能更加准确地把握市场整体运行和风险情况，为宏观决策做好数据支撑。

该系统的建设规划主要如图1所示。

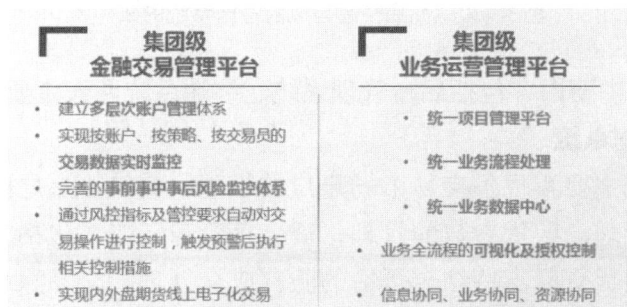

集团级金融交易管理平台
- 建立多层次账户管理体系
- 实现按账户、按策略、按交易员的交易数据实时监控
- 完善的事前事中事后风险监控体系
- 通过风控指标及管控要求自动对交易操作进行控制，触发预警及执行相关控制措施
- 实现内外盘期货线上电子化交易

集团级业务运营管理平台
- 统一项目管理平台
- 统一业务流程处理
- 统一业务数据中心
- 业务全流程的可视化及授权控制
- 信息协同、业务协同、资源协同

图1　大宗商品交易与风险管理系统的建设规划

该系统的建设目标如图2所示。

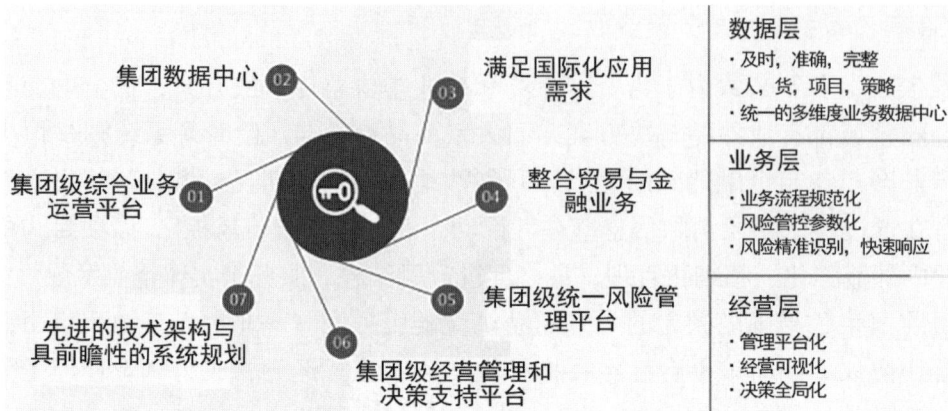

图2　大宗商品交易与风险管理系统的建设目标

该系统的架构如图3所示。

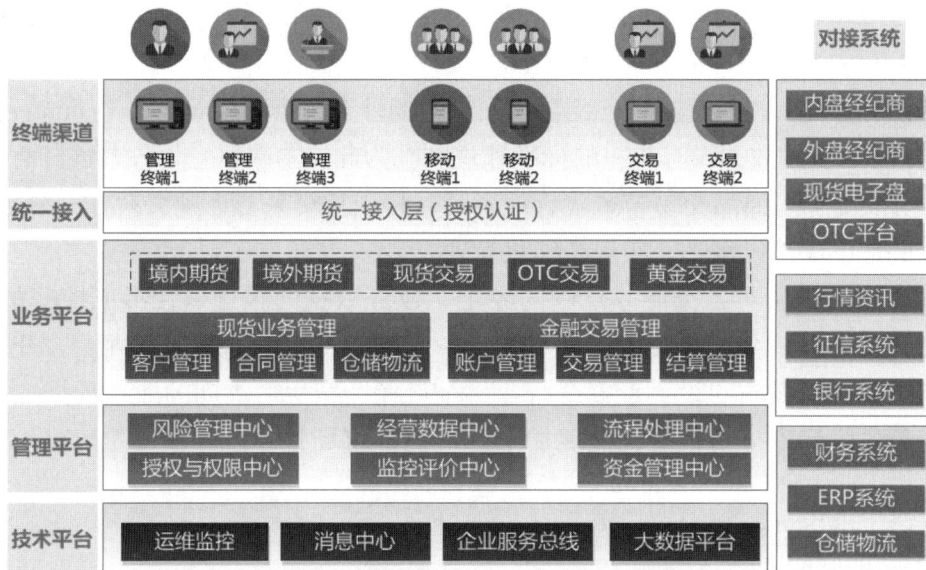

图3　大宗商品交易与风险管理系统的架构

该系统项目的主要内容包括后台管理系统、终端系统两大主要部分。

（一）后台管理系统

后台管理系统主要实现各交易市场账户的管理，交易账户之间信息的同步；用户权限的分配及管理，期货参数的管理；资金存管与转账，包括交易账户之间的资金同步与划拨；期货交易支持结合行情的防自成交处理，交易账号可交易品种限制设置与管理；每日境内外业务自动化结算，实时与主系统结算对账；交易信息的查

询及报表业务查询功能。（参见图4）

图4　后台管理系统示意

（1）账户模块

根据企业的业务流程，以项目、策略为核心，基于经纪商的通道展开业务，所以需要在账户模块涵盖以下主要功能：维护项目及其策略，管理经纪商的通道，同时完成操作员的建立以及操作员对项目、交易通道的赋权操作。

主账户管理主要用于实现客户境内外各类衍生品账号的统一管理及交易账号的建立，能够对账号信息做统一的管理。通过输入资金账号、资金账号密码、经纪公司、系统类型等信息，从经纪商系统获取该账号的账户、资金、费用、持仓等信息，并保存到数据库中，从而实现主账户自动开户。系统支持从恒生、上期技术、金仕达这三家柜台获取境内交易主账户信息，支持从易盛、CQG这两家柜台获取境外交易主账户信息。项目策略管理主要用于管理企业内部的项目及其策略，包括项目策略的基础要素信息、相关的风险指标。交易账户管理主要针对项目、主账户、交易员建立交易通道，便于后期做项目的经营分析和交易员的业务考核。

（2）用户模块

用户模块主要为用户角色配置和用户权限的管理，支持自定义系统中所需要的角色和各角色的权限；支持管理系统中的各类操作员，并按照不同角色分配权限。（参见表1）

角色授权：按照企业自身的情况自定义使用系统的角色，例如系统运维管理员、账号管理员、风控管理员、业务管理员、结算管理员、部门统计员。

操作员管理：支持对操作员进行查询、新增、修改、删除、清密、注销、注销取消、密码修改操作。

用户授权：结合设置的操作员与角色，设置对应的关系。

表1　各类操作员及其对应的工作内容

角色名称	工作内容
系统运维操作员	主要负责用户模块的角色管理、操作员管理、部门信息管理，以及系统日常的运维监控
账户管理员	主要负责资金账号、交易账号管理，以及交易操作员的管理
风控管理员	对事前合规风控、事中策略风控分别设置不同维度的风控阈值，事后通过报表查看项目及策略的风险情况，以及查询风控预警记录和发起强行平仓操作
业务管理员	负责项目策略、交易账号下的资产管理
结算管理员	负责检查自动化清算的结果、外部经纪商账单收集、交易数据补录、对账及对账后资金和持仓的调整
部门统计员	负责盘后持仓策略认定

（3）存管模块

由于在多市场不同经纪商的通道之下，又搭建了企业自身的多账户的金融交易平台，那么就需要在系统中维护好资金和持仓数据。同时在业务开展过程中，因为跟主经纪商的数据同步、交易账户资金划拨、清算对账等产生的资金持仓差异都需要进行维护，所以该模块主要包括资金持仓的调整、划拨和同步。

（4）交易模块

交易模块支持直接对接境内期货和境外期货，以及黄金交易所。同时为了保证金融交易平台的数据完整性，满足以项目为维度对多市场的交易数据进行汇总分析，支持OTC等市场的交易数据补录。

在整个交易流程中，需要把现行线下的指令下达转移到线上，帮助交易员和下单员明确指令内容和职责。

在交易过程中，依据现有的交易业务模式，下单时系统会进行事前合规风控，例如防止自成交、频繁报撤单等；同时带入策略做事中实时风控，对于未带入策略的持仓做盘后认定。

通过恒生提供的终端软件，支持多账号一键登录，支持境内外期货、黄金交易所业务，行情K线查看，标准下单，条件单，自由组合交易等功能。具体项目内容在"（二）终端系统"中详细介绍。

（5）风控模块

基于合规风控和项目策略风控，按主交易账号设置不同的合规风控指标，一旦触发，直接拦截交易指令；基于策略中的风控要素，实时进行事中风控。当触发指标后，自动进行预警提示，引导风控人员进行强行平仓。

同时为了满足企业内部合规风控的管理要求，系统会保存各项事前的拦截信息和事中的触发预警，以备事后核查。例如，事前指标包括防止自成交、频繁报撤、交易额度、允许交易品种等，事中指标则包括持仓比例、资金限额、盈亏预警线、持仓手数、持仓限额、持仓货值、盈亏回撤等。

（6）结算模块

结算模块需要每天对金融交易系统的境内外各项业务进行清算、对账、初始化等操作，以及处理从主柜台无法同步的业务数据。为了减轻企业的业务结算和IT运维的压力，本次项目的清算主流程设计为定时自动化，仅少量的如交割、对账后调账需要业务人员介入。

（7）经营管理

从各维度的基础信息查询到企业关注的项目、策略运行情况，按不同维度出具不同的经营报表。

通道信息查询：各经纪商的原始数据查询，包括账号基础信息、资金、委托、成交、持仓。

操作员交易信息查询：按部门、时间等维度查询交易员的资金额度、委托、成交、持仓等信息。

项目策略查询：按项目、策略、时间周期等维度查询项目策略当前所持头寸、盈亏等运营情况。

风险查询：查询项目展开过程中，因触发事前、事中指标的风险信息，支持查看已经触发了的预警明细信息，包括阈值、触发时的值、触发的时间等信息。

日志查询：支持查询管理操作员的操作日志、用户日志。

（8）系统管理

主要包括各种基础信息设置，如经纪商通道配置、开关设置、交易日期设置、系统运维参数设置等。

（二）终端系统

MT专业投资交易终端是专为混业投资者而设计的操作终端，软件以"便捷、专业、易用"为特色，支持多账号、多业务、多策略、统一交易管理，以及条件单、止盈止损单、预埋单、全平、锁仓、反手、套利单等策略设置，帮助投资者更方便地进行交易。

产品框架如图5所示。

已支持	基础功能	标准交易	组合交易	策略交易
期货		标准下单	组合设置	
股票期权	多账号一键登录	行情K线	基差监控	Python策略交易
证券	多业务融合	条件单/止盈止损单	组合交易	
外盘期货	自定义布局	行权	敞口信息	策略监控
黄金		备兑	组合清算	

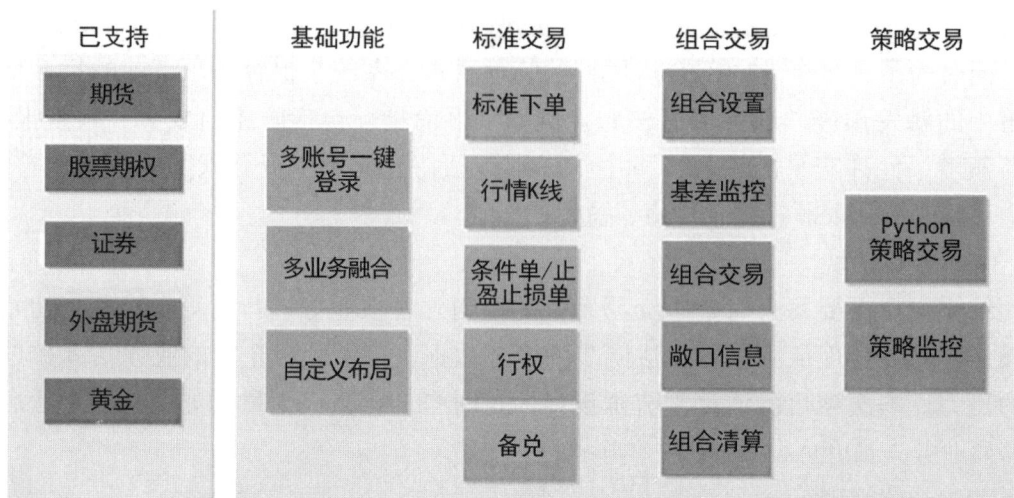

图5　MT专业投资交易终端框架

多账号登录：支持自定义设置组合账户，不但可设置同系统的多个账号，也可设置不同系统的多个账号，并实现多个账号一键登录。

多样交易策略：一是条件单/止盈止损单。事先设置条件，当满足条件时，触发下单指令。比如行情价格大于设定值、时间到达设定值时下单，成交后当行情触发设置的止盈止损条件时自动平仓。二是支持交易所标准套利交易和自定义套利。交易员可以自定义多个合约作为一个组合，通过表达式计算组合价格，当行情满足下单条件时，按组合设置比例，发出相应数量的下单指令。

组合交易模块：组合交易模块提供常用标准价差类型，如阿尔法套利、买卖权平价套利、期货价差套利等，交易员可根据标准价差类型设置多头、空头合约，同时也可自定义组合策略，组合设置成功后，交易员可实时观测组合指令的执行情况及产生的持仓情况，并通过可视化的图形界面查看价差变化；交易过程中产生的敞口，投资者可灵活调整仓位保持持仓的中性或对组合指令进行加减仓。盘后交易员可对盘中组合指令的执行情况做确认清算。

期现基差监控：通过恒生特定的工具获取大宗商品的电子平台或网站的报价信息，也可以通过手工录入的方式来形成现货的行情信息，从而与期货行情相结合，实现期现基差的监控，精细化地管理期现组合持仓敞口情况及期现组合盈亏情况。提供可视化图形界面，观测基差变化曲线，为交易员提供更多参考依据。

其他功能：一是资金信息管理，资金栏实时体现可用资金变动、盈亏变动、实时风险率等资金详情。二是根据业务分类展示，双击可查看对应合约的行情K线，右键合约可添加为自选行情，方便交易员进行行情查看。三是标准下单版，支持境内期货、境外期货、黄金交易所、证券、股票期权等各个业务统一下单窗口。四是终端功能模块独立，交易员可根据各自的操作习惯，对界面进行自定义布局，采用组件组合的方式，组合出匹配每个交易员的操作界面。

三、项目的技术路径

（一）技术框架

图6为恒生大宗商品交易与风险管理系统的大体技术框架。

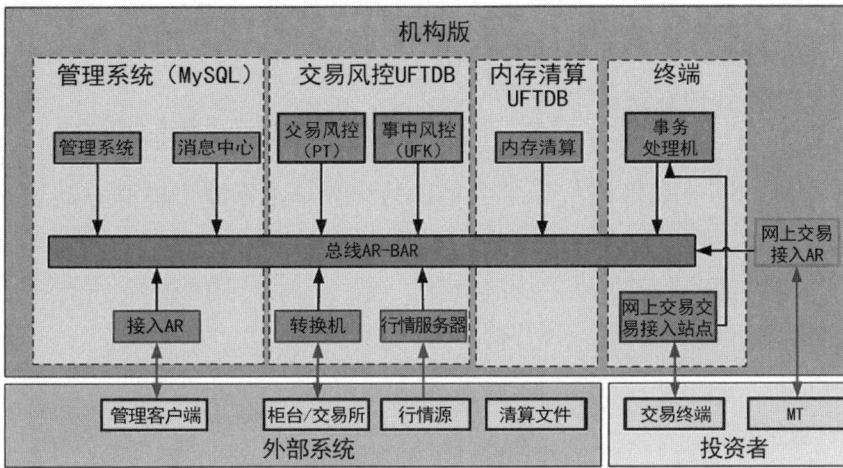

图6　恒生大宗商品交易与风险管理系统的技术框架

恒生期货核心应用系统均基于恒生金融基础件中间件构架，由企业服务总线（enterprise service bus，简称ESB）和应用服务器（application server，简称AS）两部分组成，是恒生专为金融行业打造的金融基础件，可以非常方便灵活地构架四层Client/Server结构的系统（参见图7）。

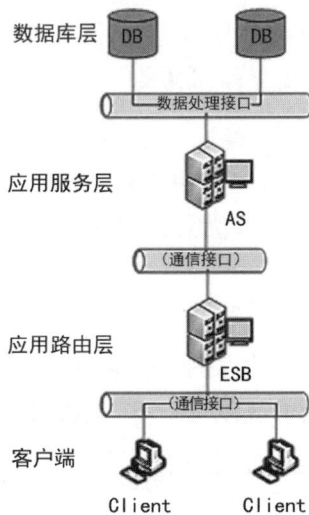

图7　四层Client/Server结构的系统

金融基础件具有很好的稳定性、高效性和开放性，已经在全国期货、证券、基金等金融行业内上千个营业部中使用。

（二）技术特点

1.高可用性

故障指运营中心计算机系统在硬件上出现的故障。通过技术手段可回避由故障引起的后果。当出现故障时，系统要在规定时间内恢复正常运行，达到系统高可用性的目标。本系统要达到下列高可用性指标。

（1）核心交易处理系统故障

核心交易处理系统指数据库服务器和中间件服务器。核心交易处理系统出现故障后，恢复指标如下：部件级故障（99%的故障）＜1分钟（集群自动切换），集群失效、数据库失效（1%故障）＜10分钟（手动切换到备用系统）。

（2）外围系统故障

外围系统故障恢复指标为＜5分钟（MT交易终端等）。

2.安全性

（1）数据的安全

数据传送的安全是指防止数据发生窃密、篡改、重发、伪造等的安全以及数据存储（数据一致性）的安全，防止交易数据被非法获取并解密，保证交易数据的绝对安全性和正确性。

数据存储的安全是指对敏感数据提供哈希256以上标准数据传输保护，支持数据传输通道的加密。对于重要数据，可以根据要求进行定期备份。

（2）用户的安全

用户权限的管理，用户证书的使用及管理（支持第三方CA认证），建立集中与分散相结合的权限管理体系，符合集中交易业务管理模式和保证各子公司操作灵活性的同时，确保权限的集中管理与系统的安全。

（3）网络的安全

通过多层次访问控制保证系统安全和防止非法入侵；不同应用在网络上实行隔离，交易系统网络专用，确保其他系统对交易系统不会造成影响；具有病毒防范能力，可对病毒进行隔离、拦截。

3.高性能

系统采用全内存交易和风控，大大提高订单处理速度，保障风控计算的高效性。（参见图8）除去网络延时，从客户端发起委托到报盘申报应短于60毫秒；除去网络延时，从报盘收到委托确认与成交回报并推送到客户终端应短于30毫秒。

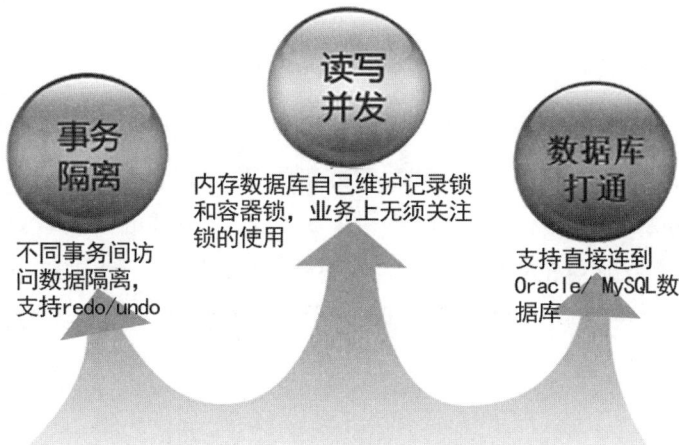

图8　高效对象内存数据库特点

4.可扩展性

（1）容量可扩展性

支持对存储阵列柜、服务器主机、中间件主机、应用路由器主机和数据库逻辑等软硬件扩展，提高系统容量和处理能力。

（2）业务可扩展性

系统支持在金融交易平台现有基础上，考虑未来数据中心建立后对数据存储和系统安全的更高需求，以及行业要求和未来发展的需要，能平滑实现功能的扩充和升级。

恒生拥有统一金融交换接口UFX（可进行Java、C++、C等语言方式的开发对接），整体覆盖了期货、证券、基金、银行、信托、海外业务等各类交易接口，适用于各类交易软件业务的对接，适用于各个创新业务通过UFX相互衔接。目前，期货行业主流第三方终端已基本接入，可供交易员选择并加以使用。针对UFX有专门的服务团队进行支持，恒生客服人员提供24小时咨询服务。

（3）接口开放性

系统接口开放，能实现未来与现货贸易系统、业务管理系统、Oracle、移动APP及其他流程引擎的无缝对接，可通过调用工作流将相应数据统计信息发送至不同部门，并将流转记录和工作流结果返回系统中留存。

5.灵活性

系统平台的设计要考虑灵活性，充分体现"终端智能化、网络智能化"的设计思想，无论什么信息，网络通信平台都可以为其提供接入，只要带宽、时延能满足要求就可以提供高质量的传输，无须再对网络做任何的改动。

（三）全球专线网络服务GTN

恒生GTN（global trade network，全球交易网络）构建了覆盖全球范围的精品承载网来接入国内外的买方和卖方。网络连接了全国的十几个主要城市，通过香港节点接入国外的买方和卖方。通过和Ullink等友商合作，将业务的接入范围真正地扩展至全球。

GTN能够灵活地融合私有云和公有云，为业务提供弹性的计算和存储能力；统一接入标准，可实现快速接入。高性能的数据交换网络，高速高效、安全可靠；提供一站式金融业务解决方案。

其中，国内网络节点的特点是：全国有多个接入点，包括北京、上海、深圳、杭州、香港；200多条线路；低延迟，高可用；内地到香港10M专线，双路备份。（参见图9）

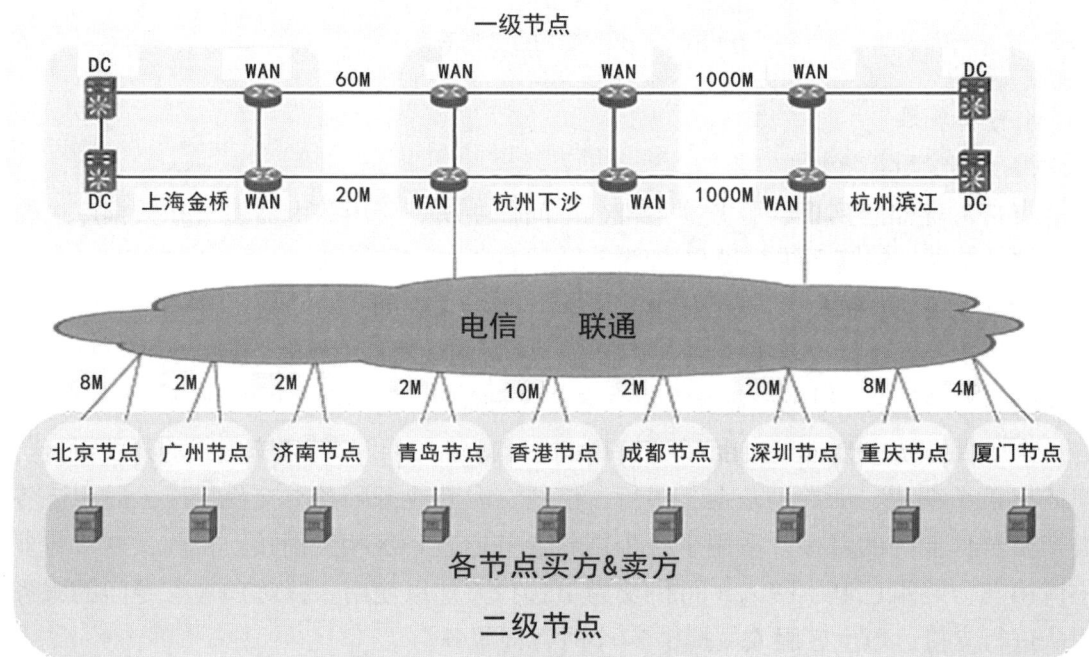

图9　国内网络节点联通示意

国际网络节点的特点是：提供高效安全的网络架构；成为Ullink战略合作伙伴，专线互通，联通全球众多买/卖方机构。

（四）监控与运维

系统整体的监控和运维是通过恒生监控运维系统SEE2.0来实现的。恒生监控运维系统SEE2.0包括了监控和运维两大模块，可对应用系统的各类资源进行统一的监控和管理，并提供实时报警，方便故障的排查和解决，为各个应用系统提供最便捷的监控方式。

1.监控总览

监控总览主要展示的内容包含告警事件列表、中央处理器（CPU）统计信息、磁盘统计信息、内存统计信息、健康率、异常统计信息、监视器统计信息、日志分析的统计信息。总览页面信息20秒刷新一次。

头部监控：监控CPU总使用率、内存使用率/内存总数、健康率［正常的监视器个数/（总监视器个数－休眠的个数－关闭的个数）］、异常率/异常监视器个数。

告警事件：罗列所有监视器相关告警内容，点击后可以查看明细，重要级别以上事件需要及时处理。

CPU、内存、磁盘平均使用率：CPU、内存、磁盘中的数字就是总的平均使用率。

监视器统计：所有监视器在各个模块和各种运行状态下的监视器个数。

2. 核心交易监控

监控核心交易模块的关键视图，其中包括监控核心交易主备机运行情况、各个关键链路的通信情况、机器CPU和内存使用情况、主备间数据同步情况、核心处理请求积压情况，以及核心节点告警信息。

3. 自动运维

自动运维是通过Shell Commands、SSH、Telnet以及各种代理服务器命令，统一监控系统和运维管理，以达到全面提升管理水平、降低人工干预，极大提高效率、减轻压力，最大化地消除由人员失误、遗忘操作等所造成的事故隐患，确保系统安全、稳定运行，并发现运行系统中的潜在问题的目的。

自动运维主要实现系统自动化运作，例如证券日常巡检、系统灾备切换、文件批量升级、数据库日常备份和健康报告等操作。

四、项目的创新成果

本次恒生大宗商品交易与风险管理系统采用了恒生前沿的金融科技研究成果，切切实实地帮助大宗商品集团解决了现实中的困境。

（一）多市场交易通道

基于大宗商品交易的特点，存在大量的境内外套利、跨市场套利，企业的下单员需要打开多个终端分别进行境内外交易，而这很容易导致错失交易时机。本次金融交易平台项目通过HSUCF组件化终端平台，支持在同一个终端上一次性登录境内外期货、期权、黄金的多个交易账号，并结合恒生GTN进行跨境内外、跨品种交易。

（二）灵活的账户管理体系

企业在展开实际业务过程中，会根据业务部门进行立项，针对各交易员进行业绩考核。这也符合企业内部朝精细化管理和分层风控、绩效考核发展的方向。而这就需要通过技术系统建立起灵活的账户管理体系。本项目支持从项目、交易账户、交易员维度建立不同的交易账户，切实满足了企业的管理需求，让企业能够从项目经营分析、交易员业务考核等维度进行数据分析。

（三）完善的事前、事中、事后风险监控体系

企业在业务发展的过程中，除了保证效益之外，更多地需要确保企业内部风险可控，风险管理也成为企业管理的重中之重。本次项目结合实际的调研情况和前期的业务积累，把项目的风险指标分为事前、事中、事后三类。

事前指标主要为了规避企业在合规层面的风险，避免因交易违规被交易所处罚导致业务展开受阻。

事中指标主要是结合企业内部业务展开，设定各类项目、策略风控指标，满足经营过程中的风险实时可控。

事后指标主要是基于各类交易数据，获取项目的整体运营情况，便于业务部门统计和领导层的决策分析。

以上的三类指标覆盖了业务展开过程的风险全生命周期管理，做到全程覆盖，没有业务风控死角，并通过恒生自主研发的新一代UFTDB内存交易平台实现了高效率风险管理。

（四）期现一体化管理

现在很多现货贸易企业、大宗商品集团在运营过程中的最大问题就是期货和现货数据分别管理，无法做到期货与现货数据的实时打通，也就无法实时进行风控，继而影响业务的整体化管理。恒生基于原有金融交易的深厚积累，帮助这类企业打通现货管理系统，把获取的现货数据与期货数据进行整合，做到项目、策略下各衍生品市场和现货市场的数据打通。

打通各市场的业务数据之后，就可以帮助企业更好地掌握项目运行中的现货买卖敞口、现货库存敞口以及期现货敞口，继而通过技术系统去帮助企业规避运营风险。

（五）实现与周边系统的对接

在实际调研走访过程中，发现每个企业都已有多套系统在进行内部管理，例如财务系统、现货系统、OA系统。为了帮助企业解决内部信息孤岛的问题，我们提出结合企业实际需求，打通企业内部关键系统，让业务人员只操作一次，便可以使业务数据在关键系统内贯通。

本项目使用了恒生自主研发的新一代中间件平台（获得"核心电子器件、高端通用芯片及基础软件产品"专项国家级科研经费），该平台作为企业级服务总线，能够打通集团内部信息系统，最终解决企业信息孤岛的问题。

（六）建立企业级业务运营管理平台

大型贸易商和大宗商品集团在企业管理中，为了提升效率，对于项目、流程、风控、数据的统一管理有很高的要求，这也就要求我们在金融交易通道的基础上建立企业级的业务运营管理平台。通过该平台，企业可以建立工作流引擎，辅以业务管理要素，从基础数据维护到项目展开的全生命周期进行流程化的管理。基于系统的整合和数据的统一，通过大数据技术为企业经营决策、运营风险管理提供有效支撑。

五、项目的经济效益

恒生大宗商品交易与风险管理系统旨在服务中国大宗商品行业，包括大宗商品贸易商、各个现货生产加工商及期货公司的风险管理子公司。对于大宗商品行业当前面临的国际化、金融化、信息化、资本化的需求，需要发挥"贸易＋金融交易"的组合优势，来实现经济效益的稳定增长。

首先，恒生大宗商品交易与风险管理系统通过技术手段，整合现货及期货两端，将原来的流程管理进行简化，舍弃excel的手工管理方式，输出更有效的数据信息，方便集团管理层做出更准确的决策，这既节约了人力成本，也为大宗商品贸易商的高效管理提供了有力的工具。

其次，中国为进出口贸易大国，许多的大宗商品进出口贸易都需要通过期货端来进行套期保值，从而锁定预期价格，防范现货贸易价格风险。所以，未来越来越多的大宗商品贸易商通过恒生平台进行管理交易，所产生的经济效益是不可估量的。我们可以看海关总署发布的一组中国大宗商品进口数据：中国2017年铁矿石进口同比增长5.0%，至10.75亿吨，原油进口同比增长10.1%，至4.20亿吨这一纪录高位，锻轧铜及铜材进口469万吨，大豆进口同比增长13.9%，至9万~550万吨。还有其他肉类、天然气等众多的大宗商品进口，这些大宗商品的贸易过程都有通过期货交易端来实现其锁定价格的需求。

同时，恒生大宗商品交易与风险管理系统将多金融交易通道进行整合，包括境内外期货、上海黄金交易所、外汇、场外、股票期权等，能够满足不同大宗商品贸易商的需求。在满足套期保值要求的基础上，也能够帮助贸易商实现基差定价、套利交易、基差贸易、含权贸易、场外期权的需求，方便大宗商品贸易商进行交易管理，丰富了交易模式，同时也活跃了金融交易市场。

该平台同时拥有强大的风控体系，在大宗商品贸易商交易过程中能够发挥巨大的风控作用，为其交易保驾护航。其中包括敞口的管理、模型测试、风险分析、交易员分析等，在整个交易过程中进行监控测算，减少风险控制上的损失，也为大宗商品贸易创造期现两端的交易价值。

六、项目的社会效益

在2018年恒生期货行业峰会上，恒生正式发布重量级产品——大宗商品金融交易平台，受到了行业参会嘉宾的一致好评。

该平台是大宗商品交易与风险管理系统的核心模块，将现货贸易与金融交易业务结合，实现期现一体化，有利于消除信息壁垒，推动数据共享和业务协同，促进精细化管理，树立新型IT技术改变服务产业客户的标杆。

对于期货行业回归服务实体经济本质的重要尝试，风险管理子公司这几年通过合作套保、基差交易、期货+保险等服务模式，为产业客户、农户等提供了重要的价格风险规避的金融工具，为企业稳健经营提供了一种新的发展模式。某风险管理子公司提出，产业客户的风险转移，需要期货公司对冲自身的风险，而当前手工管理和期现分离的模式都隐藏了很大的风险，期现结合统一管理是期货公司服务实体经济工作中不可或缺的"六脉神剑"。

产业客户对金融不仅是融资的需求，在国际化的浪潮下，对价格波动风险的管控是新时代企业发展的立业之本，通过对现货和期货结合的分析，帮助企业更好地做出经营决策。某鸡蛋龙头企业，在生产经营中需要同时关注饲料、种蛋、鸡苗等产业链上下游的价格波动风险，该企业希望能够建立虚拟现货库存，结合期货市场进行期现一体化经营，帮助企业进行交易决策。随着产融结合的深入，相信会有越来越多的产业客户将风险管理和期现一体化运用到企业经营中，提升整个社会的资产配置效率和抗风险能力。

七、项目的社会评价

本次恒生大宗商品交易与风险管理系统的首家客户是北大方正物产集团有限公司（下面简称"方正物产"）。方正物产作为国内领先的大宗商品供应链服务商，一直以来致力于通过业务模式创新、金融科技创新，为上下游客户提供全方位的供应链服务以及风险管理解决方案。

2018年7月9日，方正物产与恒生在上海举行合作签约仪式，签署《合作伙伴框架协议》。双方将在系统建设、金融科技及业务探讨方面展开深入合作，携手打造新时期大宗商品业务、期货业务运营平台，将现货贸易与金融结合，有机整合金融交易与大宗商品供应链业务，从而消除行业信息壁垒，推动数据共享，共同提升双方的技术研发、产业和市场能力。方正物产副总裁李瑛、陈进华，恒生副总裁张国强共同出席了本次仪式。

方正物产风控总监张于轩认为，随着信息壁垒的消失、行业进入者的丰富，传统的套利机会正在初步消除，基于价差的交易模式正在失效，在这种形势下，我们需要构造更加复杂、立体和创新的业务模型。恒生提供的大宗商品交易与风险管理系统实现了多种金融交易线上电子化、多层次集中账户管理体系，健全事前、事中、事后的风险监控系统，后期将结合现货业务建设整体业务运营管控平台，进一步实现全面风险管控，提升企业整体管理水平。

在原有合作基础之上，未来，恒生与方正物产还将在系统建设、金融科技及业务探讨方面展开深入合作，携手打造新时期集团化运营管理平台，有机整合金融交易与大宗商品供应链业务，共同提升双方的技术研发、产业和市场能力。

（项目负责人：杨彬）

恩牛 iCredit 大数据智能风控系统

实施单位：杭州恩牛网络技术有限公司（51信用卡）

51 信用卡从信用卡账单管理的工具起家，到发展成集个人信用管理、信用卡科技服务、在线信贷撮合与投资服务于一体的金融科技上市企业，用了不到六年的时间，业务范围涉及网银账单、信用卡邮箱账单、运营商、电商、公积金等等。其中作为拳头产品的信用卡账单业务，截至2018年底已覆盖77家银行（含全国性大行15家）并支持其几百个版本的历史账单解析。其中，iCredit 大数据智能风控系统起了重大作用。

iCredit 大数据智能风控系统是 51 信用卡所有信贷业务系统的决策大脑，完整链接了订单系统、授信审批系统、贷后系统、催收系统、运营系统、客户关系管理系统、案件系统等，具备风险策略管理和监控、特征工程研发、模型开发、模拟测试、优化、预测分析、自动部署、版本管理、报表功能，可提供一站式全流程风险管理服务。

iCredit 大数据智能风控系统通过立体化、全流程、数据驱动，实现专家经验与机器算法的高效联动和结合，一方面可实现更加精准的用户评估，另一方面则能实现更加快速的风控模型和策略的迭代周期，从而支持为用户提供更加个性化、简单和便捷的金融产品和服务。

一、项目背景及意义

网络借贷行业（以下简称"网贷行业"）服务于银行体系之外的长尾客群，拓宽了普通大众和小企业的融资渠道，对健全金融服务体系、更好地满足社会金融需求有积极意义。经过几年的发展，网贷市场呈现出三个鲜明特征：一是用户追求快捷的融资服务体验，主要体现在用户量大、贷款笔数多、单笔金额小、贷款期限短，靠传统的人工流程不具备可行性，而需要以规模化、标准化、流程化来覆盖经营成本；二是大部分用户游离于央行征信体系之外，且网贷自身的征信体系尚未健全并呈分散化，对借款人的信用约束力不足；三是所服务客群的还款能力稳定性较弱，信用习惯尚在培育中，整个行业也尚未经历一个完整的信贷周期。这些特点决定了相关企业的风险管理能力是企业持续稳健经营的核心能力。

51信用卡公司2012年从信用卡账单管理入手，积累了深厚的大数据基础，2015

年顺势而为开展网贷撮合业务，在数据、系统、人才等方面持续投资建设自身的风控系统。公司一方面继承了传统信贷行业特别是信用卡风险管理在贷前、贷中、贷后等方面优秀的风控理念和实践，另一方面根据网贷业务和用户的特点持续加大新科技的开发和应用，打造出一套全流程自动化的iCredit大数据智能风控系统。

除了满足自身业务需求，iCredit大数据智能风控系统还实现了对外风控科技能力的输出。在与各类持牌机构的合作中，通过诸如联合实验室的模式，可以方便地进行联合建模和策略等能力的共建和输出，实现优势互补、合作共赢。

二、项目内容

51信用卡公司自主研发了iCredit大数据智能风控系统，实现全流程的风险闭环管理，以决策引擎为核心，有机融合了数据系统和风控系统，实现对各项信贷业务的全流程高效支撑。

我们将网贷风险管理的核心总结为一个中心、两套系统、三项能力和四条原则，具体如下：以KYC（know your customer，了解你的客户）为中心设计网贷产品，划定业务风险边界；打造两套依托业务系统的数据系统和风控系统，用以支撑高效风控决策；锤炼风险建模、反欺诈及全流程风险闭环管理的三项能力，实现全流程风险闭环管理；坚持职责明确、分工专业、协同高效、职业操守四个原则，组织保障落实到人。

基于这些核心理念，我们开发了各个功能模块，将其组合成一个有机的整体进行动态交互运行。

（一）底层支撑功能模块

通过大数据技术的创新，使用分布式、高并发、低延迟的技术服务，为iCredit大数据智能风控系统提供底层基础支撑，助力其为业务提供自助化、一体化、模块化的服务。

iCredit技术体系依据模块化的设计理念，搭建了iDecide策略决策平台、iModel机器学习平台、inLighten实时变量计算平台、iFeature特征工程平台和igraph图特征工程平台等模块。

整个底层支撑模块可以支持风险策略管理和监控、预测分析、模型开发、模拟测试、优化、自动部署、版本管理、报表等独立功能模块，同时完整链接订单系统、授信审批系统、贷后系统、催收系统、运营系统、客户关系管理系统、案件系统等，提供一站式全流程自动化风险管理服务。

（二）数据及特征工程

iCredit是全流程基于数据做决策的智能风控系统，因此数据系统是整个风控闭环的基础与关键。51信用卡旗下多款APP每天从客户端获取海量的数据，根据这些数据的特点,iCredit采用了分布式存储、流式计算等技术进行处理和加工,将离散的数据转化成可供iCredit其他模块使用的特征、模型评分、名单等数据输出。(参见图1)

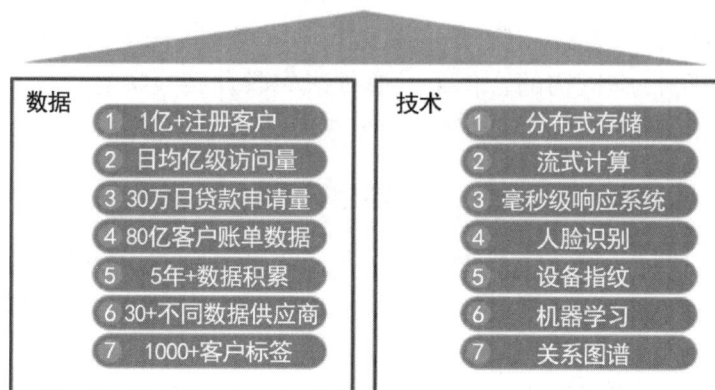

图1 iCredit产品数据及技术支持

(三)风控模型

iCredit依托海量的数据,基于特有的特征工程平台,借助高效的模型算法平台输出全方位、多维度、多功能且覆盖完整信用生命周期的多类模型(参见图2),进行一站式的模型全流程管理,其中包括数据读取、数据处理、特征工程、模型训练、模型测试、模型部署、模型运行和监控,可减少大量人工操作出错的可能,大幅提升模型上线效率,能够"轻而易举"获得海量数据分析以及精准预测的能力。另外,与传统银行等金融机构相比,51信用卡模型体系更加健全丰富。同时,结合深度学习、无监督学习方法,以及众多资深建模分析师深厚的业务分析经验,极大提升模型和策略的稳定性、可解释性和精确性。

图2 主要模型类别

（四）风控策略

网贷业务要回归信贷业务本质，在风险管理流程上遵循传统信贷规律，通过金融科技手段在贷前、贷中、贷后开展全流程风险管理。依托完善的基础功能模块，风控策略成功作为纽带连接各个功能模块，实现各环节高效决策，使得纯线上开展全流程风险管理成为可能。

风控策略的落地决策是通过与业务系统交互，自动化获取和评估各环节信息，集成数据和模型后形成规则集，用以应对不同的风险点。从信贷流程上，策略主要分为贷前反欺诈、贷前授信审批、贷中管理、贷后催收。具体到一些核心工具，涵盖用户画像、还款能力评估、还款意愿评估等。

（五）反欺诈

为了应对黑户、冒用申请、黑中介等多样化的欺诈风险，iCredit 智能大数据风控系统整合了十大反欺诈产品和创新技术，赋能反欺诈业务的日常操作。

1. 个人信息认证

个人信息认证产品主要解决申贷人身份真实性和环境可靠性的问题，包括手机号验证、银行卡验证、设备环境验证、公司/家庭地址验证等。

2. 人脸识别

人脸识别是反欺诈环节常用的产品之一，主要解决申贷时刻的客户身份真实性的问题。广义的人脸识别技术，包括身份证光学字符识别（optical character recognition，简称 OCR）、活体识别和人脸比对等，技术方案比较成熟。

3. 设备指纹

设备指纹参照人的指纹，为每个终端设备设定一个独特的 ID，为设备层级的反欺诈打下基础。从技术原理来看，设备指纹产品会在线收集上网设备的软硬件信息和行为数据，通过哈希算法来生成设备的唯一 ID。根据是否需要在 APP 端嵌入软件开发工具包（software development kit，简称 SDK），将设备指纹分为主动式和被动式两种。

4. 黑名单产品

黑名单产品可能是最早应用的反欺诈产品之一。通过汇总严重逾期、法院失信、违法犯罪、恶意欺诈等用户的信息，黑名单产品赋能网贷平台通过撞库的方式拦防这些高危客户。

5. 多头借贷产品

多头借贷产品主要用于监控和防范共债风险，拦防以贷养贷的欺诈分子。多头借贷产品主要分为两类：多平台申请产品，汇总每个客户在多家平台的申请情况；多平台负债产品，汇总每个客户在多家平台的放款数据和负债情况。

6. 反欺诈评分

反欺诈评分是通过特征工程和机器学习等智能算法，融合客户信息、设备环境、APP操作行为等多维大数据信息，构建反欺诈的评分产品。反欺诈评分的优势在于，它覆盖的信息维度更广，可以融合成百上千个风控变量，实现对特定欺诈风险的精准评估。

7. 复杂网络

复杂网络是近年来比较新型的反欺诈产品，主要通过图网络的方式还原客群之间的社交关系，是打击黑中介和团伙欺诈的一大利器。

8. 反欺诈策略模块化

模块化反欺诈策略分析、执行、迭代功能，体现在快速部署、及时监控、智能调优等方面。一方面，反欺诈策略人员可以及时、动态调整策略，提升策略迭代的效率；另一方面，可以封装反欺诈策略，避免反欺诈机密的泄露。

9. 案件管理系统

案件管理系统是反欺诈运营的一个基础系统。一方面，通过对接监控、客服、授信审批、催收等职能部门，汇集各种欺诈线索；另一方面，规范欺诈线索处理的工作流，保证反欺诈调研的质量。

10. 反欺诈监控大盘

反欺诈监控大盘泛指通过监控来发现欺诈线索的系统产品。它可以从订单或客户的层面，重点监控设备聚集、基于位置的服务（location-based services，简称LBS）聚集、黑中介活跃、高危用户清单等风险事件。

三、项目的技术路径

（一）底层支撑功能模块

为了更好地开发、迭代底层支撑功能模块，我们采用全流程的敏捷开发（参见图3）。

迭代开发：将一个完整的软件版本划分为多个迭代，每个迭代实现不同的特性。重大的、优先级高的特性优先实现，风险高的特性优先实现。在项目的早期就将软件的原型开发出来，并基于这个原型在后续的迭代不断完善。尽早编码，尽早暴露项目的技术风险，尽早见到可运行的软件，并提出优化意见。

迭代计划会议：每个迭代启动时，召集整个开发团队，召开迭代计划会议，所有的团队成员畅所欲言，明确迭代的开发任务，解答疑惑。

任务分工：在每个迭代中，架构师负责将所有的特性分解成多个任务。每个任务可以视为一个独立的子任务，一般最多一个星期完成开发，交付提前测试。当一个迭代中的所有任务开发完毕以后，再进行完整的测试。

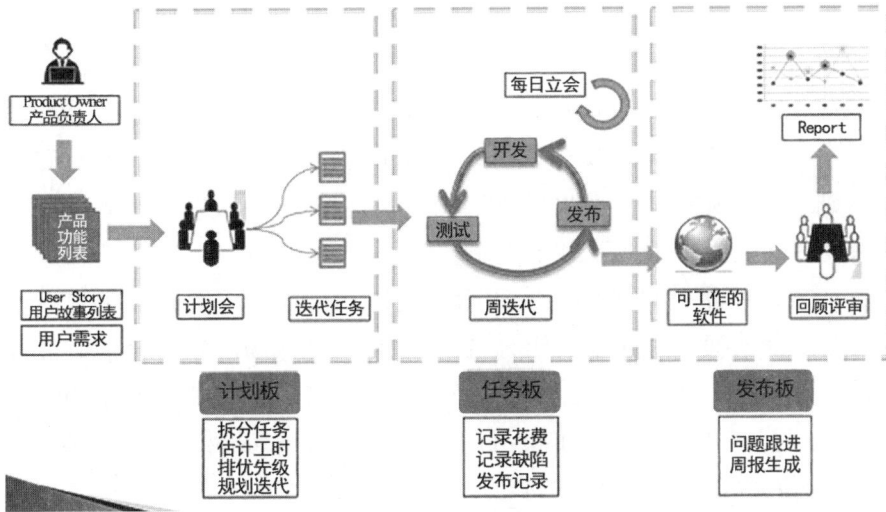

图 3　敏捷开发流程

站立会议：每天早上，所有的团队成员围成一圈，开一个高效率的会议，通常不超过 15 分钟，汇报开发进展，提出问题，会后具体沟通解决。

持续集成：开发人员每天将编写/修改的代码及时地更新到配置库中，自动化编译程序每天至少一次自动从配置库上取下代码，执行自动化代码静态检查、单元测试、编译版本、安装、系统测试、动态检查等。以上这些自动化任务执行完毕后，会输出报告，自动发送邮件给团队成员。如果其中存在着任何的问题，相关责任人应该做及时修改。

每一个迭代结束以后，项目组成员召开总结会议，总结好的经验和教训，并落实到将来的开发中。

由于迭代开发模式在项目早期就开发出可执行的软件原型，一开始开发出来的代码和架构不可能是最优的、面面俱到的，需要对代码和架构进行持续的重构。架构师要将一个完整的版本拆分成多个迭代，每一个迭代拆分成非常多子任务。从架构的角度看，这些任务必须是有非常强的继承性，是能够不断叠加的，不至于后续开发的任务全然推翻了早期开发的代码和架构，同时也不可避免地需要对代码进行不断完善，不断重构。

iCredit 技术体系依据模块化的设计理念，搭建了 iDecide 策略决策平台、iModel 机器学习平台、inLighten 实时变量计算平台、iFeature 特征工程平台、igraph 图特征工程平台等模块，每个模块可以独立运行，也可以快速自由组合，适用各类金融场景。

iDecide 策略决策平台是一个通用的决策引擎，用于风控决策。通过该平台，风控策略人员只需关注策略设计细节。该平台同时具有灵活度高、易于维护管理、安全性高、风险可控、并发高、多种场景支持等特点，可极大限度地提升风控效率，降低金融成本。

iModel机器学习平台能支持当前主流的机器学习框架，如Spark、XGBosst、Sklearn、TensorFlow等，也支持机器学习和数据挖掘主流的编程语言，如Python、R、Java、Scala等，为机器学习模型工程师、数据科学家提供一个能将自己的模型快速稳定地发布到线上的系统。他们可以使用不同的机器学习训练框架和不同的机器语言，为越来越多的场景带来人工智能的解决方案。

inLighten实时变量计算平台采用通用化设计，并利用了流式处理框架Storm实时获取、预处理、缓存变量计算所需的数据，之后利用Spark Streaming结合Spark SQL进行变量准实时计算，变量开发人员只需用SQL实现变量开发，具有开发简单、易于维护管理的优点。由于借助了成熟的流式处理框架Storm和Spark，整个变量计算平台同时具有时效性高、容错性强的优点。

iFeature特征工程平台通过构建变量分类体系，面向金融风控策略、分析、建模等人员，一方面提供变量分类框架、变量元信息、数据监控等，帮助用户定位并准确使用数据，另一方面提供变量使用业务、场景、典型案例等，指导用户如何使用数据，赋能金融业务。该平台可帮助风控专员、分析师、建模工程师等用户定位并准确使用变量，对金融业务全面、高效评估风险有重大意义。

igraph图特征工程平台通过对节点和节点关系的挖掘，实现信贷场景下海量数据的可视化关联分析和追踪。一方面，对节点进行拓展，例如移动设备、通信号码、个人家庭工作等信息定位账户主体是否存在可疑；另一方面，通过节点关系的n度挖掘对可疑欺诈案件进行还原，并且分析用户之间关系属性的强弱，挖掘群体特征，对团伙案件进行识别和定性。这对于提高贷前授信审批和贷后监控的效率以及控制金融风险都有着极大的裨益，是机器大脑中的知识库、人工智能应用的基础设施。

iCredit大数据智能风控系统在2018年3月经过中国版权中心审核，根据《计算机软件保护条例》和《计算机软件著作权登记办法》，得到了国家版权局的登记证书，享有软件著作权及全部权利保护。

（二）数据及特征工程

基于数据产品，我们设计开发了一套完整、高效、安全的数据闭环系统，包括数据获取、实时计算和特征工程三大功能模块。

1.数据获取

iCredit数据获取模块可以实时、准确、可靠地获取和收集与申请者相关的信息，用于全面完整地评估风险。传统的银行授信系统采集的客户信息大多来自客户的申请表格、材料提交以及央行征信，其中包括了客户的身份信息、资产证明、收入证明、银行信贷记录等等。iCredit的数据获取模块则通过互联网技术手段，以毫秒级的响应速度，获取维度更为广泛的客户信息。其中主要包括：客户由APP/PC等客户端自主输入的姓名、手机号、学历、职业等个人身份信息；客户在申贷时授权采集的运营商数据信息；人脸识别、照片上传、活体检测、语音识别等多媒体格式信息；在客户授权下通过SDK等技术获取设备指纹、设备号、TCP/IP协议号、LBS信息、Wi-Fi信息、手机系统版本号等；客户委托进行信用卡管理时提供的信用卡账单管理数据；身份鉴权、四要素鉴权、多头借贷等由外部机构或科技公司提供的合规的、用户授权的个人第三方数据。

2. 实时计算

在获取数据后，身份核实、反欺诈、信用风险评估等各个风险管理环节均对于风险指标计算有大量的需求。iCredit实时计算系统根据风控业务需求，将线上采集信息进行实时处理与计算，并将计算好的数据指标同步到营销、反欺诈、授信审批、催收等业务系统进行相关操作。

首先，实时计算模块采用分布式大数据计算框架解决了数据来源不同、消息机制不同等问题。iCredit实时计算模块采用了Spark Streaming框架处理不同数据来源，例如来自Kafka的爬虫框架消息推送、存储于HDFS系统的历史信贷记录等等。（参见图4）其次，经计算模块处理后的数据进入统一数据源管理中心，管理中心对来自不同业务入口的相同或不同的数据指标进行校验和管理，确保数据的一致性，然后再推送给在线或离线风控系统。

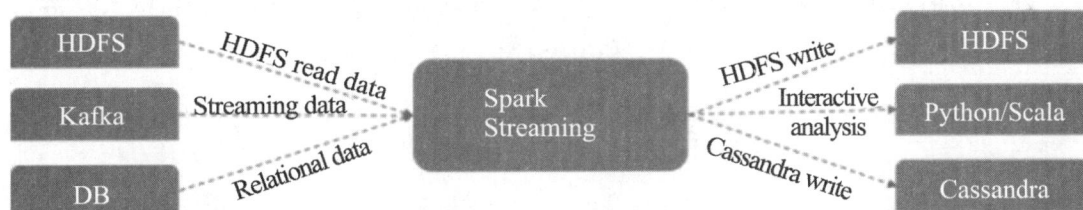

图4　实时计算模块

3. 特征工程

首先，特征工程的挖掘功能最大限度地从原始数据中提取特征以供算法和模型使用，将线上采集的信息，通过清洗、汇总、时序变换、聚类等大数据处理手段，实现变量特征的提取、探索、变换和选择，并提供给风控人员进行特征试用、评估与测算的软件环境。特征工程包括以下功能：数据清洗，处理异常样本，并通过分层抽样、bootstrapping等方法解决数据不均衡等问题；单特征处理，对单一指标进行归一化、离散化、虚拟化、缺失处理、指数/对数/时间序列等变换；多个特征处理，通过主成分分析/线性判别分析进行降维，通过相关系数、卡方检验、信息增益等方法进行特征相关性分析及排序筛选；机器学习衍生，通过各种机器学习、深度学习算法生成机器学习中间衍生特征。（参见图5）

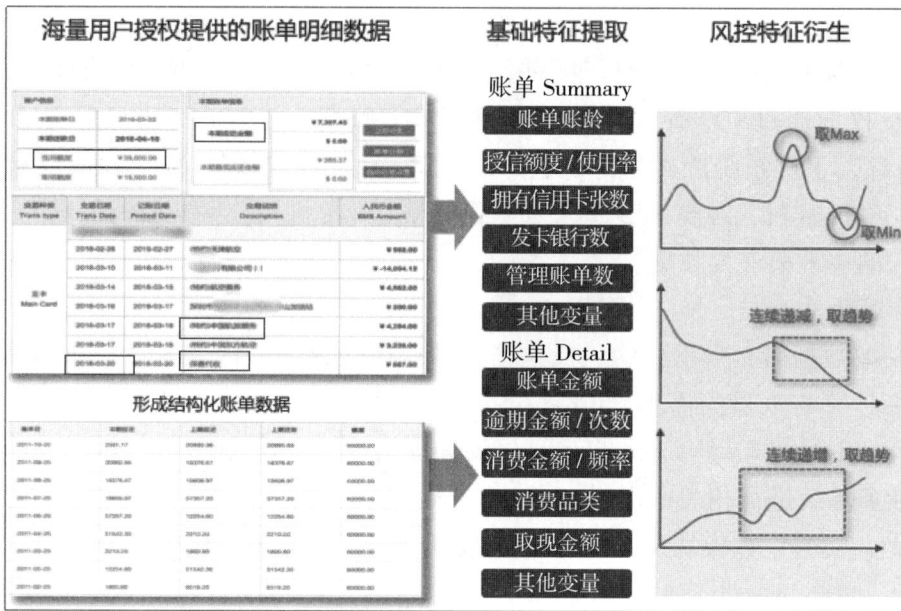

图5　特征工程示例

其次，iCredit特征工程支持多维度挖掘互联网数据，提炼互联网金融领域特有的数据指标，并且进行分类处理和特征衍生。（参见图6）例如LBS行为轨迹、借贷人一度/二度网络关系、团伙欺诈关联等。这部分特征与传统数据特征相比，有非结构化、维度多但样本稀疏、数据格式不统一等鲜明特点。通过复杂网络等技术，进行图像特征、轨迹特征等挖掘，为模型和策略提供了丰富数据指标基础。

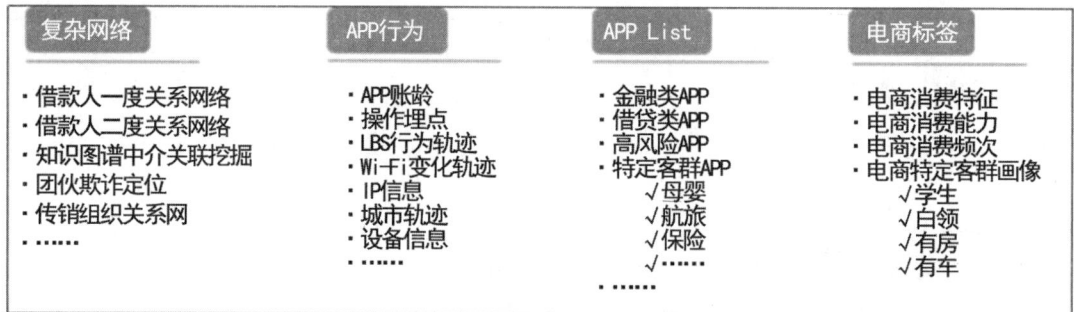

图6　互联网数据分类

最后，对于已经上线的特征有持续维护和监控的功能。经过模型或者策略分析师的筛选，大量特征指标直接用于线上业务，系统后台可以实时对这些指标进行监控，实时关注申请用户的指标分布情况及异常值，一旦异常出现就在第一时间进行报警。

（三）风控模型

对于传统银行等金融机构建模来说，数据主要包括客户的基本特征（性别、年龄、教育程度等）、风险暴露情况（收入状况、债务情况、偿债能力综合评估等）、现有的信用表现（还款情况、其他银行信贷历史情况等）等。模型选择上更倾向于具有可解释性且稳定的传统逻辑回归模型，但是在追求相对稳定的同时就会牺牲掉一部分模型的准确性。对于一般互联网企业来说，大部分是采用了机器学习的建模方式，追求模型的准确性，但是稳定性较差，需要经常进行迭代更新，会耗费相当多的人力物力。

与传统银行等金融机构及一般互联网企业相比，51信用卡在数据源上除了有传统机构的金融类如信用卡账单管理信息外，还通过互联网技术手段，获取维度更为广泛的客户信息，以及对接了一些合规的、用户授权的第三方数据源，让各种画像、风控特征、行为模式的数据能够被捕捉、记录并且转化为模型分析的原材料。建模方法上不仅采用了逻辑回归模型及机器学习模型，更创造了逻辑回归与机器学习的融合模型，致力于打造出更加适合的模型，更加有效地服务业务策略。融合模型既具备了传统逻辑回归模型的稳定性，也兼具了机器学习模型的高精准性，在稳定性及精准性上找到最佳平衡点。51信用卡建模过程更加注重模型的定位、运用环节及模型设计，这使得我们需要具备更高能力素养的技术人才以及更加高标准的系统。（参见表1）

表1　各类机构模型比较

类别	传统银行	一般互联网金融公司	51信用卡
建模方法	逻辑回归 决策树	机器学习	融合模型（逻辑回归+ 机器学习）
优点	稳定性好 解释性高	精度较高	精度较高 稳定性好
缺点	精度较低	稳定性较差	人员素质要求高 系统要求高

融合模型已经在公司各类业务中得到了很好的运行，以人品贷申请评分卡为例，采用融合模型与逻辑回归对比，对于高风险客户捕获能力提升了9%，模型精准性提高了10%。对比机器学习模型，融合模型连续半年的模型精准能力衰减小于10%，稳定性较强。

此外，51信用卡整体建模流程严格遵循数据清洗、模型设计、模型开发、模型验证、模型上线及模型监控步骤，具有银行级别的实施流程，借助分布式实时大数据平台实现数据的快速处理，借助特征工程平台实现上百种变量组合，借助机器学习模型平台方便快捷地实现各类模型的开发。基于上述的平台优势最终实现模型开发周期短、上线速度快、迭代升级优等特点。（参见图7）

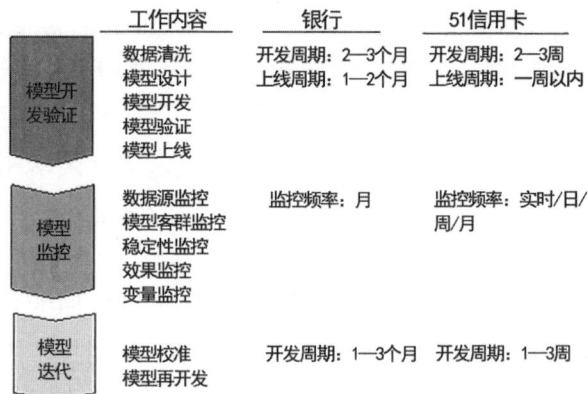

图7　建模流程周期对比

（四）风控策略

策略最终是直面信贷业务决策，在不同环节做不同决策。在贷前授信审批环节，决定是否授予信用额度、授予多大额度、适用什么定价和期限的产品、是否批准贷款支用等，可归纳为授信策略、定价策略和支用策略。在贷中管理环节，决定额度是否冻结或提降、是否提前催收等，可归纳为额度管理策略、预警策略。在贷后催收环节，决定是否缓催、是否需要人工电话介入、适用什么话术等，帮助催收部门合理高效地安排有限的催收资源。

以贷前策略的架构举例，主要包括全局拒绝规则、客户分群（用户画像）、分群拒绝规则、风险评级（还款意愿评估、还款能力评估）等。全局拒绝规则是指跨产品都需要拒绝的用户，如黑名单用户、失信被执行人、学生等，以满足信贷服务的合规性和适用性原则。客户分群主要是通过描绘用户画像并进行分门别类，根据不同类别客群的风险特征，制定不同的风险评估流程，设置不同的分群拒绝规则。

网贷行业的快速发展，依托的就是利用数据和建模技术来发放信贷的创新模式。网贷客群信用习惯培育和征信体系不足，促使网贷行业要采集大量碎片化的数据信息来补全用户的信用画像。在策略模块，需要利用模型等工具高度提炼碎片化信息，多维度逐渐补全用户的画像轮廓。综合来说，一是通过标准化的模型打分，按风险大小对客户进行排序，划分风险等级即风险评级，不同信贷产品根据其风险偏好设置等级下限。二是通过客户提交的资料，通过评估客户的收入能力、负债水平、工作稳定情况等，综合判定客户还款能力。

整套策略需要完整的大数据风控系统实现有效运转及线上实时决策，提升用户获得信贷服务的便捷性和安全性。同时，策略的各个模块，需要满足高频监控、实时分析的需求，能灵活地开展策略迭代和冠军挑战者测试，保证策略能及时识别新的风险点、适应客群的变化。

（五）反欺诈

大数据、智能算法和系统，构建了反欺诈的核心武器。如何针对特定的欺诈风险场景，针对性制定反制方案，及时快速地采取反制措施，是反欺诈能否成功的关键之道。

实践反欺诈之道的第一步，需要辨识欺诈风险场景，包括欺诈分子的身份、作案动机、操作手法、潜在风险点等。区别于信用风险，网贷行业面临的欺诈风险类型更多样，欺诈团伙手段层出不穷，欺诈场景瞬息万变。基于多年iCredit大数据智能风控系统的实践经验，我们提炼了七类欺诈风险场景：白户风险、黑户风险、身份冒用、恶意欺诈、以贷养贷、中介风险、传销风险。在日常工作中，辨识欺诈场景需要落实到团队和机制上，亦即进行欺诈案件管理。欺诈案件管理团队对接产品、客服、风控、授信审批、催收等部门，负责日常的疑似欺诈案件的收集、调研、整理等职能。

实践反欺诈之道的第二步，需要建立反欺诈的快速反应机制，从及时发现欺诈线索、快速诊断潜在风险到准确覆盖欺诈风险。基于欺诈风险复杂多变的特点，我们以欺诈案件为出发点，还原欺诈场景，进而触发贷前、贷中和贷后各环节的风险评估，酌情迭代模型、策略和业务流程。反欺诈业务的关键在于建立快速反应的机制，包括这三步：首先，收集欺诈线索，无缝对接客服、授信审批、催收等部门，兼顾个案与统计两个层面，把控好数量和质量的平衡；其次，快速诊断潜在风险，聚焦欺诈场景中的作案手法和具体风险点，及时提炼抓手；最后，准确覆盖风险，涵盖产品、运营、授信审批等多个环节，要求做到准确对标具体风险点并及时上线。

四、项目的创新成果

（一）小微风控的运用成果

小微企业作为国民经济的一大基础，已经成为促进经济发展的重要力量。国家发改委秘书长李朴民表示："当前中小微企业占我国企业数量的99%，完成了70%以上的发明专利，提供了80%以上的新增就业岗位，50%以上的税收，创造了60%以上的国内生产总值。"在融资服务方面，小微企业面临着巨大的困难和阻碍。工信部统计显示，我国38.8%的小型企业和40.7%的小微企业的融资需求得不到满足。在传统金融领域最重要的评价体系里，小微企业或商户的信用数据、抵质押物等是基本缺失的，这也是阻碍其获得传统金融服务的重要原因之一。

作为传统金融服务的补充，我们在过去的一年中积极探索了小微企业网络信贷的可行路径，旨在为众多的小微商家提供唾手可得的金融服务。聚焦小微企业融资难的问题，我们依托于iCredit智能大数据风控系统，通过将大C和小B的身份特征和数据融合起来，实现创新性的授信模式；同时以明确的场景交互和线上数据获取为手段，形成更全面的商户画像，进而定制小微企业的信贷产品和审批策略。

1. 以大数据能力为基础，实现"大C+小B"的授信模式创新

针对小微企业征信数据稀疏、抵押物少等特点，仅仅依赖商户属性和经营流水等B端数据，难以对小微企业的信用做全面评估。依托51信用卡长期以来累计的个人身份和行为等C端数据，结合商户授权的B端信息，我们实现了"大C+小B"的小微授信模式创新。具体来说，我们的iCredit风控系统整合了个人身份、行为偏好、第三方信息、设备环境、社交关系、历史借贷、履约行为等结构化或碎片化的信息，通过数据清洗和标签化，形成了20多个维度、上万个风控变量、上百个模型评分的个人特征库——这些C端数据构成了我们对小微企业主授信的基础。认证为小微企业主以后，客户可以通过信用卡账单导入、电商交易、公积金认证、车险认证等多种方式获得基础的授信额度。同时，我们鼓励小微企业主导入更多的经营流水数据，这样可以帮助我们完善对商户的信用评估，提供更高额度和更低费率的金融服务。

2. 扩充场景交互，还原更全面的商户画像，定制小微信贷产品

在场景中与小微商家交互，进行合规的信用或经营数据的线上化采集，是我们服务小微企业的重要手段。

餐饮行业作为小微企业群体中一个庞大的客群聚集类别，成了我们最先开拓的行业。我们先与外卖平台进行深度合作，利用商户在外卖平台上的经营数据作为授信依据；用户实名后，通过实时数据交互，iCredit风控系统可以秒级给出授信额度。后续陆续对接餐饮SaaS（software as a service，软件即服务）、聚合支付等场景，而这些场景都是餐饮小商家可能会出现的线上场景。随着场景的丰富和数据的便利化采集，我们对具体商家的认识会越来越全面。再结合我们体系内原有的庞大的账单数据基础，使得我们能够最大化地还原一个小微商家的全貌，从而做出精准的产品定制和信贷决策。

截止到2018年11月，我们已经认证了超过100万商家，其中有46万小微商家使用了我们提供的信贷服务。

（二）提升用户体验的运用成果

随着移动互联网的普及，人们越来越不愿意跑到线下网点去办理金融业务，对消费金融服务的便捷性有了更高的期待。出于风险的考虑，在科技化程度不足的条件下，传统金融机构比较依赖线下面签的方式来开展金融服务，比较难满足用户的需求。

依托于iCredit智能大数据风控系统，我们在过去几年中推出了纯线上的消费金融产品——51人品贷，通过互联网的方式为消费者提供便捷的信贷服务。

首先，用户可以很方便地在APP上完成全流程的贷款申请，通常只需要几分钟。产品体验上，用户仅需完成身份证件导入、活体检测、信息认证和授权等操作，即

可提交贷款申请。借助 iCredit 系统的 OCR 识别、活体识别、自动数据获取、风控模型策略等模块，我们可以很好地确认用户身份并准确评估其信用。

其次，我们提供了多样化的授信模式，用户可以自行导入一项或多项资料获得授信额度。区别于传统银行依赖央行征信记录的方式，iCredit 系统可以基于信用卡账单、电商流水、工资卡流水、社保认证、公积金认证、车险认证等多种信息进行授信决策，更好地覆盖央行征信记录较少或缺失的客群。用户可以根据实际情况，选择最方便的方式来获得授信。

最后，通过授信和审批的自动化，实现最快几秒钟内到账。客户提交申请以后，iCredit 系统会自动获取客户资料，加工清洗风控变量，计算风控模型评分，并通过决策引擎快速完成授信评估和审批决策。用户实名以后，几秒钟内即可获得授信额度；通过实现 98% 以上的自动审批率，我们最快可以在几秒钟内完成审批决策和贷款发放。

（三）反欺诈的运用成果

反欺诈，唯快不破！

区别于信用风险，欺诈风险呈现出多样性、复杂性和易突变等特征，比如欺诈团伙通常会在一个多月里集中作案，得手以后进入长时间的蛰伏期。应对欺诈风险，我们需要时刻警惕，及时预警、快速反应。借助 iCredit 智能大数据风控系统，我们打通了反欺诈、客服、授信审批、催收、风控等部门，实现了快速反应的反欺诈闭环；面对重大潜在风险，做到 1 小时内响应，4 小时内还原，T+1 上线拦防。

反欺诈快速反应的第一环，在于快速发现。iCredit 系统的案件管理系统模块，在系统层面实现了与客服、授信审批、催收等自动对接。一旦发现欺诈线索，授信审批、催收的人员可以一键预警，随后系统自动创建欺诈案件，流转到反欺诈部门进行处理。

反欺诈快速反应的第二环，在于快速诊断。利用 iCredit 系统的 igraph 复杂网络等模块，我们可以快速还原欺诈场景。下面介绍一个传销团伙集中骗贷的应用实例。在日常审核过程中，授信审批同事在核实申贷情况时，发现客户李某可能涉嫌传销组织，随后一键预警。收到预警以后，反欺诈同事快速出动，借助 igraph 系统，在 4 小时内还原出织梦金服团伙集体申贷的情况，并进一步评估了该类案件的潜在风险点。

反欺诈快速反应的第三环，在于快速拦防。认清潜在风险点以后，风控策略人员搭建了完善的技术架构和基础设施，将整个信贷全流程风险管理嵌入业务流程，并实现了系统化、自动化，制定了应对方案：传销关键人员加入高危名单库进行拦截；评估后续订单与高危名单的关系紧密度，若强关联则拒单。这时关键的问题是：风控方案多快能上线？依托 iCredit 系统的决策引擎，通过图形化配置，我们做到了

T+1 上线。

五、项目的经济效益

本项目搭建了完善的技术架构和基础设施，将整个信贷全流程风险管理嵌入业务流程，实现了系统化、自动化和标准化，为优化业务板块部门架构、精简人力资源、灵活调配资源投入等奠定了基础。

依托本项目的深度落地，我们的信贷业务及信贷科技服务业务增长迅速，信贷资产风险质量保持平稳。51 信用卡 2018 年上半年针对信用卡持卡人的贷款产品发放规模 115 亿元人民币、发放用户数 470 万人、平均借款金额 1.5 万元，较 2017 年增长 10%；信贷撮合及服务费 9.3 亿元，较 2017 年增长 35%；科技服务费 1.2 亿元，较 2017 年增长 156%；上半年经调整纯利 2.5 亿元，2017 年增长 49%。

从 2018 年第一季度至第二季度，我们的总收益从人民币 4.7 亿元增长至 8.1 亿元，而我们经调整的纯利从 0.3 亿元增长至 2.3 亿元，分别增长 72% 及 667%。二季度的快速增长主要归因于我们的业务增长，包括信贷撮合及服务、通过联名信用卡产生的信用卡科技服务及信贷介绍服务。良好业务的背后，不论是信贷撮合业务，还是信贷科技服务，能得以规模化地运转和增长，能标准化地快速输出至合作机构，都离不开本项目的落地，包括数据平台、机器学习模型平台、特征工程平台等基础设施的搭建，以及平台上沉淀的风控能力。

六、项目的社会效益

当前我国实体经济在发展过程中面临着一系列的问题和挑战，尤其是小微企业的融资渠道不足。此时，实体经济的发展就需要强有力的金融支持，但单靠银行是难以全面满足实体经济发展需求的，金融服务不平衡，导致许多银行门槛以外的"白板用户"无法获得金融服务，51 信用卡旗下的 51 生 e 金就填补了这块空白。51 信用卡将自主研发的 iCredit 大数据智能风控系统应用于面向小微商户的 51 生 e 金产品，以金融科技为基础赋能小微商户，利用 iCredit 中数据化的画像标签和实时决策系统，可在秒级实现对上百万商户的授信和审核决策。

衢州的小微商户王某某就是个典型的案例。作为个体，他有小额资金需求，但因为资质"空白"，没有通过银行较高的贷款门槛，却通过 51 生 e 金拿到了创业启动资金，现在已经在杭州开了两家衢州手工粽子店。这些看似服务的是个人，其实背后是千千万万需要启动资金的小微商户、"三农"用户。51 信用卡做的正是下沉式的普惠金融服务，实实在在地为小微商户提供了便利。

截至 2018 年上半年，在金融信贷累计撮合交易中，小微企业（个体工商户）的放款比例为 14%，"三农"放款比例在 21%，放款人数超过 37 万。

iCredit 大数据智能风控系统除了是 51 信用卡自身业务的决策大脑，也通过技术输出，取得普惠金融的良好社会效益。公司将 iCredit 大数据智能风控系统应用的成功经验向同行、上下游企业、银行输出，在数据应用、数据分析及风险预测方面与银行展开深入合作，通过技术手段升级其运营管理能力，并为多家城商银行、股份制银行提供联名信用卡业务，助其突破业务"天花板"，以此形成一个全开放的金融闭环，让 51 信用卡真正实现科技助力金融的创新模式。

2015 年、2016 年、2017 年三年，51 信用卡分别在线为银行新发信用卡 50 万、120 万、210 万张，2018 年更是 1—6 月就达到 140 万张，实现同比增长 75%。根据奥纬咨询（Oliver Wyman）的报告，就 2017 年通过该平台的信用卡发卡量而言，"51 信用卡管家"是中国最大的独立线上信用卡申请平台。已有多家城商行与 51 信用卡达成合作，以 iCredit 大数据智能风控系统为主打的科技服务涵盖了数据应用、数据分析、风险预测等。近期，温州银行、杭州银行、稠州银行又与 51 信用卡签约战略合作。

七、项目的社会评价

作为完全由 51 信用卡自主研发的成果，iCredit 大数据智能风控系统自问世就位居业内领先行列，其不仅在公司业务生态中起了非常重要的作用，也通过企业自身的实践和被赋能金融机构的体验，得到了业界、政府及监管部门的一致肯定。

（一）社会认可

目前，iCredit 大数据智能风控系统已通过软件著作权认定。近年来，51 信用卡凭借 iCredit 大数据智能风控系统，不断强化自身风控能力、完善金融生态圈，展现出明显优于其他同类公司的科技实力。公司相继入选 CB Insights 全球金融科技独角兽、H2 Ventures 与毕马威联合发布的"2018 年全球金融科技公司百强"，进入"中国金融科技最佳风控企业 TOP50"和"中国金融科技最佳风控服务商 TOP30"两个重量级榜单。公司还在全球金融风控科技大会上荣获最佳大数据风控案例，入选 2018 年浙江金融科技十大案例，并顺利通过国家高新企业、浙江省双软企业，是入围浙江省信息服务平台的 16 家企业之一。2018 年 7 月 13 日，51 信用卡成为"浙江金融科技赴港上市第一股"，其中，资本市场和港交所对 iCredit 系统的认可功不可没。

同时，iCredit 大数据智能风控系统除了满足自身业务需求，还实现了对外风控科技能力的输出。在与各类持牌机构的合作中，通过诸如联合实验室的模式，可以方便地进行联合建模和策略等能力的共建和输出，实现优势互补、合作共赢。51 信用卡已成功与多家银行、消费金融公司、保险公司等达成战略合作。

（二）学术肯定

围绕 iCredit 大数据智能风控系统的研发和应用，51 信用卡由 CRO 蒋燕青执笔的《网络借贷风险管理标准化刍议》被国家级期刊《清华金融评论》刊发；以开放技术、数据及iCredit大数据智能风控系统为样本，与清华大学五道口金融学院共同开展学术研究；在《中国人民大学金融科技白皮书》中，iCredit系统将作为重要风控章节刊发；"51信用卡自主研发的iCredit大数据智能风控系统"章节，入选"中国硅谷——杭州样本"资料库。

（三）政府支持

近年来，51信用卡的iCredit大数据智能风控系统让各级政府看到了51信用卡的科技实力。公司频繁受邀参加世界互联网大会、Money20/20、双湖论坛、钱塘江论坛、全球金融风控科技大会等重量级活动并以金融科技企业代表身份发表主题演讲。公司位列中国互联网金融协会理事单位、杭州市互联网金融协会执行会长单位和浙江省互联网金融联盟副会长单位，成为行业排头兵。属地政府更是推动51信用卡将科技成果最大化，在建造科技产业园事宜上大力支持。

随着51信用卡iCredit大数据智能风控系统和其科技实力的知名度不断提升，在各级政府的牵线下，越来越多省市以外乃至国外的企业、金融机构纷纷前来取经，如法国最大的银行——农业信贷银行、义乌国际商城集团等都对iCredit大数据智能风控系统产生了极大的兴趣，希望能开展进一步的合作。

可以说，iCredit大数据智能风控系统已成为51信用卡的科技标签，也成为属地行业发展的有力科技基因，更助力公司向国际化金融科技公司迈进。

（项目负责人：蒋燕青）

永安期货源点资讯投研服务平台

实施单位：永安期货股份有限公司

"源点资讯投研服务平台"是由永安期货股份有限公司自主研发，拥有自主知识产权的一套集研究分析和客户服务为一体的投研平台。通过本平台，期货公司能够有效整合内外数据资源，提高分析工作效率，沉淀研究分析方法，促进投研体系的健康发展和有序传承，为公司投资咨询、资产管理、客户服务等业务打下坚实的基础，从而提升公司的核心竞争力，并在产业客户服务方面发挥重要作用。

一、项目背景及意义

期货公司投研能力是期货公司的核心竞争力，是期货公司自我发展、服务客户、服务实体经济最重要的基础。但是，长久以来行业投研工作却比较落后，存在下面这些问题。

（一）传统投研效率低下

长期以来，国内期货公司对于资讯数据的使用管理、研究分析还处于单兵作战、各自为政的阶段。数据和研究方法都掌握在分析师手里，分析师的流动不但对期货公司整体研究分析能力有着重大的影响，而且长期积累的数据和研究方法都无法得到良好的传承。

1.蚂蚁搬家式的数据获取

分析师工作的基础是来自第三方数据平台、各类专业网站以及实地调研得到的各类数据，来源非常驳杂。传统上，分析师根据个人经验选择从各类资讯渠道人工查阅相关品种和上下游品种的期货、现货数据，以及可能对本品种造成影响的其他因素（比如，美国的天气情况对大豆的影响）。其中，部分关键数据需要每天及时关注，以便为研究分析工作提供坚实的基础。

此类数据获取工作是重复且机械的，消耗了分析师大量的时间，使其无法把精力花在真正有价值的工作上。

2.数据分享困难重重

当前指标与历史指标对照才能发掘更多的信息。传统上，分析师会自行维护需要的历史资讯数据（比如excel文档）。但是受人力所限，手工操作的文档只能维护部分关键指标；同时，数据的及时性、准确性、完整性都难以保证。公司内多个研究部门、品种委员会、营业部的分析人员都会对同一品种进行研究分析。一方面，这些分析师的数据来源往往是相似的，重复的数据获取、维护实在没有必要；另一方面，部分资讯终端存在同时在线数量限制，分析师人数众多，有限的几个数据终端往往成为瓶颈，导致营业部分析人员往往不能及时获取数据。

3. 数据加工各行其是

更深层次的研究分析往往体现在相关品种、期现、历史对照等方面，需要对数据进行清洗、梳理、关联、公式计算、手工制作图表，以备撰写研究报告时使用，进而对研究观点作出有力的支撑。手工处理显然很难高效率地完成上述目标，加之研究方法持续迭代优化，各分析师最后形成的图表风格就更加难以保证统一了。

4. 研究报告耗时耗力

所有的前期工作，最终往往体现为一份言之成理、持之有据的研究报告。大量的格式性文字、图表粘贴会消耗分析师的很多时间。而且，与图表制作类似，分析师手工撰写的研究报告往往也风格迥异，不利于统一品牌的建设。

5. 研究成果管理混乱

研究报告线下审核流程效率低下，存储位置随意导致历史回溯困难。没有统一的客户服务渠道，也缺乏研究报表质量评价体系，最终都会不利于为客户提供良好服务。

（二）研究体系传承困难

优秀分析师是这个行业里面非常紧缺的人才，不管是分析师离职还是工作安排变动（比如，由品种分析师转投资经理、期现经理等等），都会对现有的研究工作造成严重影响！而新晋分析师的培养又需要从零开始，从而反复出现"品种研究能力薄弱—重点分析师培养—核心分析师转岗或离职"的情况，导致研究体系长期处于不断重复建设的怪圈中。

严格来说，数据资源是公司的数据，研究能力是公司的能力，所有的数据和研究能力不能依赖某个人，应该自然沉淀下来，平滑地一代代传承下去。

（三）投研服务水平不高

1. 客户服务渠道落后

公司研究的分析类服务丰富多样。除了一般研究报告（比如《每日早报》）以外，还有《周报》《周度观点》《月度报告》《量化报告》《周度评级报告》《品种调研报告》《年度展望报告》，以及合作的外部机构优秀研究报告、其他定制化报告等。在传统模式下，公司通过微信、QQ、邮件等方式发送给客户。这些方式不但容易遗漏，而且内容还会被随意传播，不利于客户服务体系的建设。

类似的，公司通过把视频会议账号发给有权参与行情会的客户或会后把会议录像链接发给他们，同样存在遗漏或非授权传播的问题。

2.无客户分类和服务分级

公司的客户来源多样（产业客户、贸易商、特殊法人客户、中小散户）、权益不同（有大于5亿元的，也有小于50万的）、交易方式迥异（主观交易、量化交易等等），为公司带来的贡献点和贡献大小也不一样，需要分别应对。传统上，对客户的分类，主观的判断占据了很大的成分，提供哪些服务也非常随意，无法有效跟踪投入产出的效果。

基于上述背景，研究部门和业务部门都迫切地希望能有一套数据丰富、更新及时、分析智能、成果共享、服务齐全、操作便捷的投研一体化系统，通过打造可持续发展的研究体系，来满足业务应用、创新研究和客户服务的需求。在此基础上，规范研究成果交付方式。而提高投资咨询服务水平、构建统一的投资咨询品牌也是亟待解决的问题。

二、项目内容

（一）项目概述

源点资讯投研服务平台项目（以下简称"项目"）包括多渠道数据自动采集、分析与公式计算、图表模板、研究报告生成、现货行情、研究报告管理与展示、行情会直播、行情会录像回放、多维度市场持仓分析等功能。

项目于2013年下半年开始理论研究，充分梳理公司研究中心、研究院、品种委员、业务单元分析师的期货分析研究工作，经过多轮论证，提出建设统一投研服务平台的设想。根据统一规划、分步实施的原则，分三个阶段进行：第一阶段，搭建基础平台，聚焦数据积累和数据分析，并持续完善；第二阶段，提供面向内部分析师日常分析研究的投研工作平台；第三阶段，提供面向高端客户的增值研究报告、行情会直播等。

在项目实施过程中，公司抽调了大量精兵强将全程参与项目实施，精心组织、详细规划、周密安排，建立了一系列项目管理制度、软件质量控制流程、上线推广流程，突出目标导向、问题导向、实践导向，与各合作方建立了良好的沟通机制，确保问题得到及时解决，保证了系统的快速、稳定、安全上线。

2014年开始方案设计、建模和原型验证，分别于2014年底、2015年底、2017年底完成三个阶段的工作。目前系统运行平稳，用户反馈良好。

（二）需求分析

根据对分析师投研工作、客户服务各环节的分析，源点资讯投研服务平台总体包含"数据采集""分析师日常工作""客户服务""客户分析"四大块内容。

1.数据采集

数据采集子系统通过定义采集任务，自动获取来自万得（Wind）、彭博

（Bloomberg）、交易所及其他公开信息、各类专业网站的信息，把数据统一收集、管理，并进行必要的清洗工作。

2. 分析师日常工作

分析师日常工作子系统是日常运维的核心部件，专供分析师使用。该子系统主要包含调研数据录入、数据分析、公式计算、图表模板配置、研究报告模板配置、研究报告生成、现货调研数据录入、热点新闻转载、日常行情会组织。

3. 客户服务

客户服务子系统是为客户提供服务的统一平台，包括研究报告展示、行情会直播、录像回放、市场持仓分析、现货数据、热点新闻等。

4. 客户分析

客户分析子系统对来自交易系统、基金销售系统、风险管理子公司的账户、业务、数据进行统一收集、分析，依据客户贡献度，按一定的标准进行客户分类；同时，对公司能够提供的各类服务进行分级——特定客户对应相应的服务等级，并根据业务开展情况动态调整。（参见图1）

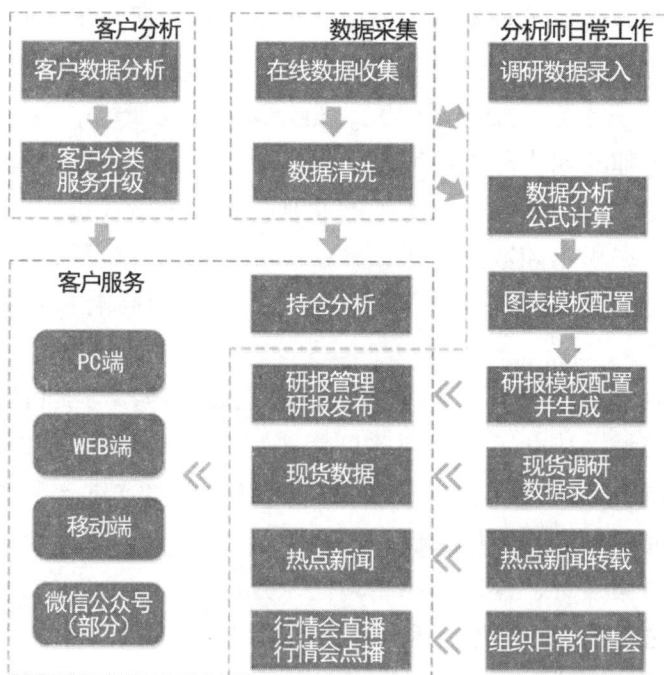

图1　客户分析子系统结构

（三）数据采集与清洗

项目通过定义采集任务，自动采集来自万得、彭博、交易所及其他公开信息、各类专业网站的数据，并在进行必要的清洗工作后统一管理。

数据采集主要由采集任务管理模块、任务调度服务器、采集代理模块、数据清洗模块等构成。（参见图2）

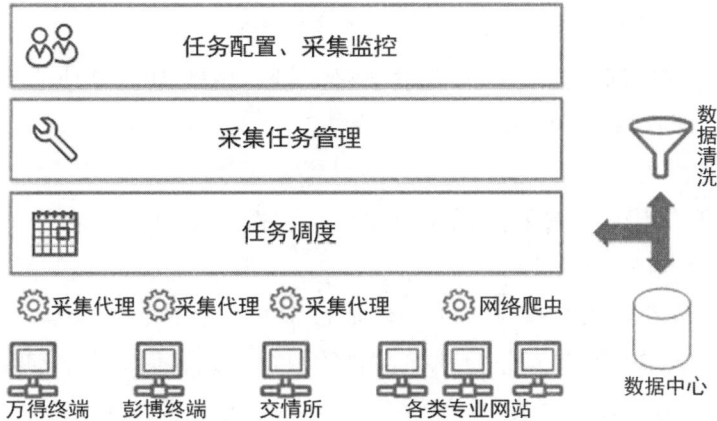

图2　数据采集任务

1. 采集任务管理模块

采集任务管理模块定义了采集任务的任务编号、品种类别、数据来源、依赖的服务（采集代理、网络爬虫等）、执行计划、失败重采策略，以及在数据中心的分类，供任务调度服务器使用。

2. 任务调度服务器

任务调度服务器根据用户配置，定时执行采集任务，并把采集结果保存到数据中心服务器中。有三个问题需要特别处理：因数据发布延时等造成采集失败时，任务调度服务器要根据失败重采策略，采取必要的补救措施；支持分布式采集，部分资讯终端存在流量上限，当上限被触发时，任务调度服务器要在多个资讯终端之间进行切换；极端情况下（如专业网站改动导致网络爬虫运行失败），任务调度服务器要及时通知采集监控服务器，以便尽早手工介入。

3. 采集代理模块

对于万得、彭博、交易所、各类专业网站及其他公开信息等结构性数据，我们通过API、网络爬虫、数据解析等技术手段进行数据采集，将获取到的数据进行加工处理，存入数据库中。

项目打造了"数据中心配置工具"，对于大多数数据源的采集，系统采用手工配置即可，不需要手工程序编码，大大降低了采集过程中技术人员的依赖程度。

其中各类专业网站数据量大，更新频繁，是采集工作的重中之重。专业网站分成两类：

（1）标准页面：通过通用的采集配置工具，打开网页，经由模拟操作、选择数据，把相关过程配置到流程设计器中，并作为采集任务保存到数据库中，供任务调度服务器使用。

（2）非标准页面：作为补充，部分特殊网站也可以由手写代码定制化开发，并作为采集任务保存到数据库中，供任务调度服务器使用。

至于非结构性数据，需要借助光学字符识别、模式识别等其他技术手段进行采集，这部分我们还在探索中。

4. 数据清洗模块

数据清洗模块用于对重采去冗、数据组合匹配等的处理，在任务采集成功后触发执行。

经过上述各环节，最终在数据中心形成按板块、品种、内外盘、期现、上下游、供需链、库存、基差、价差等分门别类存放的数据，以备研究分析使用或二次加工。

截至2018年10月底，汇集了400多个专业网站的数据，500多种万得、彭博的数据，共计35000余个各类指标，覆盖了国内期货所有品种，促进投研体系持续发展和传承。

（四）数据分析和公式计算

有了数据以后，分析师可以根据研究工作需要，对指标数据进行分析，通过数据组合、历史匹配、公式计算等操作对数据进行加工处理，得到自己想要的数列。

数列支持二次公式计算（公式嵌套），提高了分析效率，也为分析师的数据共享提供了便捷。除了支持基本的四则运算以外，还支持统计函数、三角函数、指对数等。

数列支持不同周期数据变频计算，同一数列自身的同比环比计算，以及公式的嵌套和混合计算。分析师可以很方便地由计算得到期现价差、月间价差、钢铁利润等数据。

分析师在系统中配置公式后，系统自动记录公式的依赖关系，如图3所示。

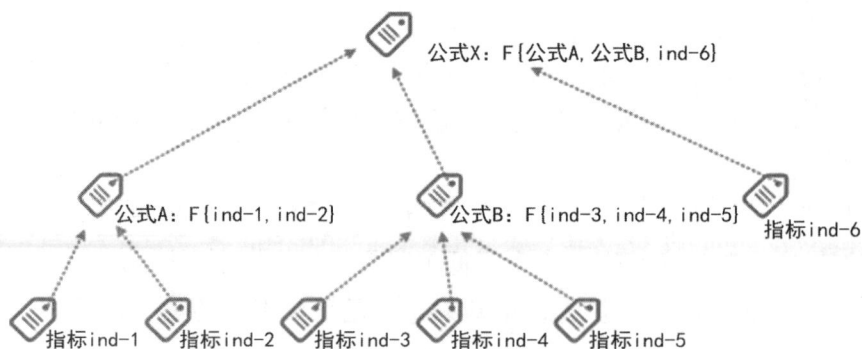

图3 数据分析和公式计算示意

为降低高负荷运行时的响应延时，公式支持实时更新，即在被依赖项更新后自动触发公式更新。此外，分析师在系统中配置公式后，系统自动进行依赖环路检测，避免数据更新时形成公式更新死循环。

（五）图表模板与图表生成

有了数据和公式计算的结果之后，分析师可以自行点选数据，配置需要的各类图表。通过集成Steema Software公司TeeChart，系统支持分析师灵活、友好地配置各类图表模板，以便随时将数据生成相应图表，更加直观地展现数据之间的联系。目前支持线条图、柱状图、饼图、面积图，支持左右轴图、堆叠图、（农历）季节性图。系统支持对图表模板关键展示指标的约束，使所有分析师制作的图表风格基本保持统一。（参见图4）

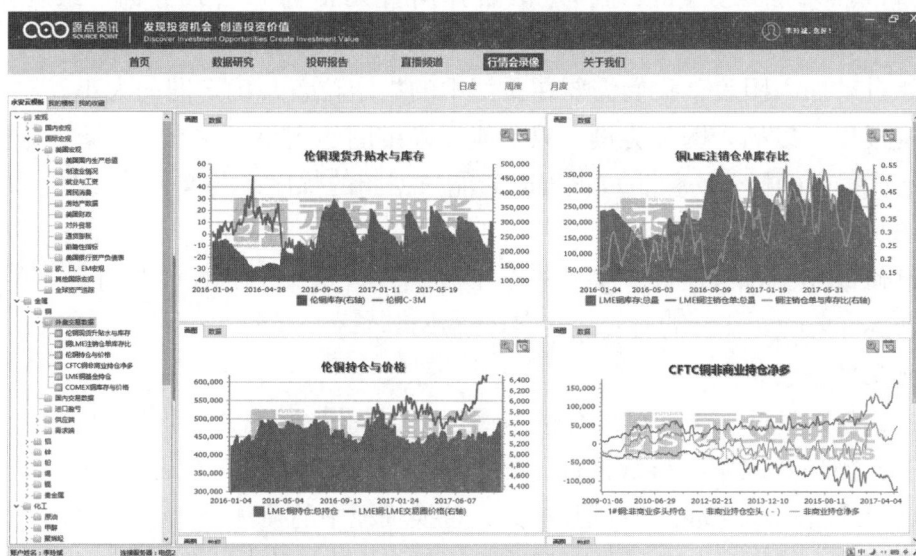

图4　系统支持图表模板关键展示指标

（六）研究报告的模板、生成、发布和管理

撰写研究报告是分析师最重要的日常工作之一。所有的前期工作，最终往往体现为一份言之成理、持之有据的研究报告。研究报告分为三类：日常研究报告，如《周报》《周度观点》《月度报告》《量化报告》《周度评级报告》；非日常研究报告，如《品种调研报告》《年度展望报告》和其他定制化报告；外部引入的优化合作方研究报告，供高端客户查阅。

研究报告模板、研究报告生成应用于日常研究报告。

1.研究报告模板

日常研究报告具有发布频繁、客观数据多、图表内容丰富、格式相对固定等特点。研究报告大量的格式性文字、机械性图表粘贴都会消耗分析师很多的时间。通过支持研究报告模板配置，并在此基础上添加部分主观性评论后，系统生成对应研究报告。

研究报告模板与研究报告生成基于Embarcadero Technologies公司的RichView和ScaleRichView。

RichView和ScaleRichView是一套非常强大的富文本编辑处理的控件组合，能够做出非常接近word的界面，分析师们非常容易上手。默认模板文档格式为RVF，能够导出RTF、DOCX、HTML、TXT等多种格式，通过插件支持PDF格式导出。

源点资讯投研服务平台基于RichView实现研究报告模板，支持自动插入已经分析、制作好的图片、表格、文件等功能。

比如，插入源点数据按钮，点击后弹出查询指标和公式界面，最终把类似{[F2367], -1}这样的函数填入文档指定位置（其中-1代表取上一交易日）。

又如自动插入图表，我们需要在文档中的指定位置，确定图的大小、左右、上下以及模板ID。以插入图片为例，只要能够确定图的大小、左右、上下，分析师就能直观预览报告的样子。但生成报告时只能根据图的顺序来替换，非常容易替换错，且模板ID无法记录。

通过修改RichView控件，集成一个形状控件。这个形状控件具有一定的属性，且不会遮盖背后的文字，需要实现文字环绕效果。

2. 研究报告生成

第一，读取模板，获取所有函数，一次性批量获取数据并进行替换。

第二，循环获取所有形状控件，根据长、宽、高创建TeeChart控件，用模板ID生成源点中的图并转换为JPEG图片格式，替换模板中的控件。

第三，将文档预览出来，由分析师自主填写主观内容，并确认保存格式。

第四，上传、审核、发布。

研究报告模板管理不但有助于研究报告风格的统一和投研品牌的建设，而且对于研究报告多渠道展示（同一研究报告在PC端和移动端的排版应不同），只需要配置两套研究报告模板即可，不再需要分别制作，大大提高了分析师的工作效率。

3. 研究报告发布和管理

研究报告发布和管理则应用于所有类别的研究报告，包括合作的外部机构优秀研究报告，审核发布后统一归档，并分门别类地展示在源点资讯投研服务平台的客户终端上，目前有《日报》《周报》《周度观点》《永安研究》，以及定制化报告、推荐机构报告等。不同权限的客户能够查阅不同等级的报告、控制是否可下载。

（七）市场持仓分析

市场持仓分析根据交易所公开数据，对数据进行分析、加工，提示整个市场的交易、资金分布、多空持仓和建仓过程。目前包含单品种市场持仓分析、期货公司分析、品种板块分析、套利对冲分析、某某公司关注等几块内容。

（八）行情会、投资之家、大佬访谈和每日播报

行情会、投资之家、大佬访谈、每日播报都是通过音视频直播/点播方式把投研服务传递给客户的几个板块，直播用于有权限的高端客户接入内部研究分析会议和内外部高端分析师分享讲座，点播用于服务无法及时观看行情会直播的客户事后单独观看回放。

目前已经开放了日度、周度、月度行情会，以及精品论坛、定制化VIP行情会，充分满足业务需求，取得了良好的效果。

（九）客户分类与服务分级

通过建设"客户分析子系统"，汇集期货交易系统、基金销售系统、风险管理子公司的账户等数据，进行统一收集、整合、分析，依据客户贡献度（比如客户的日均权益、手续费贡献、基金产品购买情况、风险管理业务等），按一定的标准进行客户分类。

同时，对公司能够提供的各类服务进行分级——特定客户对应相应的服务等级，并根据业务开展情况动态调整。

（十）研究服务评价反馈机制

投研能力的核心是研究结果是否充分揭示标的未来行情走势。源点资讯投研服务平台内置客户评价体系，支持从客户的研报查阅、行情会收看次数、客户评价（一星到五星），对分析师进行综合评级，并影响分析师的最终绩效考核。

（十一）后台服务管理系统

后台服务管理系统是为源点资讯投研服务平台打造的运维系统。不管是投研平台打造的分析师管理、客户管理、研究服务、运营情况分析，还是直播/点播配置，都统一由运维部门在后台服务管理系统中操作管理。

（十二）项目总结

这个项目的特点就是时间长，人员多且以新人为主，跨部门协作多，需求变更频繁。在这样的项目中，建立一个以项目经理和技术经理为核心的项目骨干团队就尤为重要。可喜的是，这个项目不仅依靠这个团队克服了种种困难，排除了种种风险，顺利完成既定目标，同时也依靠这个项目骨干团队的"传、帮、带"，在项目组给部门培养了一批人才，这些人力资源将是公司未来发展和技术提升的宝贵财富。

项目将项目经理和技术经理有效分工，使得项目经理能够投入更多精力按公司标准软件过程对项目进行管理，这也是项目的宝贵收获。标准软件过程看似烦琐实则非常有效，投入的东西都能发挥成效，能够有效预防项目偏离，能够让项目对风险防患于未然，同时也使得项目领导能够更好地看清项目，为项目提供相关的资源调配。当然，这一切的成功也离不开公司领导的大力支持。

项目上线后，不管是在分析师的研究工作开展、投研体系建设，还是客户服务方面，都取得了非常好的效果。尤其是在生产企业、贸易企业的服务上，相比传统服务模式有了很大的提高，赢得了很好的口碑。同时，通过这个行业领先的创新性产品，平台给公司带来明显的收益和很好的口碑，这也为后续的业务开展、投研创新、客户服务开创了一个很好的平台。

（十三）后续发展思路

进一步加强与上流数据厂商和产业龙头企业的合作。基于平台深化对产业客户的服务，一则服务好实体经济，二则反过来促进研究工作更加贴近产业发展实际。用好现有数据，深化对数据的进一步研究分析，探索通过人工智能等新技术挖掘海量数据中蕴藏的价值。

三、项目的技术路径

项目遵循"以数据为核心，以投研为骨干，以服务为外延"的指导原则，三者层层递进——完善的产业链上下游数据是投研工作高效开展的基础，而深入的投研分析又是把研究能力有效传递给产业客户的前提。（见图5）

项目通过针对性研发或整合现有成熟技术，一步步支持好上述三个层面的需求。下面是三个层面需求的关键技术应用。

（一）数据处理技术的运用

数据处理关键技术主要涉及数据采集和数据加工两方面。

数据采集方面，旨在高效、可靠地把来自万得、彭博、各大交易所、各类产业网站、产业链上下游厂商的海量数据导入系统，这是后续所有工作的前提和基础。项目引入了轻量级分布式任务调度平台XXL-JOB，通过统一的"任务配置—任务调度—执行监控"模式，把各数据来源的采集代理便捷地配置到XXL-JOB上，并对数据作结构化处理，大大提高了数据采集的可靠性，显著减少了人工介入带来的运维成本。

数据处理方面，项目建立了通用的分布式计算服务器。分析师可以根据研究工作需要对指标数据进行周期变频、组合、同比/环比、公式、嵌套、混合等分析处理，可以很方便地得到价差、基差、利润、季节性波动、上下流关联等数据，提高了分析效率。

（二）投研平台技术的运用

作为投研平台，需要解决的核心技术问题是直观揭示加工后的信息，方便分析师对商品横向趋势、产业链纵向关系进行深入分析，形成完整的研究逻辑；在此基础上，输出研究报告以支持内外部投资行为。

可视化处理方面，项目通过集成Steema Software公司TeeChart，系统支持分析师

图5　平台构建思路

灵活、友好地配置各类风格统一的图表模板，以便随时将数据生成相应图表，更加直观地展现数据之间的关系。

研究报告生成方面，项目引入Embarcadero Technologies公司的RichView/ScaleRichView。通过配置报告模板、生成研究报告，不但撰写效率大大提高，而且推动了研究报告风格的统一和投研品牌的建设。

（三）投研服务技术的运用

投研服务形式复杂、方式众多，涉及的技术问题也相应比较庞杂，其中比较关键的是解决音视频服务和数据动态分析的技术问题。

音视频服务方面，经过充分的选型和原型验证，项目引入网易云通信的直播方案。跨平台的视频编解码技术和大规模视频内容分发网络，提供了稳定流畅、低延时、高并发的实时音视频服务，并解决了海量历史视频存储空间占用的问题。通过将视频直播无缝对接到各个子系统，极大提升了用户体验，大幅降低了带宽和视频存储费用。

数据动态分析方面，项目引入了百度公司ECharts，客户可以自行点选各类数据，动态、灵活地配置需要的各类图表，把干瘪的数据生动形象地展示出来，直观地展现数据之间的逻辑关系，取得了很好的效果。

四、项目的创新成果

项目在期货行业创新性地实践了同时面向分析师和高端客户综合系统的建设，打造了一个松散耦合、多方协同参与的投研一体化平台，支持研究分析工作的高效开展，为高端客户提供便捷、高效、创新的信息服务平台。

（一）投研体系建设理念的创新

分析师是投研体系的核心，存在优秀人才稀缺、培养周期长、流动性大的特点。分析师工作安排变动或离职，都会对现有的研究工作造成重大影响。项目尝试从以人力为核心转变为以平台为核心，通过在平台中沉淀整个投研体系的数据和研究方法，最大限度地降低了金融企业对分析师个体的依赖。同时，新分析师能够基于源点资讯投研服务平台快速地掌握已有的分析体系，并在此基础上持续开拓创新，使得公司研究能力能够一代代地传承下去。项目在投研体系建设理念上的创新，为推动整个行业投研能力的可持续发展提供了借鉴。

（二）分析师研究分析工作模式的创新

项目系统性地梳理了期货公司研究分析工作的核心内容和关键环节，创新性地把数据获取、数据管理、数据分析、研报输出、在线服务有机结合起来，大大减少了分析师的机械性工作量，提高了工作效率，使源点资讯投研服务平台成为分析师的工作平台。

同时，引入服务内容评价体系，反过来进一步促进工作模式的持续迭代优化。

（三）高端客户服务模式的探索

项目打破传统线下服务（邮件、微信/QQ、电话、会议）模式，规范了期货公司对外提供的研究分析类服务，通过技术手段覆盖了通过传统模式提供的服务内容，还扩充了产业数据、现货指数、数据分析、在线视频、市场动向、热点新闻等有益的内容。通过技术手段，不但在客户范围上有了很大的扩充，在服务内容、服务深度、及时性上也有了很大的提升。

对于顶级客户，项目还通过技术手段积极开展了数据合作，为客户带去高级衍生服务。

此外，项目搭建了统一、开放、可扩展的客服平台，内置研究服务评价反馈机制，一方面提升客户满意度，另一方面反向促进投研能力的提升，成为期货行业提供优质服务的示范。

（四）行业普适的投研平台应用架构的研究

期货研究分析和客户资讯服务是紧密关联的。平台通过在架构上对两者的有机结合，充分保障了研究过程逻辑完备、内外互动良好、使用顺畅有序。项目为行业提供了应用架构设计及业务模式的示范，有助于推动行业投研系统的标准化建设，为推动行业的创新与发展提供借鉴。

五、项目的经济效益

分析师方面，公司所有分析师和研究人员都基于此平台进行日常的期货研究工作，大大提高了投研工作效率。

客户方面，截至2018年10月底，源点资讯投研服务平台关联客户权益超过100亿元，其中源点资讯带来客户权益12.24亿元（先试用后入金），带动客户权益11.25亿元（入金后提升源点权限），过去一年客户盈利超过40亿元，且呈稳步上升势头。

六、项目的社会效益

研究分析方面，公司所有投研数据完全汇集于源点资讯投研服务平台数据中心，期货研究中心、北京研究院、品种委员会、资产管理总部、总部各业务单元和全国近40家分支机构的研发部分析师完全基于源点资讯投研服务平台开展日常研究分析工作。除应用于公司研究部门，源点资讯投研服务平台还在卜属风险管理子公司浙江永安资本管理有限公司、参股公司永安国富资产管理有限公司得到了深度应用，大大提升了投研工作效率，促进了研究成果共享和投研体系建设的可持续发展。除公司本身和关联公司的应用外，源点资讯投研服务平台软件本身直接交付给"敦和资产管理有限公司"等一批顶级客户，由其自行部署运维，用于证券数据研究分析。

客户服务方面，源点资讯取得了良好的市场口碑，在行业内已经具备一定影响力。截至2018年10月底，源点资讯投研服务平台各类客户数8761人，每周点击量近6万次，呈稳步增长势头，服务工作正常、有序进行。

总的来说，项目利用与生产企业、贸易公司、现货平台、资讯厂商的合作，完整覆盖了国内外金融宏观数据、国内外商品现货及相关数据、期货数据、国内股票及股指期货数据。

七、项目的社会评价

（一）所获奖项

奖项名称：第六届证券期货科学技术奖优秀奖（证书号：2018-Y-12-D01）；授奖单位：中国证券期货业科学技术奖励委员会；获奖时间：2018年4月。

奖项名称：2018年浙江金融科技十大案例；授奖单位：浙江省金融业发展促进会；获奖时间：2018年10月。

（二）用户评价

1.永安期货杭州研究中心

源点资讯是永安期货研究中心开发的集研究员工作平台与客户研究服务平台为一体的互联网终端。源点资讯的上线解决了期货公司研究所一对多服务的难题。永安期货客户数量多，而研究员数量有限，难以点对点服务所有客户，而随着源点资讯的上线，这一问题得到了很好的解决，客户体验大幅提升。

同时源点资讯还解决了公司研究体系的传承问题。目前我们将所有的研究成果均保存于源点资讯平台，而这些资料正是研究所最为宝贵的资产，它利于新员工的培养和研究成果的积淀。

以源点资讯为代表的金融科技正改变永安研究所的工作模式，它让我们效率更高、管理更规范，也帮助我们激发更强的战斗力。

2.永安国富资产管理有限公司

源点资讯是一款非常优秀的应用，它有三个特点：专业、全面、使用方便。

专业：源点的数据和报告都来自永安杭州研究中心这个商品研究最专业的团队，这个庞大的团队中众多的专业研究员在不停地梳理数据、跟踪市场，他们维护的源点提供目前市场上最专业的期货研究服务。

全面：源点的内容架构非常全面，包含了所有上市期货品种，从时间序列数据到研究员观点，从长周期市场格局到短周期关注焦点，从大佬访谈到持仓分析等，几乎能满足专业期货投资者的所有需求。

方便：源点不仅内容专业全面，技术开发也做得非常成功。它界面简洁、美观，让人一看就会操作；服务稳定，使用这么久，从来没有宕机发生；还能在手机上使用，相当于用户随时随地都能享受接收数据、报告、观点等专业服务。

对期货投资者来说，源点是一款金融与科技完美结合的产品。

3.陕西东岭集团

源点资讯非常不错，从数据、资讯到研究等各方面，全方位地为我们用户提供了很好的体验。我们东岭集团涉及板块主要在有色、黑色商品领域，有自己的矿山，每年贸易量也非常大。随着经营模式多样化，对期货、期权等金融衍生品非常关注。源点资讯为获得外界信息提供了一个很好的窗口，全品种的市场分析报告提供了投资参考，热点新闻、每日早报等板块清晰直观地为快速熟悉外部市场提供了便利，别具一格的线上视频策略能洞悉商品最新动态，实时持仓分析为了解和跟踪主力机构市场动向提供数据支持。永安源点资讯定制化服务充分体现了客户需求至上的服务意识，愿为用户提供更多的投研方面的支持！

（项目负责人：李玲斌　王　金）

台州银行：用金融科技提升小微金融服务水平

实施单位：台州银行股份有限公司客户服务移动工作站

随着台州银行30年的发展，其在小微金融、普惠金融实践中也陆续遇到了一些问题，在此背景下，该行利用金融科技先武装内部营销人员，由此萌发客户服务移动工作站项目。在四年的项目落地过程中，台州银行积极探索，利用移动互联、大数据、云计算、人工智能等科技手段，促进小微金融服务水平、业务办理效率以及风控水平的提升，取得了较好的创新成果、经济效益和社会效益，并收获社会良好的反响。

一、项目背景及意义

（一）台州银行小微金融、普惠金融实践中存在的问题

其一，自身分支机构增多、员工队伍不断壮大、客户数量快速扩张带来的风险管控问题。台州银行创立自1988年，其前身为路桥银座金融服务社。2002年，该行成为全国首家以市场化方式组建的城市商业银行（台州市商业银行），2010年更名为台州银行，并开始跨区域发展。30年来，台州银行稳健经营，快速发展，从最初的6名员工、10万元资本金，到目前已发展成拥有10000余名员工、跨区域发展的城市商业银行。截至2018年10月末，共设有舟山、温州、杭州、宁波、金华、湖州、衢州、绍兴、嘉兴、丽水10家分行和234家支行（含99家小微企业专营支行，57家社区支行），并在北京、重庆、深圳、赣州以及三门、景宁等地发起设立了7家村镇银行和101家支行，共有各类分支机构352家。同时，经过30年的积累，已经覆盖全国超700万的客户。事实上，虽然台州银行采用扁平化的组织架构，但是机构网点、员工队伍以及客户的不断增多，还是造成信息流转、业务办理、风险管控等效率偏低。

其二，小微、"三农"客户自身见识的提高，带来需求日趋多样性和复杂化。随着各金融机构的充分竞争以及金融知识的普及，小微、"三农"客户对于银行的产品以及业务办理的流程有了充分的认识，其需求也得到了升级，不仅限于某一个产品，而是有了更多的综合性需求，对银行的要求也更高，需要更全面、优质的服务。

其三，传统作业效率偏低、流程偏长，以及客户经理管户瓶颈问题突出。台州银行自始至终都坚持以小微客户为目标客户的定位，采用的也是传统的作业流程。随着金融科技的发展，各金融机构都针对原有流程进行大幅升级改造，大大优化原

有流程，提升业务办理效率，在此背景下，原有的作业流程就显得问题更为突出。同时，单个客户经理的小微客户管户到200户左右就到了一个瓶颈，无法突破，由此引起的人力成本也大幅上升。

（二）解决之道：用金融科技先武装内部营销人员

在互联网时代下，台州银行认为：金融应用将向移动化、网络化、敏捷化、智能化、体验化方向发展；金融信息的数据化和可视化越来越被关注；体验式的应用成为金融服务的趋势，体验驱动的营销将从高端走向普遍。为实现成为小微企业金融服务领先银行的战略目标，适应风控及营销管理要求，充分发挥信息科技的创新引领作用，台州银行在现有小微金融服务智慧平台、影像系统建设的基础上，结合科技进步、同业竞争需要，开发了移动工作站项目，首先武装内部营销人员。一方面，有助于为客户提供更为优质、个性的服务，从而提升客户满意度；另一方面，对客户进行上门营销，更加专业、生动、形象地进行业务宣讲，随时随地采集客户信息，为客户办理简单业务，同时各种信息即时电子化，能够大大提高作业效率，提高客户经理产能。

（三）金融科技的发展意义

1. 金融科技有助于数据获得和数据采集效率提升

一是有助于数据的获得。随着大数据等金融科技新技术的运用，数据在政府、企事业单位、社交等各个平台进行了整合，其种类也非常丰富，有助于银行获取关键数据进行交叉检验。同时，与企业的销售、购买行为与融资行为等数据项进行对接，使得银行能通过技术手段获取借款申请人的一些个性特征信息，而此类信息在金融科技革命之前是无法获得的，更多需要通过关系信贷的方式获取。

二是提升数据采集效率。随着移动互联、语音等技术的运用，银行可以随时随地地查询、采集和更新数据，更加注重数据的及时性和准确性，有效减少数据在传递过程中的流失、过期、作假等情况，同时弥补传统关系型信贷的收集数据高成本缺点，提升银行的数据采集效率。

2. 金融科技有助于精准获客和挖掘客户

一是丰富业务场景。传统银行的获客方式无非客户上门、陌生拜访、客户介绍客户等方式，在互联网及科技的运用下，可以悄无声息地把各信贷场景融入生活场景，做到精准获客，如各商场的消费分期场景、企业报税的税易贷场景等。

二是深入挖掘客户。通过大数据分析，客观地刻画出每个客户的脸谱，为每个产品筛选出适用客户，做到"把合适的产品推荐给合适的客户"和"为合适的客户推荐合适的产品"。

三是及时响应客户需求。满足小微企业贷款的急迫性是永无止境的，在金融科技的应用下，时时响应客户需求，并实行上门业务办理，可以做到小时贷，甚至秒贷。

3.金融科技有助于信贷决策

一是评级系统辅助信贷决策。企业的经营风险、财务风险和违约风险与企业实际控制人和主要管理层的个人特征有着重要关系。在现有的金融市场，无论是个人信用评级还是企业信用评级均得到长远的发展，特别是随着大数据的应用，各类互联网平台公司根据个人消费、信用和现金流的分析，并予以评级，使得银行对个人的贷款决策具有更多的决策有用信息。对于创新型中小企业而言，银行亦可参与实际控制人、主要高管的个人信用评级，对企业的关系型贷款进行决策，从而降低贷款风险。

二是人工智能降低决策风险。由于关系型信贷存在着软预算的约束、道德风险等人为因素引起的问题，将导致银行信贷和企业的资金配置效率低下，故银行可借助人工智能技术，对在授信额度以内的关系型信贷进行决策，以减少上述问题对决策系统的干扰。

二、项目内容

（一）发展历程

1.两年论证

2013—2014年台州银行总行发展规划部、信息科技部相关人员到同业金融机构就该项目进行考察，考察内容主要包括其立项背景及前期准备工作、项目开发时间、开发团队、功能模块情况、系统建设投入及取得的成效等。另外，就移动工作站涉及的后援中心的建立事宜，发展规划部、前台管理部、后台中心等部门相关人员到平台银行的后援中心开展了考察，考察内容主要包括其组织架构、职责分工、涉及的业务及具体业务流程等。

2.多方咨询

经过两年的论证，台州银行于2014年4月启动咨询项目，包括蓝图设计规划、需求规格说明书、平台技术验证、系统原型开发等。

3.项目启动

经过多方咨询，台州银行于2014年9月启动移动工作站一期项目，实行"边开发、边上线、边推广、边反馈、边优化"的迭代模式，并于2014年12月上线运行；同时，在台州市区成立PAD体验小组进行试点。体验小组成员涵盖三家试点支行的各信贷序列人员。

4.迭代开发

2014年至今，共历经7期项目，60多次上线，其间多次调整流程以符合业务场景。试点范围也采用逐月扩大模式。2016年7月底，移动工作站已在全行所有机构推广。截至2018年10月，全行各信贷序列人员（含主管）符合制度要求的均已配置

PAD，共计4289多台，占全部信贷序列人员的86%，外接设备超600套。

（二）实现功能

1.营销产品展示

一是建立全行产品货架，对产品电子宣传单、常见问题、相关制度摘要等进行分级的PAD界面美化营销展示，个别产品采用视频动画形式进行展现；二是实时办理产品销售，从而实现提升产品营销效果的目标；三是提供话术管理、产品销售攻略等资讯，可随时翻阅学习；四是提供企业文化展示视频，设立企业公众号、服务号等。

2.客户信息采集

现场采集客户信息，营销人员调查走访、实地定位，有助于审批及事后监督，同时可落实"下户调查"信贷风控基本要求。

3.业务现场办理

一是开户、开卡业务实时办理。营销人员可现场通过移动工作站发起账户开立申请，实时推送至后台中心，由后台中心实现账户的开立，凭证由营销人员送达客户本人或由客户本人至相应的营业网点领取。也可直接通过外接设备进行现场开卡，直接进行凭证的交接。二是小额授信业务全流程应用。包括申请受理、征信查询、现场调查、贷款申请录入、担保信息录入、报表编制、贷款审批、远程现场签约、贷后回访、提前还款、贷后检查、贷后年检等。三是部分签约业务实时办理。如智多薪签约、代缴费签约、网银签约、手机银行签约等。

4.客户联系管理

一是客户群管理及分析；二是展示客户地图，进行客户地域分析；三是客户信息全视图展示；四是客户行业分析等。

5.营销人员管理

一是实现营销人员日程管理，适应营销人员移动办公需要；二是管理营销人员客户联系日志，有序管理营销人员客户联系。

6.日常工作助手

一是提供到期提醒、任务提醒等；二是提供日程管理工具；三是提供远程考勤；四是提供知识库学习等。

7.后台中心服务支持功能

后台中心已实现的移动工作站服务支持功能包括征信查询、非现场开卡、综合交易（现场开卡、网银签约、存贷挂接、智多薪签约、征信授权）、金算子签约、客户信息修改、积分卡开卡、积分兑换、合同现场签约、互联网获客、不动户激活、非柜面交易恢复等业务的集中授权。

三、项目的技术路径

（一）移动工作站与原有各类系统的接口情况

移动工作站对接了核心系统、信贷系统、小微金融服务智慧平台、后台作业中心、积分系统和数据仓库等十多个系统，突破时间和空间的限制，将原来只能在营业时间到支行办理的业务，扩展为随时随地方便客户办理。一是与核心系统对接，实现账户（卡）开立、智多薪签约、存贷挂接、金算子签约、联网身份核查、代缴费、信贷账户绑定等功能。二是与后台作业中心对接，通过实时视频，进行客户身份鉴真、统一征信查询、签约（贷款合同、网银开通、手机银行开通）等。三是与信贷系统对接，实现贷款受理、申请及审批全流程、贷款现场调查、五级分类评定、贷款相关信息实时查询监控等功能。四是与小微金融服务智慧平台对接，实现客户开立、客户信息查询维护、客户调查表维护、客户群维护及分析、工作日程管理等功能。五是与积分系统对接，实现积分卡开立、积分兑换等功能。六是与客户信用评分系统对接，实现客户信用评分（预筛选、授信审批）等。七是与数据仓库对接，实现机构和用户信息同步、存贷款指标分析、各种业务到期提醒信息推送等功能。

（二）后台中心及后台管理团队的建设

后台中心于2015年5月18日成立，部门的主要职责是以"前端分散受理，后台集中处理"的方式为机构营销人员上门营销办理移动工作站业务、社区支行前台办理授权业务提供远程集中审核服务支持，以及互联网获客客户在线贷款申请的筛选与分配、村居批量营销与授信等服务支持。后台中心下设四个条线，后援作业条线主要为营销人员移动工作站、前台集中授权提供业务集中审核以及互联网获客的客户筛选与分配等服务支持；授信作业条线主要为村居批量授信提供服务支持；客服中心主要提供客户业务咨询、电话营销等服务支持；核查条线主要提供业务核查、银行卡交易监测等。

在后台团队管理方面，为保障"高效、优质、安全"的后台服务支持：对内银行通过强化差错率、响应率、退单率、限时服务满意度考核，建立差错通报学习机制、岗前及入岗培训与评估机制、人员等级管理机制来鞭策作业人员提高服务水平与质量；对外通过建立作业差错管理制度，强化对机构退单业务的通报与处罚考核，建立移动工作站联系人机制来加强与机构的双向交流互动与合规指导，提供标准作业指导与风险提示，降低退单率，提升客户服务体验。在系统建设上，力求实现任务自动分配、简单业务批量自动处理、紧急业务绿色通道优先处理、任务到达语音提醒等功能来提高业务处理效率，实现业务量分时段监测、退单情况分析等数据报表查询功能来完善管理工具，提高管理效率。

四、项目的创新成果

（一）场景应用提升客户体验

1.突破银行物理网点的限制，足不出户享受金融服务

对客户来说，节约了大量的时间成本以及沟通成本；对银行来说，极大扩展了服务的辐射范围，特别是针对偏远山区及落后地区，通过移动工作站，真正地把台州银行的金融服务送到家。截至2018年10月末，银行涉农贷款余额522.06亿元，占比61.79%，户数17.99万户，占比82.67%，其中通过移动工作站办理的超过30%。

2.突破银行网点的时间限制，全天候为客户服务

鉴于部分小微客户及"三农"客户白天的时间都在忙生意或者农活，通过移动工作站，台州银行把金融服务提供的时间放在晚上，真正实现随时响应客户需求，据统计，有7%的业务量在晚上完成。

3.直观感受金融服务信息，一次性解决客户的需求

通过移动工作站，满足客户开卡、理财、信贷需求、生活服务等日常金融需求，真正实现客户多样需求一次响应。据数据统计，客户两个及以上业务同时办理的比例要远远大于单个业务办理的比例。

4.延续免费银行战略

通过移动工作站办理的业务全部免费，不收取任何中间费用，降低客户获得金融服务的成本。

（二）再造流程提升服务效率

台州银行针对传统业务流程进行全面梳理，以移动工作站为平台，充分利用移动互联、大数据、人工智能等科技手段进行流程再造，实现传统金融服务的转型升级，提升服务效率。

1.组织架构调整，适应升级版流程体系

总行成立后台中心，全力配合移动工作站业务的审核及办理，且针对业务的重要程度进行合理分类，实现重要业务快速响应、快速办理。据统计，开卡、网银等日常业务办理时间仅为3分钟左右，相比柜面省去了大量排队及授权的时间。

2.授信流程再造，提升授信效率

将信贷调查前、中、后流程环节切片，营销人员和后台数据录入、核查、审批人员合理分工，同时结合评分卡模型，形成工厂化的作业方式，提高信贷处理能力和效率。以新客户办理小本贷款为例：按照以前的服务模式，通过客户提供基本资料、客户经理上门调查、小本贷款系统审批、客户来银行网点开户签合同、放款等5个流程，平均每笔新客户贷款发放的时间在一天到两天；但是现在，开户、现场调查、贷款审批、签订合同全流程都可以在移动工作站实现，贷款业务的线上申请与

线下信贷调查高效结合，节约了客户和客户经理往返的时间，可以在真正意义上让客户足不出户享受银行的金融服务，时间上缩短为最快15分钟。

3.业务组合，一键满足客户综合金融需求

鉴于客户需求多样性的特点，移动工作站对于办理业务和产品进行一键组合，并结合业务场景，客户只需签一次字、拍一次照，即可办理银行卡开卡、网银签约、征信授权、贷款申请、授信关系建立等业务，时间缩短到最快5分钟，提速3倍。

4.无纸化、电子化、智能化战略的实施，提升效率

移动工作站的业务办理都不需要填写纸质资料，节约了大量的业务办理前期准备时间，同时授信客户原先需要收集、整理、管理大量的纸质信贷资料，现在全部通过拍摄上传到影像系统进行统一管理，为后续资料的查询、共享等都提供了极大的方便。移动工作站的所有业务都是通过移动互联实时跟后台交互，提升了业务的传输时效。通过数据模型等手段实现客户处理智能化，实现不同类型的客户不同的处理方式，简便和复杂进行合理分配，提升了处理时效。

5.人工智能的应用，提升效率

移动工作站充分利用光学字符识别技术，实现身份证正反面、纸质资料等自动文字转换，同时使用语音识别技术，节约大量文字输入时间；利用人脸识别技术，提升身份验证的准确性及时效性。

（三）数据积累丰富风控手段

1.利用大数据分析和风险模型，提升风险识别能力和贷款效率

在贷前调查方面，在征信及其他第三方数据基础上，通过预筛选评分模型，量化客户的准入标准及申请客户的风险等级，避免低级错误发生，提高贷款业务处理效率，降低风险成本；在贷中审查方面，在第三方数据支持、自编财务信息、老客户历史行为信息等基础上，通过授信审批评分模型，提高业务运营效率、审批效率、审批准确性等，为授信审批政策的制定提供支持；在贷后管理方面，根据客户的贷后行为、还贷情况、交易情况等，通过客户风险预警评分卡预测客户未来的风险情况，并推送给营销人员帮助开展贷后监控，从而改变台州银行单一的传统客户走访、电话回访等贷后检查方式。

2.加强数据采集真实性、实时性、多样性管理，提升信贷档案电子化水平

营销人员通过移动工作站现场实地分类采集客户数据资料和影像资料，并固化地理位置信息和时间信息于采集的资料中，实时传送至行内系统，从而落实客户经理下户调查、眼见为实的调查技术。在具体的业务流程上，植入流程的客户信息采集有利于银行信贷档案电子化建设水平。

3.积累数据，尝试加强员工行为管理

在员工行为管理方面，移动工作站为员工行为管理提供了可能。当前台州银行

主要是积累数据，为以后提升员工行为管理数据分析提供基础。主要是管理营销人员客户联系日志，有序管理营销人员客户联系。

五、项目的经济效益

（一）业务办理数量可观

截至2018年10月末，移动工作站已在全行352家分支机构全面推广，使用人数达4673人。通过移动工作站成功办理的银行卡开卡业务471877笔，网银签约业务有37706笔，征信查询业务有2916472笔，存贷挂接业务有228143笔，智多薪签约业务有60408笔，合同现场签约有6256笔，自助卡业务全流程办理有85170笔，小本贷款全流程办理有100038笔，普通贷款业务全流程办理有47077笔，自助类贷款全流程办理有1869笔，消费贷款业务全流程办理有51644笔，E融卡业务全流程办理有1273笔，累计贷款发放超855亿元。移动工作站已经成为客户经理最主要的业务办理工具，有效提高了为客户服务的工作效率，提升了风控管理能力。在移动工作站全面推广的两年多时间里，新开账户占全行总量的33%左右，授信业务发放占全行总量的28%左右，征信查询占全行总量的80%左右，相比该行350多家网点和30年的开业时间，可见其强大的生命力。

（二）提升客户经理产能

科技创新不仅大大提高了服务效率，给小微客户带来了更好的体验，也使客户经理的产能大为提升。以前一名客户经理最多只能服务200名客户，有了移动工作站，拓宽了客户经理的工作半径，提升了工作效率，客户经理可以服务最多600名客户。这就使普惠金融服务面更广，小微企业金融服务获得感更强。以台州银行主要发起设立的浙江三门银座村镇银行为例，2015年，该机构客户经理人均管户数为235户，在推广应用移动工作站后，2017年，客户经理人均管户数上升至344户，增长率为46.4%。

六、项目的社会效益

（一）节约社会时间

截至2018年10月末，移动工作站共开发80多种功能，基本涵盖客户日常业务办理及客户经理管理查询，客户经理携带PAD走进社区、农村，提供开户、网银、贷款申请、水电费代缴签约等各种功能，真正做到"送上门、一站式"的金融服务，提升了小微企业、"三农"客户的金融服务可获得性和满意度。据统计，移动工作站可为全行700万名客户服务，全新获客超55万名，第一次享受贷款服务的客户超60%。以开卡为例，移动工作站提供上门开卡服务47.18万户，以每个客户往返网点平均1小时来算，共计节约社会时间47.18万小时。

（二）契合绿色金融发展理念

移动工作站的应用推广，使其覆盖更多的信贷人员与金融业务，并使之贯穿信贷业务全流程，从贷款受理、为农户现场开户，到存贷挂接、现场调查及影像采集、PAD报表编制、贷款提交与审批、电子合同签约、贷款发放等全流程均能通过互联网技术在客户移动工作站上完成，大大简化信贷流程，提高办贷效率，既有效提高了该行普惠金融服务的能力和水平，增加了普惠金融的广度和深度，同时普惠了万千农户，深受农村客户的好评和赞誉，取得了较好的社会效益。

七、项目的社会评价

（一）获得荣誉

奖项名称：第六届证券期货科学技术奖优秀奖（证书号：2018-Y-12-D01）；授奖单位：中国证券期货业科学技术奖励委员会；获奖时间：2018年4月。

奖项名称：2018年浙江金融科技十大案例；授奖单位：浙江省金融业发展促进会；获奖时间：2018年10月。

（二）社会反响

2016年4月和8月，时任浙江省委副书记、省长李强，浙江省委副书记、省长车俊先后在台州市委书记王昌荣、市长张兵等市领导的陪同下，莅临台州银行视察调研，听取了银行在移动互联网金融方面的创新和尝试并给予了积极的肯定。2018年，台州银行继续推广运用移动工作站，大大提升小微企业的信贷服务效率，推进普惠金融，践行"最多跑一次"改革。通过主流媒体的报道，这些做法和亮点得到了广泛的宣传，进一步提升了影响力。截至2018年10月末，台州银行在中央电视台、《人民日报》、《中国银行业》杂志、《浙江日报》、浙江在线、《台州日报》等全国和省市级媒体发布移动工作站等银行金融科技创新方面的报道超百篇。

《中国银行业》杂志2018年3月刊发中国银保监会城商行部主任凌敢的文章，其中以"台州银行：打造客户服务移动工作站'焕新'小微服务"为题，宣传银行互联网+创新小微金融服务。

2017年9月26日，新华网以"台州银行把优质金融服务'送上门、送到位'"为题，报道台州银行运用移动工作站到小微园区为小微企业主办理贷款以及为工人上门批量办理工资卡等。

2017年9月29日，《经济日报》以"金融科技深植百姓生活"为题，报道台州银行的"互联网+"创新举措，通过移动工作站等改变金融消费者的生活，提供更多便利服务。

2018年5月16日，中央电视台中文国际频道《走遍中国》栏目以"小微金融上高速"为题，宣传台州小微金融特色做法，报道台州银行移动PAD服务海岛，为民宿客户上门送贷。

2018年6月，中国《银行家》杂志以"坚守小微定位 创新服务模式"为题，刊登台州银行黄军民行长专访，宣传台州银行30年聚焦小微金融领域的做法和成效，报道银行"一站、一分行、一中心、一平台"的"互联网+"创新。

2018年8月10日，中央电视台财经频道以"办贷设备新升级 实时到账提效率"为题，报道台州银行为小微企业上门送贷，服务实体经济发展。

2018年8月29日，《浙江日报》以"台州银行：小微守初心 普惠有作为"为题，报道该行以"两跑三降"为指引，应用移动工作站"跑数据"，提升普惠金融服务成效。

2018年9月17日，《人民日报》以"浙江银行业探索'两跑三降'普惠金融新模式移动办贷'上门送钱'"为题，报道台州银行践行"两跑三降"，为山区创业客户上门送贷。

（项目负责人：黄军民）

同盾科技复杂网络在信贷领域的应用

实施单位：同盾科技有限公司

复杂网络作为金融科技体系中人工智能的一部分，被应用在现代风控领域。本文全面描述了项目价值、产品含义、技术路径、创新点、项目成果案例及社会经济效益，总结现阶段复杂网络科学技术与金融行业融合的成果。

一、项目背景及意义

（一）项目背景

当前，全球正迎来新一轮科技革命和产业革命，信息化浪潮蓬勃兴起，驱动着包括金融业在内的经济社会各领域加速向数字化、网络化、智能化的更高阶段发展。在这样的时代背景下，人工智能（artificial intelligence）、区块链（blockchain）、云计算（cloud computing）、大数据（big data）等网络信息技术（也被业界统称为ABCD）在金融领域的应用日益深化，金融科技作为金融与科技融合的产物，为经济发展注入了新活力，为解决金融发展不平衡不充分问题提供了新手段。

鉴于此，银行业等金融机构在数字化转型阶段，需要金融科技的加持进行降本增效，在营销获客、智能风控、智能客服、智能催收等方面全方位应用金融科技。但新技术也带来了新风险和新挑战，由于金融科技的算法和技术尚处于膨胀期，尚未进入成熟期，因此行业算法逻辑的一致性会导致市场风险周期顺延，带来周期性风险。同时，也会带来新型欺诈风险（尤其是团伙欺诈），给机构带来惨重的损失，如信用卡申请的不良中介引流、交易的刷卡套现、车贷申请的欺诈团伙、渠道服务商欺诈、电商交易的刷单团伙等。

欺诈团伙黑产作案的特点是组织化、集团化和网络化，单纯依赖黑灰名单匹配和评分卡（传统的风控只看个体风险，但不知道该个体在团伙中所处的地位、作案手段、团伙的性质，以及个体周边是否有其他风险等）很难全面识别团伙欺诈风险，而复杂网络可以将真实的黑产团伙抽象为关系网络模型，从全局视角分析数据间的关联关系，识别异常和风险关系特征，如申请人关联4个以上配偶、申请人与涉黑团伙紧密关联等，并通过数据可视化直观展示风险图谱，从已知的蛛丝马迹出发顺藤摸瓜，进而识别团伙欺诈。

（二）项目意义

1. 提供团伙欺诈分析新工具

从全局视角（关系网络）分析欺诈风险，突破了原有单一的、基于个人特征的名单匹配和评分卡模式，弥补识别团伙欺诈的不足。拓展了风险识别的边界和维度，解决了金融场景数据量大、数据复杂和数据不完整的基本问题，帮助金融机构减少风险，降低风控成本，提高决策效率。（参见图1）

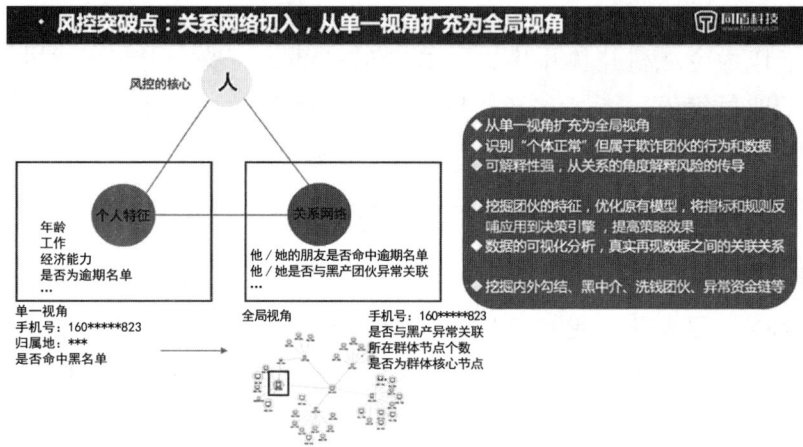

图1　从关系网络切入提升风控能力

2. 构建企业和人的知识图谱，防范小微企业派系风险

通过构建企业和人的知识图谱，进行异常风险检测，并识别企业族谱、股权穿透、核心控制人/实际受益人等，防范小微企业风险。

3. 深挖海量数据，扩大风险识别范围

可通过关系网络图挖掘工具识别机构内沉淀的丰富数据间的隐性关联，识别团伙风险；补充同盾数据，与机构自有数据融合，补充关系网络的浓度和密度，提高风险识别的有效性。

4. 与机器学习相结合

机器学习发展的趋势是小样本学习和知识图谱上的学习；关系网络的应用，将基于graph embedding（图嵌入）自动生成指标，与机器学习相结合，提高指标生成的效率。

二、项目内容

（一）价值

传统意义上，从个体的行为特征即可识别部分风险，实现风险管理。但有些高级、隐蔽的手段，很难被单纯基于个体风险识别方式察觉。复杂网络可以突破局部

的个体角度，实现从全局的网络角度，分析个体在群体中的风险、作案手段，以及团伙作案概率，进而完善风险管理体系。

（二）定义

概念定义：复杂网络能针对复杂对象的关联关系进行非线性建模，由节点和节点之间错综复杂的关系（实体之间的关系）构成拓扑网络结构，侧重于网络的搭建和挖掘，节点和边定义灵活。当异常关系聚集出现时，即可识别欺诈行为。

产品定义：复杂网络是同盾科技核心产品和技术，利用大数据关联分析，建立大型的关系语义化网络，提供多维度实时关联查询、高效的团伙识别以及语义化关系识别。将规则、关系及变量通过关系网络表现，以及更深层的信息挖掘和推理，提供动态分析和监测。在精准营销、风控（电信欺诈团伙、不良中介、贷款黑中介等识别）均有广泛应用。（参见图2）

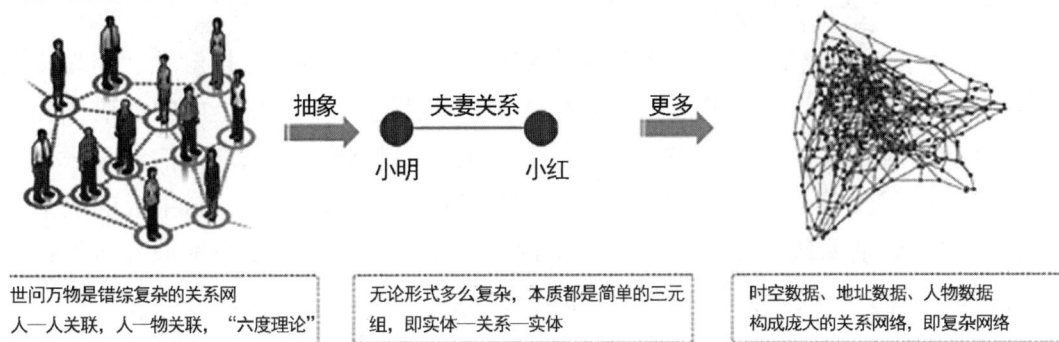

产品定位： 通过关系网络识别团伙欺诈，在贷前、贷中、贷后补充风险识别。

产品价值： 识别"个体正常"但是属于欺诈团伙的行为和数据。

- 由节点和节点之间错综复杂的关系（实体之间的关系）构成拓扑网络。
- 复杂网络能针对复杂对象的关联关系进行非线性建模。

抽象 　　夫妻关系 　　更多
小明　　小红

世间万物是错综复杂的关系网
人—人关联，人—物关联，"六度理论"

无论形式多么复杂，本质都是简单的三元组，即实体—关系—实体

时空数据、地址数据、人物数据构成庞大的关系网络，即复杂网络

图2　复杂网络产品定位和价值

（三）应用场景

1. 信贷类

- 精准营销：基于平台数据构建关系网络，挖掘存量客户之间的关联，精准地完善客户关系画像，进行存量客户价值挖掘；利用智能客服构建客服体系的知识图谱，降低人工客服的成本。

- 风险控制：基于平台数据构建的关系网络，进行欺诈团伙的挖掘，如信用卡养卡刷卡套现、小微团伙欺诈、异常资金链识别等，完善风控体系，识别出看似个体正常但实际为欺诈团伙的风险。实际应用时，贷前和贷后阶段，可将关系网络指

标纳入模型，也可基于关系网络指标直接做决策，如关系不一致性验证、团伙引擎识别等。风险案件调查阶段，可使用数据可视化工具，进行数据之间关联关系的深度调查，发现蛛丝马迹，顺藤摸瓜，识别连带风险，如分析某时间段内，两个账户之间的伴随关系等。

· 催收：基于平台和外部数据，通过关系网络迅速查找关联人等，进行数据信息修复，找到坏账失联人，减少平台损失。

2. 支付类

· 盗卡盗刷、刷卡套现、伪卡：基于关系网络，分析账户、设备、地址（银行卡归属地、IP、GPS、Wi-Fi）、手机号之间的异常关联，识别账户间的异常转账（账户多笔充值后短时间内转账多笔，与商户POS机交易频率/额度固定）、不同行为的共现/伴随（累计多笔转入或多账户转入后提现）、设备异常关联（单一设备多个账户登录；非常用设备登录，且设备登录地址相距遥远）、地址异常聚集（代理IP、同一时间多个商户POS机同时交易），从而识别盗卡盗刷、刷卡套现、伪卡等风险。

· 洗钱：构建人、账户、手机、设备、企业等关联网络，识别账户及关联账户的异常交易链路，不仅能根据已列入黑名单的洗钱账户识别关联账户群组及生态圈，而且可以基于异常关系网络分析（如动态社团分割、团伙识别引擎、风险传播算法等），识别新生成的洗钱团伙。

· 电信诈骗：电信诈骗目标客户的非特定性、诈骗手段的非接触性、诈骗资金周转的复杂性，导致单纯依赖电信诈骗标签无法识别过桥卡和新生成的电信诈骗团伙。而复杂网络可以在构建全局交易账户关联关系的基础上，识别电信诈骗账户的关联账户（如过桥卡）、账户资金周转资金链（过桥卡及提现卡）、新生成的电信诈骗团伙，并且识别团伙的核心账户、诈骗背后的操控人、交易账户地域分布等，从原始的被动防控，升级为提前防控和精准防控。

· 营销欺诈：针对羊毛党，根据已构建的人、账户、手机、设备等关系网络，识别手机号、设备、账户异常关联，如多个手机号关联同一个设备、多个账户在同一个设备注册/登录、多个手机号关联同一个账户、多个账户关联同一个手机号等，识别羊毛党及其生态圈，如活跃地域、偏好的平台、活跃时间、核心登录设备/账户/手机，进一步可以识别虚假手机号、虚拟设备、群控设备等。针对虚假交易，识别多个账户异常交易，如一个人关联多个交易账户，多个账户之间互相交易，一个人的社会关系成员，如父亲、母亲、妻子、朋友等关联的账户之间交易等，进而识别虚假交易。

三、项目的技术路径

同盾科技打通跨行业数据及外部数据，结合文本、图片等非结构化数据抽取技术，完成结构化与非结构化信息融合，将时空大数据编织成"实体—关系—实体"的拓扑关系网。当输入"种子数据/线索"，则由点及面，顺藤摸瓜，找到与之有关联的所有信息，并通过图计算、知识表示和机器学习等技术进行黑中介团伙等的智能化挖掘分析。

（一）复杂网络构建

1.复杂网络的特点

- 数据：数据规模大、结构复杂。
- 网络结构：网络由数据规模巨大的多种实体、属性及错综复杂的关系关联。实体包含多种类型，如人、公司、地址等；关系如静态的社会关系（直系亲属关系、非直系亲属关系、社会关系、所属关系）、动态的行为关系（交易关系、共现关系）等。实体有多种属性，如人的籍贯、性别、事件时间等。关系的紧密程度用权重区分。
- 存储：实时图数据更新演进及时效性，新的实体与关系不断加入，网络的结构也随之变化，同时随着时间的推移部分实体（如设备）的重要性降低，逐步退出网络。
- 图挖掘：支撑风险图计算场景，如大规模风险传播算法、大规模动态社团分割算法、图表示算法等。

2.复杂网络的构建

- 多源数据获取：数据来源包括但不限于身份认证、手机、保险、法院、学历、社交、设备、IP、消费、网贷、娱乐等信息，数据量巨大，需要运用大数据爬取、处理和存储技术，从各类数据源中得到。
- 数据清洗：清除不符合业务逻辑的数据，以及错误格式的数据。
- 网络构建：结合业务场景创建Schema，定义实体、关系及属性。
- 数据更新：数据的实时导入及增量更新。

（二）知识图谱的构建

1.知识图谱的定义

知识图谱本质是包含大量实体及实体间关系的语义网络，通过对现实世界中各类事物建立概念层次，从各类数据来源中抽取出实体及其关系，并经过关系推理、融合构建而成。复杂网络侧重于网络的构建和图的挖掘，而知识图谱注重事实，其实体、关系都经过校验，因此知识图谱侧重于关系的推理。

2.知识图谱的特点

- 多源数据融合：现实中，知识图谱的数据来源分布于互联网、业务系统、数据仓库、文件系统等，且包含大量的非结构化、半结构化数据，机器难以理解和处理。知识图谱的构建过程即是多源数据的融合过程，通过将各类数据中包含的实体及其关系挖掘出来并结构化编码，结合推理等一致性校验机制，形成数据一致、关系明确的知识库。

- 数据模式灵活：知识图谱采用有向图的方式进行关系建模，天然具备图数据模型的灵活特性，数据迁移和规范化很少成为问题。新的事实会成为新的节点、关系、子图，不用担心破坏已有的查询或应用的功能，这种平稳演化的能力可支撑不断变化的业务环境。

- 富含语义信息：知识图谱以有向图的方式明确描述实体属性及实体间的关系，采用本体建模方式描述概念和属性间的层次、等价、相交等关系，可以帮助机器更快地理解数据和推理，结合自然语言处理（natural language processing，简称NLP）技术可实现语义搜索、智能问答等应用。

- 智能推理能力：推理是指从已有的事实中发现新事实的能力。知识图谱中除存储各类概念、实体关系外，还可存储各类公理、常识及领域知识等内容，迅速发现数据背后的隐含关系，实现关系补全、一致性验证。

3.知识图谱的构建

- 多源数据获取：为支撑风险识别，知识图谱需要构建以人为核心的多维度信息，数据来源包括但不限于身份认证、手机、保险、法院、学历、社交、设备、IP、消费、网贷、娱乐等信息，不同来源的数据在获取方式、处理手段上均不同，且数据量巨大，需要运用大数据爬取、处理和存储技术，从各类数据源中得到数据。

- 实体识别与对齐：知识图谱应具备从结构化、半结构化和非结构化的数据源中，快速识别人名、地名、组织结构等命名实体的能力，并在命名实体识别的基础上完成关系识别。同时，需要解决同名实体消歧、不同数据源中描述的各个实体归属于同一实体的对齐问题。命名实体识别、消歧和对齐是一项复杂任务，需要结合自然语言处理、机器学习、统计分析等各类算法，如基于隐马尔可夫模型（hidden Markov model）、条件随机场（conditional random field）、长短期记忆网络（long short-term memory）的实体识别，基于网络语义标签、孪生循环神经网络（recurrent neural network）的实体对齐等。

- 一致性验证：知识图谱的数据来源广泛，各数据源经过实体和关系识别、对齐加载到图谱后，需要对其中的实体及关系进行一致性验证，发现是否有矛盾、不合理的关系存在。一致性验证主要通过知识推理来实现，需要构建海量数据下的推理引擎，从大规模关系数据中快速发现新的关系。

- 关系推理：关系推理是从图谱中的关系数据发现实体间可能存在的隐含关系，借助一致性验证过程中的推理引擎实现。

- 图谱存储：知识图谱的存储可以通过资源描述框架（resource description framework，简称RDF）和图数据库等方式实现。RDF更关注数据交换和共享，图数据库更多偏向高效的搜索。在大数据支付风险场景中，需要支撑海量数据下的快速查询，因此需要采用图数据库支撑高效计算和搜索。

（三）图数据库技术

复杂网络和知识图谱的图计算需要图数据库的支持，图数据库提供在线的实时查询和离线图分析。大型的图数据库一般具备高度分布式、可扩展、高可用等特点，支持数据增量实时导入与数据过期逐出。主流的图库一般会支持特有的查询语句（如Gremlin、GraphQL）进行图的查询，可以实现常用图计算（如中心性计算、最短路径、连通图等）。在离线计算方面，可以与主流的大数据框架（如Hadoop、Spark）结合进行图计算，实现相应的复杂网络图计算，常用的图计算基于整体同步并行计算（bulk synchronous parallel）模型，实现分布式图计算。

四、项目的创新成果

（一）创新点

1.数据层面

多源数据融合+NLP，重构金融图数据库，优化开源图数据库JanusGraph，实现数亿条关系数据实时入库，千亿级数据毫秒级查询响应。

当前的图数据库领域，多使用Neo4j、OrientDB等，但实际业务应用中，可扩展性、可维护性和数据瓶颈都成为工程化的难点，如Neo4j的数据处理瓶颈为十亿级，当平台数据达到瓶颈时，其处理效率会大大降低。同盾科技基于开源的图数据库JanusGraph，针对大规模数据处理、入库、查询、计算等进行优化，将图数据库的数据瓶颈提升为千亿量级，且实现数亿数据关系实时增量入库，提高数据处理效率，降低服务器成本，达到效率最大化。在性能上，能实现千亿级数据的毫秒级查询响应，且稳定性高、可扩展性强、可维护性强，适用于平台大规模的关系数据存储和查询。

• 数据清洗、存储：复杂网络基于同盾自有数据，融合合规的授权爬取的通话详单信息，重构数据清洗、信息抽取和融合方案，并存储在同盾自建的高度分布式可扩展图数据库中，可实现对大数据关联网络的高效存储、关联、检索。（参见图3）

• 融合NLP：利用NLP技术，将非结构化与结构化数据融合，支持模糊匹配，可针对名称和地理位置进行相似度计算。

• 数据量：包含50亿节点（实体）、120亿边（关系）的金融图谱，90种关系类型，日均新增4000万节点。

• 业务支持：支持千亿级别点和边的存储和毫秒级响应，支持构建和存储多个巨型网络。有效支持高并发、低延迟的查询，支持高并发事务以及大规模离线图计算。

• 技术架构：与主流的大数据生态技术圈高效整合，与同盾内部多个其他技术产品子系统高度整合。可根据不同的业务访问模式和子图的规模定制不同的存储后端和计算框架，以技术服务和业务输出的方式来支撑同盾内部各个不同的产品业务线。

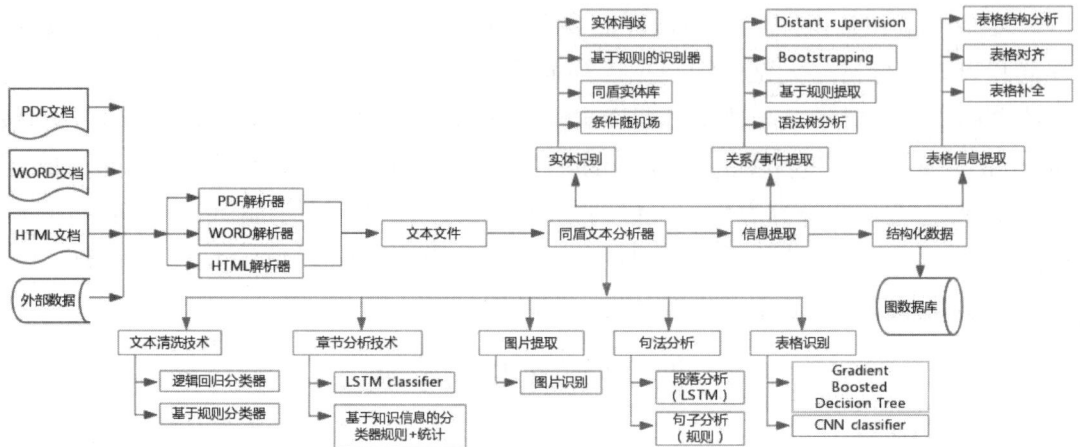

图3　图数据库技术结构

2.技术层面

优化网络关联方式，结合风险传播算法和机器学习深挖数据，优化动态社区算法、风险传播算法、图表示算法，使各类算法在大规模数据集（数十亿级）上实现处理。

· 改善传统的关联方式：传统做法是从文件或数据中单层关联查询，手动关联或半自动关联，低效且容易出错；复杂网络优化关联方式，梳理90种关系类型，区分强弱关系，明确定义关系权重，构建更稳定的网络结构，有效区分关系的影响和传播。

· 大规模数据的动态社区发现算法：在网络关联数据分析领域，社区发现一直是热点。社区发现算法层出不穷，如基于模块度的、基于标签传播方法等，但以上算法更多的还仅停留在小量数据集上，对大规模数据支持不是很友善。同盾科技在海量数据的基础上，借鉴经典的基于模块度的Louvain算法，在大规模数据集实现，让其可以在亿级别数据上实现社区的划分，提高了算法的可用性和可扩展性，实现千亿级数据社团分析毫秒级响应，为在大规模数据下的社区发现提供了有效的参考和依据。

借鉴网页排名算法（PageRank），结合数据业务特性，设计出新型风险传播算法，利用大数据分析工具与大型图库，实现风险传播的大规模数据实施。并利用连通图、随机森林的方式，在算法层面优化，如宽度优先搜索和深度优先搜索，进行模块度的计算和社区发现，基于业务属性（电信诈骗、贷款黑中介）进行网络的切分。（参见图4）

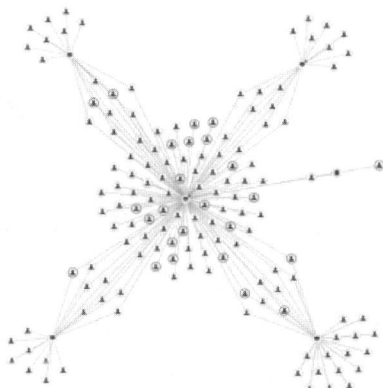

图4　动态社区发现算法应用示意

▪　大规模数据的风险传播算法：风险传播算法依据"近朱者赤，近墨者黑"的原理，从已知风险节点角度评估整个网络节点的风险程度。利用网络结构进行风险传播，进而提高风险节点的覆盖度。在信贷中，借款中的联系人之间的关系对其风险也起到至关重要的作用。如果仅对本人的信息进行细分，可能会漏掉部分风险信息。毕竟物以类聚，人以群分，因此对关联人的风险也需要提防。而风险传播算法也由此而来。同盾依靠自己联防联控的理念，可以构建超大关系图，而如何在如此大规模的数据下进行风险的传播则至关重要。同盾借鉴谷歌的网页排名算法，依靠Spark大数据处理技术设计出基于风险主题的风险传播算法，使距离风险节点越近的节点，其风险值越高。

▪　图表示算法：网络数据都很复杂，不容易处理、计算和分析，无法应用时下热门的机器学习算法，所以我们就需要一种方法来将这些原本复杂的网络变得简单，即研发新的网络嵌入方法。在网络嵌入空间中，节点之间的关系由点与点之间的距离来表示，结构上的特点由向量来表示。同盾使用node2vec算法将图中数据的结构和权重用向量来表示，实现在亿级别节点数据的表示，并输出相关维度指标应用到机器学习算法中，进行分离和预测。（参见图5—7）

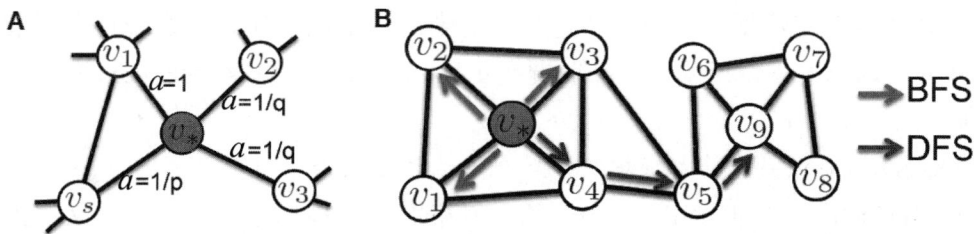

图5　图表示算法应用示意（1）

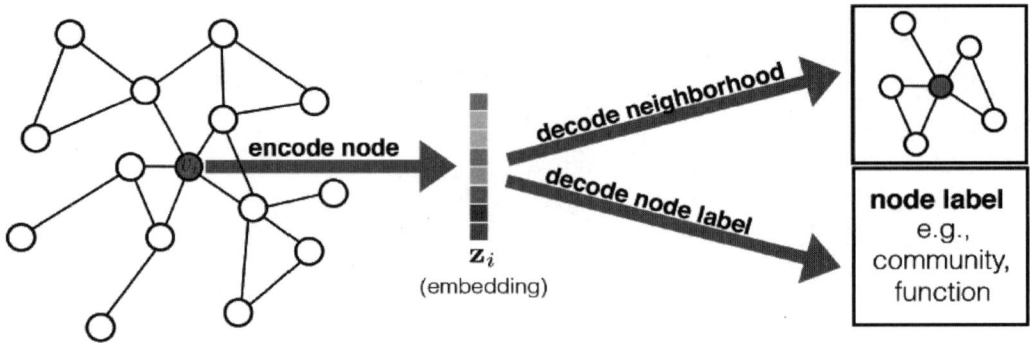

图6　图表示算法应用示意（2）

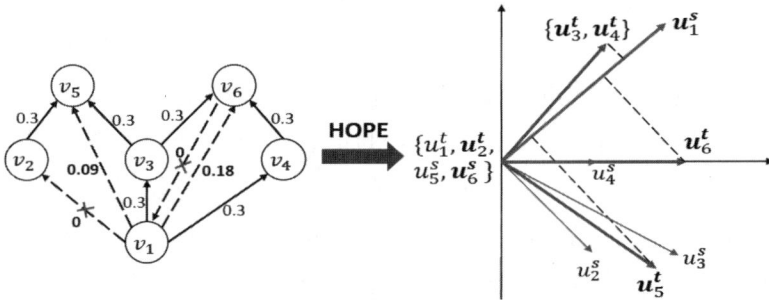

图7　图表示算法应用示意（3）

3. 产品层面

▪ 团伙识别引擎：企业可在事前识别支付盗卡、多头申请、团伙作案、刷单、撞库、中介团伙申请、内部欺诈等多种团伙欺诈风险，从而实现团伙作案的实时防控。通过多指标规则配置，企业可以根据自身的需求配置规则，精准地检测团伙风险。通过核心成员识别功能，企业可实时识别欺诈团伙的核心成员，从而有效降低企业的金融风险。

▪ 可视化的实体关联渲染引擎：动态展示关联图，可进行无限深度的实时关联查询，系统自动将数据组织成一个连贯、清晰的网络图，让客户在视觉上能清晰识别实体间关联情况以及风险的分布状况，更容易分析和更快速查找作案团伙。（参见图8）

4. SaaS+本地化，贷前、贷中及贷后全方位防控风险

▪ SaaS输出：同盾输出近200个关系网络的特征指标，如一度关联父子关系手机号个数、一度关联夫妻关系手机号个数、一度关联母女关系手机号平均借款次数等，可支持客户做决策、模型调优。

• **本地化**：为解决强监管下数据无法上"云"的问题，本地化部署方案可利用本平台沉淀的海量数据，构建适应业务特点的关系网络，计算指标并提供智能调查分析工具，支持图遍历、时序分析、地理位置聚类、社区发现、亲密度查询、最短路径、全路径、实体过滤、关系过滤、社区二次挖掘（群体用户及行为画像）、案件标注和入库等。

图8　动态展示关联图

（二）项目成果

（1）同盾关系网络输出近200种关系网络指标，包含群体指标、节点指标、一度节点指标、二度节点指标等。其中部分指标的IV值（information value，信息值）较高，可用于决策和模型调优，部分平台的调优结果是模型基尼系数提升3%~5%。

（2）挖掘疑似欺诈团伙220万个，团伙成员4600万人，其中高风险的中介关键成员300万人，拦截的涉及团伙欺诈的资金数十亿元。

（3）企业族谱派系识别

• **企业围标场景的派系识别**：一般供应商体系繁杂，会存在投标的企业名称不同，但企业之间是具有相关性的，即围标情况。围标风险是当前顺丰承运商领域较大的风险。针对某物流企业的承运商企业及关联企业，爬取公开数据，构建知识图谱，进行风险识别。（参见图9—11）

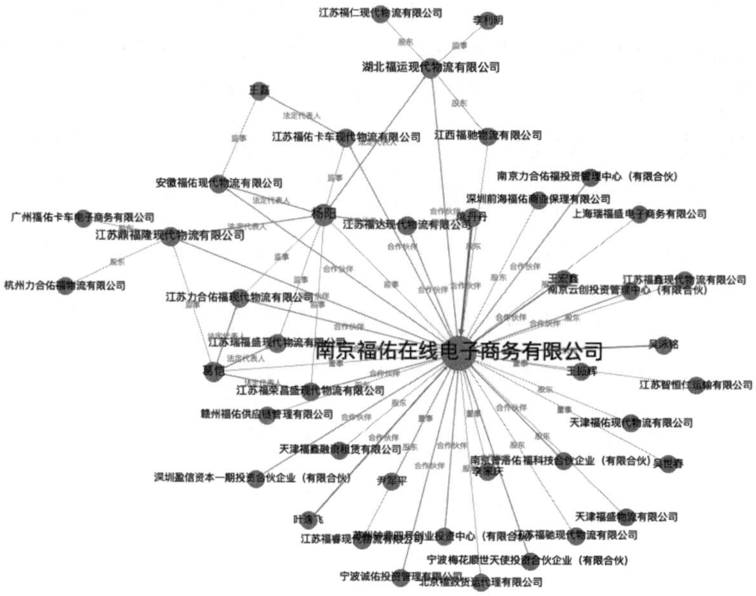

图9　福佑系

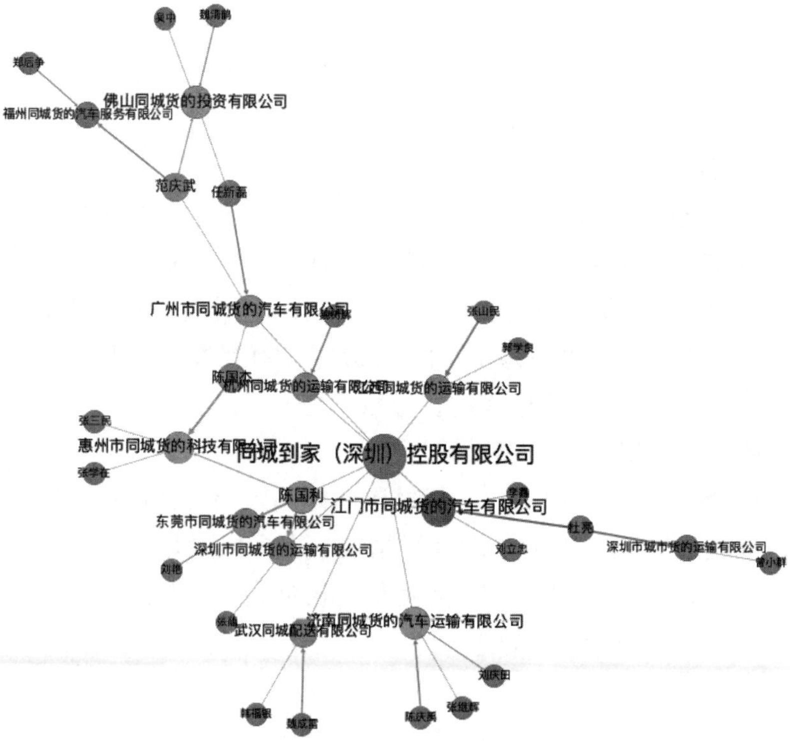

图10　同城到家系

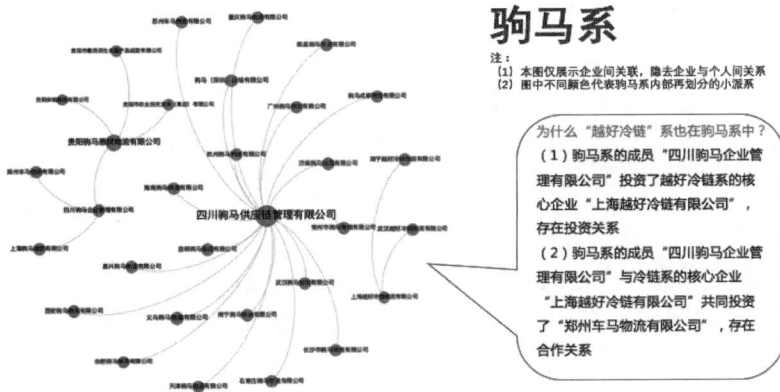

图11　驹马系

- 供应商管理的内外勾结识别：内部采购人员与外部供应商之间勾结关联的风险是最大的道德风险，通过内部采购人员与外部供应商数据的关联，识别采购人员通过其他供应商与目标供应商的投资/股权关系，进而识别内外勾结。（参见图12）

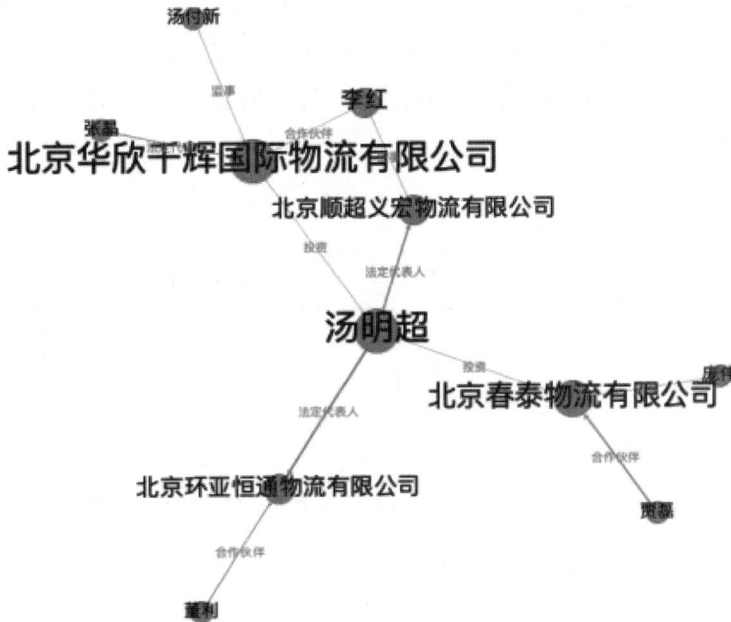

图12　供应商管理的内外勾结识别示意

（4）信息核验：多源数据融合验证一致性，智能推理识别常识错误，关联风险挖掘可疑线索。（参见图13）

图 13　信息核验示意

（5）应用场景多样：如信用卡场景的不良中介引流识别、刷卡套现团伙识别、借记卡的电信诈骗团伙识别，网贷场景的贷款黑中介识别，物流行业个人月结黑名单亲密度识别等。

▪　不良中介：属于第一方欺诈，本人有真实申请贷款意愿，通过平台包装后实现提高授信额度、快速放款等。常用手段如身份包装、引流等。（参见图14）不良中介将申请人资料集中查询同盾，评估资质进行包装，引流给放贷平台后，放贷平台也会查询同盾。当同盾接入越多的中介（本身不放款，做引流平台）和放贷平台，识别准确率越高。（参见图15）

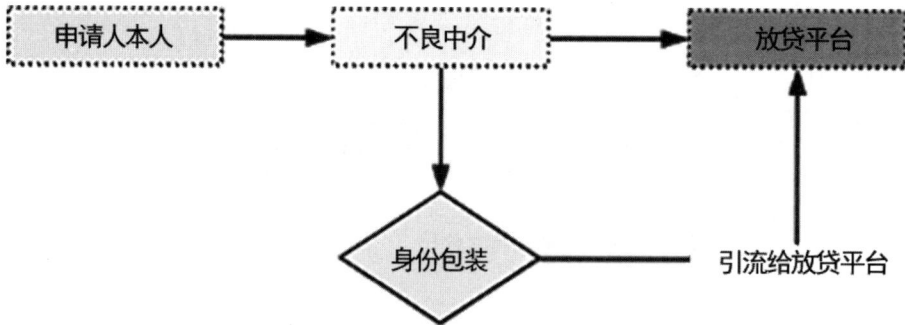

图 14　不良中介问题

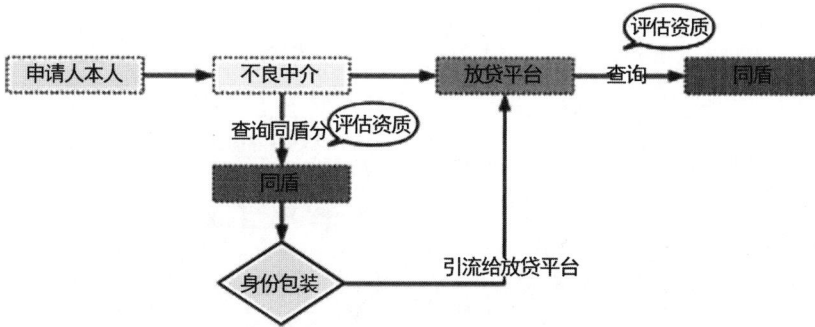

图15 不良中介问题的解决方案

- 贷款黑中介：属于第三方欺诈，中介通过非法渠道或在本人无意识情况下，获取身份信息到平台申请贷款。短时间内大批量集中申请，存在身份证籍贯（扫村获得）聚集、申请GPS地址聚集、申请时间集中、后续逾期集中爆发的特点。如团伙骗贷、刷卡套现、新车零首付骗贷、二手车融资租赁欺诈等。（参见图16）

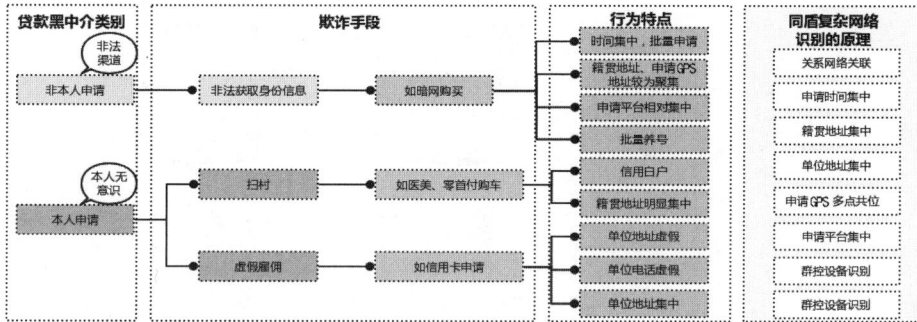

图16 贷款黑中介问题的解决方案

- 电信诈骗：不法分子通过电话、网络和短信方式，编造虚假信息，设置骗局，对受害人实施远程、非接触式诈骗，诱使受害人给不法分子打款或转账的犯罪行为。电信诈骗的类型有中奖诈骗、汽车退税诈骗、冒充熟人诈骗、直接汇款诈骗、电话欠费诈骗等，往往诈骗不成演变为恐吓、勒索，危害极大。

电信诈骗的防范措施：就银行来说，电信诈骗银行卡账户的识别、资金的及时冻结至关重要。系统识别和收录来自全国各地的电信诈骗账户。当客户汇款业务的收款账户与系统的风险数据相匹配时，系统就会自动弹出预警提示，要求工作人员按照业务规定和风险规则处置，加强对客户的风险提示，防止给可疑账户汇款。（参见图17—20）

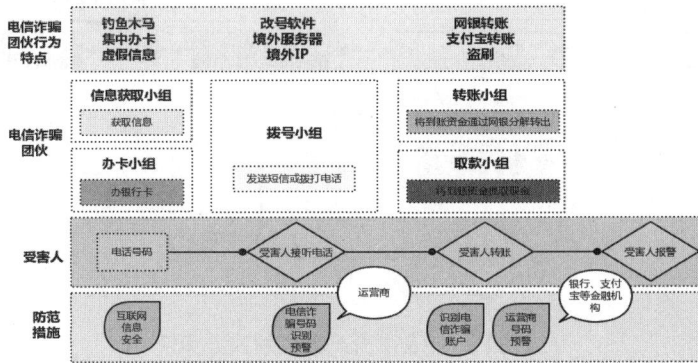

图17　电信诈骗问题的解决方案

账户交易相关关系分析

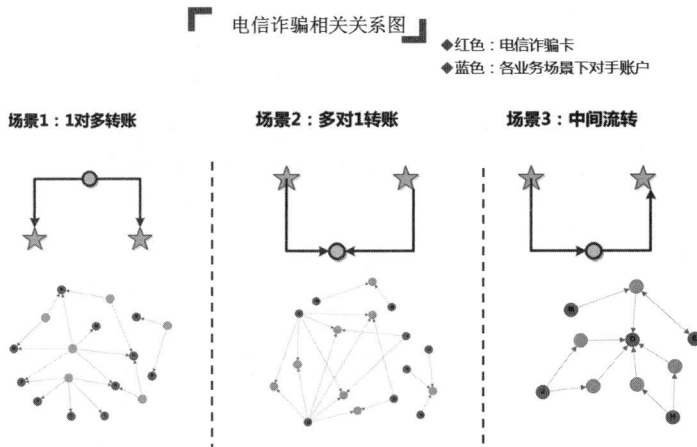

电信诈骗相关关系图

◆红色：电信诈骗卡
◆蓝色：各业务场景下对手账户

场景1：1对多转账　　　　场景2：多对1转账　　　　场景3：中间流转

图18　账户交易相关关系分析

识别的关键点：基于银行卡（账户交易关系）、手机号特点识别，补充银行体系外数据，全方位识别。

银行体系内，电信诈骗银行卡特点：	银行体系外，电信诈骗银行卡特点：
①一个身份证，对应多个银行卡，从实体卡向虚拟卡过渡，虚拟卡多； ②银行卡账户之间有关联关系：一对多、多对一、过桥资金转账等； ③行内账户的大额资金，呈小额分散形式转出到行外卡号或支付宝。	①电信诈骗账户种类多样，涉及银行卡、支付宝等； ②涉及的开户行较多，结合外部数据全局识别； ③转账层数较多，涉及多级过桥账户。
银行体系内，电信诈骗手机号特点：	银行体系外，电信诈骗手机号特点：
①电信诈骗手机号，170/171号段占比最多； ②采用伪基站打出的电话或者发出的短信； ③手机卡被冒名公办，或办理副号，被主号接管，绑定银行卡。	①多为虚拟小号、无记名手机号； ②手机号登录、注册行为频繁，垃圾注册标签； ③短时间段内，手机号关联IP较多，绑定银行卡较多。

图19　电信诈骗问题的识别（1）

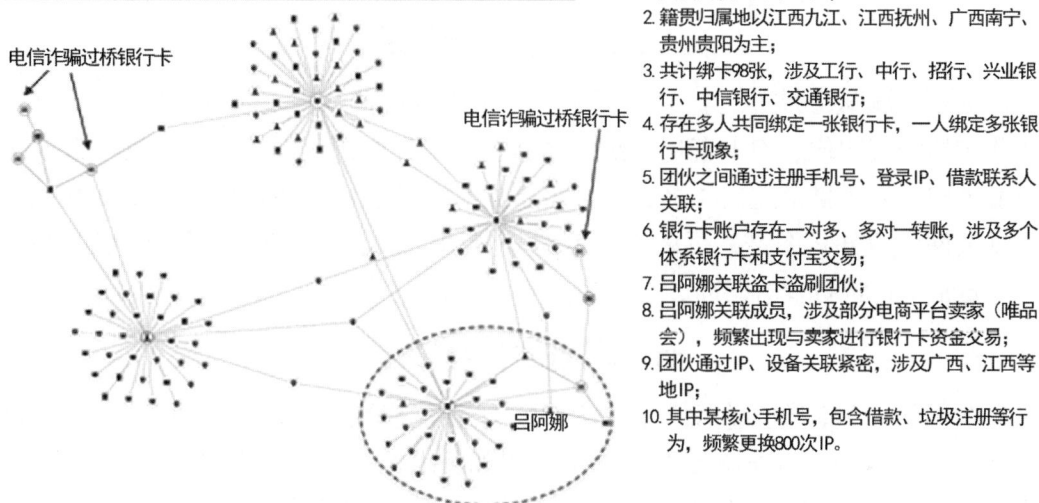

【时间】2016年6月至2018年8月

电信诈骗过桥银行卡

电信诈骗过桥银行卡

吕阿娜

1. 团伙关联人共计149人；
2. 籍贯归属地以江西九江、江西抚州、广西南宁、贵州贵阳为主；
3. 共计绑卡98张，涉及工行、中行、招行、兴业银行、中信银行、交通银行；
4. 存在多人共同绑定一张银行卡，一人绑定多张银行卡现象；
5. 团伙之间通过注册手机号、登录IP、借款联系人关联；
6. 银行卡账户存在一对多、多对一转账，涉及多个体系银行卡和支付宝交易；
7. 吕阿娜关联盗卡盗刷团伙；
8. 吕阿娜关联成员，涉及部分电商平台卖家（唯品会），频繁出现与卖家进行银行卡资金交易；
9. 团伙通过IP、设备关联紧密，涉及广西、江西等地IP；
10. 其中某核心手机号，包含借款、垃圾注册等行为，频繁更换800次IP。

图20　电信诈骗问题的识别（2）

（6）本地化部署，提高平台数据利用程度：基于平台自身需求实时构建动态关系网络，计算指标用于决策和模型调优，并提供智能化调查工具支持贷后风险案件调查。

五、项目的经济效益（预期效益）

（一）项目产业化及应用前景

复杂网络在同盾已形成产业化，基于同盾海量数据构建的关系网络，计算特征指标，提供给金融平台决策和建模，优化风险模型；向金融机构输出本地化部署方案，充分挖掘平台内部数据的价值，基于图计算方法识别各个场景的团伙欺诈问题，如信用卡场景的套现、养卡、资金流向、卡片信息侧录点、伪卡集中使用地点，借记卡场景的电信诈骗，以及网贷场景的贷款黑中介等。

在精准营销领域，可以基于关系网络工具挖掘存量客户的价值，提高精准营销的识别深度和范围。同时，基于知识图谱技术，联合智能语音，实现营销阶段的智能客服，提高金融机构服务的效率，降低成本支出。

在催收领域，通过复杂网络和知识图谱的关系网络，识别出失联逾期客户最新的手机号，进而通过智能催收语音电话联系对方，提醒其尽快还款。

（二）经济效益

深度有效识别团伙欺诈，帮助金融机构减少风险，降低风控成本，提高决策效率，降低金融机构的资产损失。同盾科技自上线复杂网络产品以来，帮助金融机构识别团伙欺诈涉及的资金累计数十亿元，得到了金融机构的认可和称赞。

不仅如此，除了在风控领域之外，复杂网络在智能营销、智能客服、智能催收等领域也有出色的表现，在给金融机构降低成本的同时，大大提高了效率。

六、项目的社会效益

识别团伙骗贷等欺诈，实时拦截风险，维护人民群众得之不易的财产。典型的团伙欺诈如骗贷团伙、刷卡套现、洗钱团伙、电信诈骗等，涉及的资金动辄数十亿，给金融机构和人民群众造成了极大的经济损失。在原有的风控规则和决策的基础上，通过复杂网络或知识图谱，可以实现针对骗贷团伙、电信诈骗、洗钱团伙的实时拦截，对异常交易进行及时阻断，维护财产安全。

七、项目的社会评价

复杂网络项目，作为金融科技体系内人工智能模块的一环，经过几年的实践摸索，已逐渐将金融与科技深度融合绑定，实现技术的产品化和金融业务化，将复杂网络技术融入金融业务条线的各个场景并全面开花，如营销、风控和运营等领域。其中在风控领域的应用尤为突出，成为信贷风控全流程中重要的环节，在贷前反欺诈、贷中/贷后监控表现亮眼，针对团伙欺诈的识别已得到金融机构实践的检验，无论在技术响应速度、风险的拦截效率还是风险指标的可解释性和易用性方面，都有出色的表现。但是，随着时间的推移，金融市场的不断演变，风险是呈现动态变化的，因此，需要复杂网络技术不断地探索和紧跟风险市场的波动进行调整，将复杂网络技术在业务线不断下沉，与场景深度融合，同时也要提升算法的稳定性和精准度，扩大复杂网络技术应用的范围。

（项目负责人：张新波）

2019 年

蚂蚁金服金融级分布式关系数据库 OceanBase V2.2

实施单位：浙江蚂蚁小微金融服务集团股份有限公司

OceanBase V2.2是蚂蚁金服自研的金融级分布式关系型数据库，在普通硬件上实现金融级高可用，在金融行业首创"三地五中心"城市级故障自动无损容灾新标准，同时具备在线水平扩展能力，创造了每秒6100万次处理峰值的纪录。OceanBase在业务使用中不断进行打磨，实现了OceanBase V2.2阶段的突破，也积累了丰富的行业经验。

OceanBase V2.2具备可扩展、高可用、高性能、低成本和多租户等核心技术优势。OceanBase具有数据强一致、高可用、高性能、在线扩展、高度兼容SQL标准和主流关系数据库、低成本等特点。

OceanBase至今已成功应用于支付宝全部核心业务：交易、支付、会员、账务等系统，以及阿里巴巴淘宝（天猫）收藏夹、P4P广告报表等。从2017年开始，OceanBase开始服务外部客户，包括建设银行、南京银行、中国人保健康、西安银行等。

一、项目背景及意义

（一）项目背景

随着互联网行业和大数据的兴起，数据量和并发访问量呈现指数级的增长，局限于传统关系数据库的架构，原先运行良好的关系数据库遭遇了严峻的挑战：极度高昂的总体拥有成本、捉襟见肘的扩展能力、无力的大数据处理性能等。于是，基于分布式架构的分布式关系型数据库应运而生，其具备易于扩展及容灾等特征，可以很容易处理量级非常大的数据。

蚂蚁金服对于分布式关系型数据库的使用场景极其严苛，有着全球最大的并发量需求，在可靠性方面需要做到单机、机架、机房甚至是地区级别的容灾恢复能力。早期使用共享存储、小型机等高端硬件只能满足金融行业在性能和可靠性上的部分需求，而且随着业务的发展，这种IOE架构很快就成为瓶颈。

蚂蚁金服结合了新兴分布式系统和传统关系型数据库的优点，既拥有传统关系型数据库在功能上的优势，同时具备分布式系统的可扩展性、高可靠性等特征。

蚂蚁金服OceanBase正是以此为出发点来打造分布式关系型数据库。OceanBase

构建在普通服务器组成的分布式集群之上，具备数据强一致、高可用、高性能、在线扩展、高度兼容SQL标准和主流关系数据库、低成本等特点。

（二）项目意义

蚂蚁金服OceanBase数据库能够真正地帮助企业全面降低在从传统集中式架构进化到分布式架构的过程中遇到的风险和成本，帮助客户继续像使用其他商业数据库一样，基于一个产品和一套知识体系来构建满足不同业务场景的数据库集群，保持较低的运维成本和开发者门槛，同时具备更低的整体拥有成本，助力企业实现数字化转型。

1. 互联网业务爆发式发展催生信息系统架构转型需求

电子商务的迅速发展引发全民购物狂欢浪潮，互联网金融让日常支付更加便捷，使用户形成了从现金付款到数字货币结算的消费习惯。这为银行业、支付机构和金融监管机构带来海量的小额资金交易笔数，衍生出海量活跃用户和数据并发量的业务场景。据统计，淘宝"双十一"交易量从2009年的0.52亿元增加到2017年的1682亿元，8 年时间增长了逾3000倍。而2011—2014年的"双十一"，16 家上市银行中的8家网银支付出现拥堵现象。业务信息系统急需适应当前业务海量用户的数据服务和存储处理需求。

2. 从集中式架构向分布式系统架构转型探索取得积极进展

当前大型企业如金融银行等，大都采用集中式的数据库架构，多采用Scale-up，即增加单机硬件性能，来提升处理能力上限。而随着摩尔定律的逐渐失效，Scale-up方案出现瓶颈。新兴互联网企业因为成本和性能等，绝大部分走上了自主探索分布式数据库架构的道路。以支付宝为例，2013年全线下架 IBM 小机和EMC存储设备，改用廉价X86服务器，2014年使用自研数据库OceanBase方案替换Oracle数据库，完成传统IOE集中式架构向分布式架构的转型，并成功经受住了2015—2017年的线上业务考验。据报道，相应软硬件成本下降大约60%，而性能提升数十倍。故经过多年的实践检验，分布式架构的数据库已经可以支撑当前互联网企业的大规模、高并发、多模式的业务类型，形成了极具价值的参考经验。

3. 金融监管机构相关文件指出了金融信息系统向分布式架构转型的方向

2017年6月，中国人民银行《中国金融业信息技术"十三五"发展规划》指出，传统金融机构在新技术应用和分布式架构转型方面进展较慢，在"十三五"期间，要"在巩固集中式架构安全稳定运行的基础上，综合成本、效率、资源等方面，以业务适用性为原则，研究分布式架构应用的可行性"。2016年7月，原中国银监会发布的《中国银行业信息科技"十三五"发展规划监管指导意见（征求意见稿）》也明确提出，要"提升技术架构的精细化水平，基于开放性强、透明度高、适用面广的信息技术提升架构设计和管控能力，鼓励合规使用开源技术和正版软件，鼓励使用创新的分布式架构"。

在金融行业数字化转型过程中，底层数据库存储也从原先的单节点的商业数据库变成多节点分布式数据库。相对于分布式系统中的其他组件，分布式数据库作为底层基础架构，具有强重要性和较大改造压力。

二、项目内容

蚂蚁金服自主研发的金融级分布式数据库 OceanBase，融合了传统的关系型数据库和分布式系统两个领域的优势，是一个可线性扩展的分布式关系型数据库，在保证强一致性的前提下实现了高可用。不同于业界多数基于中间件+开源数据库技术的分布式数据库解决方案，OceanBase 是完全自主研发的原生分布式 HTAP 数据库，对业务无侵入。

OceanBase 基于分布式架构和普通 PC 服务器，实现金融级可靠性及数据强一致性，具备持续可用、线性扩展、低成本、高性能等核心技术优势，且完全兼容 MySQL，降低业务迁移成本。

OceanBase 的数据主要可以分为基准数据和增量数据。基准数据是只读数据，增量数据是增删改的数据。OceanBase 数据库内部通过合并操作定期将增量数据融合到基准数据中。

OceanBase 采用"单实例多租户"管理模式。根据用户的需求，分配给用户指定规格的"租户"空间，"租户"可定义的规格包括 CPU 核数、内存、存储空间等。

在 2019 年的"双十一"大促中，OceanBase 创造了每秒 6100 万次数据库请求数处理峰值的世界纪录。

OceanBase V2.2 的典型应用场景如下：

（1）金融级数据可靠性需求。金融环境下通常对数据可靠性有更高的要求。OceanBase 每一次提交事务，总是会在多个数据中心实时同步对应日志并持久化。即使发生数据中心级别的灾难，也可以在其他的数据中心恢复每一笔已经完成的交易，实现了真正金融级别的数据可靠性需求。

（2）让数据库适应飞速增长的业务。业务的飞速成长，通常会给数据库带来成倍压力。由一个个独立的通用计算机作为系统的各个基点，数据根据容量大小、可用性自动分布在各个节点，当数据量不断增长时，OceanBase 可以扩展节点的数量，满足业务需求。

（3）连续不间断的服务。为企业提供连续不间断的服务，通常意味着给客户最流畅的产品体验。当某个节点出现异常的时候，分布式的 OceanBase 集群可以自动剔除此服务节点，该节点对应的数据有多个其他副本，对应的数据服务也由其他节点提供。甚至当某个数据中心出现异常时，OceanBase 可以在短时间内将服务切换到其他数据中心，保证业务的持续可用。

三、项目的技术路径

（一）系统架构

OceanBase的整体架构如图1所示。

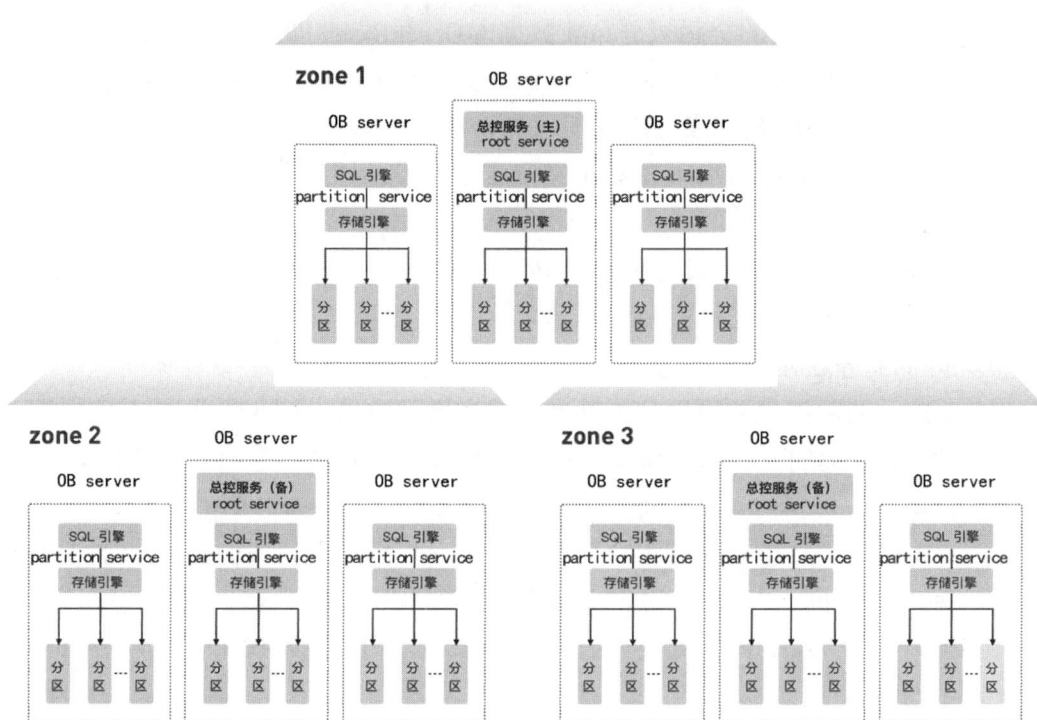

图1　OceanBase的整体架构

OceanBase一般部署为三个副本（zone），每个副本由多台物理机器（OB server）组成。每个副本包含两种角色：总控服务（root service）和分区服务（partition service）。每个分区服务管理多个分区，结构上分为两层：SQL引擎和存储引擎。

主总控服务和所有物理机器之间维持租约，当物理机器出现故障时，主总控服务能够检测到并执行故障恢复操作。

总控服务和分区服务都部署在物理机器上。一台物理机器上可以同时部署总控服务和分区服务。

总控服务主要通过系统自动选举完成，部署的时候需要指定总控服务列表信息。

OceanBase与传统数据库的区别：

（1）传统数据库诞生于机械硬盘时代，其架构的基础思想是分页存储、原地更新，这种架构设计的本质是优化机械硬盘慢速的I/O。

（2）OceanBase的存储架构从一开始就是为了面向固态硬盘而设计的。

（3）固态硬盘、大容量内存，已经成为以蚂蚁金服为代表的所有核心企业的在线业务的标准配置。

（4）OceanBase的存储架构中独有的基准数据和增量数据分离的设计，使得系统在大部分运行时间都能够提供基于内存的实时处理性能。

（5）OceanBase的写入能力远远高于其他同类产品，OceanBase是全球首个能够基于普通PC服务器实现单机写入性能突破百万TPS的数据库。

（6）OceanBase的存储架构本身完全消除了随机写，这意味着可以使用企业级固态硬盘中的中低端产品。

（7）数据批量写而不是随机写，使得高效的数据压缩技术的引入成为可能，从而使得OceanBase能够实现在相同数据量下比同类产品小得多的存储空间。

（8）通过优化技术的运用，当引入固态硬盘存储时，可保证系统优异的I/O性能，同时使得整机成本大幅度降低。

（二）技术特点

1. 数据一致性

OceanBase数据库采用严格的Paxos分布式一致性协议，数据提交时在多个副本上实现强同步并持久化，任何节点故障都不会造成数据丢失，保证了RPO=0的数据高可靠性。（参见图2）

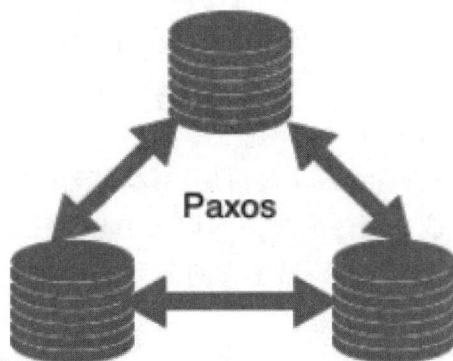

图2　Paxos分布式一致性协议

此外，任何节点发生故障时，OceanBase都会自动检测到并剔除有问题的节点，由其他节点接管对应的服务，整个过程很短（RTO<30秒）且无须人工干预，实现了自动化高可用特性。针对机房级灾难和城市级灾难，OceanBase数据库还可以提供机房级容灾和城市级容灾的解决方案。因此，OceanBase数据库可以在保证数据零丢失的前提下提供持续可用的服务，为金融级系统提供良好的业务支撑服务。

2. 自动负载均衡

OceanBase数据库保留了传统数据库的分区表功能，并将分区表和分布式架构有效结合起来。在数据库集群内部根据系统负载的实际情况，自动将多个数据分区分布到不同的服务器上，实现了自动负载均衡。

3. 读写分离的存储架构

在数据库引擎内部，OceanBase采取读写分离的架构，将当前更新的动态数据存入内存称为MemTable，存量的基线数据存在磁盘，称为SSTable（sorted string table，有序字符串表）。

4. 可扩展性

对比传统的关系数据库，OceanBase从数据库层面提供了真正意义上的水平扩展能力。OceanBase基于分布式系统实现，可以很方便地进行扩容和缩容，且能做到用户无感知。

同时，OceanBase所具备的集群内动态负载均衡、多机分布式查询、全局索引的能力更进一步加强了其可扩展性。对于用户的分库表方案，OceanBase还提供了分区表和二级分区的功能，可以完全取代MySQL。

5. 高可用性和容灾能力

对OceanBase而言，同一数据保存在多台（≥3）服务器中的半数以上服务器上（例如3台中的2台），每一笔写入事务也必须达到半数以上服务器才生效。因此，当少数服务器故障时不会有任何数据丢失，能够做到RPO=0。

不仅如此，OceanBase底层实现的Paxos高可用协议，在主库故障后，剩余的服务器会很快自动选举出新的主库，实现自动切换，并继续提供服务，在实际的生产系统中做到RTO在30秒之内。

OceanBase的多副本特性和Paxos高可用协议将多样的异地多活、多城市多中心部署的高可用方案变为可能。通过典型的两地三中心、三地五中心部署，OceanBase可以满足用户跨互联网数据中心、跨城容灾的多种业务需求。

6. 多租户隔离

OceanBase从数据库底层实现了租户和租户之间的资源隔离。通过这一技术，OceanBase的一个集群可以服务多个业务。每个业务会创建一个或者多个租户，租户之间互相隔离，可以设置每个租户允许使用的资源。

当某个租户使用的资源超出配额时，系统会自动对该租户进行服务降级，避免影响其他租户。

7. 弹性可扩展

OceanBase是一款真正意义上的分布式关系型数据库，由一个个独立的通用计算机作为系统各个节点，数据根据容灾、可用性自动分布在各个节点，OceanBase可以不断地扩展节点的数量，以满足业务需求。Oracle模式单表支持的最大分区数为65536。

8. 数据零丢失

OceanBase每一次事务提交，对应日志会在多个数据节点实时同步，并持久化。

其中，任何节点发生不可恢复的故障，OceanBase可以在其他的节点恢复每一笔已经完成的交易，实现了真正金融级别的可靠性要求。

9. 兼容性

在应用层面，OceanBase实现了与MySQL 5.6版本绝大部分功能的兼容，因此MySQL应用可以无缝迁移到OceanBase，极大方便了应用的迁移过程。OceanBase在MySQL兼容性方面表现为接口层面、数据模式层面、语句/数据类型层面、事务层面等的兼容。同时，OceanBase兼容Oracle 11.2版本的部分功能，并且还在持续完善中。

10. 节省硬件成本

使用OceanBase数据库，在同等情况下，要比使用MySQL等传统关系数据库节省大量的硬件成本。

MySQL等传统关系数据库有大量随机读写盘的操作，所以需要使用读写固态盘，而OceanBase只有随机读盘没写，故只需使用读密集型固态盘，而不会影响性能。

MySQL等传统关系数据库的主备库是单活，仅主库提供读写，备库容灾，而OceanBase是多活，即使使用同样的硬件，OceanBase的成本也只有传统数据库的3/4。

四、项目的创新成果

（一）OceanBase技术创新成果

OceanBase数据库采用严格的Paxos分布式一致性协议，数据提交时在多个副本上实现强同步并持久化，任何节点故障都不会造成数据丢失，保证了RPO=0的数据高可靠性。此外，任何节点发生故障，OceanBase都会自动检测到并剔除有问题的节点，由其他节点接管对应的服务，整个过程很短（RTO<30秒）且无须人工干预，实现了自动化高可用特性。针对机房级灾难和城市级灾难，OceanBase数据库还可以提供机房级容灾和城市级容灾的解决方案。因此，OceanBase数据库可以在保证数据零丢失的前提下提供持续可用的服务，为金融级系统提供良好的业务支撑能力。

OceanBase数据库采用基于PC服务器的无共享分布式架构，可以方便地通过添加新的服务器实现线性扩展，避免了传统IT架构下存储容量和计算能力的瓶颈。同时，和传统的高端硬件架构相比，基于PC服务的架构也大大降低了使用者的硬件成本。

OceanBase数据库保留了传统数据库的分区表功能，并将分区表和分布式架构有效结合起来，在数据库集群内部根据系统负载的实际情况，自动将多个数据分区分布到不同的服务器上，实现了自动负载均衡。

在数据库引擎内部，OceanBase采取读写分离的架构。一个数据分区的所有数据（基线数据+增量数据+事务日志）都放在一个物理机器服务器中，因此针对一个分区的读写操作不会有跨机的操作，数据的写入也分布到多点同时执行。（参见图3）

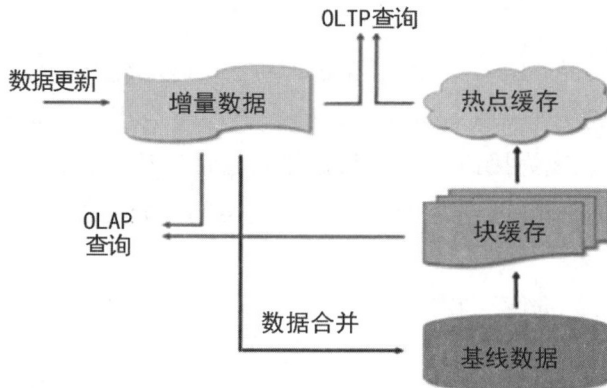

图3　OceanBase 数据库结构

读写分离的存储结构带来很多好处：避免了传统数据库数据落盘所导致的大量随机写入操作以及写入放大问题，大大减少了对性能的影响；可以很方便地针对大量静态基线数据进行压缩，提高压缩比，减少存储成本；做行级缓存也不用担心写入带来的缓存失效问题，保证热点数据和最新数据都保留在内存中，可以显著提高查询的性能。

当然，由于增量数据写在内存中，所以内存写到一定量后需要和基线数据合并而生成新的基线，这个过程我们称之为合并。合并会造成一些额外的压力，可能对客户的请求有影响。为了消除这种影响，OceanBase采取了一系列的手段，比如将合并操作放在非繁忙时段进行，并采取一种被称为轮转合并的策略，将OceanBase的某些服务器上的流量切走之后进行合并，待合并完成后再将流量切到已合并的服务器上。这些措施可以避免合并操作对业务的影响。同时这种轮转合并的策略也可以用在升级维护中。当需要进行版本升级的时候，可以将其中一台物理机器的流量切走进行升级，升级完成后逐步灰度切流，一旦出现问题即可快速无损回滚。

在存储层面，基线数据的存储采用了SSTable结构，该结构源于谷歌的Bigtable系统的设计。如图4所示，SSTable内部划分为2MB的宏块（macro block），以提高I/O效率并减少SSTable合并的开销。每次旧的SSTable和MemTable合并生成新的 SSTable时，如果宏块没有修改，那么宏块的内容不需要重写，新的SSTable只需要指向老的宏块即可；如果宏块发生修改，那么需要融合宏块和MemTable中对应的内容生成新的宏块。由于很多业务场景下发生修改的宏块占比都比较小，因此这种方式大大降低了合并开销，并节省了磁盘空间。

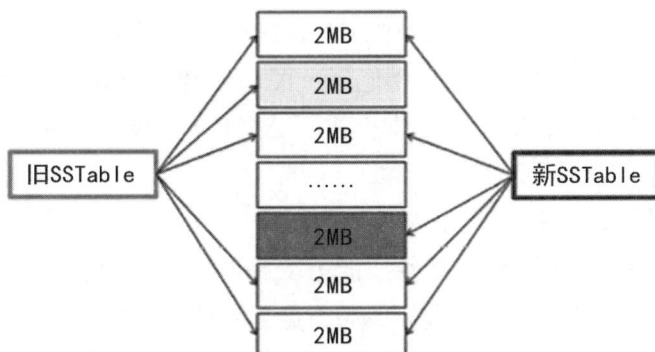

图 4　SSTable 结构的升级

在应用层面，OceanBase实现了与MySQL 5.6 版本绝大部分功能的兼容，因此MySQL应用可以无缝迁移到OceanBase，极大方便了应用的迁移过程。

（二）OceanBase 创新应用情况

在蚂蚁金服和阿里巴巴集团内部，OceanBase数据库得到了非常广泛的应用。历经多年检验和演进，OceanBase现已承担蚂蚁金服核心账务、交易、支付等关键系统100%的工作负载，承担了支付宝和网商银行每日巨大的交易量，以及淘宝收藏夹、淘足迹等高访问量的应用系统。特别是在2019年的"双十一"大促中，OceanBase创造了每秒6100万次数据库请求数处理峰值的全新世界纪录。因此，OceanBase数据库是一款经过充分的实践检验、当之无愧的金融级分布式数据库。

此外，OceanBase已成功用于支持浙江网商银行的全部核心业务系统，验证了在全面的银行业务处理环境下的适用性和支撑能力；在海外其也已经全面应用于印度最大在线支付平台Paytm的核心业务系统。

在蚂蚁金服开展科技输出业务后，国内已经有了众多的金融行业客户开始使用并发挥显著的支持作用，比如南京银行"鑫云+"互联网金融平台、中国人民健康保险股份有限公司（简称"人保健康"）互联网保险业务、西安银行、常熟农商银行等系统已实现在线运行。

1. 南京银行的应用案例

2017 年，南京银行引入蚂蚁金服金融级分布式交易架构——分布式架构SOFAStack（scalable open financial architecture stack）、分布式数据库 OceanBase和大数据平台，构建新的互联网金融核心，并于同年 11 月上线互联网金融平台"鑫云+"。

"鑫云+"定位为做成员银行和互联网端的桥梁，开创了"1+2+3N"合作模式，业务包括全托管模式、引流模式（为成员银行的直销银行提供客户导流）、能力共享模式（共享风险管理和资产管理能力）、产品合作模式（联合贷款和理财产品）。至今，"鑫云+"已服务多家银行的上百万用户，平均每个客户放款时间只需 1 秒，日处理订单量可达到 100 万笔。

在截至 2018 年 6 月底的 8 个月中，南京银行"鑫云+"平台新客户数达到 390 万，贷款额从 1 万元人民币上升至 10 亿元人民币，贷款余额从 1 亿元人民币增长至 100 亿元人民币。更重要的是，客户体验并不受损，平均处理时间小于 1 秒，实现秒级放款。

2. 人保健康的应用案例

人保健康引入蚂蚁金服的金融科技能力支持其互联网保险业务的发展。借助蚂蚁金服的金融级分布式数据库 OceanBase、金融级分布式架构 SOFAStack、金融级 mPaaS 平台等，人保健康构建起对标行业顶尖水平的新一代互联网保险云核心业务系统。

使用蚂蚁金服 OceanBase 分布式数据库和 SOFA 分布式中间件解决了高并发保单处理速度慢的问题，每日平均出单量为 15 万。OceanBase 支持复杂查询（join 和 union），客户使用的 OceanBase 业务场景具有查询复杂、表关联较多、单个事务处理数据量大的特点。（参见图 5）

人保健康新一代互联网保险云核心业务系统支持业务高并发需求，与原电商平台相比：

（1）处理能力提升了上千倍，并支持弹性扩容，出单时间达到每秒 1000 单，出单效率处于健康险行业顶尖水平。以 2018 款好医保住院医疗保险为例，每天 1 万单日结文件的处理速度从以前的 4 小时缩短至 6 分钟。

（2）外部渠道产品接入效率提升 6 倍，支持第三方业务快速拓展。

（3）新产品上线时间缩短 80% 以上，从数周缩短至数天，确保互联网业务的创新及市场的快速响应。

（4）平台服务可用性达到 99.99%，客户可以随时享受人保健康提供的保险服务。

3. 西安银行的应用案例

西安银行遵循"自主可控、稳步推进"的原则，其科技部与蚂蚁金服 OceanBase 团队一起进行历经了 1 个月的双平台应用系统软件改造、94 天的 8 轮内部技术测试及优化、14 个工作日的迁移灰度测试验证后，最终于 5 月 11 日凌晨成功实施了互联网金融业务平台的 MySQL 数据库、互联网交易资金存管平台的 Oracle 数据库向 OceanBase 分布式数据库的完整迁移。同时，西安银行也成为银行业首家关键业务系统 Oracle 数据库在不停业的情况下实现在线迁移，并最终完整迁移至 OceanBase 分布式数据库的银行。

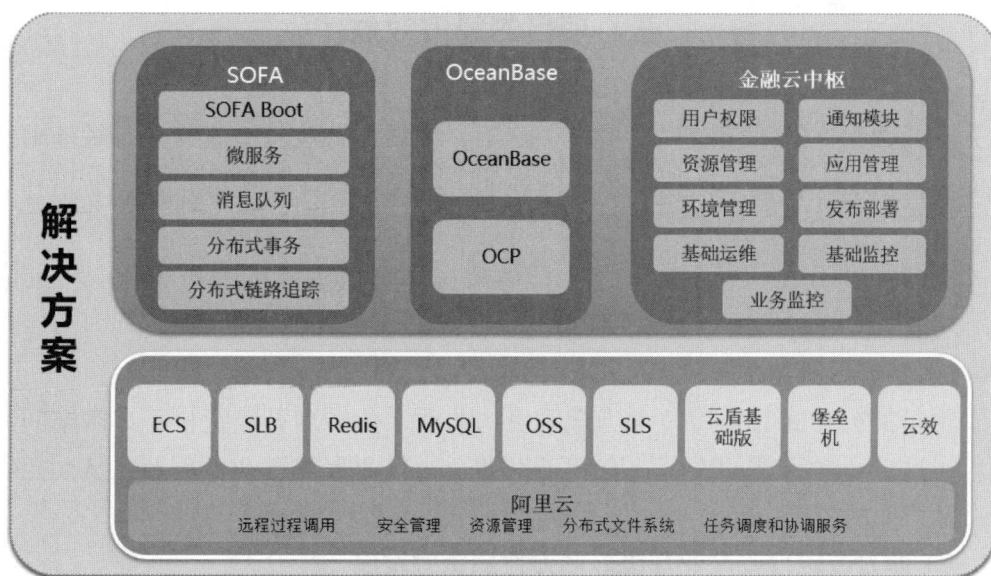

图5　OceanBase 分布式数据库解决方案

西安银行此次关键业务系统的分布式数据库应用改造，收益颇丰：西安银行关键业务系统数据库构建了"三中心五副本"的多活保护模式，在系统高可用的同时，实现容灾能力的大幅提升。互联网金融业务平台、互联网交易资金存管平台经过改造，支持线上业务长时间、高并发的能力显著提升，系统高弹性、快速水平扩展成为现实。

4.常熟银行的应用案例

基于蚂蚁金服完全自主研发的分布式关系数据库 OceanBase 以及移动开发平台 mPaaS，常熟银行上线投产三大应用——统一的大零售营销管理平台、移动厅堂 APP 以及对公手机银行，开启数字金融转型实践，以实现"随时随地为客户提供个性化、全方位普惠金融服务"的目标。

（1）上线低柜业务 APP，实现低柜业务移动办理，促进柜员走出柜台，扩大服务半径，为客户提供更个性化的服务。

（2）上线企业智能化服务项目，客户可在线填写开户基本信息、上传证件资料，提交后台统一审核、统一决策通过后，即可前往机构一次办结开户手续。相比传统模式，业务办理效能提升 3 倍。

（3）投产统一营销管理平台，将交易服务场所前移至客户现场，为客户提供发卡、激活、签约、密码重置等业务服务，业务办理效能提升2倍。

五、项目的经济效益

（一）为金融机构提升性能、降低成本

分布式数据库技术能够提供安全、稳定、可靠、高效、敏捷的分布式基础技术系统能力，从而大幅提升数据库系统的性能，降低数据库系统的建设、使用和运维成本。

本项目中的分布式数据库技术，能够兼容传统数据库（比如 MySQL 和 Oracle）的核心功能，实现对传统数据库的平稳迁移，也能大幅降低迁移成本。

（二）拓展行业和产业应用的市场空间

本项目的分布式数据库技术为金融机构的数字化转型升级提供了广阔空间和无限可能。这一金融科技的变革，有利于推动金融行业聚焦于业务创新，从而拓展了整个金融行业的市场空间。

（三）助力金融行业产业升级，助力普惠金融发展

分布式数据库技术能满足业务发展和大规模业务的伸缩需求，助力金融机构实现能力升级、体验升级、迭代敏捷、成本优化，使金融机构能专注于业务逻辑并具备敏捷交付的能力，又使其满足金融级的高可用、强一致性等特性，同时支持互联网的海量并发、弹性伸缩等基础技术平台能力。

分布式数据库技术能够帮助金融机构快速实现分布式架构转型，以支持金融机构快速实现业务创新，从而为普通大众提供更普惠的金融服务。

（四）助力金融机构数字化转型，助力数字经济快速发展

分布式数据库技术这一金融科技是信息技术和金融需求的深层融合，是数字经济转型支撑能力的典型代表。

分布式数据库这一金融科技通过赋能金融行业，促进传统金融机构的业务创新，推动金融机构的数字化转型，助力数字经济快速发展。

六、项目的社会效益

（一）在全球范围内领先开发成功新一代金融级分布式数据库，在一定程度上代表我国实现金融关键技术的突破

近年，习近平总书记多次鼓励我国科研机构和相关市场主体对关键核心技术进行突破。在金融业中，据《中国金融业信息技术"十三五"发展规划》，我国大量金融机构和科技企业在开展相关技术研发并取得了一系列重要成就。蚂蚁金服自主研发成功的分布式数据库在国内外均具有独创性和领先性，并对解决我国金融业信息系统架构升级具有重要价值，是典型的金融关键技术突破。

（二）助力我国金融业信息系统加快实现分布式架构，为系统安全升级探索可行途径

蚂蚁金服的分布式数据库技术正在逐渐被我国金融机构采用，未来可承担更多责任。金融信息系统中数据库层从集中式向分布式升级，从安全角度考虑，必须慎之又慎。蚂蚁金服在OceanBase十年的持续迭代优化过程中，逐渐完成了全量业务切换，也是出于上述考虑。具体来说，蚂蚁金服采取了外围业务先行升级、金融交易业务分批次接入、特定时间段双系统备份等方式。上述渐进升级模式，也为我国金融业分布式数据库升级提供了重要参考。

（三）推动产业进步与升级，助力金融科技自主可控

分布式数据库技术能够提供安全、稳定、可靠、高效、敏捷的分布式基础技术系统能力，能够大幅提升数据库系统的性能，降低数据库系统的建设、使用和运维成本。

本项目有利于推进金融核心系统从集中式部署方式迁移到分布式平台部署，提升处理能力和用户体验，减少集中式架构风险，助力国家实现金融科技自主可控。

（四）推进分布式数据库技术金融应用，助推金融与科技深度融合

分布式数据库作为创新技术，将成为未来金融业的主流。分布式数据库技术的应用将改变金融行业的发展格局，借助技术创新，打造新型架构模式，实现更高效的金融服务。这一技术革新，不仅促进了传统金融业的发展，同时也催生了新型的金融业态，并使得金融以及信息技术产业有了新的机遇和可能。通过金融科技引领业务革新，有助于加快推进新技术与金融业务深度融合应用，发挥金融科技对金融行业的支撑和引领作用。

七、项目的社会评价

作为数字金融基础软件，OceanBase助力金融机构保障数亿用户享受便捷、安全、智能、实时的普惠金融服务。在用户层面，分布式数据库OceanBase作为蚂蚁金服的关键数字科技，已长时间保障数亿支付宝用户享受体验升级的金融服务。未来，随着该技术服务更多金融机构，将有助于我国金融业整体技术能力提升及服务水平改善。OceanBase获得多个重要奖项，包括：

2011年，OceanBase荣获中日韩开源软件竞赛技术优胜奖。

2016年，OceanBase荣获世界互联网领先科技成果奖。

2019年5月9日，在第十届中国数据库技术大会上，OceanBase 2.0荣获"年度最佳创新产品"奖。中国数据库技术大会由科技媒体IT168主办，是数据库领域影响力最大的盛会之一，其评选在业内具有极高的权威性和公信力。

2019年10月2日，数据库领域最权威的国际机构事务处理性能委员会

（transcation processing council，简称TPC）在官网发表了最新的TPC-C基准测试结果。OceanBase以两倍于Oracle的成绩，打破数据库基准性能测试的世界纪录，成为全球数据库演进史的重要里程碑。本次TPC-C测试采用的是OceanBase 2.2版本，OceanBase 2.2已经初步具备Oracle兼容能力，OceanBase TPC-C 测试采用的就是完全兼容Oracle的存储过程语法。阿里巴巴内部有部分 Oracle业务已经平滑迁移到OceanBase，阿里巴巴外部也有股份制银行正在将 Oracle业务平滑迁移到OceanBase。接下来，OceanBase 还会进一步加强Oracle 兼容特性，重点加强分布式优化器和执行器的核心能力。

（项目负责人：阳振坤）

浙商银行基于 B 端的大数据风险管理和预警平台

实施单位：浙商银行股份有限公司

浙商银行于2018年11月上线的大数据风险管理和预警平台，综合应用"互联网+大数据+云计算"技术，广泛引入外部相关数据、模型，在业内领先搭建知识图谱平台，填补了客户准入、关联关系、客户画像、贷后管理、预警管理、财务分析、报告中心、作业监督、移动应用平台等系统支持功能的空白，最终通过技术手段实现了公司业务风险管理和预警的数据化、移动化、智能化。依托于该平台，完成了系统和流程的整合、内外部数据采集和模型分析加工处理，建立了全流程风险防控和预警体系，全面提升了授信业务风险防控能力。在此基础上，浙商银行还持续扩展平台的深度、广度，积极打造开放平台、对接"三大平台"，将风险防控扩展到同业、零售等业务板块，构建金融服务产品的生态圈。

一、项目背景及意义

长期以来，企业、银行之间的信息不对称，给企业融资和银行风控均造成了很大的困扰。浙江省地处华东沿海，是我国改革开放的前沿阵地，民营经济、金融产业格外活跃发达，一方面大中小型企业星罗棋布，另一方面银行信贷、股市债市甚至民间拆借规模庞大。浙商银行作为唯一以浙江省为根基的全国性股份制商业银行，更是寻求综合应用、创新应用金融科技和"平台化"战略思路，力图破解"企业融资难，银行风控难"问题。

（一）项目背景

当前，中国经济面临结构转型，国内外经济形势复杂严峻，一方面企业经营困难重重，另一方面金融领域潜在风险持续爆发，导致传统银行经营面临着全方位的挑战。其中，因经济下行与贸易战的双重影响，国有、股份制、城市商业银行等都受到了冲击：银行前期信贷大规模投放与利润连续增长背后隐含的风险开始加速暴露，信贷资产质量的压力日益凸显。

实际上，商业银行在长期发展中形成了一整套专业成熟、卓有成效的风险防控体系，但面对新的风险挑战，逐渐显得力不从心。大数据、云计算以及人工智能等新一代信息技术的迅猛发展，给银行风险防控提供了新的助力。浙商银行金融科技在2015年即已启动大数据相关的研究工作，并在数据仓库、数据集市的建设基础上，逐渐过渡至开源大数据平台。这期间，浙商银行不断引入"互联网+"思维、云计算技术，主攻风险防控场景，最终推出了面向B端的大数据风险管理和预警平台。

（二）项目意义

结合经济形势变化和"平台化"战略，浙商银行打造的大数据风险管理和预警平台提供了"人工+智能"的风险管理和预警功能、贯穿从客户准入到作业监督等功能的授信全流程红绿灯式刚性管理方式，帮助银行甄别优质企业、解决其融资难问题，这充分体现了浙商银行"双服务"理念。

对浙商银行来说，大数据风险管理和预警平台也是打造差异化竞争优势，着重关注公司客户的成体系风险防控管理，精心维护风险收益比较低的企业客户，实现银行盈利增长的重要基础平台。

经过一年的运行，平台取得了良好的经济和社会效益，已成为国内少数将大数据和风险预警结合到实处并可产生平台化服务输出能力的创新成果，在支撑银行风险识别、服务实体经济、助力小微企业方面取得了实实在在的成效。

二、项目内容

（一）打造"大数据风险管理和预警平台"全流程风险防控体系

为帮助银行甄别优质企业、强化风险防控管理，更好地服务本地实体经济，大数据风险管理和预警平台通过系统和流程的整合，提供了从客户准入、关联关系、客户画像、贷后管理、预警管理、调查报告到作业监督等功能，实现了全流程红绿灯式刚性风险管理。

平台可以基于海量内外部数据和规则模型，预生成拟准入的优质企业客户清单，支持客户经理发起客户营销；进入准入环节，支持对拟准入/已准入客户的预警信号、集团关联关系和客户画像的查询和提示，支持对存在特定严重预警信号的客户进行准入刚性控制；审查审批环节，支持审查审批流程中各关键节点的预警信号实时强制提示，可有效规避预警信号易被人为忽视的操作风险；贷后管理环节，支持将预警信号自动导入贷后检查相关表单，督促检查人员对预警信号进行持续跟踪。这样一来，"风险预警"从原来各个模块环节各自为政，汇聚成贯穿全生命周期的风险防控管理体系，可以一定程度上实现对"银行风控难"问题的破题。（参见图1）

此外，大数据风险管理和预警平台基于分布式微服务架构设计，具备系统平台和风险服务对外开放输出的能力：通过对平台进行服务封装和开放API接口，支持无力独立搭建风险防控管理体系又确实面临着市场风险的企业客户获取浙商银行成体系的"平台化"风险防控能力，帮助企业客户实现风险规避。

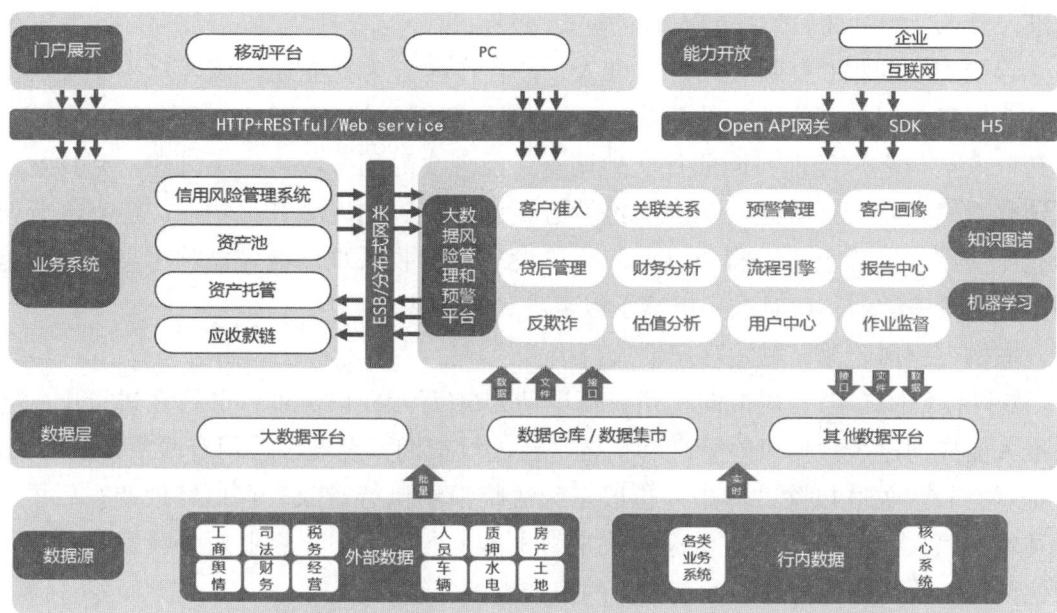

图1 大数据风险管理和预警平台整体架构示意

（二）大数据风险管理和预警平台应用案例

互联网时代，银行业的传统风险防控体系面对新技术、新形势和新业务场景带来的挑战，逐渐显得力不从心。旧有的风险识别、风险预测和风险管理方法，无法跟上金融互联网浪潮带来的变革和冲击，制约了银行业务的扩大和发展，也增加了企业客户的融资难度。而依托于浙商银行大数据风险管理和预警平台，预警管理、关联关系、客户画像等功能为企业客户的营销准入进行了保驾护航；贷后管理、财务分析、报告中心、作业监督等功能又为商业银行的风险管理起到了定海神针的作用。

案例一：客户准入主动审查否决

大数据风险管理和预警平台通过移动端接入，支持审核人员实地考察客户情况后，根据考察结果直接在移动端暂缓或否决准入申请。

分行营销团队申报 A 股份有限公司客户准入，该客户为龙头珠宝零售商，为新三板挂牌上市公司。在经过分行平行作业会商研究后，质疑其财务报表真实性。故由分行公司部、风险部门一同前往实地察看，通过实地察看库存，发现其库存贵金属数量并不多，黄金等贵金属具有较高专业性，分行无法判断其库存数字的合理性，且该客户不属于浙商银行"三大平台"特征客户，最终分行否决了该客户准入。近期，该客户资金链出现严重问题，部分区域门店已经出现经营困难的情况。

B 科技股份有限公司主营业务为环保催化剂及材料、机动车尾气催化转化器及后处理系统等，具备一定核心技术。但该客户刚性负债较高，厂房、专利技术均已办理抵押，本次向浙商银行申请授信担保方式为应收账款质押，明显弱于同业且不符合准入要求，经会商后暂缓准入。

营销团队上报 C 有限公司客户准入，拟合作业务为物业通。该客户主要经营商业物业出租，拟抵押物业评估值 2.7 亿元，拟申请授信额度 1 亿元。经分行公司部准入初审人员与客户经理一同前往实地调查，发现实际租金收入并不理想。到物业所在地察看发现有近三分之一的原有经营近期已迁移到同区域其他物业，还有部分改为仓库使用。剔除上述数据重新测算后，发现经营收入难以覆盖借款本息，且附近同类业态竞争激烈，故对准入申请予以否决。

案例二：风险预警触发客户准入否决

D 科技集团有限公司拟向杭州分行申请 2500 万元授信额度，分行在进行单一客户准入前先通过大数据风险管理和预警平台进行查询，发现该公司有两条开庭公告，且提示有较多关联风险，其中一位股东为法院强制执行对象。客户经理调查后了解上述情况属实，经分行慎重考虑后决定暂不准入。此后，该企业对外投资的企业均被法院强制执行，拟抵押给浙商银行的房产也被冻结。

分行公司部在大数据风险管理和预警平台中发现已准入客户（未授信）E 电器公司出现银行贷款超 30 天的逾期记录，且被法院列入失信执行人名单等。对此，分行立即取消上述企业准入，并加入系统准入控制，列入负面清单。

分行在大数据风险管理和预警平台中发现原授信客户 F 公司出现红色预警信息，客户经理核实该客户与浙商银行无存量授信业务合作。在与分行公司部沟通后，决定将该客户准入等级调整为低风险准入，待资产池业务关闭后视情况调出准入名单。

G 公司于 2018 年 7 月在浙商银行获批 6 亿元授信。2018 年 12 月，平台多次向分行推送客户预警信号，信号包括外部评级下调、账户被司法查询、资产固化严重、短期偿债能力恶化等。分行对预警信号高度重视，第一时间进行了核实，并冻结全部授信敞口，未与客户开展合作。2019 年 6 月，G 公司有 10.8 亿元的资产被司法冻结，陆续在 3 家银行出现欠息，客户风险全面暴露；7 月，该企业发行的债券未能按时兑付，实质性违约。浙商银行根据平台预警，未投放 6 亿元授信，成功避免"踩雷"。

案例三：集团关联关系辅助识别风险

银监会《商业银行大额风险暴露管理办法（公开征求意见稿）》要求，银行应加强大额风险暴露管理，加强信息系统建设，信息系统应支持关联客户的管理，关联包括集团关联和经济依存关联。关联关系功能依托于知识图谱系统，结合行内外数据、图数据库技术，提供了企业客户的集团关联和经济依存关联查询、认定和辅助识别功能。

总行公司银行部根据集团关联关系辅助识别功能提示的集团信息，跟踪到某分行的 2 户授信客户未向总行申领额度即自行完成授信审批，以及其他 3 家分行的 3 户原非主动授信客户现发生股权变更后纳入主动授信集团管理，最终采取了针对性的措施。

案例四：贷后管理合规性问题发现识别

操作合规性和操作风险防控，是大数据风险管理和预警平台关注的重点内容之一。传统授信流程非常依赖于客户经理的专业程度，某种意义上，可以说责任人的经验、性格、办事风格甚至是良心品格，决定了贷后检查和贷后管理的质量，构成风险防控的关键一环。贷后管理功能全面支持客户经理在移动终端上发起非现场检查，上传财务报表和水、电、煤等凭证信息。

总行风险管理部联合审计部门，通过平台上的移动终端定位功能，发现个别机构的部分客户经理非现场检查和移动终端定位结果不一致的情况，从而纠察出了大量非现场检查异常行为，下发分行排查后进行了内控合规扣分，最终规范了贷后管理的后续检查过程。

（三）平台基础上实现的创新功能模式

平台在建设全流程风险防控和预警体系过程中，大量引入了前沿技术，帮助提高支撑能力和提升业务体验，进一步激活从人员个体到银行整体的风险识别和风险管理能力。

首先是关联关系功能。企业集团实际上具有关系层次复杂的特点，使用普通关系型数据库搭建的知识库系统，从性能上、功能上均无法满足关联关系功能。通过引入基于图数据库的知识图谱系统，构建集团关联关系挖掘模型，支持客户准入通过的集团信息查询、支持根据集团认定关系补充知识图谱的集团关联关系类型，可以很好地满足集团关系查询、识别、认定和图谱展示需求。

其次是预警管理功能。该功能基于大数据建模技术，负责从信息获取到预警信号的全部过程。然而，以舆情信息为例，因为渠道来源繁杂，同一事件可能在短期内被集中报道、互相引用，从而导致产生的预警出现大量重复，给接收人造成阅读、分析和运用上的干扰。通过引入自然语言处理（natural language processing，简称 NLP）技术，构建了舆情分析引擎，针对舆情信息进行去重、自分类和摘要提取，可以大量精简预警信号，帮助接收人减少信息干扰，及时、准确地提取出关键信息，进行风险管控。

财务分析功能提供了基于大数据的企业财务状况挖掘分析模块，负责企业财务报表分析，可以给业务人员提供方便快捷的财务报表信息维护功能和格式化财务分析报告等各项分析功能及图形展现。通过引入光学字符识别（optical character recognition，简称 OCR）技术，结合现有授信系统流程，客户经理可以沿用影像系统上传、管理财务报表影像，然后依托 OCR 中心实现财务报表结构化数据的识别导入，最后推送至财务分析模块进行最终的挖掘分析，实现数据的可视化。这个过程中，可以调整原有财务报表结构化数据的人工录入模式，由"一录一校"改为"OCR 识别＋人工审核"，减少重复劳动，同时规避人工录入带来的操作风险。

三、项目的技术路径

浙商银行综合应用"互联网+大数据+云计算"技术,在商业银行中领先推出了面向公司客户的大数据风险管理和预警平台,通过分布式架构高可用性、高可扩展性的特点,结合开源大数据平台,提供了贯穿从客户准入到作业监督等功能的授信全流程红绿灯式刚性管理手段,最终通过技术手段实现了公司业务风险管理和预警的数据化、移动化、智能化。依托该平台,完成了系统和流程的整合、内外部数据采集和模型分析加工处理,建立了全流程风险防控和预警体系,全面提升了授信业务风险防控能力,帮助突破"企业融资难,银行风控难"难题。

(一)系统架构及其特点

大数据风险管理和预警平台由服务层、支撑层、数据层等组成。服务层包含客户准入、关联关系、客户画像、贷后管理、内部管理、消息中心、财务分析、报告中心、作业监督等模块;支撑层包含流程管理、作业调度中心、外部数据网关等模块;数据层包括关系型数据库、图数据库与文件存储系统等。通过整合知识图谱系统,引入 NLP、OCR、人工智能和机器学习等新技术,为平台提供更智能的风险预警能力。(参见图2)

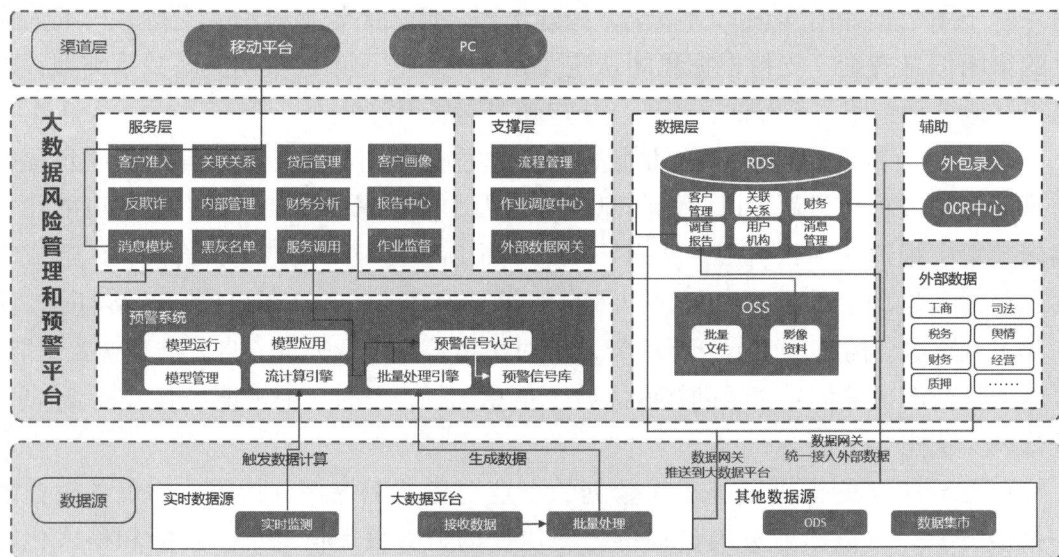

图2 大数据风险管理和预警平台技术架构

1. 服务层

客户准入模块:基于大数据技术的客户信息标签化处理模块,负责有效勾勒客户全貌,并对外提供信息标签和负面客户等查询服务。

关联关系模块:基于大数据技术的客户关系视图模块,负责全行的集团客户关联关系管理，并对外提供关联关系和视图等查询服务。

客户画像模块：负责运用数据挖掘和风控建模技术，对客户的基本信息、评级信息、财务信息、违约信息、关联关系信息等行内外信息进行深度分析，提炼客户风险特征，形成单一客户层面以及组合层面多维度的客户画像，更加快捷、高效地了解客户，识别客户风险，提升客户服务与风险管理水平。

贷后管理模块：贷后检查相关内容的管理模块，负责调查报告生成、客户数据报送及建模分析企业相关数据。

内部管理模块：是大数据风险管理和预警平台的基础模块，对机构、人员、权限等进行统一管理。

消息中心模块：负责大数据风险管理和预警平台与统一移动平台间的消息交互，以及大数据风险管理和预警平台的消息模板配置管理。

财务分析模块：基于大数据技术的企业财务状况挖掘分析模块，负责企业财务报表分析，可以给业务人员提供方便快捷的财务报表信息维护功能和格式化财务分析报告等各项分析功能及图形展现。

预警管理模块：基于大数据计算和指定处理规则的风险预警系统，负责从信息源获取和整合、信息处理、预警信号发布到预警信号处理。

报告中心模块：负责自动引用内外部数据，包括行内授信业务数据、工商信息、财务分析、预警、公开市场融资信息（债券等）、人民银行征信、行业信息等，生成相关格式化报告，在各业务系统流程中引用及查看。

作业监督模块：负责自动生成监督任务、校验审批过程中的异常行为数据，辅助人工监督评判，及时发现问题，进一步提升授信业务操作风险防控能力。

2. 支撑层

流程管理模块：负责整体审批流程的统一调度。

外部数据网关：负责统一接入外部数据，向服务层和大数据平台提供数据。

作业调度中心：负责大数据风险管理和预警平台的统一调度管理，如通过操作性数据、数据集市的数据初始化调查报告。

3. 数据层

关系型数据库：采用分库思想对数据按内容进行领域划分，数据库采用 MySQL 存储数据。

图数据库：用于存储行内外企业关系数据，采用 Neo4j。

文件存储系统：用于存储批量文件以及影像资料，采用 OSS。

分布式文件存储系统：用于存储中小文件，采用 FastDFS。

4. 辅助

外包录入：通过外包录入的手段对影像资料，如财务报表、发票等进行数据化处理。

OCR中心：可以通过OCR技术对影像资料进行识别与录入。

5.大数据平台

采用开源大数据平台HAWQ进行大数据处理。该平台为分布式架构，主要提供结构化数据的存储和计算，规模可以根据需要平行扩展，支持高并发、高吞吐量的数据，为大数据的分析建模服务。

大数据平台提供强大的产品功能，支持复杂的企业级数据集成，涵盖数据的集成、ETL开发、任务调度、发布部署和运维等功能，完成数据的价值重构和可信赖交付，帮助企业从大数据中获得更多的价值。

平台已完成API接口封装，允许银行、非银机构等接入平台服务，可从直接应用APP服务与接入平台服务两个层面参与。

大数据风险管理和预警平台系统架构在设计上具有以下特点。

门户展示：用户进行登录、查询、操作大数据风险管理和预警平台的统一入口，支持PC端和移动门户。其中，移动门户作为浙商银行新门户建设的重点内容组成部分，无缝整合相关信息和交易，支持进行具体业务流程处理。

能力开放：通过API网关、软件开发工具包（SDK）、H5技术，实现向企业与机构提供大数据风险管理和预警平台的成体系风险管控能力的封装输出。

接入业务系统：行内外应用可直接关联大数据风险管理和预警平台，支持消费平台服务的应用系统，包括信用风险管理、票据和资产托管等系统。

（二）技术平台

大数据风险管理和预警平台基于浙商银行自主知识产权的Hades分布式微服务平台进行开发：系统基于RPC框架Apache Dubbo，采用微服务的架构设计模式，服务之间互相协调，通过高性能的通信机制互相沟通，服务围绕着具体业务进行领域模型设计。平台采用ZooKeeper作为服务注册中心，使用Apollo作为统一配置中心，使用CAT作为服务监控中心进行服务跟踪与治理。

后台服务使用Spring作为核心架构，通过Spring Boot简化配置文件，提高开发效率，通过Spring MVC提供标准HTTP RESTful服务，供渠道前端系统进行调用。使用log4j进行日志统一输出管理，并通过ELK技术栈将微服务的日志进行统一管理。使用MyBatis进行持久层的管理，使用Hikari连接池进行数据库的连接池管理。

批量服务将使用Elastic Job与Spring Batch进行开发，并提供统一的调度中心进行批量管理与触发，支持手动和自动调度。调度中心通过ZooKeeper进行分布式的协调管理。

网关服务通过对Netty的使用，提供HTTP服务，因为Netty是NIO的，故能极大地提高线程的使用率。

前端系统使用CSS、JSP、HTML、jQuery技术，并使用Vue.js、Ext JS、Bootstrap等主流技术框架进行开发，支持响应式布局，提高页面观赏性，提升用户使用体验。通过ECharts进行视图开发，提供图形化展示数据的能力。WEB端按需采用Nginx作为HTTP server，使用前后端分离技术保护后台服务器安全，提高并发能力。

平台采用主流开源数据库MySQL存储业务数据，通过OSS与FastDFS进行文件影像资料的存储，通过变更数据捕获技术进行不同数据库之间的数据同步。采用流计算引擎进行实时信号处理，并提供预警服务供业务系统和后台管控。

大数据方面采用HAWQ开源大数据平台进行大数据信息存储和计算，通过分布式计算的能力处理大数据。

（三）关键技术特点

1.支持实时＋批量预警

目前国内外主流的大数据应用，多采取批量导入数据集市策略，面对海量数据确实具有很强的吞吐能力，但时效性往往较弱。浙商银行大数据风险管理和预警平台通过引入流计算引擎，实现了工商、舆情、司法以及贷后检查补充的经营情况等数据的实时导入，同时根据预警模型自动生成预警信号的发布和定级，触发风险防控。

2.支持关联关系视图展示

从应用层面，通过图数据库管理外部导入的企业关系数据，运行知识图谱技术，实现集团客户关联关系视图的多维度呈现，同时支持股权穿透图等多种视图的分层次、多模型展示。经过平台识别、认定、调整的集团客户关联关系，通过认领审批流程后，反向写入图数据库，更新关联关系。

3.引入自然语言处理技术解决预警信息的大量重复问题

网络舆情信息具有集中爆发、真假难辨的特征，往往导致相应风险预警的大量重复出现。平台利用流计算引擎，实时调用基于自然语言处理技术的预警信息分析引擎，进行对预警信息的去重、分类和提取摘要，实现对重复舆情预警信息的折叠和提取。

4.利用光学字符识别技术解决非结构化数据导入问题

授信业务过程中，经常需要人工录入财务报表、权证、税务票据等数据。人工操作一方面费时费力，另一方面容易发生录入错误。平台引入了基于光学字符识别技术的识别分析引擎，支持从非结构化的图像数据中提取出结构化信息，自动导入相应的业务过程。

5.利用云计算技术，支持平台弹性扩展

大数据风险管理和预警平台直接部署于浙商银行云平台之上，利用云平台高可用、高可靠的弹性可扩展能力，支持通过配置化的方式扩充现有服务节点和新增功

能模块，进一步支持业务的快速扩展和新功能的快速迭代。客户准入等基础功能模块，交易吞吐量大于每秒 10000 笔，系统延迟小于 300 毫秒，100 名用户并发情况下，达到最大 TPS 为 400 笔，平均响应时间为 0.138 秒。此外，计算开销最大的关联关系模块，通过引入图数据库实现海量数据的解析，以某大型央企为查询条件时（节点数 8000、关系数 15000），10 名用户并发情况下，达到最大 TPS 为 0.8 笔，平均响应时间为 0.632 秒。

四、项目的创新成果

其一，综合应用"互联网+大数据+云计算"技术，领先实现面向公司客户的全流程红绿灯式刚性风险防控管理的重大创新。通过广泛引入和整合内外部相关数据、模型，搭建知识图谱平台，架设流计算引擎，成功构建了全流程、系统化的风险防控和预警体系，支持"系统+人工"生成预警信号，实现了"人工+智能"并行模式的互补，最终将原本授信业务中相互独立的风险防控贯通至贷前、贷中和贷后的全生命周期。

其二，对大数据技术应用的关键技术问题进行适应性改造。如引入流计算引擎技术解决大数据吞吐的实时性问题，引入自然语言处理技术解决外部数据的大量重复问题，引入光学字符识别技术解决财务报表等非结构化图像数据的导入问题，针对这些问题进行研究和实践，最终形成适用于授信业务风险防控业务场景的平台产品输出。截至 2019 年 10 月末已申请 2 项相关专利。

其三，利用云计算技术，支持平台弹性扩展。大数据风险管理和预警平台直接部署于浙商银行云平台之上，利用云计算技术高可用、高可靠的弹性可扩展能力，支持通过配置化的方式扩充现有服务节点和新增功能模块，进一步支持业务的快速扩展和新功能的快速迭代。

其四，平台基于分布式微服务架构设计，具备系统平台和风险管理服务输出的开放能力。通过对大数据风险管理和预警平台进行服务封装和开放 API 接口，支持无力搭建独立风险防控体系又确实面临着市场风险的企业客户获取浙商银行成体系的风险防控能力，实现风险规避。

五、项目的经济效益

运行近一年以来，大数据风险管理和预警平台为浙商银行规避了大量风险，取得了良好的经济效益。截至 2019 年 8 月末，通过平台准入的新增公司授信客户 22611 户，其中准入类别为敞口授信客户有 16484 户，占比 72.9%，低风险/次低风险客户有 4939 户，占比 21.8%；累计产生近 110 万条预警信号，自动定级信号占比为 97.3%，实现风险客户的提前预警率为 81.1%，系统平均提前预警时间为 66 天；贷后管理全面支持移动端发起现场检查任务，整合了准入预警等信息查询、影像凭证上传、检查报告生成等功能，有效提高客户经理的工作效率，平均时效降低近43%，精简了大量人力物力。

（一）企业角度

一是提升可信的、成体系的风险防控能力，提高企业规避市场风险的能力；二是强化企业和银行的依存关系，通过多种模式上的合作，形成互信、互惠和共赢。

（二）银行角度

一是打造差异化竞争优势，着重关注公司客户的成体系风险防控管理，精心维护风险收益比较低的企业客户，实现银行盈利增长；二是实现人员配置优化，将大量的人工操作转化为系统流程，实现银行内部的"降本增效"；三是提升集团客户管理能力，依托于知识图谱实现集团关联关系，实现集团客户的风险传导预警、统一融资总额管理；四是提高金融科技能力，依托于平台打造平台化服务银行，将平台服务以产品的形式对外输出。

六、项目的社会效益

在中美贸易战持续的大背景下，结合我国经济结构调整、本轮去杠杆周期的关键节点，如何在面对金融互联网浪潮带来的变革和冲击时，通过引入新思路、新技术应对金融风险并加以防范和化解，成为当前金融机构的工作重心之一。

2019年5月26日上午，清华五道口全球金融论坛举行"金融风险的防范与化解"主题论坛，上海交通大学金融学教授张春在《发展直接融资市场才能分散和化解金融风险》一文里，明确指出目前中国企业融资以短期贷款融资为主，造成企业杠杆率高、企业和金融机构均承受期限错配的压力，使得风险聚集在了银行部门。一篇主题演讲，指明了两个现实：企业融资困难，银行风控压力巨大。相比于小微企业，银行的体量和资源更有优势；而作为国家经济资源的重要配置机构，银行也有扶持实体经济的责任和义务。于情于理，银行都应该实实在在地投入创新，首先从构建成熟的风险防控体系做起，做好风险防控甚至做成服务产品输出，利人也利己。

党的十八大召开以来，明确指出要牢牢把握发展实体经济这一坚实基础，实行更加有利于实体经济发展的政策措施。浙商银行积极响应中央号召，推动扶持实体经济、解决优质企业融资难问题。融资难，难在信息不对称，浙商银行创新推出的大数据风险管理和预警平台，依托于"互联网＋大数据＋云计算"技术，将一时的风险防控转化为持续的风险防控，实现对优质企业的甄别，降低其融资难度，破解"企业融资难，银行风控难"难题。

七、项目的社会评价

自2018年11月投入使用以来，大数据风险管理和预警平台收获了浙商银行内部的诸多赞誉，荣获了浙商银行2018年度最佳业务创新奖（总行）。

实际上，风控平台往往承担着银行内部的最后防线角色，不容易为他人所知。但即使是在这样的前提下，大数据风险管理和预警平台也逐渐成长为浙商银行金融科技的一张名片，在同业领域享有了一定的知名度，获得了认可。

未来，浙商银行将坚持"平台化"战略，在不断完善大数据风险管理和预警平台产品和预警服务理念的基础上，逐步使平台形成服务输出，为具有风险防控建设需求的企业和金融机构提供产品服务输出。浙商银行金融科技部门将继续敢为人先，率先探索和实践金融科技，深化业务与技术的融合创新，在产品、模式、服务上不断提升，进一步服务客户，承担社会责任，发挥一家总部位于杭州的全国性股份制商业银行服务浙江省乃至全国实体经济的光热力量。

（项目负责人：杨国正）

银联浙江基于非接多介质联机交易的公交地铁首创应用

实施单位：中国银联股份有限公司浙江分公司

为了进一步贯彻中共中央、国务院倡导的"金融普惠民生"的要求，响应浙江省、杭州市政府"绿色出行"的号召，通过"移动互联网＋公共交通"的创新合作模式，将传统交通运输与现代金融服务相结合，将传统运营管理与移动互联网思维相结合，针对公共交通领域小额、高频、快速支付的行业特点，在人民银行杭州中心支行的指导下，中国银联浙江分公司多次考察、反复认证，实现了基于非接多介质联机交易的公交地铁首创应用实践，切实解决老百姓兑零不便的困扰、公交地铁公司零钞清点的负担等行业痛点，成为银企携手、金融便民的又一标志，也使杭州成为全国首个公共交通领域实现全面受理银联移动支付的城市，令广大市民和境内外游客充分感受到杭州"移动支付之城"的便利，进一步凸显了G20后杭州的国际化旅游城市形象。

一、项目背景及意义

（一）项目背景

按照"以普惠百姓为前提，以公共出行为基础，以银联支付为渠道，以用户体验为核心，以跨界引流为方式，以商圈互动为手段，以银企联动为纽带，以数据共享为融合，以模式推广为目标，以多方共赢为宗旨"的原则，在人民银行杭州中心支行的指导下，中国银联浙江分公司与杭州公交集团、杭州地铁集团共同实现了基于非接多介质联机交易的首创应用实践即公共出行领域–银联移动支付"杭州模式"，充分发挥各自优势，快速扩大市场影响力，将"杭州模式"打造成为具有示范意义的全国乃至全球首创模式，带动传统的公交地铁运营模式向精细化运营方向转型，切实提升城市交通智能管理水平，促进智慧城市发展。其有效突破了公共交通领域移动支付应用过程中终端网络条件不好、手机信号不佳等难题，进一步优化了广大用户的乘车体验。

（二）项目意义

在公交行业，中国银联浙江分公司与杭州公交集团、相关厂商共同研发了基于

4G通信实现非接联机交易的"银联支付方式"公交行业车载终端，实现了银联IC卡闪付和银联手机闪付在公交行业的应用，2017年5月推出以来，现已实现杭州公交所有线路全覆盖。（参见图1）

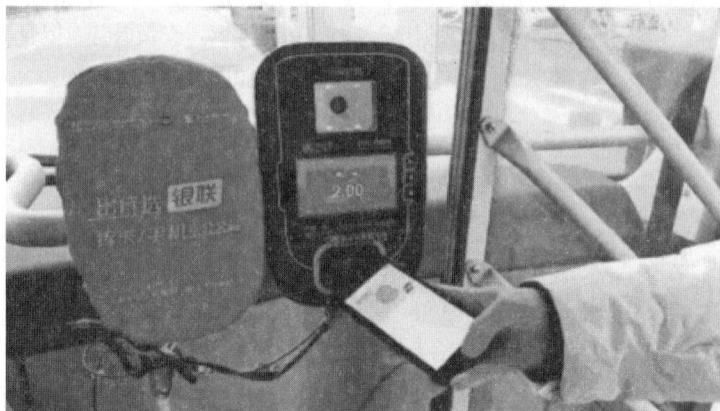

图1　银联手机闪付在公交车载终端上实现非接联机交易

在地铁行业，中国银联浙江分公司与杭州地铁集团共同研发了采用联机预授权模式的闸机非接交易系统。乘客进闸时，使用支持近距离无线通信（near field communication，简称NFC）的手机、智能手表、手环或银联卡，以预授权方式实时冻结最高票价，出闸时通过异步预授权完成的方式按实际票价实时扣款。2017年底推出以来，现已实现杭州地铁所有站点全覆盖。（参见图2）

图2　银联手机闪付在地铁闸机终端上实现非接联机交易

基于非接多介质联机交易的公交地铁首创应用实践有效提升了移动支付产品的竞争力和用户体验，不仅为移动支付行业应用打造了重要的典型场景，助推移动支付便民示范工程建设工作，而且增强了银行卡产业各方的信心，当地成员机构联合投入、联合推广，为新时代联网通用奠定了扎实基础。

二、项目内容

（一）系统概述

中国银联浙江分公司与杭州公交集团、相关厂商共同研发了基于4G通信实现基于非接联机交易的公交行业车载终端，实现了银联IC卡闪付和银联手机闪付在公共交通方面的应用。其交易速度完全满足行业业主方要求，操作使用过程完全符合用户习惯。杭州地铁采用地铁闸机联机预授权模式，乘客使用支持NFC的卡片、手机或其他介质，采用联机交易模式，以预授权方式实时冻结最高票价，出闸时通过异步预授权完成的方式按实际票价实时扣款。老百姓在杭州所有公交车辆及地铁所有站点直接使用具有闪付功能的手机、手表、手环、银行卡即可购票。

基于非接多介质联机交易的公交地铁首创应用实践获得了行业单位、当地政府、监管部门、社会公众等各方面的一致好评。

（二）项目实施重大事件表

2015年12月，公交银联移动支付项目建设思路确立。

2016年3月，公交银联移动支付需求分析完成。

2016年7月，设备研发成功，实现公交联机支付。

2016年12月，地铁银联移动支付项目任务书下达。

2017年3月，506、156两条公交线路试点上线。

2017年5月，杭州公交首批1000辆公交车上线，地铁需求分析完成。

2017年6月，提交地铁银联移动支付项目详细设计说明书并实施改造，地铁测试环境搭建完成。

2017年9月，杭州公交下辖8500辆公交车全面上线。地铁银联移动支付项目改造完成，开始现场改造及测试工作。

2017年11月，地铁试点站点上线。

2017年12月，杭州地铁全面上线推广实施。

（三）项目实现的主要目标

依据"移动互联网+公共交通"的创新思路，即以全局观点规划为基础、以业务需求驱动为导向、以银联移动支付模式为核心的滚动式开发方法，同时根据银行卡产业业务发展需要和行业主管部门监管要求，确定了基于非接多介质联机交易的公交地铁首创应用的实施目标。

经过两年的艰苦努力，在杭州公交集团下辖700多条线路的10000多辆公交车全面开通受理银联移动支付业务；在杭州地铁集团下辖地铁一、二、四、五号线全面实现联机预授权模式刷卡过闸。

基于非接多介质联机交易的公交地铁首创应用实践的主要目标有6个方面：机具

改造，保障用户体验；系统开发，保障系统稳定运行；保障网络稳定，提升交易速度；建立运营机制，设计异常处理流程，实现风险控制；推动银行业务发展疑难问题的解决，建立共建机制；数据管理规划，全面掌握相关数据信息。

（四）项目建设主要思想

1. 实施步骤

（1）多方论证可行性。银联论证：经银联开发中心验证联机交易平均处理时间0.37秒，基本满足杭州公交、地铁对速度的要求。网络环境论证：与杭州公交集团、杭州地铁集团和运营商共同确认现有网络改造可满足该模式的要求。开发验证机型：与合作设备厂商国朗完成地铁联机过闸验证机型开发。研发方案论证：与公交终端厂商杭州国朗，与地铁硬件合作厂商浙大网新确定闸机研发方案，邀请银行卡检测中心共同推动检测工作，多方认可方案可行性，速度和稳定性测试通过即可实施。

（2）研发联机产品。2016年7月，公交基于4G通信和非接联机交易的公交行业车载终端研发成功。2017年推动杭州地铁系统集成商浙大网新完成了闸机银行卡联机过闸系统的研发工作，并在现场对公交机具和地铁闸机、地铁系统、银联系统等层面进行了长期的测试，保证产品的稳定性和可靠性，为合作打好了基础。

（3）推动发卡银行提高联机交易速度。为提升联机交易速度，中国银联浙江分公司联合发卡银行共同对系统及网络进行优化，并多次召集所有省内银行分支机构研究系统处理速度优化方案，要求尽快提速。目前辖内所有银行机构均已基本完成发卡端提速工作，通过系统、网络的优化，不仅提高了浙江辖内本项目的联机交易速度，也提高了全国的银行卡预授权联机交易速度。

（4）建立产业共建机制。为充分调动产业各方力量，在人民银行杭州中心支行的领导下，建立了《浙江省公共服务领域移动支付行业推广合作方案》，对于金融IC卡在公交、地铁等重大公共行业的推广提供了有效的成本分担机制，由银联和发卡银行共同对行业设备投入、营销等按照"市场共建、成本共担、场景共享"的市场化原则进行分担。

2. 改造方案

公交设备研发：中国银联浙江分公司、杭州公交集团、杭州国朗共同自主研发完成。

公交网络搭建：搭建了公交移动支付虚拟专用网络，并办理了相关物联网卡。

地铁系统改造：开发电子支付业务平台，用于处理银联交易。

地铁网络改造：重新组网提供足够带宽用于银联卡交易专用网络，保证交易速度。

地铁闸机改造：计划对所有闸机进行升级兼容金融IC卡联机闪付，总计约2000台，挥卡区拟复用原公交卡区域。

银联模块开发：由浙大网新根据银联提供的规范和接口文档，在浙大网新已有过脱机模块的基础上开发兼容公交卡和银联卡的模块。

（五）项目的组织与实施

基于非接多介质联机交易的公交地铁首创应用实践，由人民银行杭州中心支行组织，中国银联浙江分公司联合行业方和机具厂商共同实施。该项目采用分步实施和试点推广的方式，主要经历了以下几个阶段。

1.需求分析和概要设计阶段

此阶段为2015年12月至2016年3月，其间主要完成了基于非接多介质联机交易的公交地铁首创应用实践的业务需求分析、业务功能和技术构架的设计。提交了现状分析、各功能模块的设计、技术构架和接口的高层设计等文档。

2.系统详细设计阶段

此阶段为2016年3月至2017年3月，其间主要完成了公交地铁系统及设备的研发工作。

3.系统编码、测试和上线准备阶段

此阶段为2016年7月至2017年3月，其间完成了在杭州公交实施基于非接多介质联机交易项目的测试以及试点行上线准备工作，完成了杭州地铁的测试环境与系统的搭建。

4.试点运行上线阶段

此阶段为2017年3月至2017年5月，其间完成了基于非接多介质联机交易的公交地铁首创应用实践发布会的准备及试点工作；同时杭州地铁基于非接多介质联机交易项目完成需求分析工作。2017年5月至2017年9月，地铁测试环境设备改造全面完成，正式开始测试工作。

5.推广实施阶段

此阶段为2017年5月至2017年8月，公交银联移动支付项目组各成员单位通力合作，严格按照项目管理相关制度，从计划、质量、财务等多方面进行规范化管理，最终实现杭州公交集团辖内8500多辆公交车全面上线基于非接多介质联机交易，项目最终如期完成。

2017年9月至12月，杭州地铁基于非接多介质联机交易的项目组各成员单位通力合作，严格按照项目管理相关制度，从计划、质量、财务等多方面进行规范化管理，最终实现杭州地铁一、二、四号线全面上线基于非接多介质联机交易的实践应用。

（六）系统效能

1.系统特点

基于非接多介质联机交易的公交地铁首创应用实践具有以下技术特点：

（1）支持方式多。不仅可以受理金融IC卡非接联机交易，而且也支持手机、手表、手环等移动设备的非接联机交易，银联标准二维码支付也即将上线；不仅支持信用卡，而且也全面支持储蓄卡。

（2）安全等级高。符合金融等级安全标准，传输机制安全，真实的账户信息不会有泄露的风险。

（3）认证种类全。该终端为工业级标准，分别通过了银行卡检测中心、住建部、交通运输部等行业标准制定部门的权威认证。

（4）交易速度快。相较原先的公交卡、银行卡电子现金脱机交易，该模式交易速度也完全满足公交快速通行的需求。

（5）交易成功率高。较之原先的电子现金方式，单边账比例大幅降低，提升了行业业主方的满意度。

2.业务特点

（1）用户覆盖广。该模式支持所有具有NFC功能的智能手机、可穿戴设备、银联标准卡（包括所有储蓄卡、信用卡），可以适合绝大多数人群使用，无须重复办理，节约社会资源。

（2）用户体验好。使用手机移动支付无须使用网络或打开APP便可直接支付，免除了电子现金需要提前圈存（充值）的用户体验不便问题，与非接支付方式线下消费体验保持一致，无须对持卡人进行重复教育。

（3）运营难度低。该模式采用联机交易方式，大大降低了行业端零钱清点和单边差错异常处理的成本；并且全部实现了远程升级功能，不再像原先需要人工逐台维护。同时，这一模式不需要建立、维护黑名单，更不需要建立专门的风险赔付机制。

三、项目的技术路径

杭州地铁闪付进闸机采用联机预授权与延迟预授权完成相结合的进出站方案。进站时，系统根据最高地铁票价发起预授权指令，冻结持卡人卡上余额的同时开闸放行。出闸时，闸机到地铁系统查询进站信息而不发起联机交易，提高出站速度。待到指定时间地铁系统计算出实际票价，发起联机预授权，完成交易指令，从而完成真实的扣款操作。

方案采用进闸先做预授权的模式，因此延迟扣款不存在风险。同时潜在用户数量庞大，并且联机交易可靠性、稳定性极高，几乎无单边账。对用户而言无须圈存，直接过闸。对运维人员而言，无资金收款风险，无黑名单维护问题，人工干预少。

（一）技术方案

1.系统逻辑架构

系统逻辑架构如图3所示。

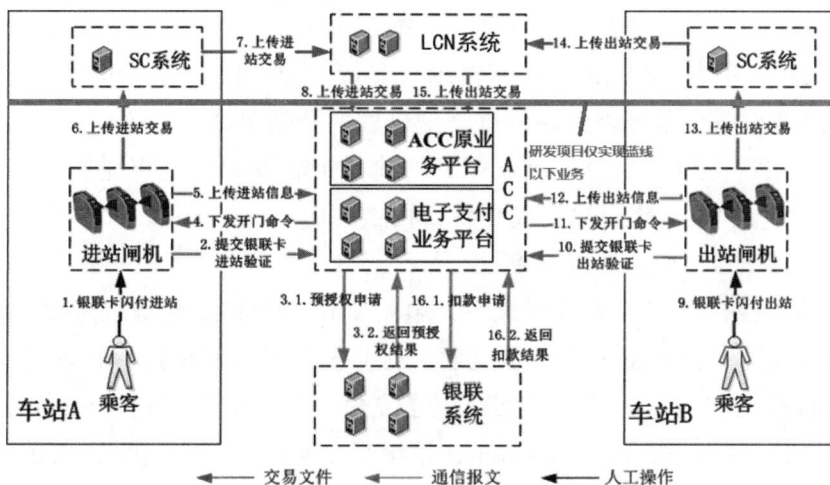

图3　系统逻辑架构

前端闸机实现银联闪付进、出过闸，形成闭环但不影响原有业务；电子支付业务系统实现基本功能，完成所有联机业务。

2.系统物理配置架构

系统物理配置架构如图4所示。

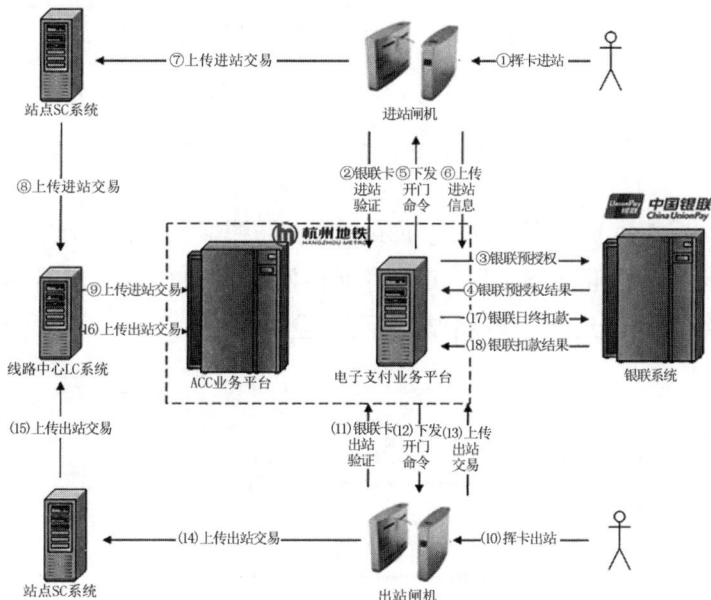

图4　系统物理配置架构

进闸：（银联后台联机）乘客持金融IC卡或手机在进站闸机非接感应区上挥卡或手机，闸机读取信息后联机预授权一笔最高单程票价金额的交易，登记卡信息、进站站点及进站时间信息送地铁后台并开闸,乘客进站。

出闸:(地铁后台授权出闸)乘客在闸机非接感应区出站时挥卡或手机,闸机读取信息,通过地铁后台系统查询找到进闸记录后,开闸出站。

延迟异步扣款:地铁后台系统可在日终前向银联发起预授权完成,将扣款信息传送给银联–银行,该笔预授权完成交易,扣款成功。

3. 电子支付平台与银联交互流程

(1)进站预授权。持卡人过闸机时,电子支付平台将发起最高地铁票价的预授权指令至银联系统,银联将请求转发至发卡行,发卡行返回预授权请求的响应结果。最终由银联将预授权指令的结果返回至电子支付平台。电子支付平台将根据返回结果决定是否下达开闸机指令。而出站时,系统只是查询电子支付平台相关进站信息,并未发起联机交易。(参见图5)

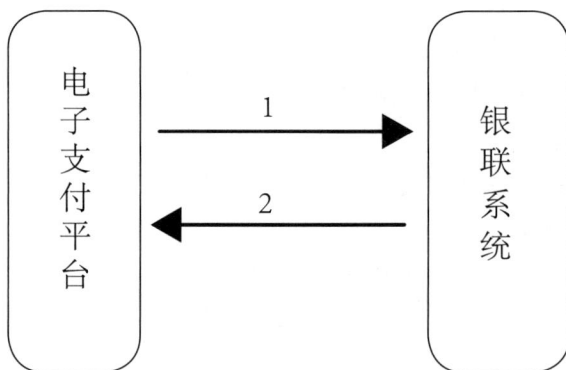

图5 进站预授权系统交互图

(2)日切预授权完成。日切时电子支付平台根据票价计算结果发起联机预授权完成指令(请求)至银联系统,银联将请求转发至发卡行,发卡行返回预授权完成(请求)的响应结果。最终由银联将结果返回至电子支付平台。(参见图6)

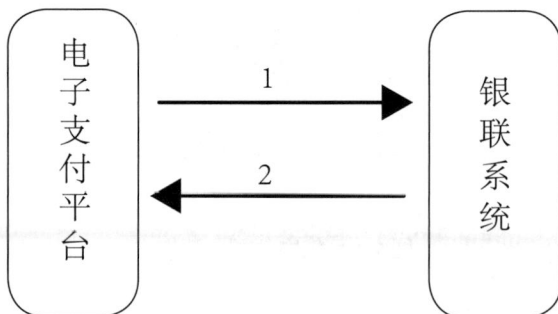

图6 日切预授权完成系统交互图

(3)密钥置换交易。密钥置换过程如图7所示。

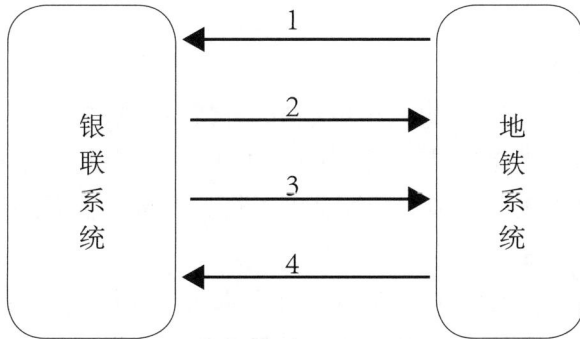

图7　密钥置换系统交互图

申请重置密钥：地铁系统将申请重置密钥请求发送给银联系统，银联系统接收到该请求后，将立即返回应答。同时银联系统启动密钥更新模块，为请求方生成新密钥，并将新密钥用重置密钥请求报文发送给请求方，并进入一定时间（180秒）的密钥置换窗口期。

地铁系统应在交易上送空闲期进行申请重置密钥操作。在密钥置换窗口期内，银联系统对于新接收到的重置密钥申请将给予拒绝应答。

当银联系统无法将申请重置密钥应答或重置密钥请求发送给地铁系统时，将丢弃该报文。

（4）异常处理。系统在发生异常情况下需要采取相应的异常处理方式，具体可以参考《银行卡过闸机联机响应码以及异常情形处理方案（讨论稿）》。涉及的交易类型包括查询交易和预授权撤销指令。

4. 系统关键技术难点

杭州地铁基于非接多介质联机交易的应用实践采用预授权模式，其最大的技术难点是发卡行的响应速度。这既是业主单位的要求，也是银联站在用户角度，考虑用户直观体验的重要因素，这对于系统架构、应用设计和运维管理都提出了很大的挑战。

此外，杭州地铁基于非接多介质联机交易的应用系统数据量庞大、日结处理时间窗要求很高、报表生成分发流程复杂，需要结合 Oracle 应用系统的特点和银联日结月结流程的需求，设计和实现自动化的高效技术方案，这对于技术架构和技术方案设计人员和开发人员提出严格的要求。

杭州地铁项目测试初期，只有三分之一的商业银行的卡片交易速度达到业主单位的要求，在银行卡检测中心专业设备及技术的支持下，经各家商业银行三个月反复测试，所有全国性银行和在浙江设立分支机构的区域性银行交易速度都达到规定要求。

（二）功能目标

1.开通小额双免功能

为保证交易速度，实现与公交和地铁机具更快速度地交互，进一步提高非接联机交易速度，需各发卡机构支持开通小额双免业务。为此各家银行单位积极配合，多次调试测试，其中浙江工行和农行为全国工行、农行首家开通该项业务的机构。

2.实现预授权全覆盖

广发、平安、民生、渤海银行原先不支持借记卡预授权方案，为了满足杭州地铁基于非接多介质联机交易的应用项目的需要，紧急开发上线借记卡预授权功能。

3.交易速度满足行业方要求

根据公共交通领域小额高频的交易特点，基于非接多介质联机交易速度和交通IC卡速度基本持平，满足了行业方的需求，得到了用户的认可。

（三）非功能目标

1.数据共享

基于银联卡非接联机交易（包括金融IC卡和各类手机pay）产生的相关数据信息，可与合作各方共同研究数据挖掘应用模式，如结合LBS技术开展附近商圈信息精准推送。

2.用户引流

通过银联二代营销系统开展实时折扣、立减、随机减等多种形式的营销活动，并与银联卡权益商圈形成联动，增强与广大乘客的互动性。

3.数据画像

银联大数据平台的数据来自全国近亿笔日交易，可以从104个维度进行数据画像，结合合作方共享的数据可以进行跨界交叉分析，探索营销新模式。

4.推动建立共建机制

在人民银行杭州中心支行牵头和组织下，中国银联浙江分公司和辖内各成员机构参加了多次会议，讨论并通过了《浙江省金融IC卡公共服务领域行业应用共建方案》，共同推动银行卡的行业应用。

（四）系统性能

1.交易速度快

相较原先的公交卡、银行卡电子现金脱机交易，该模式交易速度更能满足公交、地铁快速通行的需求。如联机预授权过闸平均速度351毫秒，达到行业方要求。

2.交易成功率高

杭州地铁项目自开通以来，进闸成功率从上线初期不到90%，迅速提高到96%，其中失败的主要原因是持卡人卡内余额不足；如果排除这一因素，进闸成功率在99.5%以上，出闸成功率接近99.9%。公交交易成功率在99.5%以上，远超同期成功率水平。

3.风险相对低

交易成功率高，不存在单边账风险，行业方的对账工作量得以降低。同时，这一模式不需要专门建立、维护黑名单。

四、项目的创新成果

该项目获得中国人民银行科技司科技成果鉴定三等奖。

基于非接多介质联机交易在公交和地铁场景的应用模式，具有能复制、可持续、低成本和易推广的特点，得到了社会各方的一致认可。公共出行领域–银联移动支付"杭州模式"起步于杭州，覆盖全省，走向全国，影响世界。

五、项目的经济效益

其一，杭州公交集团下辖的700余条线路的10000多辆公交车全面开通受理联机支付之后，累计已为近1亿人次乘客提供了便捷、安全的支付服务，单日交易笔数峰值突破60万笔。杭州地铁于2017年12月27日上线以来，累计共有1亿多人次使用银联移动方式过闸，单日交易笔数峰值达到20.6万笔，占杭州地铁总客流量的20%。

其二，强化金融IC卡等NFC产品在交通行业的优势。公共出行领域–银联移动支付"杭州模式"进一步体现了金融IC卡等NFC产品在交通行业的优势，得到了社会各界的好评。该支付模式对全国公共交通领域移动支付发展具有重要意义，开创了公共交通领域银联移动支付应用之先河。

基于非接多介质联机交易的公交地铁首创应用项目得到了社会各界的高度认可，产生了很大的市场影响，而且对全国公交地铁支付发展都具有重要意义。

六、项目的社会效益

（一）解决了影响产业发展的有关问题

一是实现预授权全覆盖。原先不支持借记卡预授权的广发、平安、民生、渤海银行为满足杭州地铁项目需要，紧急开发上线借记卡预授权功能。二是提升联机交易速度。杭州公交和杭州地铁项目测试初期，只有三分之一的商业银行的卡片交易速度达到业主单位的要求；经过三个月反复测试，所有全国性银行和在浙江设立分支机构的区域性银行交易速度都达到规定要求。

（二）起到了示范带动作用

公共出行领域–银联移动支付"杭州模式"在全国业内得到快速推广。截至2019年底，浙江省内公交全部采用此模式，10个地市40个县区的近3万辆公交车已上线非接联机模式；全国几十个地区的公交均已采用"杭州模式"。地铁行业"杭州模式"也迅速在全省乃至全国推广，深圳、南京、合肥、大连、温州地铁等借鉴

"杭州模式",已在2018年底上线运行。同时,吸引了来自新加坡、泰国、马来西亚等境外同业前来杭州实地考察项目的运营情况和技术模式。

综合来说,公共出行领域–银联移动支付"杭州模式"有效提升了银联产品的竞争力和用户体验度,为银联移动支付行业应用打造了重要的典型场景,有效助推移动支付便民示范工程建设。

七、项目的社会评价

公共出行领域–银联移动支付"杭州模式"是公交领域内非接联机交易模式在全国范围内的首创,使杭州成为全国首个公交地铁全面受理银联支付方式的城市,具有标志性的意义,得到行业单位监管部门、主流媒体、社会公众的一致认可。人民日报微信公众号、杭州市政府海外官方宣传推特账号以及当地众多媒体纷纷对此事主动进行宣传报道,令广大市民和境内外游客充分感受到杭州"移动支付之城"的便利,公共出行领域–银联移动支付"杭州模式"已演变为杭州市的又一张新名片,进一步凸显杭州作为全国最具幸福感城市之一及G20后国际化旅游城市的形象。

(项目负责人:徐承彦 范杭 郭延斌)

农行浙江省分行创新智慧银行建设

实施单位：中国农业银行股份有限公司浙江省分行

为服务好浙江数字经济一号工程，着力打造客户体验一流的智慧银行，加快推进网点智能化轻型化转型，实现线上、线下和远程三大渠道之间客户交叉引流，信息一致呈现，服务无缝链接，中国农业银行浙江省分行（下面简称"浙江农行"）在乌镇建成全国第一家互联网智能科技银行，创新推出全国第一台智能语音ATM和智能一站清柜台，创新金融服务模式，提升了服务实体经济和普惠金融效率，树立了良好品牌形象，并以智慧网点建设为引领，打造服务场景，建设金融生态圈，拓宽服务边界，不断增强与数字经济融合的能力。

一、项目背景及意义

在金融科技引领下，浙江农行网点通过转型已逐步迈入了一个全新时代，但是从转型前看仍存在诸多问题亟须解决，而智慧网点建设是推进网点转型、提升客户体验、获客活客的重要突破口，也是网点发展必须经历的过程，主要有以下原因。

（一）金融科技发展的现实选择

尽管线下物理网点依然是主渠道，但客户离行化、交易离柜化已是客观事实和趋势。金融科技公司正攻破银行这一金融中介独特性的一条条堤坝：一是支付领域，支付宝、微信；二是现金体系，数字货币与在线支付，使得银行现金回笼与投放渠道不再具有独特性；三是账户体系，现在金融科技公司关联银行账户，如果将来其基于区块链建立账户，就可完全脱离银行体系。客户也不用来转账、取现，更不用来开户，那银行网点将变成真正的无客可待。金融科技公司借助先进科技，打破了银行服务格局，那我们就必须拥抱科技，用科技的力量武装网点，重构网点与客户的连接方式及网点的服务方式，重新树立银行在金融服务领域的独特地位。财富中文网最近的一篇文章中写道，戈德伯格认为"金融科技革命"正在发生，金融科技已经到了拐点，金融科技初创企业将变得更像银行。在过去几年里，金融科技公司明显冲击了传统的金融行业。这些初创企业最初吸引客户的方法是，让个人银行业务变得更容易而且更让人愉悦，它们靠优秀的产品体验抓住早期的尝鲜者，形成了牢固的用户群体，并在其核心产品上捆绑更多功能。未来，这些金融科技公司会更像新一代的银行。

（二）未来网点发展的必由之路

现在市面上比较流行一本书*Bank 4.0*，布莱特·金写的。他曾在*Bank 3.0*中写道："银行不是一个地方，而是一种行为。"在新近出版的*Bank 4.0*里，他进一步解释道："银行不是一个你去的地方，而是一件你会去做的事。"他认为未来银行会去介质、去载体，将金融服务实时嵌入客户行为。金融去中介化这一趋势近年一直在持续。从我国银行业来看，这几年网点和工业人员也在不断减少。*Bank 4.0*里调查统计有75%的客户可以接受在没有实体网点的银行开户。美国社区银行1984年有17401家，2017年只剩5278家。物理网点要不断转型创新，智能服务、智慧感知，让物理渠道的价值和优势再度显现，让更多的客户"离柜不离网点"。

（三）客户对更佳服务体验的呼唤

客户需要随时随地内嵌式服务。通过精准感知、移动互联、大数据个性服务、生物特征识别、无感支付等提升客户体验，真正实现智慧泛在，服务无形，化繁为简，供需两便。5G技术将使4G手机上的延迟从20～30毫秒减少到1毫秒，为更快速度、更多连接、更低时延、更高可靠的服务体验提供技术基础。

（四）基层经营实际需要

从东部沿海地区来看，当前网点人员紧缺，营销力量不足还较为普遍。智能化提升效率，更强大的营销支持系统和工具，全方位获客。从2018年"三减两增一改"实践来看，全国农行2018年一年减少高柜6500个，释放柜面人员7000人。今年目标："精简高柜1万个以上，释放柜面人员1.5万人以上。"从浙江农行实践来看，深圳现场会之后，通过智能化、轻型化推进，4个月释放柜面人员599人，几个大的分行释放柜面人员都在100人以上。

二、项目内容

（一）试验智慧获客

在网点内部尝试形成到达、入店、移动的智慧获客链，在网点外部拓展场外对接获客、线上融合获客。尝试客户到达感知，开发智能停车系统，贵宾客户线上预约车位，地锁智能识别客户车辆，实现刷牌停车，安装以来平均每月有76人次客户实行刷牌停车。开发刷脸识别系统，主动识别到店客户，实时提醒大堂经理，并借助移动PAD推送服务提示，配合网点人员语音耳麦联动，实现客户移动、员工服务无缝衔接。设备布放以来，通过客户刷脸累计推送2452人次客户信息。尝试场内多点获客，内勤行长、大堂经理、柜面经理建立新的劳动组合，大堂经理有更多机会参与营销。大堂1号位智能导览台第一触点落地客户线上预约取号；智能服务区自取服务PAD，客户扫码可自动识别身份信息；综合服务区公积金直联查询系统引客入店；等候区电子书架，改善等候体验，助力活客、留客。尝试场内场外、线上线下融合获客，与科技公司合作，打通第三方商户交易场景数据，导入农行人脸数据库，为建模、比对、分析提供支持。利用农业银行信用卡微信公众号、惠农通微信公众号和e动浙江等新媒介，将农行产品和服务推送给需要的客户。开发商家产品展销平台，场景接入大堂，将周边消费娱乐、特色餐饮、旅游售票等产品和服务在大堂互动展示，客户可直接扫码购买、线上支付、线下交付。乌镇旅游公司等30多家商户产品得到场景化展示。

（二）试验智慧交易

尝试一站式交易、在线预交易、语音刷脸交易，推出拥有自主专利的智能一站清柜台，整合刷脸认证、票据识别、扫码读入等最新应用，融合高柜、低柜业务，实现现金、非现金、对公、对私等大部分柜面业务综合受理，变革柜面业务处理模式，客户可实现业务一站式办理。据测算，存款100万元只需25分钟完成，比柜台点钞办理少30多分钟，且可零钞、整钞等多币种存款。在乌镇支行成功投产后，全省已推广投放630台智能一站清设备，累计释放人员达到833人，有效提升网点转型后服务客户能力，降本增效成果显著。创新推出全国首台智能语音ATM，结合刷脸识别，客户只要对着机器说话，就能完成存款、取款操作。首台语音设备部署以来，客户体验语音存取款累计55800笔。开发线上预先处理系统，客户可在掌银、微银行等移动端提前预约，到网点后直接取号办理，省去排队和业务填单手续。

（三）试验智慧营销

探索"点餐式"人性服务模式，创新开发的智能一站清，实行柜面经理与客户双屏布局，实时弹屏推送个性化产品和理财方案以及客户求助解答，尝试机器高效处理与人性化服务的有机结合。该机柜已累计向客户弹屏推送5218条营销信息，客户体验后对新服务模式很认可，其中，1位客户对网点智慧机具和服务质量赞赏有加，当场购买单笔理财2000万元，后续还多次到网点购买浙江农行产品。该个人客户在浙江农行日均金融资产保持1个亿以上。增强客户互动销售体验，创新营销展示设备，引入智能白板、互动桌面、拼接大屏、触摸橱窗等新型互动体验屏幕，当客户到达时，自动人脸识别客户身份，比对客户偏好，分析客户行为，推荐合适的金融产品，扫码即可购买。乌镇拼接大屏启用以来已有239名客户体验后认可浙江农行精准服务模式，并主动购买金融产品。尝试远程视频支持营销，建立省、市、支行三级零售及对公专家支持团队，在网点财富管理区通过智能白板提供一对一、多对一理财咨询等服务。累计为贵宾客户理财咨询64人次，客户体验后购买理财产品7500万元。

（四）试验智慧管理

尝试网点人员、设备的智慧管理和客户智慧分析。率先研发信息智能发布系统，统一管理厅堂智能设备，统一发布产品信息，实现营销发布电子化。在智能服务区、综合服务区和营销服务区等客户动线上布设摄像头，分析客户轨迹，形成热力图，为智慧排班和场内管理提供依据。尝试违规操作智慧预警，在自助加钞区加载摄像头，当出现自助银行单人加钞等违规行为时，实时进行风险预警。

（五）试验5G+场景

当前，5G技术的广泛应用为银行金融服务提升带来了广阔空间，浙江农行开展"5G+场景"智慧银行试点，对乌镇支行进行5G赋能。联络运营商，在乌镇支行周边架设5G基站，在网点内部署设备，实现网点5G信号覆盖。部署上线5G+智慧货架。上线总行智慧货架系统，并在智能展示屏幕上加载模块，实现5G连接，助力网点营销服务转型。创新研发5G+数字看板。通过对网点现场运营、各渠道交易情况的抓取分析以及图视化展示，实现对网点客户、业务交易、运营风险等方面实时监控，辅助网点决策管理。目前已实现网点客流统计、车位统计、行为风险预警等功能。

三、项目的技术路径

乌镇智慧银行积极对移动互联、人工智能、大数据等新技术进行研究与探索，全力打造四大技术应用平台。

（一）5G网络接入平台

5G是第五代移动通信及其技术的简称，以其高带宽、高密度、低延时的优势，将促进银行业网络、系统、应用底层架构方面发生变革，改变银行移动服务形态。在传统低带宽交易级字符流处理基础上，搭建出支撑定制服务、产品体验、VR高清多媒体互动的新型移动网络，创新位置营销、场景营销、精确营销，实现信息技术架构"薄前台，强通信，厚后台"的转型。

1.总体技术架构

在5G移动网络基础上，采用VPDN隔离技术，实现浙江农行移动接入网络与互联网的安全隔离，并在此基础上构建由浙江农行自主运营管理的IPSec/SSL VPN，实现多因素身份认证、基于用户级的业务授权和数据加密传输，支持浙江农行基于5G的各类IT应用安全、灵活接入，各类业务和营销场景快速部署。

平台主要技术：（1）采用访问控制技术，区分生产、经营、场内、场外各种等级管理，实施不同访问策略和终端控制策略；（2）采用服务质量管理技术，实现服务优先级保障；（3）采用应用虚拟化技术，实现应用与系统、终端的解耦，进一步支持应用对各类操作系统和设备的适配；（4）采用沙盒发布技术，为应用系统提供隔离环境，实现防拷贝、现场销毁等数据安全保护。

平台的总体架构如图1所示。

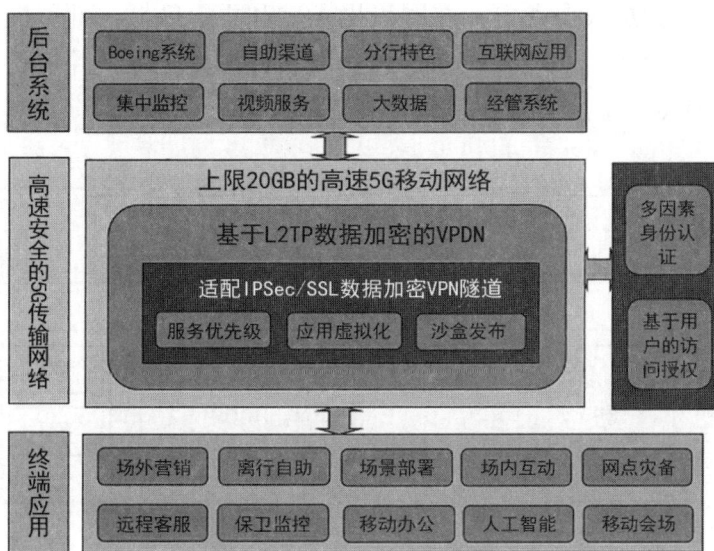

图1 5G网络接入平台架构

2.主要应用场景

（1）利用5G低延时优势，实现技术架构转型，支持人工智能高体验应用。5G网络接入平台的延时是4G的1/25～1/50，能够大大提升人脸识别、语音识别、位置营销等应用的客户体验。

（2）利用5G灵活特性，实现快速组网，支持应用场景快速部署。5G移动网络在安全增强的前提下，具有无论何时、无论何地都方便、快捷接入的能力，能够很好地支撑场外营销、场内互动、移动办公、产品演示和各类场景建设的快速部署。

（3）利用5G高带宽性能，搭建高清视频互动新型网络，支持基于图像、视频等的应用。5G网络接入平台带宽是4G的10倍以上，相当于浙江农行目前使用的有线线路带宽，因此能够很好地支撑网点全业务灾备、保卫集中监控视频流、离行自助及监控、视频会议远程接入、远程客服等应用。

（二）人脸识别技术平台

人脸识别技术具有天然、易用、适应性强、互联线上线下等优势，已成为人工智能的一项基础技术。随着机器学习算法、图形处理器等技术的快速发展，人脸识别技术已具备成熟商用的条件，逐步应用于金融行业客户识别、刷脸支付等各个场景。浙江农行将加快构建分行级人脸识别技术平台，实现多渠道多场景应用，进一步提升智慧交易、智慧营销能力。

1.总体技术架构

平台按照浙江农行"统一运维管理、统一识别下发"的总体架构部署。在浙江农行架设统一的人脸识别后端平台，用以部署人脸识别应用（分析）系统、人脸比对算法服务器、人脸接收服务等；在网点出入口和重要区域，部署摄像机和人脸识别前端建模组件等设备，实现人脸图像的抓取和特征值提取，并把特征值送往省行后端服务器进行比对。平台的总体架构如图2所示。

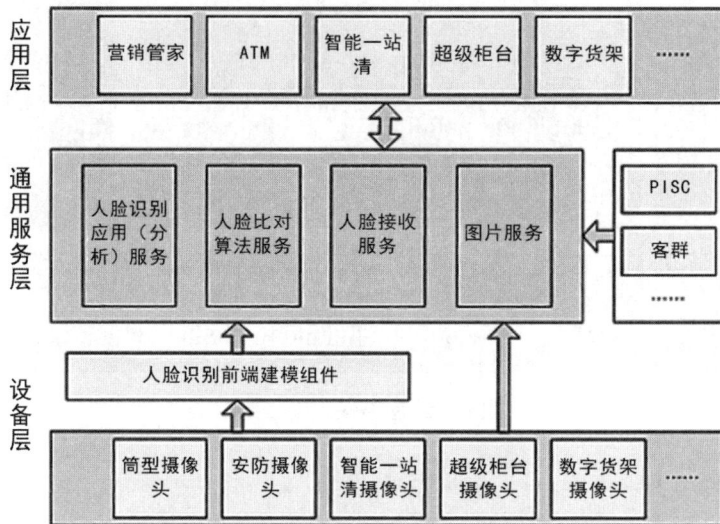

图2　人脸识别技术平台架构

平台主要由以下系统及服务组成：（1）人脸识别应用（分析）服务。通过调用算法服务器，根据是否命中发送通知消息，包含使用人脸应用管理网站来完成对人脸的建库、设备端库的动态管理，查看识别记录等。（2）人脸比对算法服务。部署和运行厂商提供的1∶n或1∶1的人脸识别比对算法引擎。（3）人脸接收服务。接收比对命中消息，同时实现与客群、消息服务、营销管家等系统的联动。（4）图片服务。存储抓拍的人脸图片，并在后台识别后，触发摄像机上传。

2.主要功能模块

（1）1∶n识别。一般应用于特定客户群的识别和小规模小金额支付等场景，如贵宾客户、惠农e贷白名单或预授信客户、网捷贷客户等进入浙江农行营业网点后，系统在短时间内自动完成客户人脸图像采集、识别，并将识别结果与客群、消息服务、营销管家等系统进行联动，便于展开后续的客户服务。

（2）1∶1识别。对于刷脸支付等需要确保100%识别准确率的应用场景，平台支持特征值1∶1比对、图片1∶1比对，根据支付范围还可以分为小规模（用户数2000人以内）、中等规模（用户数2000～20000人）、大规模开放环境支付（20000人以上）。

（3）人脸库分级分类管理。平台按照应用类别、分支行等纬度，分级分类管理各个人脸库，并根据输入的特征值和人脸库名称快捷地输出识别结果。

（4）客户动线分析（客户体验提醒）。在客户经过网点各个功能区时，能够在最短时间内获取客户位置信息；或者设置一定的触发条件，按照客户经过的网点各区域的时间信息，完成客户动线的刻画，以及停留时长的分析，获取客户的喜好。

（5）其他识别功能。主要包括人脸面部属性识别、人脸动态识别、头肩监测、动作识别等技术，分别应用于精准营销、活体监测、区域热力分析和客户异常行为识别等场景。

（三）智能语音平台

智能语音平台主要提供语音识别和语义理解等功能，实现人机语音交互和智能语音导航等服务，提升客户体验。

1.平台总体架构

平台的总体架构如图3所示。

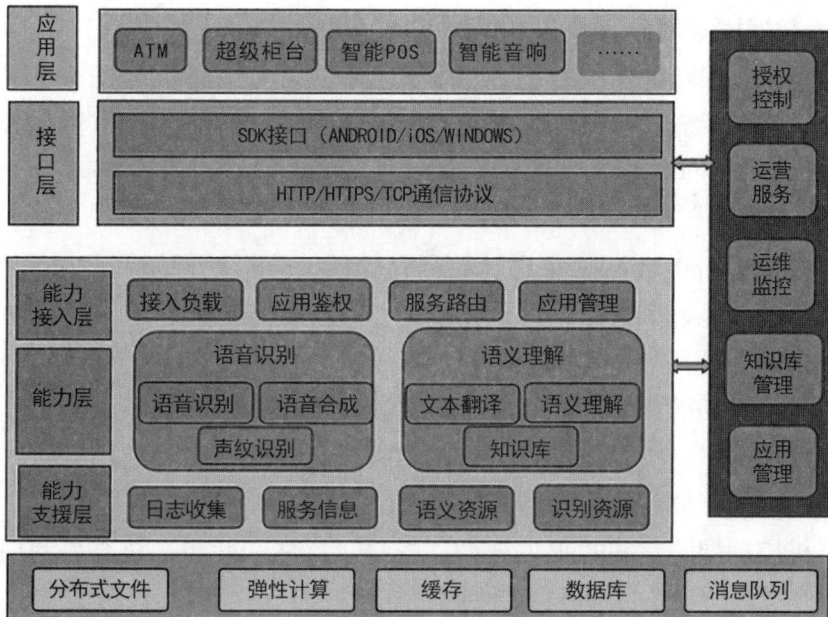

图3　智能语音平台架构

平台主要由以下几个子系统组成：

（1）语音识别子系统。设备端通过麦克风阵列将语音通过网络发送到语音识别平台，语音识别子系统将语音转换为文本数据。主要支持语音中静音切除、自动断句等功能，对有歧义的词语通过上下文自动识别。

（2）语义理解子系统。使用机器学习技术，通过前期的大量语料训练，将文字数据转换为使计算机可处理的结构化数据。系统支持上下文理解，对文字中无关语音和语气词进行过滤和拒识，并根据场景要求，对客户端发送的指令可以与客户交互补充必需的信息。

（3）内容子系统。将自然语言知识与智能客服业务知识进行归纳、整理，形成结构化、半结构化数据以支撑智能语言交互系统完成所需的语义分析、自动问答等功能。使用机器学习技术对银行产品信息进行针对性训练，构建智能知识库。

2.主要应用场景

（1）改善人机交互体验。对现有ATM、超柜、POS等设备进行改造，加装麦克风和扬声器，将传统的触摸屏和按键操作改变为语音指令，实现人机语音交互和智能语音导航，提升客户体验。

（2）研发智能音箱。通过定制词语唤醒音箱，使用自然语言对话，实现客户咨询和产品营销；利用客户注册时预留的声音样本提取声纹进行客户身份识别，并在此基础上实现家居缴费、查询等功能，实现专业市场客户利用智能音箱完成空调、闸门、灯光的远程控制。

（四）大数据技术平台

大数据技术在银行的重要性已成为业界共识。浙江农行大数据技术平台服务于全行各类业务应用系统，利用数据挖掘、机器学习、神经网络、图计算等多种技术，实现对精准营销、数据挖掘、外部数据管理、合规审计、风险防控等方面的支持。

1.总体技术架构

大数据技术平台由数据采集层、数据存储层、分析挖掘层和业务应用层组成，总体架构如图4所示。

（1）数据采集层。负责从行内数据（Boeing、C3、IFAR、eBank等）、行外数据（税务、工商、政采云、外部征信等）、日志文件及其他数据中提取、导入数据。

（2）数据存储层。负责将预处理后的数据进行存储，主要利用分布式文件系统和MPP数据库进行海量数据的大规模存储。

（3）分析挖掘层。负责数据的建模、挖掘、评估和发布，核心是利用抽象的数学模型，构建符合浙江农行业务的专业模型。

（4）业务应用层。负责将分析挖掘结果的可视化展现形式，集成到相应的业务系统中。

2.主要功能模块

（1）数据采集工具。提供多种形式的数据采集工具，包括动态采集SDK、日志提取分析工具、外部数据导入工具等，采集来自行内外的、静态的和动态的各种金融数据。

（2）数据预处理工具。提供数据预处理ETL工具，实现规范化、数据抽样、数据排序、汇总、指定因变量、属性变换、数据替换、数据降维、数据集拆分、离散化等功能。

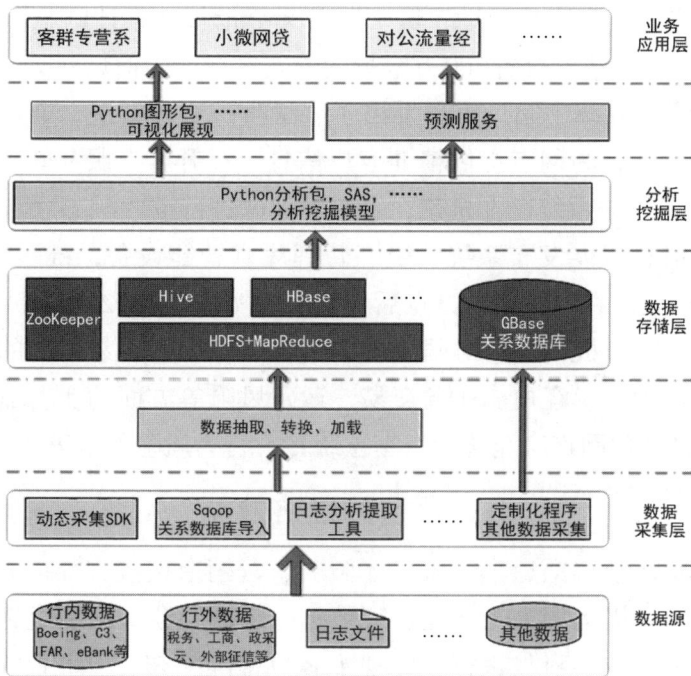

图4 大数据技术平台架构

（3）分析挖掘模型库。对常用的机器学习算法（如关联算法、分类算法、聚类算法、时序分析算法等）进行封装，可以快速构建抽象的数学模型（如神经网络模型、事物关联模型等），以及针对银行业务的专业模型。

（4）数据可视化展现。提供分析结果的可视化形式展示，如柱状图、折线图、散点图、雷达图、瀑布图、气泡图、箱线图和趋势图等。

（5）预测服务。支持构建的模型通过预测服务模块发布成网页、接口服务以及模型导出，提高模型业务部署效率。

四、项目的创新成果

其一，创新推出全国第一台智能语音ATM，结合刷脸识别，客户只要对着机器说话，就能完成存款、取款操作。首台语音设备部署以来，客户体验语音存取款累计37595万元。

其二，创新推出智能一站清柜台，整合刷脸认证、票据识别、扫码读入等最新应用，融合高柜、低柜业务，实现现金、非现金、对公、对私等大部分柜面业务综合受理，客户可实现业务一站式办理。据测算，存款100万元只需25分钟完成，比柜台点钞办理少30多分钟，且可零钞、整钞等多币种存款。设备投产以来，客户通过该机具存取款，累计节约时间601小时。

其三，全国农行系统中第一家实现柜面刷脸取款，并开发网点刷脸识别系统，主动识别到店客户，实现客户移动、员工服务无缝衔接，累计刷脸识别客户14万人次，并以乌镇为基点，建成全省300万容量的贵宾客户人脸信息库。

其四，全国农行系统中第一家研发出了金融生态管理系统，通过系统连接创业园区等14类周边生态，为网点提供精准客户信息，提升客户服务效率，助力客户业务办理"最多跑一次"。系统已在杭州、嘉兴等地区进行推广。

其五，研发信息智能发布系统，统一管理厅堂智能设备，统一发布产品信息，实现营销发布电子化。在乌镇成功试点后，后续已实现全省928个网点全覆盖。

其六，研发数字看板，通过对网点现场运营、各渠道交易情况的抓取分析以及图视化展示，实现对网点客户、业务交易、运营风险等方面的实时监控，辅助网点决策管理。目前已实现网点客流统计、车位统计、行为风险预警等功能。

五、项目的经济效益

针对转型前网点获客渠道窄、服务体验弱、营销衔接慢、维护力量少的营销服务痛点，浙江农行积极运用人工智能、大数据、移动互联等最新金融科技，在乌镇打造全国首家互联网智能科技银行，实现了客户精准感知、业务智能交付、渠道多维融合、营销契合场景、服务智慧管理，有效强化了客户引流，提升了运营效率，改善了服务体验，增强了营销能力。

截至2019年6月末，乌镇支行存贷款总额达到43.82亿元，其中存款20.72亿元，比转型前增加11.89亿元，一年多实现存款翻番；贷款23.10亿元，比转型前增加7.96亿。各项存款在同业（四行一社）中占比达到28.63%，比转型前提升9.16个百分点。

（一）客户体验提升

智能一体机等设备分流了网点绝大部分的业务，转型后网点业务分流率达到91.25%，客户等候时间降至5.73分钟，比转型前缩短6分钟，压降51.2%。

（二）劳动组合优化

压降3档高柜，释放3名柜面经理。内勤行长、大堂经理、柜面经理建立新的劳动组合，灵活补位，保证营业厅客户识别、引导、分流正常有序，大堂经理有更多机会参与营销。

（三）获客能力增强

场景接入大堂，引入社区、汽车4S店、特色餐饮等周边金融生态圈。线上产品落地，利用农业银行信用卡微信公众号、惠农通微信公众号和e动浙江等新媒介，将农行产品和服务推送给需要的客户。上半年累计注册掌银2176户、II类账户341户，实现线上线下融合服务。

（四）岗位协同提升

团队协作增强，打破岗位界限，以外补内、以内助外，争做全能型员工，岗位间联系更为紧密，公私联动明显提升。截至2019年6月末，个人贵宾客户数量达到3373户，比转型前增加436户。

在乌镇创新推出全国第一台智能语音ATM和智能一站清柜台，开创了机具服务新方式，打造了客户新体验，极大节约了客户时间。首台语音设备部署以来，客户体验语音存取款累计37595万元。之后全省推广投放630台智能一站清设备，释放柜面人员达到833人，同时释放人员留在网点，为全省客户服务提供了高效的硬件支持和软件服务。

六、项目的社会效益

通过智能白板、互动桌面、拼接大屏、触摸橱窗等新型互动体验设备，客户获得了一体化一站式厅堂服务、大堂经理一对一服务，体验了"点餐式"服务模式。传统防弹玻璃的服务模式彻底变革。累计刷脸识别客户14万人次，并以乌镇为基点，建成全省300万容量的贵宾客户人脸信息库，客户获得便捷高效的个性化金融服务。

借助网点各类展示设备，展示美丽乡村贷、富村贷等乡镇特色金融产品，助力信贷资源投放到当地民宿、商户、农家乐等领域，支持美丽乡村建设，助力乡村振兴。与周边小微企业、商户开展三方合作，周边商户服务场景化，扩展线上线下渠道，并为周边企业、商户提供支付服务，打造便利金融服务环境。通过线上线下融合，场内场外对接，提高了普惠金融服务能力。智慧银行建成以来，网点共发放惠农卡1200张，支持惠农e贷61户、总金额1753万元，乌镇旅游公司等30多家商户产品得到场景化展示，客户获取金融信息和周边商户产品更便捷。

七、项目的社会评价

网点建设成功后，在系统内和全国获得良好反响，已成为我省同业智慧网点典范，成为中国农业银行第一家"5G+场景"智慧网点，品牌形象进一步提升。

（一）本地知名度提升

浙江农行网点成功建设后，成为当地金融标杆，到店客户体验提升，带动了大客户、大项目服务能力。其中，注册资金1亿、用地1200余亩的桐乡市市政府重点招商项目——道济农业项目对乌镇支行便捷新颖的服务非常认可，直接将项目落地浙江农行，也为下一步浙江农行与浙江省互联网创新发展综合试验区的深入合作打下良好基础。

（二）浙江农行品牌在业内外进一步传播

网点建成后，在第五届世界互联网大会上引起广泛关注，浙江农行通过宣传片、微信推文等进行了广泛宣传，同时新华社、人民网、央广网等中央主流媒体大篇幅深度报道，总行综合信息晨报、值班报告等刊载，农银报业全程报道，乌镇网点的智能一站业务模式及智能语音、刷脸等相关技术在业内外反响良好。2019年10月，总行在乌镇第六届世界互联网大会举行"5G+场景"智慧网点品牌发布会，乌镇智慧银行作为农行6家"5G+场景"智慧网点之一进行发布，展示了农业银行坚持以国家5G战略导向和市场需求为引领，强化科技创新驱动发展，聚焦客户体验便捷化、金融服务智慧化新趋势，深度应用5G技术赋能数字化转型、网点转型、产品创新、风险防控，构建"5G+场景"智慧网点，打造5G应用领先银行。

（三）监管部门给予高度评价

第六届世界互联网大会召开前夕，中国人民银行党委委员、副行长范一飞一行到桐乡乌镇支行考察调研并召开座谈会，详细了解了农行创新推出的智能一站清、语音ATM等智能机具设备，并利用5G技术现场连线嘉兴分行财富顾问进行金融服务对话，对乌镇支行的智能化转型给予高度评价。范行长对农行普惠金融、科技金融等各项工作给予了充分肯定，表示农业银行近年来紧紧抓住消费市场，在网点智能化转型方面先行先试，将网点转型与5G技术应用紧密结合，取得了令人鼓舞的成绩，发生了全新的变化。

（项目负责人：冯建龙）

恒生综合风险管控平台

实施单位：恒生电子股份有限公司

目前我国金融控股集团数量增长迅速，但由于处于分业监管背景下，加之一味追求利润而产生的监管套利、脱实向虚，风险不断积累。我国金融控股集团虽然建立了风险管理体系，但不断深化的金融改革和混业经营，对风险管理提出了越来越高的要求。

金融控股集团监管制度的建立近年来也成为业界关注的焦点话题。根据中共中央、国务院关于尽快将金融控股公司纳入监管、补齐监管短板的决策部署，2019年7月26日，央行发布了《金融控股公司监督管理试行办法（征求意见稿）》，针对金融控股集团所涉及业务种类多、股权结构复杂、关联交易风险高等特点，确立了宏观审慎管理、穿透监管、协调监管的原则。而金融控股集团从内控角度考虑，也需要实行"穿透式"管理，直接、方便地了解并管理各个控股子公司的业务情况，加强金融控股集团的整体控制力。

恒生电子股份有限公司（以下简称"恒生"）研发了针对金融控股集团的综合管控平台，利用云计算、大数据、人工智能等新兴数字技术实现对集团业务的管控。打造包含资本管理、关联交易管理、股权结构及治理等的全面合规体系，满足监管机构对金融控股集团的监管要求；建立"战—融—投—管—退"的协同管理体系，完善投融资全生命周期管理闭环，利用信息化手段实现对集团的投融资管理、股权运营与管理等；构建全面风险管理、内控合规、内部审计一体化联动管理体系，全面衡量集团及各子公司的整体风险水平，快速掌握企业风险状况；实现对集团公司所有管控系统的集成、整合，形成信息共享、办公协同、业务协同、决策支持的协同管理平台。

一、项目背景及意义

我国"十一五"和"十二五"规划相继提出"稳步"和"积极稳妥"推进金融业综合经营试点以来，金融控股集团数量增长迅速，业务规模不断扩大。一方面，金融控股集团通过持有多类金融牌照，开展综合化、混业经营，获得了规模经济、协同效应和分散经营风险等竞争优势；另一方面，金融控股集团通过资源整合、资源协同，实现了金融对社会发展需求的多方位服务，提高了经济社会运行效率。

但由于分业监管背景下，面向金融控股集团的监管主体、监管政策缺位，加之一味追求利润而产生的监管套利、脱实向虚，风险不断积累。我国金融控股集团虽然建立了风险管理体系，但不断深化的金融改革和混业经营，对风险管理提出了越来越高的要求，特别是风险管理的全面性和有效性还有待进一步提高。

恒生在行业内率先推出基于大数据技术开发的金融控股集团综合管控平台，利用大数据平台提供统一的数据采集、数据存储、分布式计算、数据分析挖掘以及数据可视化的整套平台服务，最终实现金融控股公司监管合规、投融资全生命周期管理、全面风险管理、内控管理、内部审计、业务协同、信息共享等。项目主要价值和意义如下。

（一）主动拥抱国家监管政策

金融控股集团监管制度的建立近年来成为业界关注的焦点话题。根据中共中央、国务院关于尽快将金融控股公司纳入监管、补齐监管短板的决策部署，2019 年 7 月 26 日，央行发布了《金融控股公司监督管理试行办法（征求意见稿）》（下面简称《办法》），针对金融控股集团所涉及业务种类多、股权结构复杂、关联交易风险高等特点，确立了宏观审慎管理、穿透监管、协调监管的原则。

1. 宏观审慎管理

遵循宏观审慎管理理念，将金融控股集团视为一个整体实施监管，对并表范围内的公司治理结构、整体资本和杠杆水平、关联交易、整体风险敞口等进行全面持续管控，有效识别、计量、监测和控制金融控股集团的总体风险状况。

2. 穿透监管

针对金融控股公司结构复杂的特点，强调对股权和资金等的穿透监管，准确识别实际控制人和最终受益人，防止隐匿真实的控制关系；穿透核查资金来源真实性，包括投资金融控股公司的资金来源，以及投资金融机构的资金来源，防止虚假注资、循环注资。

3. 协调监管

人民银行对符合《办法》设立条件的金融控股公司实施监管，金融监管部门对金融控股公司所控股的金融机构、对金融机构跨业投资控股形成的金融集团实施监管。在风险发生时，按照"谁监管、谁负责"的原则，由相应的监管主体牵头开展风险处置工作。各部门之间加强监管合作和信息共享，共同防范好金融控股集团和金融集团的风险。

面对金融监管环境的重大变化，金融控股公司需要达到监管要求，并做好相应准备。

（二）实行穿透式管理，加强集团整体控制力

以金融控股集团模式经营多种类金融业务，能因规模经济而产生协同效应，促进子公司之间彼此的业务发展，分散经营风险，使集团的整体利润保持较高水平。但由于金融控股集团旗下管控多种类型的金融机构，管理整个集团的风险无疑比管理单一机构的难度要大。目前，我国缺乏从金融控股集团层面开展的整体监管，部分金融控股集团在公司治理、内控机制、风险管控上存在不少隐患。很多金融控股集团的子公司之间没有建立真正有效的"防火墙"，虽然部分金融控股集团建立了较为完备的制度体系和管控流程，但不断深化的金融改革和混业经营，对风险管理提出了越来越高的要求；相比之下，我国金融控股集团风险管理的总体水平还处于初级阶段，特别是风险管理的全面性和有效性还有待进一步提高。主要存在的问题如下。

1. 风险管理缺乏主动性

我国金融控股集团目前的风险管理多为事后控制，对风险缺乏实时的、前瞻性的评估，更缺少积极主动的风险管理策略和手段，所以难以从根本上有效地进行风险管理和防范。比如，在信用风险方面，基本上都是等到不良贷款已经形成，才开始进行清收、处置，缺少事前的预警和预控，即便在业务过程中提前发现了问题，也缺乏有效手段进行转移或退出。在操作风险方面，经常是重大案件已经发生，风险管理人员才进行风险报告和处理，通常这个时候严重的损失已经难以避免。

2. 具体的风险管理与集团整体战略相脱节

在风险管理方面，金融控股集团内部企业之间往往各自为政，既不能体现集团整体的风险偏好，也不能形成战略性的风险策略组合。许多企业将大量精力投入具体事项的风险管控中，缺乏整体性的风险管理规划，也没有系统性地评估集团企业之间的风险关联度，长此以往，这种战略与战术之间的脱节将在整体上大大弱化金融控股集团的风险管理能力。

3. 风险管理的基础设施相对滞后

从软件基础设施看，集团层面关于风险管理的制度体系、政策体系、业务流程，尽管已经具备了一定基础，但在许多关键细节上还不够完备和严谨。从硬件基础设施角度看，集团风险管理所需要的管理信息系统、业务流程系统、数据仓库、计量模型等，都还处于相对较低的水平，特别是子公司之间水平参差不齐，各自为政，缺乏有效的衔接整合，难以满足金融控股集团复杂性风险管理的需要。

4. 新兴业务的风险管理有所欠缺

目前，我国金融控股集团的风险管理体系尚不能覆盖所有业务和类别的风险。特别是，随着金融创新步入快车道，新兴业务品种不断涌现，对风险管理提出了更高要求，集团在这方面的技术与经验明显滞后。创新产品由于没有先例，设计上难免存在漏洞，一些新兴业务的隐性风险还没有得到足够重视。如近年来迅猛发展的资管业务和衍生工具，其复杂度、关联性和杠杆率都已达到相当高的水平，在刚性兑付条件下，将来有可能爆发大规模的信用风险、市场风险和法律风险，其杀伤力将与创新力度、业务规模成正比。

因此，金融控股集团要实行"穿透式"管理，直接、方便地了解并管理各个控股子公司的业务情况，加强金融控股集团的整体控制力。实施全过程的风险监控，及早发现风险，同时最大限度地减少风险可能给公司带来的损失。

二、项目内容

平台采用"统一规划、统一标准、统一设计、统一建设、统一管理"的建设总则，综合管控平台中长期发展规划，核心管理原则是"小集团、大平台"，不侵入子公司的具体业务，同时方便集团后续灵活扩展的应用场景，快速响应市场变化。主要建设内容如下。

（一）建设统一集团数据中心，为综合管控平台提供支撑

制定数据采集、管理、交换等标准，明确收集数据的范围、格式和内容，通过企业数据采集、互联网数据采集、第三方数据对接等多类数据对接，采集汇聚多个来源的数据，构建集团数据中心。为实现全方位风险评估、全流程风险管控等提供支撑，为集团全方位把握子公司经营及风险状况、实现数据穿透打下基础。

第一步，数据资产化。整理统一的数据标准，保障数据存储、传输、转换的规范化。随后通过数据的抽取、转换、装载过程，将数据从来源方归集到集团数据中心，并按照不同的使用场景、应用主题组织为不同的数据集市仓。

第二步，数据挖掘分析。结合场景构建不同的指标模型或分析算法，挖掘数据资产的内在价值，把数据真正"用"起来。

第三步，数据辅助决策。通过管理驾驶舱、全息画像、业务看板、报表报告等多种可视化展现形式，用数据辅助决策过程，提升决策能力、决策水平。

集团数据中心划分为以下层次：数据来源层、数据存储层、数据处理层、数据资源层、数据分析层、数据服务层、数据管理层等。通过分层设计实现原始数据、数据资产与业务应用的相对分离，发挥大数据资产平台数据分析和数据挖掘的能力，为后续的大数据分析奠定数据基础。

1.数据来源层

对内对接集团及子公司财务系统、OA系统、业务系统，对外汇聚工商数据、舆情数据、金融市场数据、法律财税数据、行业性数据等多个数据来源，实现多源异构数据的汇聚整合。支持结构化、半结构化、非结构化各类数据采集，支持以系统对接、文件导入、手工填报、数据库增量同步等多种方式完成数据采集。

2. 数据存储层

在保证数据安全的前提下，实现对结构化、半结构化、非结构化等海量数据的可靠存储、多副本存储。

3. 数据处理层

对不同类型、不同渠道的数据进行清洗比对，形成标准化数据资源，包括数据清洗、数据校验、数据转换等。

4. 数据资源层

建设形成不同应用主题的数据集市仓，包括内控合规库、政策法规库、风险预警库、客户信息库、项目信息库、资产信息库、舆情信息库、行业信息库等。

5. 数据分析层

主要基于数据资源层形成的数据集市仓，执行指标模型分析，结合规则引擎、机器学习、自然语言处理、模型训练及数据事件驱动等前沿技术，快速构建数据模型分析，充分挖掘大数据价值。同时，支持数据自主分析、逐层数据穿透查询，以满足动态扩展分析的需要。

6. 数据服务层

为集团及子公司管理条线、业务条线提供数据服务，包括客户画像、精准营销、风险管控、数据化运营、辅助决策等。基于数据服务总线，以标准化数据接口、报表报告、管理驾驶舱、大屏等多种方式，提供丰富的数据服务。

7. 数据管理层

主要实现对于元数据的定义、存储、查询、维护、检查、分析等各类管理功能，并对数据质量进行统一的管理，包括质量规则的管理与执行、质量监控、质量问题管理及评估报告等。

8. 大数据运维监控

基于统一的大数据管理控制台，实时管理并监控大数据平台及其各个组件的运行状态，记录运行日志，自动异常告警。同时，实现在线的运维部署管理，支持动态扩容或缩容，一键运维部署。

9. 数据多维度展示

• 数据大屏：以大屏界面展示，满足实时动态的风险跟踪、数据展示的需要。集团及各控股子公司管理层可通过大屏界面把握企业经营管理、风险管理中的关键性信息。同时，当出现突发风险事件时，在大屏界面上及时预警提示。

• 管理驾驶舱：提供多维度的综合数据展示，如经营监测（经营分析、财务分析、人力分析、自主分析等）、风险管控（风险预警、内控合规概况、全面风险管理概况、审计概况）等。根据不同层级、不同条线的用户设置不同的驾驶舱展示内容、展示形式，做到真正的"千人千面"，并做到灵活的数据透视查询。

• 企业全息画像：将公司基本信息、股权结构、公司治理（包含董监事）、财务指标、舆情数据、企业案件信息、风险数据全面集成，形成企业全息画像。最终实现企业决策者像投资者使用股票软件一样查看所属企业的全面信息，辅助其进行经营决策和风险管控。

• 项目全息画像：投融资项目全生命周期信息展示，实现投融资项目事前、事中、事后全流程的审批信息、项目进度、参与主体、风险提示、档案资料等全方位信息的统一组织展示。

（二）建设全面的监管合规体系，满足监管要求

打造包含资本管理、关联交易管理、股权结构及治理等方面的监管合规平台。

1. 资本管理

对纳入并表管理范围内所控股机构的资本和杠杆率等进行全面持续管控，有效识别、计量、监测和控制金融控股集团的总体风险状况。资本应当与资产规模和风险水平相适应，资本充足水平应当以并表管理为基础计算，持续符合中国人民银行和国务院银行保险监督管理机构、国务院证券监督管理机构规定。

2. 关联交易管理

对金融控股公司与其所控股金融机构之外的其他关联方之间发生的关联交易进行监控，需要遵循市场原则，不得违背公平竞争和反垄断规则。通过关联交易和资金真实去向发现关联交易风险，例如通过内部交易进行监管套利，通过第三方间接进行内部交易，损害金融控股公司稳健性等。

3. 股权结构及治理

通过大数据平台商业智能（BI）分析工具，实现股权数据穿透分析，包括股权框架图（股权结构、治理结构）、股权动态（股权管理情况说明报告、董事会工作报告）。支持以逐层递进的方式，从统计数据逐层追溯查询至底层数据，集团及下属企业股权架构图，支持股权无限层穿透分析。同时，可由系统自动出具股权动态分析报告。

（三）构建"战—融—投—管—退"协同管理体系

建立"战—融—投—管—退"的协同管理体系，完善投融资全生命周期管理闭环，利用信息化手段实现对集团投融资管理、股权运营与管理等全面、深入的管控。

1. 战略管理

从战略规划编制、战略执行与监控、战略回顾与滚动规划到战略 KPI 管理，对集团战略规划实施全过程进行审批流程管理和信息化管理。

2. 投融资管理

• 投资计划管理：针对项目前期计划环节开发的编报、审核并跟踪进展情况的系统，通过企业对投资类项目计划及执行情况的填报、备案的方式，实施投资项目的动态管理，包括企业信息、项目信息、年度计划、计划调整、计划执行、年度完成、查询分析、重大项目库等。

- 投融资预算编报：投融资预算编报功能是在投融资计划管理子模块的基础上开发的针对预算编报环节的管理功能，结合集团年度全面预算编制及季度滚动预算管理工作，通过系统实现企业编制、报送，各级单位审核、分析，并通过执行情况填报实现动态管理的功能，包括预算填报、预算审核、授权管理、查询分析、预算执行统计等。

- 投前管理：运用信息化手段，统一管理投前阶段的行业研究报告、投资负面清单、潜在项目机会等信息，加强投前信息研判和风险预防。

- 专项调研：专项调研子模块用于集团公司对特定时期的投融资项目进行调查、摸底使用，通过自定义调查表并设定数据有效性验证，实现高效的线上编报、收集、汇总分析功能，提高集团公司专项统计、调研的效率。

- 投融资项目管理：对于项目实施过程中的审批、备案、合同管理、资产分类、投后风险监测预警、投后评价等进行统一管理。

3. 企业治理

服务于派出董事办公工作界面模块，用于对派出董事在企业董事会工作中的表现做评价。其中应包括派出董事所在企业的基本情况，如组织架构、员工总数、员工薪酬情况、战略规划、经营绩效、资产与现金流情况、运营状况等基础信息，以及企业组织形式变更、股权变动、人事变动、规划变化等变动情况。

（四）构建全面风险管理、内控合规、内部审计一体化联动管控体系

结合集团风险管控建设目标任务，研发功能完善的风险管控信息化系统，实现内控合规和内部审计的全面信息化，实现集团全面风险管理。在此基础上，形成量化的风险评分和区间评级，全面衡量集团及各子公司的整体风险水平，快速掌握企业风险状况。

系统构建法律法规、内控制度知识库，建立企业综合考核评价体系，推动风险管理、内控合规、内部审计三道防线全面联动，形成良性循环。最终建立起集团化、标准化的风险管理体系，加强风险管控能力，提升风险管理效率。

1. 全面风险管理

对集团进行全面风险管理，针对子公司的多维度的风险评估，包括战略风险、财务风险、信用风险、流动性风险、市场风险、法律风险、声誉风险、集中度风险、操作风险等，最终形成针对各类风险的风险限额管理、风险资本计量和对各子公司的风险评分评级，确保将风险控制在与总体目标相适应并可承受的范围内。

2. 内控合规

获取集团及子公司相关的法律法规及财税制度等数据。通过关键词索引、业务领域划分等方式，创造外部法律法规、内控制度检索便捷入口，为企业提供合规性管控、自查、检索的便利。

结合知识图谱等前沿技术，建立以法规为主线的知识图谱，构建法规、内规、处罚案例、系统指标或考核项间的关系网络，提供针对业务专题的图谱阅读，如合规管理、风险管理等。支持法律法规、内控制度的智能检索与关联阅读，支持按行业、区域、发文单位、标题、文号、正文的智能分词检索。对法规制度进行自动+手动标签整理，如效力级别、发布机构、发布时间、业务分类、关键词提取等。支持法规、案例、内规间的相互引用和相同业务等关联阅读。维护已发生的风险案例，并对其进行分析。维护风险案例及其与法规、内规间的关联关系；对违反法规的历史案例进行多维度统计分析，并对案例详情进行钻取阅读；为合规报告、新产品合规审核提供"引经据典"的支持，同时可应用案例数据统计"用数据说话"。

最终，实现集团内完整知识体系的构建及管理。法律法规、内控制度知识库的建立，将形成企业外规内制的便捷检索通道，获得切实有效的应用，营造企业集团内控合规的良好氛围，为构建风险管理三道防线建立坚实基础。

3. 内部审计

对集团及各子公司内部的审计资源，包括审计主体、审计对象、审计人才库、审计方案、审计模板、工作底稿、审计报告等，进行统一的管理。同时，统一管理内部审计的审计计划、审计项目、审计流程、整改跟踪、审计项目全息视图及进度查看、审计知识及档案、统计分析。对内部审计的全生命周期进行管理，管理审计立项、审计准备、审计实施、分析性程序及符合性测试、实质性测试及详细审查、审计发现和审计建议、审计报告编制及审核、监督实施、整改跟踪、审计评价、项目归档等完整审批流程。同时，充分运用大数据技术，实现审计相关数据的归集整合、自动稽核，在此基础上执行审计指标监测、数据分析及可视化展现，实现数据透视，为审计部门提供辅助平台，从而极大提高审计工作效率。

（五）建设全面的综合管控平台，提升集团信息化水平

实现对集团公司所有管控系统的集成、整合，形成信息共享、办公协同、业务协同、决策支持的协同管理平台。

基于集团数据中心，可通过数据服务API、数据报表或报告、数据驾驶舱等多种形式为子公司提供数据服务，包括客户画像（个人或企业客户全息画像）、精准营销（客户筛查、资讯推荐、广告投放、金融服务推荐）、风险管控（客户准入审查、征信评级及综合授信、风险资产管理、存续期风险监测预警）、数据化运营（提升运营决策水平、提升用户体验、洞察用户本质诉求、精细化运营、渠道评估）、商业智能辅助决策等。

三、项目的技术路径

（一）总体技术架构

根据平台的整体建设目标，恒生将坚持以"小前台、大中台"的架构理念，进行分层设计、逐层解耦，形成整体解决方案的框架构思，确保整体架构的安全、稳定、高效和高度可扩展性。（参见图1）

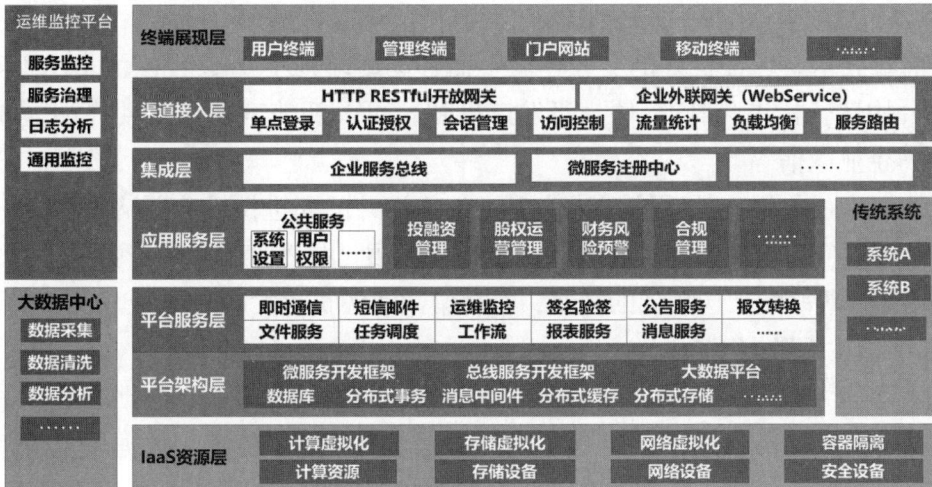

图1　平台的总体技术架构

系统采用先进的互联网、移动互联网主流技术架构，支持物理部署和IaaS层虚拟化部署，且已经在金融行业经历过多年的实践检验。

总体分层主要为IaaS资源层、平台架构层、平台服务层、应用服务层、集成层、渠道接入层、终端展现层，以及大数据中心、运维监控平台。

- 平台架构层：主要包括微服务开发框架、总线服务开发框架、大数据平台、数据库、分布式事务、消息中间件、分布式缓存、分布式存储等内容。应用微服务架构，打造"高内聚、松耦合"的高度自治服务体系，实现各类服务统一注册、统一发布、统一维护、统一监控等服务管理。架构高度可扩展，各模块间松耦合，服务可插拔。

- 平台服务层：作为应用服务层的支撑层，提供了即时通信、短信邮件、运维监控、签名验签、公告服务、报文转换、文件服务、任务调度、工作流、报表服务、消息服务等组件支撑。

- 应用服务层：基于组合平台服务层的组件能力，构建含系统设置、用户权限等在内的公共服务、监管合规、投融资管理、股权运营管理、全面风险管理、日常内控管理、业务协同等在内的应用服务层，并支持后续灵活扩展更多的应用系统模块。

- 集成层：主要通过企业服务总线、数据总线、消息总线、消息队列集群、微服务注册中心实现服务、数据、消息的全面集成与高效交换。

- 渠道接入层：通过 HTTP RESTful 开放网关和企业外联网关（WebService）实现对内、对外的渠道接入和整合。同时提供单点登录、认证授权、会话管理、访问控制、流量统计、负载均衡、服务路由等接入服务。

- 终端展现层：以 WEB 端+移动终端的方式，提供用户终端、管理终端、门户网站、移动终端等作为用户操作入口。其中，WEB 端采用主流的 VUE、AngularJS 互联网前端技术，保证良好的交互体验。而移动终端则主要基于恒生 LIGHT 移动端开发平台构建，标准化 H5 组件，研发速度快，可灵活兼容各类移动终端，如 iOS、Android、企业微信等。

总体上来说，恒生的系统架构体现了整体设计的先进性，分层清晰、模块划分合理，能够适应后续部署弹性扩展、性能横向扩展、技术架构扩展、数据对接扩展、业务应用扩展等多层架构扩展的需要，符合集团业务长远发展的需要。

（二）恒生大数据平台

恒生智能大数据平台是支持数据抽取归集、数据清洗转换、数据验证、数据装载、数据分析的基础技术平台，是实现元数据及资源目录管理、数据质量管理的数据治理平台和监控运维、数据安全保障、数据扩展管理、辅助工具的运维管理平台。同时，也是实现商业智能和数据可视化分析的大数据分析和展示平台，全面支持金融控股集团对于大数据平台的全部要求。（参见图 2）

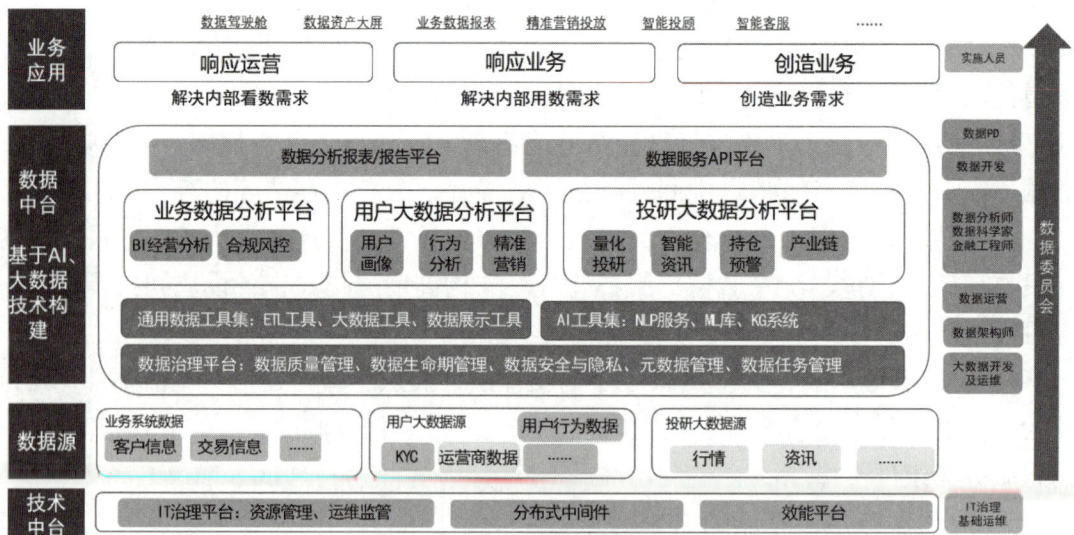

图 2　恒生大数据平台架构

平台具有如下特色：

▪ 基于Hadoop大数据开源体系构建，支持私有化、本地化部署。使用体系内流行且成熟的开源组件，拥有强大的技术支持和展示体系，有庞大的社区对开源体系及组件进行持续更新维护。

▪ 基于实际业务场景，基于开源组件进行一定程度的定制封装，提供更好的安全性保障，运维更加简单快捷，学习使用成本更低，尤其是在大数据分析方面。

▪ 支持集群部署，保证数据和平台节点整体高可用。支持对集群及组件进行方便的运维监控。通过线上控制台即可实现对物理资源、组件、集群的运维，并监控其运行状态、事件、日志等。

▪ 方便后续根据业务需要动态扩展组件，支持方便快速的扩展数据源对接、指标模型等，并可以基于平台二次开发、封装。

▪ 通过简单增加硬件资源，就可以实现快速的性能水平扩展，包括数据存储能力、运算能力等。

大数据主要组件如表1所示。

表1　大数据主要组件

分类	组件	描述
数据收集	Kafka	高吞吐量的分布式发布订阅消息系统
	Sqoop	关系数据库ETL工具
	Flume NG	流式数据ETL工具，支持从不同数据源，如文件、网络、端口等读取
	DataX	DataX是一个异构数据源离线同步工具，致力于实现关系型数据库（MySQL、Oracle等）、HDFS、Hive、ODPS、HBase、FTP等各种异构数据源之间稳定高效的数据同步功能
存储	HDFS	分布式文件系统（基础）
	HBase	分布式列式数据库，适合数据分析
	Elasticsearch	数据检索引擎，支持丰富的高级API。接口由RESTful API提供
	Kudu	Kudu是Cloudera开源地运行在Hadoop平台上的列式存储系统
	Alluxio	Alluxio是一个高容错的分布式文件系统，允许文件以内存速度在集群框架中进行可靠的共享，类似Spark和MapReduce。通过利用lineage信息，积极地使用内存，Alluxio的吞吐量要比HDFS高300多倍。Alluxio都是在内存中处理缓存文件，并且让不同的Jobs/Queries以及框架都能以内存速度来访问缓存文件
	Redis	Redis是一个开源的使用ANSI C语言编写、支持网络、可基于内存亦可持久化的日志型、Key-Value数据库，并提供多种语言的API

续表

分类	组件	描述
建模计算分析	MapReduce	Hadoop 离线计算框架
	Impala	Impala 为存储在 HDFS 和 HBase 中的数据提供了一个实时 SQL 查询接口。Impala 需要 Hive 服务，并与 HUE 共享 Hive Metastore
	Hive	Hadoop SQL分析建模工具，基于MR
	Calcite	是独立于存储与执行的SQL解析、优化引擎，广泛应用于各种离线、搜索、实时查询引擎，如 Drill、Hive、Kylin、Solr、Flink、Samza 等
	Spark Core	高效内存计算框架，内置很多ETL工具组件
	Spark Streaming	Spark组件，伪实时计算框架，支持Java
	Spark SQL	Spark组件，支持SQL式分析查询计算，可读取Hive创建的数据模型，也可以作为建模使用
	Spark GraphX	基于DAG的计算框架
	Spark Mlib	Spark 机器学习
	Mahout	Hadoop 机器学习框架
任务编排运维	Oozie	复杂任务的执行安排管理
	CDH Manager	可视化统一运维、监控、组件管理工具
可视化 UI	HUE	基于WEB的 Hadoop 一站式管理工具，包含 HDFS文件浏览、Hive SQL编写、可视化工作流、定时任务
安全	Kerberos	Kerberos是一种计算机网络身份验证协议，它基于受信任的第三方相互身份验证服务提供安全的单点登录

四、项目的创新成果

（一）大数据分析和展示的创新成果

1. 大数据BI自主分析

实现在线可视化构建：支持任意组合多个维度的数据，出具各类分析指标；可视化、积木式构建各类分析指标；支持以动态、灵活的数据可视化方式，如图形图表、统计报表，进行展现和导出。

支持用户自定义关注指标列表，实现个性化指标展现，做到"千人千面"。支持简单配置，即可实现基本的数据下钻与上卷。

2. 可视化大屏

提供可视化大屏在线设计，通过可视化技术，全面、直观地展示集团所投资企业的基本情况、股权结构、公司治理、财务绩效指标及趋势、风险数据等决策支持信息。具有多种图表组件（柱形图、折线图、饼图、散点图、地理轨迹、地理飞线、热力分布、地域区块、3D地图、3D地球）、图形化的搭建工具、多种数据源接入支持（包括API接口、文件、传统数据库、大数据存储组件）、动态交互设计、多种场景模板件、灵活的发布方式等特色。

3. 企业全息画像和关联图谱

将公司基本信息、股权结构、公司治理（包含董监事）、财务指标（三大表）、工商数据、风险数据、投资项目、投资计划等信息全面集成，形成企业全息画像，辅助其进行投资决策和风险管控。

除通过股权关系、投资关系关联分析以外，更能够通过多个全新关联维度——疑似关联、开庭关联、判决关联、业务竞争、债务/债权、客户/供应商等，对企业—企业、企业—人物的关系网络进行分析，支持n层关联穿透分析。（参见图3）

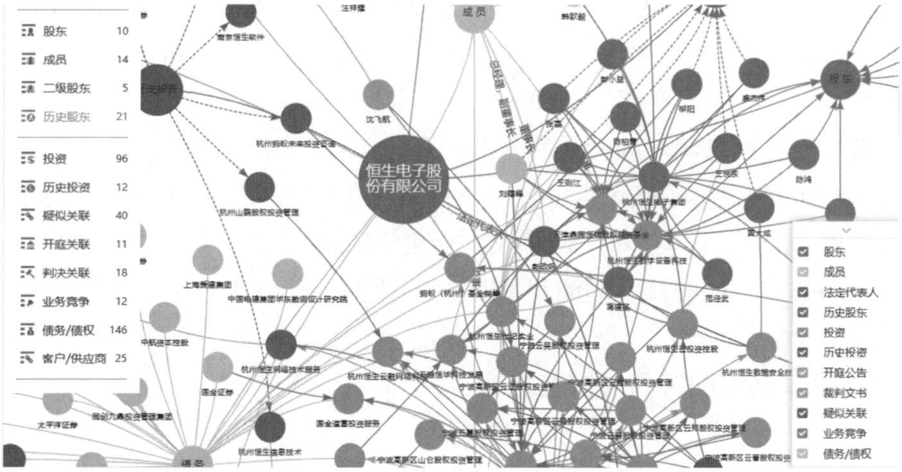

图3　企业全息画像和关联图谱示意

（二）知识图谱、智能检索与关联阅读

平台支持知识图谱、智能检索和关联阅读。知识图谱体现了对大数据的深度加工能力，恒生知识图谱总体设计如图4所示。

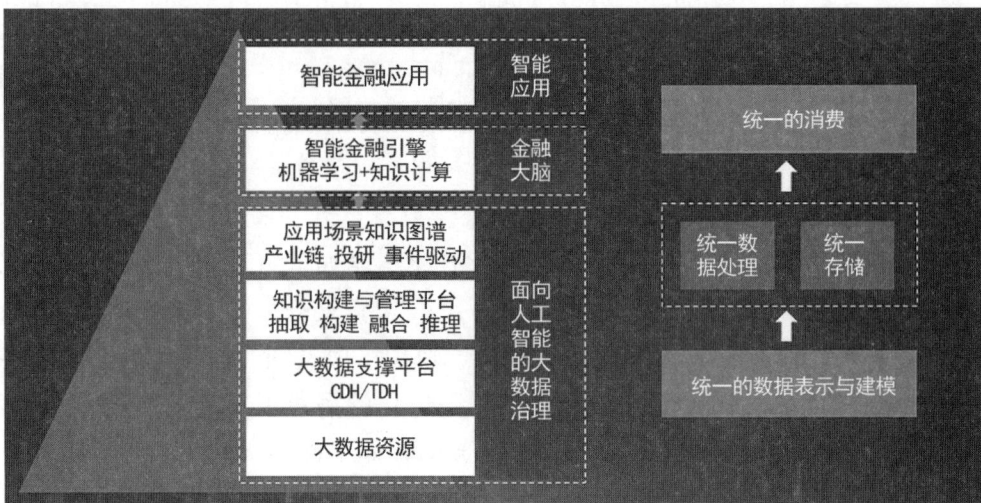

图4　恒生知识图谱总体设计

恒生知识图谱特色如下。

1. 建立以法规为主线的知识图谱

系统构建法规、内规、处罚案例、系统指标或考核项间的关系网络。提供针对业务专题的图谱阅读，如合规管理、风险管理等。利用知识图谱，实现集团内知识体系的构建及管理。

2. 实现法规智能检索与关联阅读

系统支持按行业、区域、发文单位、标题、文号、正文的智能分词检索。对法规制度进行自动+手动标签整理，如效力级别、发布机构、发布时间、业务分类、关键词提取等。支持法规、案例、内规间的相互引用和相同业务等关联阅读。

3. 提供风险案例维护与分析

系统支持维护风险案例及其与法规、内规间的关联关系。对违反法规的历史案例进行多维度统计分析，并对案例详情进行钻取阅读。为合规报告、新产品合规审核提供"引经据典"的支持，同时可应用案例数据统计"用数据说话"。自动生成风险案例汇编年度报告。

（三）系统灵活可配置的创新设计

为适配金融控股集团风控需求多样性，以及后续能灵活扩展，系统设计了多种灵活可配置项，满足金融控股集团的中长期发展。主要设计如下。

1. 高度扩展的审批工作流

灵活可扩展的审批工作流体系，支持多区域层级、多岗位的业务审批流程配置及管理，实现对考核评价流程（流程节点、流程表单、参与人员、流程流转关系等）的灵活配置与管理，以及实现投资计划管理、投融资预算管理等审核流程的灵活可配，支持跨层级、跨公司、跨部门岗位设置多级审核流程。

2. 动态指标模型配置

恒生针对各种指标模型采用动态配置方式，支持后续指标模型的调整和扩展。首先，基础指标引入规则引擎语言，实现风险指标的在线配置。其次，根据行业、业务性质的不同维度，区分设置风险模型。最后，指标计算逻辑、指标输入输出、模型指标项及权重灵活可配，生成最后的风险模型。

3. 综合管控报告模板可定制

平台需要输出多种报告，包括财务风险报告、投融资报告、股权分析报告、项目分析报告、资产评估报告等。恒生报告模板可实现在线化配置，根据不同报告类型生成不同的风险报告。支持模板及取数逻辑的灵活可配，支持对报告模板的新增、编辑、删除、在线预览等功能。所配即所得，即配即用。基于报告模板，完成对应的数据抽取，自动生成财务风险报告及其他类型报告。支持报表模板中格式、内容字段的设置，支持报告取数逻辑、数据与字段映射逻辑的在线配置等。

4. 管理驾驶舱首页可定制

管理驾驶舱首页可通过拖曳、缩放实现界面版块的位置、大小定制，同时可对界面版块中各类展现要素，包括数据内容及其展现形式等进行灵活配置。通过灵活的配置方式，满足每一个用户的使用习惯，做到"千人千面"。

5. 动态数据上报标准配置

支持在线配置数据上报标准格式定义，配置完成后，可应用到系统接口、在线填报、表格导入等所有数据同步入口，灵活适应各类数据上报场景。

6. 动态自定义统计报表

支持在线配置统计报表格式、取数逻辑等，支持在线自定义设计报表。系统支持通用型二维（无多级嵌套数据）统计报表模板的灵活可配，基于统计报表模板，完成对应的数据抽取，并汇总形成数据统计报表。

五、项目的经济效益（预期效益）

系统能够深度有效识别金融风险，帮助金融控股集团及其下属子公司减少风险，降低风控成本，提高决策效率，降低金融机构的资产损失。例如某个金融控股集团每年放贷几百亿，通过金融风险管理系统的建设，有效降低本部各项金融业务相关风险，降低坏账率，实现业务水平全面提升，增加公司收益。

六、项目的社会效益

目前金融控股集团正在向市场化业务大力扩展，从原有的系统内业务发展至30%以上的市场化业务，因此对风控有很高要求，通过风险指标管理和风险预警，助力公司市场化业务顺利开展，提升公司效益。主要具有如下社会效益。

其一，提高合规程度。系统帮助金融控股集团的各项金融业务满足金融监管部门的行业性要求，提升公司业务合规性。

其二，降低业务风险。系统能够有效降低信用风险、市场风险、流动性风险、操作风险、战略风险、集中度风险等业务风险。

其三，提高效率。从金融控股集团本部合规风控部及下属控股子公司风险管理部门业务人员手工分析各项业务风险变为系统自动生成各式统计报表，工作时间大大缩短，工作效率大幅提升。

其四，提升质量。在综合管控机制下，金融控股集团新增金融业务完全遵循标准进行风险管控，预期可实现科技管理的规范化、标准化、一致性和完整性；业务领域覆盖率将逐步攀升，可填补业务领域空白。

七、项目的社会评价

恒生金融控股集团综合管控平台一直位居行业内领先行列，通过客户的实践，展现出优于其他公司的能力，得到了客户的一致肯定。

系统首家央企客户是中国大唐集团资本控股有限公司（下面简称"大唐集团"）。大唐集团是按照国资委有关国有资产保值增值的指导精神以及集团公司"十二五"规划中有关金融产业管理要求，结合国内外大型集团企业的经验以及监管现状，重组设立的子公司，注册资本金20亿元。大唐集团各控股子公司业务涉及面广、专业性强、复杂度高，而大唐集团缺乏有效的风控手段。恒生为其建设统一的综合管控平台，在金融与实业之间建立起一道"防火墙"，在实现金融产业长期稳健经营的基础上，有效防止了金融风险在产业与金融之间的传递。大唐集团综合管控平台目前已成为行业内较为先进的系统，风险管理能力成为大唐集团一张亮丽的"名片"。

恒生在2019年召开了金融集团大数据及监管科技应用研讨会，中信集团、大唐集团、上海国际集团、信达资产、浙江东方金控、广西投资集团等30多家中央或地方金融控股集团共同探索金融集团如何在满足监管合规的同时，积极稳妥地创新。会议上恒生展示了在金融控股集团的综合解决方案，其中在数据可视化展示、成熟可靠的风险模型、全流程风控体系等方面更是备受关注。

在"让金融变简单"的道路上恒生一直挖掘更多的连接方式，将技术方案嵌入更多的金融场景。未来，恒生将以科技赋能金融控股集团，继续推动创造中国金融控股集团新未来。

（项目负责人：蒋征中）

《PICC 客户车险出险大数据图》

实施单位：中国人民财产保险股份有限公司浙江省分公司

在移动互联时代，人们越来越享受数字化、线上化服务的大背景下，中国人民财产保险股份有限公司浙江省分公司（简称"浙江人保财险"）为积极践行"科技为保险赋能"，致力于将保险大数据与数字地图有机结合，打造《PICC 客户车险出险大数据图》，重塑保险服务。

《PICC 客户车险出险大数据图》的创新亮点为：应用开源的第三方数字地图，将浙江人保财险历年积累的出险数据清理汇总，直观地展现在地图上。该地图不但能够直观展现车险出险全景图，还能以热力图层、标注图层等形式展现出车险事故发生的地理特征和分布情况，同时提供事故的出险地点、原因、时间、大灾等多维度的查询，还可以通过GIS地理位置反向格式化手段，获取到出险地段的精确位置，为分析事故风险规律、合理安排查勘资源、提升理赔服务效能、控制风险等提供有力支持。

一、项目背景及意义

随着移动互联时代的不断发展，人们的行为习惯正在发生翻天覆地的变化，越来越享受着数字化、线上化带来的便利，逐步形成移动互联化的全新生活方式。与之相对的，传统的保险服务已无法满足客户需求。客户在哪里，如何触达客户，如何更好地服务客户，已经成为现代保险企业需要重新定义和解决的核心问题。

（一）"保险＋大数据"成为业内发展共识

2017年末，习近平总书记对实施国家大数据战略、加快建设数字中国做出了重要部署，为用好大数据、赢得新时代发展指明了方向。大数据已成为国家基础性战略资源，正在逐步进入社会生活的各个领域，蕴藏着巨大的潜力和能量。中国财险市场经历多年发展，如今已进入转型关键时期，"保险＋大数据"已成为业内发展共识，全行业对能落地、能实战的大数据应用需求都十分迫切。

2018年6月28日，中国人保集团在坚持稳中求进的前提下，锐意进取，提出向高质量发展转型的"3411工程"；其中，"保险＋大数据"是落实"3411工程"、催生发展新动能的重要基石。在大服务战略方面，公司要求利用大数据技术助力业务一线市场营销，通过精准识别客户，挖掘客户潜在需求，实现精准营销。在互联网战略方面，公司要求依托大数据技术和移动互联网技术，建立强大的理赔规则引擎，为客户提供便捷的专业化服务。在价值链战略方面，公司要求利用大数据技术绘制客户脸谱，针对不同客户定制个性化保险服务，拓宽保险服务领域。在平台化战略方面，公司要求应用大数据、物联网等新兴技术，支持公司新型风险管理体系技术平台的构建。

（二）数字地图带来"位置服务+"革新

近年来，国家加速驱动数字化转型，行业机构、政府部门、企事业单位在环保监测、智能交通、智慧城市、现代物流、金融等领域的智能化改造需求日益显现，以位置大数据为基础的智能化解决方案市场发展空间扩大，以数字地图为代表的"位置服务+"发展迅速。数字地图是利用计算机技术，以数字方式存储和查阅的地图，是可视化的实地图。数字地图具有如下6个特点：一是可以快速存取显示；二是可以实现动画；三是可以将地图要素分层显示；四是利用虚拟现实技术将地图立体化、动态化，令用户有身临其境之感；五是利用数据传输技术可以将电子地图传输到其他地方；六是可以实现图上的长度、角度、面积等的自动化测量。数字地图目前最主要的用途：一是用于查找各种场所、各种位置；二是用于查找一些出行的路线，例如坐公交怎么坐，开车选择什么路线等；三是了解其他信息，比如数字地图除了可以看到地理位置外，还可以知道如电话、联系人，以及了解一家公司提供的产品和服务等信息；四是在地图上发布信息。

自1865年英国的南丁格尔发布了第一张数据视图以来，越来越多的案例证明，数据可视化不仅可以快速、生动、形象地展示数据，还能有效地分析数据。如今，基于用户位置大数据的商业应用分析，已被广泛应用到大众位置生活场景再现、用户画像描述、商业运营指导及分析等众多领域，行业领军企业主要有四维图新、百度、高德、腾讯等。

在上述两大背景下，浙江人保财险积极践行"科技为保险赋能"，致力于将保险大数据与数字地图有机结合的研究，重塑保险服务。

二、项目内容

（一）《PICC客户车险出险大数据图》简介

在"保险+大数据"成为业内发展共识和数字地图带来"位置服务+"革新两大背景下，《PICC客户车险出险大数据图》完美融合了这两大创新热点：一是通过大数据分析利用，洞察客户、精准营销、降低成本、提升服务水平、提高盈利能力；二是数字地图的可视化、直观性、动态性、交互性、多媒体性等特点。二者的结合就是把客户出险信息转化为可视化的数字地图，让大数据实用化，将大数据转变为生产力。

该系统在技术层面采用开源的第三方数字地图，将浙江人保财险历年积累的出险数据梳理汇总，直观地展现在地图上，绘制成一张客户车险出险大数据图，为分析事故风险规律、合理安排查勘资源、提升理赔服务效能、控制风险等提供有力支持。

（二）《PICC客户车险出险大数据图》的主要功能

《PICC客户车险出险大数据图》能够直观动态地展现车险出险全景图，并以热力图层、标注图层等形式展现出车险事故发生的地理特征和分布情况，同时提供事故的出险地点、原因、时间、地标类型等多维度的查询，还可以通过GIS地理位置反向格式化手段，获取到出险地段的精确位置。

1.直观动态的展示

图1为《PICC客户车险出险大数据图》展现的杭州市车险出险地带热力全景图，图中颜色越深的区域表示车险出险频度越高。通过放缩地图，还可以查看各具体区域的出险情况，如图2展示的杭州市某区域的出险地图。

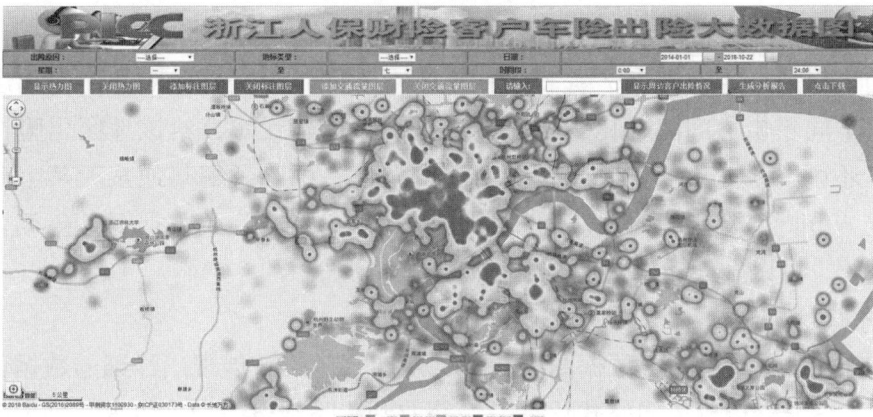

图1　杭州市车险出险全景图

图2　杭州市某区域的出险地图

2.丰富的查询维度

为了更细致地展现出车险事故发生的地理特征和分布情况，支持后续开展大数据分析，摸清事故规律，《PICC客户车险出险大数据图》提供了丰富的查询维度，包括：

（1）出险原因：火灾、爆炸、暴雨、暴风、雷击、台风、雹灾、冰凌、突发性滑坡、崖崩、泥石流、洪水、海啸、龙卷风、玻璃单独破碎、外界物体坠落、碰撞、倒塌、倾覆、冰陷、雪崩、自燃、坠落、玻璃自爆、地面突然下陷下沉、暴雪、盗窃、抢劫、划痕、外界物体倒塌、交通事故及其他意外事故。

（2）地标类型：金融、酒店、道路、运动健身、购物、自然地物、美食、生活服务、汽车服务、旅游景点、文化传媒、教育培训、政府机构、房地产、医疗、公司企业、休闲娱乐、交通设施。

（3）时间维度：日期、星期、时间段。

（4）事故类型：非机动车、行人、两车或多车、其他。

（5）人员伤亡：无人伤、有人伤、伤、残、亡、伤残亡未知。

（6）地点维度：支持手工输入地点名称进行查询。

我们可以通过修改日期，查看同一地区在不同年份，夏季因暴雨引起出险的情况，根据不同年份之间的对比分析出因天气、城市建设等，给该地区出险情况带来的变化；还可以根据星期、时间段两个查询条件，详细了解某地某天某个时间段的出险情况，分析出险高峰时段。通过《PICC客户车险出险大数据图》各类查询维度的组合应用，可以全面动态掌握全省车险出险情况。

3.详细的数据信息

《PICC客户车险出险大数据图》通过标注图层等形式展现出详细的数据信息，还可以通过GIS地理位置反向格式化手段，获取到出险地段的精确位置。如出险事故地带的出险次数、精确地理位置、经纬度、地点类型等；还可以通过加载交通流量图层，查看当前区域交通情况，便于部署理赔查勘资源、深层次分析事故高发成因等。（参见图3）

4.分析报告功能

《PICC客户车险出险大数据图》支持将地图数据生成excel形式的分析报告，维度包含地址、经纬度、附近商圈和出险次数。表1即为2019年1—10月全省因车辆碰撞出险的高危地段TOP15，可以清楚看出杭州大关、德胜沿线和江干区学林街地段交通状况较为严峻。

图3　出险事故地带的出险次数

表1　2019年1—10月全省因车辆碰撞出险的高危地段

出险高危地段	附近商圈	经度（东经）	纬度（北纬）	出险次数
浙江省杭州市拱墅区德新路	大关，德胜路沿线，上塘	120.168808	30.302811	1038
浙江省杭州市江干区学林街	城东	120.344226	30.322066	935
浙江省杭州市下城区石石立交	东新路，新天地，北景园	120.200069	30.33633	542
浙江省台州市椒江区机场路	东海大道，经中路，商业街	121.45507	28.639513	504
浙江省杭州市滨江区时代大道	长河，复兴路沿线，南星	120.189041	30.208507	467
浙江省台州市椒江区市府大道	东商务区，现代天地，东海大道	121.423529	28.660748	441
浙江省杭州市上城区望江路	河坊街，紫阳，望江	120.17854	30.24358	384
浙江省杭州市西湖区紫金港路	文一路，文二路，文新	120.094264	30.290521	329
浙江省金华市永康市G330（温寿线）		119.944377	28.932524	289
浙江省温州市永嘉县中心路	瓯北，龙桥	120.649883	28.047579	283
浙江省杭州市下城区石桥路	新天地，东新路，笕桥	120.200652	30.324216	279
浙江省温州市瓯海区六虹桥路	新桥，金蟾大道，西山	120.629818	27.986847	272
浙江省杭州市上城区清江路	近江，钱江新城，望江	120.208734	30.244246	269
浙江省杭州市江干区机场路	笕桥，机场路沿线	120.220207	30.322646	267
浙江省杭州市萧山区S2（杭甬高速）		120.302769	30.247859	267

图4 《PICC 客户车险出险大
数据图》手机端展示界面

5.便捷的移动端展现

《PICC客户车险出险大数据图》支持PC和各类移动设备的展现，各展示端具备一致性的功能体验（查询维度、大数据信息、分析报表功能等）。各类移动端的展现为用户提供了便捷、高效的"掌上车辆安全工具"。

图4为《PICC客户车险出险大数据图》的手机端展示界面。

三、项目的技术路径

（一）系统架构

《PICC客户车险出险大数据图》系统架构基于浙江人保财险的车险客户出险数据，依托第三方数字地图为展示平台。为保证系统不影响公司核心系统日常运营，《PICC客户车险出险大数据图》不与公司核心业务系统进行实时对接，原始数据来源为公司客服热线95518报案录入环节，每日进行同步。系统架构如图5所示。

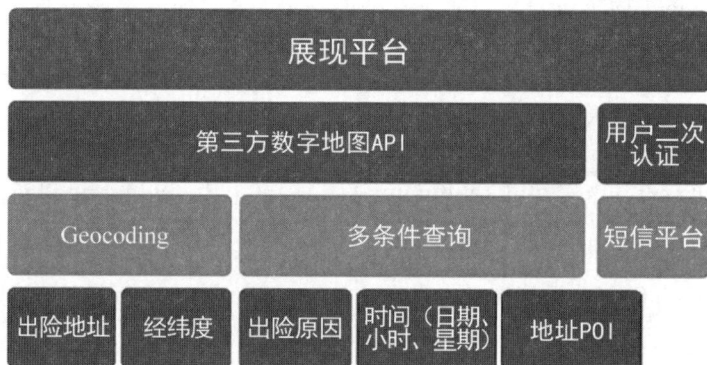

图5 《PICC 客户车险出险大数据图》系统架构

（二）保险大数据支持

浙江人保财险的信息化建设始于20世纪80年代末，至今已有二十余年的保险历史数据积累。截至2019年三季度，浙江人保财险已拥有近千万车险客户。同时，与共和国同龄的人保财险拥有70年的保险服务历程，在保险服务应用场景研究方面有着深厚的历史积累和沉淀。上述因素是构建《PICC客户车险出险大数据图》的强大数据基础。

（三）系统功能模块

《PICC客户车险出险大数据图》功能模块主要包括前台数据展示、后台数据处理、用户登录、数据查询、分析报告生成等，具体如下。

前台数据展示模块：支持PC和各类移动设备。

后台数据处理模块：（1）提取全行业车险客户出险数据，包含字段如出险地址、出险原因代码、出险原因、出险时间（精确到小时）；（2）将提取的原始数据通过第三方数字地图API的Geocoding接口，将出险地址转化为经纬度，并将经纬度可信度较低的出险数据进行剔除；（3）对出险时间进行细化，精确到日期、小时、星期等；（4）将清理后的经纬度转化为结构化地址，并获取附近商圈、地点类型、附近描述等其他附属的地点信息，为生成分析报告做好数据准备。

用户登录模块：通过用户手机验证码的形式对用户系统登录进行认证。

数据查询模块：提供出险原因、地表类型、日期、星期、小时等维度的组合查询，并将查询结果展示在地图上。

分析报告生成模块：将查询的结果通过excel形式导出，便于线下分析使用。

（四）最新技术研究方向

目前，随着人工智能技术的飞速发展，浙江人保财险正积极致力于将人工智能应用到《PICC 客户车险出险大数据图》，进一步强化科技赋能。

根据《PICC 客户车险出险大数据图》数据显示，杭州萧山某路口4年间累计车辆出险146次，其中致残的重大事故12起。针对这样的车险事故重灾区，浙江人保财险尝试引入视频态势感知和毫米波雷达等人工智能技术，实时感知各方向行人及车辆行驶动态，并在实地利用液晶屏+声控提示方式，提前告知风险，有效规避事故的发生。

四、项目的创新成果

《PICC 客户车险出险大数据图》建成至今，已推广到浙江人保财险全辖。近年来，浙江人保财险致力于应用该系统不断研究各类应用场景，为客户提供贴合互联网属性、依靠数字技术、移动技术特征化的服务体验。截至2019年末，主要取得以下几方面创新成果。

（一）守护行车安全

多年来，浙江人保财险致力于探索变被动理赔为主动降低交通事故发生率，守护人们的行车安全。目前，公司应用《PICC 客户车险出险大数据图》的动态交通流量图层、车险出险热力图及数据报表功能，通过媒体、公司主页、短信、微信公众号等各种渠道，向全社会发布事故高危地段警示，帮助人们有效规避行车风险。

公司在台风大灾前，会通过微信公众号发布全省高危地带图文消息。不仅仅是大灾期间，在日常生活中，守护行车安全最有效的一种方式就是告知客户哪里有风险以及如何避险。

《PICC客户车险出险大数据图》的应用在上述两方面都起到了良好效果。

（二）优化理赔查勘资源

保险业除了承保服务外，最重要的职能就是提供优质的理赔服务。理赔服务是保险业存在价值的最终体现，更是客户对保险服务的终极需求。近年来，浙江人保财险积极致力于提升理赔服务，GIS定位、自助查勘、小事故免查勘、专修厂查勘定损等一系列全新举措，赢得了不少赞誉。但是，客户还是时常会抱怨"查勘员怎么还没来""投保的时候很积极，理赔的时候那么难"。确实，随着车辆越来越普及、城市越来越拥堵，车辆出险也越来越频繁；无论有多少便捷的自助工具，人们在车辆出险后还是会因为焦虑无助，希望有保险公司的人员给予现场帮助。但理赔查勘资源是有限的，要如何第一时间赶到出险客户身边呢？浙江人保财险应用《PICC客户车险出险大数据图》，通过合理划分理赔查勘区片、优化设定查勘员派驻点，大大提升了理赔服务时效。

图6是绍兴市2019年的车险出险热力图，我们可以清晰看到车险出险主要集中在三个区域，人保财险绍兴市分公司将查勘车辆（查勘组）驻扎在用红旗指示的位置，辅以参考交通流量图层规划最佳的行车路线，完美实现"以最小的服务半径，达到最大的理赔工作效率"。公司一位基层负责人曾说过这样一句暖心的话："在客户最需要的地方等客户，我们等久点，客户等少点。"

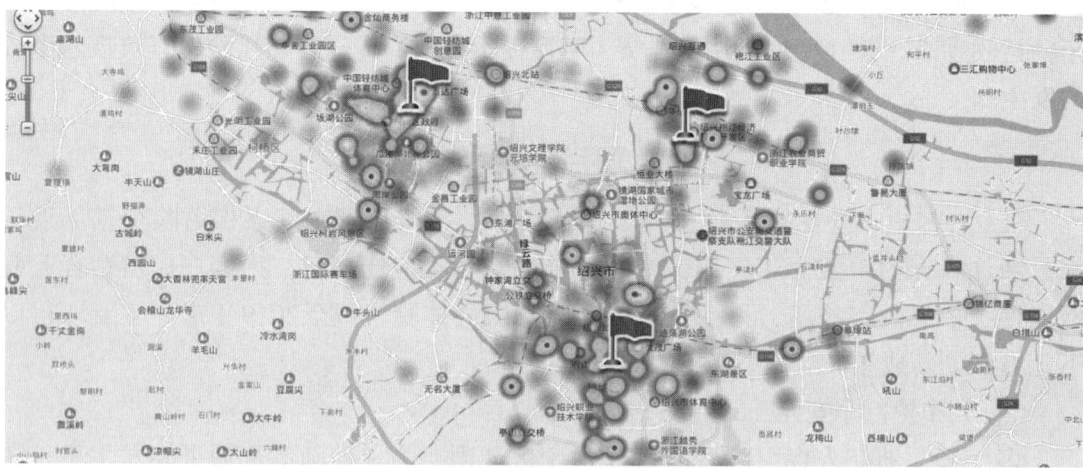

图6　绍兴市2019年的车险出险热力图

（三）助力大灾风控

浙江省属于自然灾害高发省份，每年7—10月都会经历大大小小的台风、暴雨灾害，每到这个时期都是保险风控人员最繁忙的时候。一旦有台风预告发布，全省各地随处可见各家保险公司的温馨提示牌，还有冒雨值守的疏导人员。这种传统的风控方式，需要投入大量人力物力，瓶颈日益凸显。是不是可以在成本可控的情况下，高效、精准地确定灾害易发点并进行针对性的预防？那么问题来了，灾害易发点在哪里呢？而且随着城市建设速度日益加快、地形地貌日新月异，灾害易发地点会一成不变吗？

对比台州 2016—2019 年四个年份的第三季度因台风暴雨导致的车险出险热力图，可以看出不同年份的变化还是相当大的，所以仅凭历史经验来确定灾害易发点是不能适应实际需求的。如果仔细对比台州四年来的出险地图，我们又能够察觉出一些规律性的特征，再进一步通过《PICC 客户车险出险大数据图》的报表功能，精准地定位在历年台风暴雨中高风险的"顽固地带"。

只有真实的大数据分析，才能给出正确的判断，助力公司实现风险预警、防灾减损人力物力的精准投放，并为客户提供更有效的防灾减损服务。在 2019 年抗击"利奇马"台风期间，浙江人保财险应用《PICC 客户车险出险大数据图》精准梳理出全省积水区域、低洼地区和易涝点 461 处，并提前布防，取得了较好的效果，充分发挥出科技领航、精准防灾减损的作用。

（四）交通安全社会共治

当前，越来越多的机构对行车安全、交通安全有着越来越迫切的管理需求，如交通治理机构、与公共交通安全相关的机构、拥有众多车辆的机构等。浙江人保财险以加强警保合作和大客户增值服务为切入点，根据不同的服务对象，应用《PICC 客户车险出险大数据图》制定各类定制化的车辆交通安全分析。

成功应用案例如浙江恒风集团有限公司（以下简称"恒风集团"）车辆运行安全报告。恒风集团是义乌市公共交通基础设施的投资、建设和管理者，是当地公共交通的重要服务窗口，同时也是人保财险义乌市分公司的战略合作伙伴。为共同促进社会交通共治，提升社会公益性，实现双方共赢，浙江人保财险为恒风集团量身打造了车辆运营安全报告，收集包含道路、交通、环境、人员、车辆等信息的大数据，通过车辆承保情况、理赔情况、车辆出险时间、车辆出险地点，按事故责任类型、人伤及重大事故等多维度分析实际存在的交通风险点，并提出改进建议。恒风集团根据分析报告逐步完善了 GPS 监控、3G 监控、场地监控的覆盖面，强化驾驶人员筛选和培训，有效地防范和避免事故的发生，大大提高交通安全管理效率，双方携手推进保险公共交通安全共治。

五、项目的经济效益

截至 2019 年末，《PICC 客户车险出险大数据图》在前述四大场景中都取得良好的成效，所创造的直接和间接经济效益不断体现。

（一）研发成本优势

《PICC 客户车险出险大数据图》由浙江人保财险完全自主研发，具有较大的成本控制优势。研发人员共计投入三人，都为公司员工，无其他开发人员费用产生；系统采用开源的第三方数字地图平台，目前完全基于公司内部保险大数据，无须额外采购平台和数据的费用；平台建成后由浙江人保财险自行维护，维护成本也较为低廉。

（二）防灾减损经济效益

减少灾害和意外事故的发生，避免保险财产损失和人员伤亡，这是保险人与被保险人的共同利益所在。协助客户提前预知风险、防范风险、控制损失，已经是现代保险业推进服务转型、提升客户体验、与客户实现双赢的重要手段。

《PICC客户车险出险大数据图》通过引导规避风险守护行车安全，降低事故发生率，有效地降低了个人及社会的经济损失。图7为杭州市2016年至2019年1月1日—11月11日的车辆出险总数，2016—2018年的数据清楚印证了前文提到的车辆越来越普及、城市越来越拥堵，车辆出险也越来越频繁的状况。但随着2019年浙江人保财险在全辖推广《PICC客户车险出险大数据图》，车辆出险次数大幅下降，达到四年来的最低。其中当然得益于杭州市政府市政建设和交通治理的成效，但也包含着数据地图的价值体现。

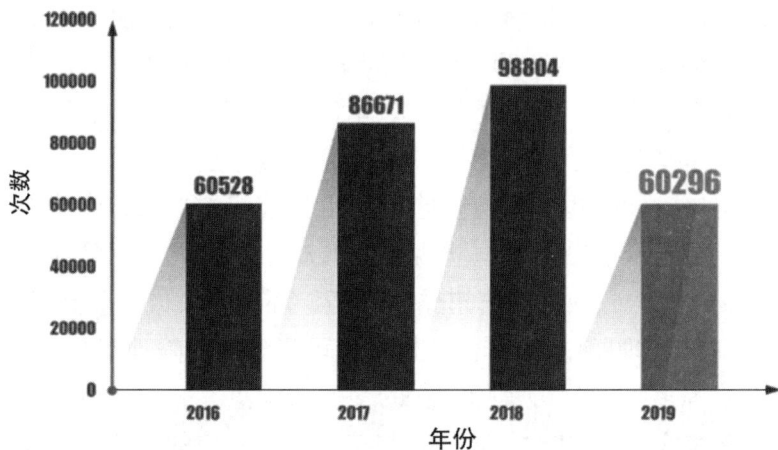

图7　杭州市2016年至2019年1月1日—11月11日的车辆出险总数

《PICC客户车险出险大数据图》通过测算，科学安排查勘车（查勘组）驻扎位置，并辅以计算最优的服务半径，大幅度降低公司理赔查勘成本、提升查勘效率。在大灾天气中，通过历年对气象数据、业务数据、风险数据的智能化分析，实现高危风险点的准确预测、防灾减损人力的精准投放，从而降低防灾减损成本，提升防灾减损效能。目前，浙江人保财险正在实践将《PICC客户车险出险大数据图》与事故车辆送修相结合，推进"以送修资源优化推动业务发展"的目标。上述应用场景都是数据地图实现价值转化的成功实践。

当前，如何协助客户完善风险防范体制、有效防御及控制风险，已成为保险公司赢得大客户认可、巩固客户关系、提升客户价值的关键。应用《PICC 客户车险出险大数据图》为客户提供各类定制化的保险数据地图服务和大数据分析，实现保险服务的延伸价值，是一个极具经济效益的创新研究课题。

浙江人保财险在浙江省的市场占有率约35.05%（截至2019年三季度）。一家保险公司的数据资源是有限的，如果在政府部门的统一规划下，整合全保险业乃至各行各业的行业数据和服务场景，逐一搬到数字地图上，为用户建设一个高度模拟现实的数据王国，未来一定能形成广阔发展前景的大数据图。正如中国人保财险前副总裁王和先生所说："从抽象到全样数据，从结构到非结构数据，从数据质量到数据的数量和维度，从内部数据到外部数据，从历史数据到实时数据，从我们追求对数据的拥有到我们只要知道数据在哪里……从数据到可视化，从高成本到接近免费……这一切的一切都为变革与创新提供了巨大的空间。"

六、项目的社会效益

在《PICC 客户车险出险大数据图》所创造的直接和间接经济效益不断彰显的同时，其社会效益也在不断彰显。可以说前面所提到的守护行车安全、优化理赔服务、定制化的保险服务价值延伸等，除了经济效益的体现，同样也蕴含着社会效益。除此之外，中国人保作为大型国有保险骨干企业，在充分发挥经济补偿基础职能之外，还积极参与社会管理——维护社会稳定、保障民生改善、完善社会治理，有力彰显着国有保险企业在服务经济社会发展大局中的使命担当和主渠道作用。

应用《PICC 客户车险出险大数据图》探索社会风险管理，构筑与群众生活息息相关的保险风险保障网，是浙江人保财险积极履行企业社会责任、创造社会效益的重要尝试。

（一）"警保联动"开启交通事故治理新模式

社会交通治理是一项重要的民生工程，为助推政府交通拥堵治理，积极履行保险企业共同参与交通安全生态建设的社会责任，浙江人保财险与公安交管部门紧密协作，共同推出"警保联动"的交通事故治理模式。该模式将保险公司员工作为交管部门的辅助力量参与到交通巡查、事故快处快赔工作中，打通了交通事故治理的"最后一公里"。在该模式下，浙江人保财险充分应用《PICC 客户车险出险大数据图》梳理各地区拥堵区域、事故高发路段、人车密集区域，持续优化调整巡查区域、巡查路线和时间，不断完善联动功能，及时发现并排除事故隐患，有效缩短事故后处理时长，将"警保联动"这一便民措施打造成一张流动而贴心的服务名片，为维护社会稳定、保障道路交通安全畅通贡献更多力量，做出积极贡献。

（二）助力推进"政保合作"

早在2014年，浙江省政府就制定了《关于进一步发挥保险功能作用促进我省经济社会发展的意见》，大力推进政保合作。浙江人保财险积极投身政保合作，以保险服务民生为导向，深入实践"以政府为引导，以市场运作为原则，以具体项目为载体"的合作机制，通过强化科技赋能，全力拓展政保合作新成效。公司目前正在尝试深入应用《PICC客户车险出险大数据图》，不断激发保险创新活力，催生更多优秀的政保合作项目。

如在新国标实施前占领电动自行车上牌主动权，为群众上牌、投保提供便利通道。图8为温州乐清市电动自行车客户分布散点图，呈现出明显的区域集中性，故浙江人保财险在这些客户集中区域设置电动自行车上牌服务和营销服务窗口，充分响应政府"最多跑一次""放管服"等便民利民政策，助力电动自行车整治管理。

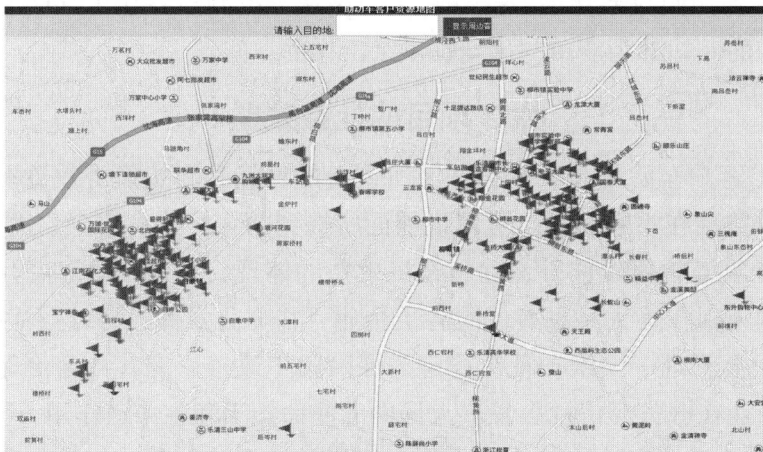

图8　温州乐清市电动自行车客户分布散点图

在同样的思路和模式下，浙江人保财险还应用《PICC客户车险出险大数据图》积极推动保险行业参与各类社会安全管理，推行保险公司代办交管等业务措施，健全社会管理社会服务网络，不断创造更大的社会效益。

七、项目的社会评价

《PICC客户车险出险大数据图》将保险大数据与数字地图结合，是浙江保险行业的首创，在国内尚属全新的尝试。该项目入选了2018年浙江保险业财产险科技应用与创新研讨会优秀创新案例、2019年杭州市政府金融科技创新优秀案例、2019年浙江金融科技十大年度案例；《杭州日报》2018年12月7日版也对该项目作了专题报道。社会各界也都对这张地图十分赞赏，称之为"神奇的地图"，并一致认为随着浙江不断朝着移动互联网、数字化之省迈进，这张地图未来将充满着无限的想象空间。

（项目负责人：陈斌）

邦盛科技基于大数据的网络金融智能交易实时风控实践

实施单位：浙江邦盛科技有限公司

对金融行业来说，本质的问题不仅是获客和运营，更是风险控制。随着互联网技术的迅猛发展，商业银行纷纷加快战略转型步伐，大力建设数字化智能银行，加快数据化、线上化、场景化金融服务建设。

"互联网+"和普惠金融的发展给客户带来了极致的支付体验，提供了多样的金融手段，同时也给银行的风险监测提出了更高挑战。如何弥补传统风控手段的不足，探索实时智能风控，提高风险监控的准确性与时效性，是银行亟须探索的内容。

新兴金融科技的出现大大推动了银行在风险防范方面的创新，也使新技术在助力银行提升风险管控质量和效果方面成为可能。大数据智能交易实时风控系统基于大数据流式处理引擎和风控双引擎，确保交易的实时快速和全面的风险识别及监控。同时，大数据智能风控系统基于智能学习平台实现规则、模型自学习、优化，能够有效减少人工优化的主观误判。

与科技公司合作，这对银行驶入创新发展快车道甚至建立起竞争壁垒至关重要。邦盛科技有限公司（下面简称"邦盛科技"）对核心技术的突破和丰富的实践经验，为银行金融创新发展赋能加速。

一、项目背景及意义

当前银行业已步入关键的变革时期，实时风控越来越被银行视为核心竞争壁垒，也成为各家银行数字化转型升级中的最重要发力场景之一。在技术迭代快速发展中，银行越来越重视提升效率、降低成本与控制风险。

当前，欺诈风险已成为商业银行面临的重要风险，欺诈手段复杂多变，黑色产业链已经形成，黑产、团伙诈骗等风险越来越大，如信用卡借记卡方面的虚假/伪冒申请、伪卡、盗刷、信息泄露，商户端的虚增交易、套现、套利，电子银行方面的账户盗用、非本人交易、电信诈骗，C端方面的薅羊毛，信贷方面的个人及小微快贷线上申请反欺诈等。

同时，银行传统风控模式在风险管控时效性、模型有效性、监控范围等多方面的短板日益明显。风险管理以事后处置为主，事前防范与事中控制偏弱；定价风险管理占主体，定量风险管理能力尚显薄弱；风险管理滞后性较高，对高实时性的生产环境拦截困难；以主观规则及评分卡为主，难以精确化用户特征；照搬国外成熟模型，缺乏本土化改造，准确率及覆盖率有一定局限；监控对象不全面，以存量监督为主，对增量部分的监控手段落后。

随着监管部门对金融机构关于信息安全、风险交易监控、反洗钱等方面的监管愈发严格，以大数据、人工智能为代表的新一轮科技革命和产业变革的集中爆发为风控领域相关痛点的解决提供了良好的契机。利用大数据、人工智能等金融科技提高大数据风控能力，已成为银行塑造互联网金融时代核心竞争力的重要举措。

基于大数据的网络金融实时智能风控系统，是邦盛科技基于核心自主可控技术流式大数据实时分析处理技术"流立方"，借助设备指纹、机器学习、关联图谱等技术，嵌入银行各业务场景，通过事前欺诈识别、事中侦测防控、事后调查分析的综合欺诈防控策略，从而实现毫秒级实时预警交易和阻断欺诈交易，为银行实施积极主动的风险管理，实现各渠道风险的全面防控。

二、项目内容

（一）风控系统监控范围

基于大数据的网络金融智能交易实时风控系统，覆盖了银行各业务渠道，包括网上银行、手机银行、直销银行、微信银行、支付平台、电商平台、ATM、POS等，实现了全渠道风险联防联控。（参见图1）

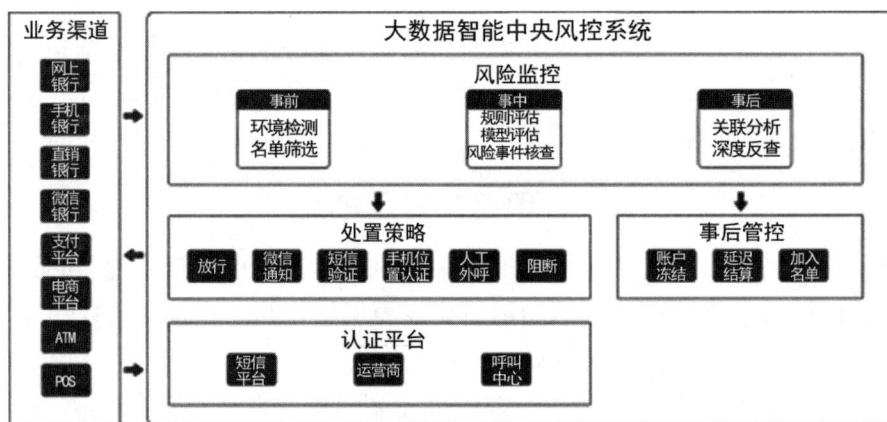

图1　大数据智能中央风控系统架构

基于大数据的网络金融智能交易实时风控系统，可以实时监控发生在银行渠道的所有交易行为和非交易行为，不仅包括电子渠道中发生的转账、消费、提现等与资金相关的交易行为，还可以监控电子渠道上发生的注册、登录、修改密码、修改绑定手机、签约银行卡等与资金不直接相关的操作行为。

基于大数据的网络金融智能交易实时风控系统，可以制定全面的实时反欺诈的规则，可以对银行渠道中发生的风险行为进行有效的监督和控制，以防范如虚假注册、账户盗用、银行卡盗用、营销欺诈等业务欺诈风险。

基于大数据的网络金融智能交易实时风控系统，通过规则引擎在业务发生的同时快速判断业务的风险，从而对业务过程中的风险进行实时预警和控制。没有风险的交易直接进入清结算流程，存在风险的交易会进入邦盛风险控制平台，根据风险的大小进行验证、审核。此外，系统还可以对风险交易进行终止交易、冻结账户等后续工作。

（二）风控系统核心功能介绍

邦盛科技基于大数据的网络金融智能交易实时风控系统，采用J2EE技术规范，采用B/S三层结构，结合分布式的软件设计思想，采用平台化设计，保证应用的可扩展和灵活部署，包含专业的规则管理平台、后台管理系统，将系统功能进行了合理的切分，能实现应用的快速部署及二次开发。（参见图2）

该系统完全符合健壮高效的要求，具有较快的响应速度和良好的并发支持能力；同时支持应用服务器集群模式，实现服务动态分配、负载均衡。

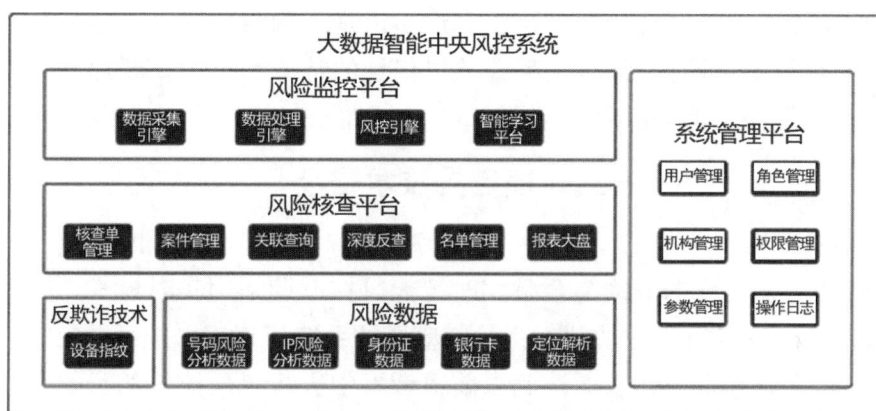

图2 大数据智能中央风控系统核心功能结构

（三）风控系统的核心技术支撑

基于大数据的网络金融实时智能风控系统，采用业务领先的邦盛科技流式数据计算引擎，实现了传统的批量计算无法做到的实时数据处理。而比起市面上通用的Flink流式引擎，在大量以及超大量的数据吞吐情况下，都有着明显的速度优势。

流式数据计算引擎基于高性能的流处理计算框架的构建，拥有每秒20000笔交易流水、每笔流水的延时控制在100毫秒内的超高性能，实际生产中延时控制可以稳定在17～30毫秒，内置了求和、计数、最大、最小、平均、方差、标准差、递增、递减、连续统计等多种统计算法，基本覆盖了流处理中数据的各种运算场景，为实时

决策提供最坚实的技术基础。（参见图3）

此外，流式数据计算引擎中的计算脚本可以实时更新。强大的计算引擎切实保障了实时规则模型准确高速地给出风险评级，让客户在体验过程中毫无察觉。

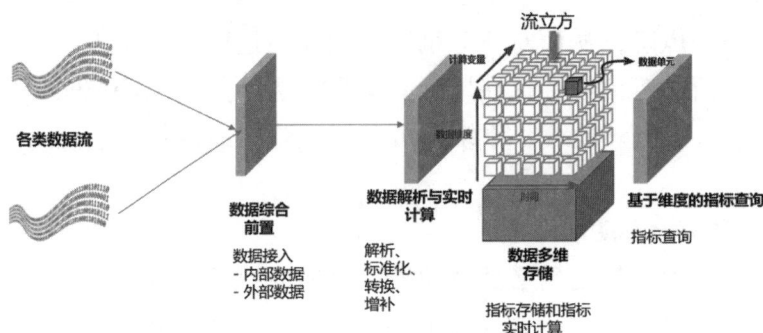

图3　流式数据计算引擎结构

该风控系统同时包括了邦盛科技自主研发的设备指纹、机器学习、关联图谱、大数据评分模型等多重先进的AI风控技术，全方位、多维度地侦测交易，实时输出交易风险等级。

先进技术接入大数据评分模型，让客户不论是否网络在线，数据都会在安全加密的环境中进行深度处理，评分模型在数以亿计的计算结果中不断提升完善，为准确提供判别依据奠定了坚实有力的数据基础。

三、项目的技术路径

（一）技术架构

邦盛科技基于大数据的网络金融实时智能风控系统采用实时模式。实时模式是指客户系统把交易通过HTTP协议发送给邦盛风控系统，邦盛风控系实时返回风险判断结果给客户业务系统，从而达到事前或者事中进行风险监控的目的。这里的响应延时通常在100毫秒以内，以邦盛科技服务很多客户的经验数据来看，绝大部分在几十毫秒以内。（参见图4）

实时模式下一般有两个接入点：

1. 风控探头接入

需要客户业务系统改造交易流程，在业务系统处理该笔交易前将交易数据发送到邦盛风控引擎，由风控引擎做出是否存在风险的判断，并将结果实时返回给客户业务系统。客户业务系统接到返回结果后，可以继续处理，也可以停止交易。

2. 行为数据采集

这部分我们通常开发多个ETL Job，每一个ETL Job通常是采集一个客户表的数据。这块的作用是采集客户数据，建立行为模型（比如某张银行卡一天内交易总金额）。当我们计算好这些行为数据，就可以在风控探头调用风控系统时对当前交易进行风险判断，从而告知客户业务系统当前交易是否有风险。

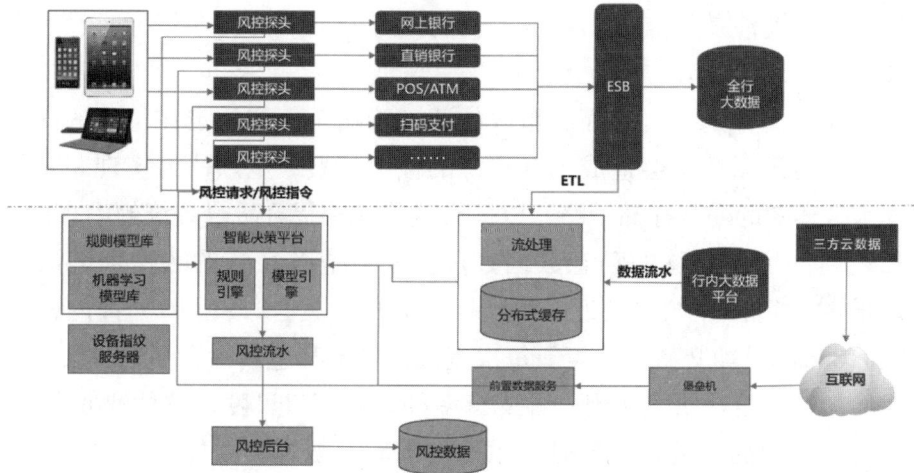

图4　大数据智能中央风控系统技术架构

（二）大数据流式处理技术"流立方"

现有的大数据处理系统可以分为两类：批处理大数据系统与流处理大数据系统。

以Hadoop为代表的批处理大数据系统须先将数据汇聚成批，经批量预处理后加载至分析型数据仓库中，以进行高性能实时查询。这类系统虽然可对完整大数据集实现高效的即席查询，但无法查询到最新的实时数据，存在数据迟滞高等问题。相较于批处理大数据系统，以Spark Streaming、Storm、Flink为代表的流处理大数据系统将实时数据通过流处理，逐条加载至高性能内存数据库中进行查询。此类系统可以对最新实时数据实现高效预设分析处理模型的查询，数据迟滞低。然而受限于内存容量，系统须丢弃原始历史数据，无法在完整大数据集上支持Ad-Hoc查询分析处理。

邦盛科技基于大数据的网络金融智能交易风控系统采用了深度融合批处理和流处理的系统级方案，自主研发的流式大数据实时智能处理技术"流立方"（参见图5）拥有集群吞吐量，少量节点即可达到每秒200万笔，平均延时可控制在1毫秒内，性能处于国际领先地位。

图5　流式大数据实时智能处理技术"流立方"

1. 攻克的难点

复杂指标的增量计算。尽管计数、求和、平均等指标能够依靠查询结果合并实现，然而方差、标准差、熵等大部分复杂指标无法依靠简单合并完成查询结果的融合。再者，当查询涉及热点数据维度及长周期时间窗口的复杂指标时，多次重新计算会带来巨大的计算开销。

基于分布式内存的并行计算。粗放的调度策略（例如约定在每天的固定时间将流数据导入批处理系统）会造成内存资源的极大浪费，亟须研究实现一种细粒度的基于进度实时感知的融合存储策略，以极大地优化和提升融合系统的内存使用效率。

多尺度时间窗口漂移的动态数据处理。来自业务系统的数据查询请求会涉及多种尺度的时间窗口，如"最近5笔刷卡交易的金额""最近10分钟内密码重试次数""过去10年的月均交易额"等。每次查询请求若都重新计算结果，会对系统性能造成极大的影响，亟须研究实现一种支持多种时间窗口尺度（数秒到数十年）、多种窗口漂移方式（数据驱动、系统时钟驱动）的动态数据实时处理方法，以快速响应来自业务系统的即席查询请求。

高可用、高可扩展的内存计算。基于内存介质能够大大提升数据分析及处理能力，然而由于其易挥发的特性，一般需要采用多副本的方式来实现基于内存的高可用方案，这使得"如何确保不同副本的一致性"成为一个待解决的问题。此外，在集群内存不足或者部分节点失效时，"如何让集群在不间断提供服务的同时重新平衡"同样是一个待解决的技术难题。亟须研究分布式多副本一致性协议以及自平衡的智能分区算法，以进一步提升流处理集群的可用性和可扩展性。

2. 取得的突破

基于大数据的网络金融智能交易风控系统中，这项核心技术——流式数据计算引擎在上述领域取得了一系列突破。该引擎提供基于时间窗口漂移的动态数据快速处理，支持计数、求和、平均、最大、最小、方差、标准差、K阶中心矩、递增/递减、最大连续递增/递减、唯一性判别、采集、过滤等多种分布式统计计算模型，并且实现了复杂事件、上下文处理等实时分析处理模型集的高效管理技术。实现高并发、低延时，亿级业务量的实时快速处理。在进行复杂逻辑处理时，不会对引擎的吞吐量造成较大影响。

邦盛科技流立方是业界领先的流式大数据实时智能处理平台。其通过在数据流水流转过程中嵌入流处理引擎，将所有流过的数据进行实时处理，并将处理后的中间结果合并生成一个多维度的可计算数据魔方。企业根据需要，可直接从中获取运算后的实时计算结果，配合决策引擎进行实时决策。

流立方平台在同时订阅上千个计算模型的情况下，单物理节点（普通X86服务器）可处理每秒50000笔的数据流水，集群部署可达每秒百万流水的查询处理能力，其处理时效性均为毫秒级，其中查询延时99.9%在1毫秒以内。流立方可支持任意多个数据维度的计算，以及毫秒级到年级的时间窗口自动拉伸。

流立方技术具有自主知识产权、超高并发、超低延时、高可靠、可扩展、高兼容等优势。由于极高的技术壁垒，流立方在国内没有直接的对标技术产品，处于绝对领先地位。同时，在和国际老牌知名厂商的竞争中也展现出强劲的实力，产品性能是国外主流产品的10倍以上。其优势主要体现在以下方面。

▪ 自主知识产权：邦盛科技独立研发，拥有完全自主知识产权。

▪ 超高并发与超低延时：集群部署少量节点即可达到每秒百万笔，平均延时可控制在1毫秒内。

▪ 高可靠与高可扩展：自带可计算分布式缓存，在内存不足时，能够平滑扩展到多节点；能够提供多副本一致性存储机制，确保数据存储的高可靠性。

▪ 高兼容：支持算法包括但不限于计数、求和、平均、最大、最小、方差、标准差、K阶中心矩、上下文、列表、排序、去重、过滤、采集、替换、占位、映射、递增/递减/连续统计等。还提供用户自定义任务，用于处理跨多维度的复杂计算。

3. 流立方的功能

可用于极细粒度大数据实时分析，其全增量分析的设计理念能够将实时数据分析的时效性降低到毫秒级，并提供超高吞吐量的分析性能。可将不同通道的数据进行实时汇总分析，并针对多种场景进行即时建模，大大缩短响应时间，实时做出更好决策。

帮助企业利用实时大数据技术进行复杂分析计算，来解决以前甚至被认为是无法解决的业务难题，从而让企业快速把握发展机遇。

可以实时进行关联分析，识别出不同维度间的关联关系，采用更佳的即时建模技术，提高预测精度，做出更有价值的实时决策。

（三）风控引擎

风控引擎实时接收业务渠道发送的交易数据，进行风险评估，根据风险评估结果生成不同的处置策略，将处置策略返回业务渠道。实时风险评估采用规则引擎+模型引擎双引擎的方式进行评估。（参见图6）

1. 规则引擎

规则引擎的核心是专家规则模型。在使用规则引擎对规则进行计算前，首先，根据交易的基础变量，经过数据采集引擎进行数据变量的转换加工并扩展出用户类、会话类、设备类及位置类等规则变量。其次，经过数据处理引擎的加工将客户、IP、设备、账号等统计行为类规则变量计算并扩展出来。最后，将交易基础变量、预处理扩展的变量以及统计行为类变量都放入规则引擎中，根据灵活配置的规则计算表达式，计算规则是否满足，若满足则记录到命中规则列表，将命中的规则进行风险大小的评估。

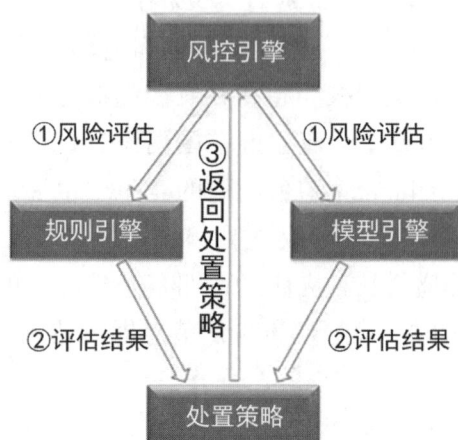

图6　风控引擎结构

2. 模型引擎

模型引擎的核心是机器学习模型。模型是将交易数据、签约数据、设备数据、统计数据传入模型引擎，使用交易模型对应的方法和具体的模型进行计算，得出风险的分值大小。该模型是一种高阶模型，相比规则模型是对问题空间做非线性区格，可以在识别欺诈交易的同时显著降低误报率。人工智能模型除了可以总结已有欺诈案件，还能够洞察潜在的欺诈模式，具有一定的对未来发生的新型欺诈的预测能力。

风控引擎的吞吐量不少于每秒5000笔，在规则数量和模型逻辑比较复杂的情况下，风控引擎的匹配吞吐量不受较大的影响。

（四）智能学习平台

智能学习平台采用有监督和无监督两种机器学习模式实现规则条件、参数自动优化和模型自学习。

1. 有监督机器学习

有监督机器学习模式是反欺诈检测中最为广泛使用的机器学习模式。其中包含的学习技术分别有决策树算法、随机森林、最近邻算法，支持向量机和朴素贝叶斯法分类。机器学习通常从有标签数据中自动创建出模型，来检测欺诈行为。在创建模型过程中，基于已知的欺诈黑样本和正常的交易数据，模型中导入的数据会影响其检测效果。用已知欺诈数据和正常数据做训练集，可以训练出学习模型来填补并增强规则引擎无法覆盖的复杂欺诈行为。

2. 无监督机器学习

无监督检测算法无须依赖任何标签数据来训练模型。其可以通过关联分析和相似性分析，发现欺诈用户行为间的联系，不断发现新型欺诈特征和案例，并基于特征优化完善模型，应对新兴风险；同时也为规则提供阈值及权重优化功能，降低人为主观干预所带来的误判概率。

传统的专家规则把历史上各种各样的欺诈交易规律找出来，总结成专家规则，放在决策引擎系统中，每一笔交易发生时，看专家规则是不是命中，如果命中可能就是高风险交易。

在银行业务场景中，分析所涉及的数据之庞大、场景之复杂，单纯地通过经验规则及根据个别案件进行分析以制定相关简单规则局限性大，规则合理性无法衡量。

基于传统金融与大数据技术完美结合的智能风控，为银行提供了一种崭新的思路。以邦盛科技合作的企业为例，通过邦盛科技机器学习系统训练出的反欺诈机器学习模型，其风险识别效果跟原有纯规则相比，准确率提升了5.5倍，覆盖率提升了2.3倍，报警率和报警数下降到了原来的一半。

机器学习模型的效果很大程度上取决于特征变量的制定，邦盛科技的机器学习模型集成各类算法，判定最优概率阈值及选取最符合当前场景的特征关系，从而训练出优于规则系统的高准确率、高覆盖率模型结果，提升实际场景原有规则系统的预测效果。

（五）设备指纹技术

传统反欺诈手段一般通过账户、银行卡、手机、IP等维度进行交易者身份确认，但反欺诈效果有限。于是，以设备指纹为核心的设备风险识别相关技术应运而生，成为击破欺诈者身份伪装的利器。

这些不同的风险行为在设备上可能会有所体现和不同程度的反映。如，盗卡盗刷风险中，反映在设备上，可能是关联银行卡过多，设备频繁交易；盗号风险中，账号突然不在常用设备上进行支付；网络爬虫风险中，存在设备操作频率过快等问题。

就像每个人都有独一无二的指纹一样，每一台终端设备也拥有独特的属性。这些独特的属性，在终端设备与外界通信的过程中都会体现出来。追踪设备通信行为，并用先进的数据模型分析其特征，就能准确识别和关联设备，实现线上欺诈行为的识别和预警。

邦盛科技设备指纹将主动、被动采集技术集合，采集浏览器、设备、网络协议、程序等四重维度的采集要素，通过大数据运维不断优化各采集要素的置信度区间，并基于条件概率、联合概率、置信度传播等数学理论，将计算得出的最终置信度与信任临界值匹配，确保极高准确性的同时，显著提升稳定性。

作为风控与反欺诈的一项重要核心底层技术，设备指纹在金融风控的交易场景，可服务于交易全生命周期监控，包括账号安全、支付安全、营销安全，可为风控体系提供更丰富的建模维度，帮助金融机构在设备维度积累数据，积累黑、白名单。也可应用于信用卡网申、互联网小额贷款等业务领域的申请反欺诈环节，解决授信前的准入、反欺诈问题。

邦盛科技设备指纹提供的JS脚本和移动端SDK主动采集要素与OSI网络协议全栈被动采集要素相结合，准确识别设备。多重要素采集，通过置信度算法唯一辨识设备，满足在大多数场景下，为每台移动设备生成唯一的设备指纹，为每一种PC浏览器内核生成同一设备指纹；同一设备指纹不对应多台设备，设备指纹的准确度达到99.999%。

具体来说，邦盛科技设备指纹技术可以做到对在同一设备上产生的用户行为，不管是设备刷机还是网络环境变化，都能准确构建相应的设备信息，做到准确地定位风险、控制风险，实现互联网风险防范自动化。同时，对同一设备，可以统一APP和H5页面所生成的设备指纹，做到识别设备的唯一性与准确性。

（六）关联图谱技术

不少欺诈案例涉及复杂的关系网络，这给银行等金融机构的欺诈审核带来了新挑战。在这场欺诈与反欺诈的较量中，传统的反欺诈系统或人工识别已远远达不到要求。许多金融机构都使用了风险监控系统，对个人实时交易终端欺诈起到阻断作用。但监控对跨越多个账户和系统的客户行为却无法更好地判断。

这主要是由于没有将复杂的数据有效地关联起来，没有充分地利用和分析海量客户数据间隐藏的关系。而这些被我们忽视的隐形关系和看似非常常见的关联关系，却往往是风险突破口和发现团伙的重要线索。

比起传统的关系型数据库，关联图谱更擅长建立复杂的关系网络。不同于关系型数据库，一修改便"牵一发而动全身"。关联图谱产品可实现关联数据的"互联互通"，通过从关系角度分析问题的方法，"抽丝剥茧"，从而高效地在大量的关联关系中挖掘数据价值，识别出异常的团伙欺诈行为。

关联图谱是邦盛科技的核心产品与技术之一。此次升级版邦盛关联图谱2.0是基于图数据库的可视化智能分析产品，通过数据抽取工具、多维度的数据挖掘，计算图谱中各实体间的关系，实现秒级数据运算和数据可视化，并通过图谱的可视化方式展示给用户。

升级版关联图谱2.0内置机器学习算法，可实现社团划分，得出实体的涉黑概率，找出嫌疑团伙和嫌疑人员，有效帮助业务人员获得风险洞察力和追踪溯源能力，全面提升反欺诈风控能力，降低业务成本，让欺诈者无所遁形。

从产品上看：

（1）吞吐量：轻松存储亿级节点，支持实时在线查询与离线处理，查询性能高。

（2）专利算法：内置高性能专利算法，应用于图谱社团检测领域。

（3）可视化：体验友好的可视化展示技术，支持多种视图模式，便于用户切换，从不同角度发掘关联关系。

（4）易用性：支持模板查询和高级查询，以及语言类SQL查询，便于使用人员轻松入手，业务系统易整合，开放接口轻松集成到原有系统。

四、项目的创新成果

基于邦盛科技系统技术平台的大数据网络金融智能交易实时风控系统嵌入银行业务系统取得了良好成效。截至2018年9月，风控平台监控网络金融类业务交易总笔数11.5亿笔，累计阻断各类高风险交易36.8万笔，避免客户损失2.4亿元，阻断非法短信验证码申请468万笔，节约大量运营成本，保障资金安全。

随着提升客户体验成为银行差异化发展的主流方向，银行基于大数据实时智能风控系统，在实现风险防控的同时，将通过人工智能模型同步构建客户画像，从而进一步掌握客户行为习惯，建立客户可信体系。对于符合客户习惯并且在可信环境下的操作，尽量减少客户业务操作认证步骤，提升客户操作体验。

作为国内金融实时风控及智能决策领域的领军企业，邦盛科技拥有完全自主产权的大数据实时智能处理底层核心技术，也是国内极少数具备核心系统自主研发能力和对外输出核心系统技术服务的科技企业之一。基于核心技术"流立方"，研发了一整套以实时金融风险监控产品为主线的高性能解决方案，已经与近400家金融机构建立了深度合作，实现了多种金融机构形态的覆盖，助力国内的大中型金融机构进入事中实时风控时代。

邦盛科技拥有深厚的金融风控业务经验和强大的技术团队保障能力，在反欺诈领域具有明显的优势和最丰富的案例应用。截至2019年末，已经实现了国有银行、10家全国性股份制商业银行、40多家大中型城商行和农商行、75%第三方支付实时风控市场，以及大型证券机构和头部保险公司的覆盖。

实时风控越来越被银行视为核心竞争壁垒，也成为各家银行数字化转型升级中最重要的发力场景之一。无论是横向拓宽还是纵向延伸，邦盛科技都与这些大中型银行建立了战略合作关系，在金融实时反欺诈及互联网信贷等领域，已经开展了多期深度合作。这折射出邦盛科技领先的技术能力及丰富的实践服务经验越来越得到大中型金融机构的认可，并成为后者数字化转型升级中最重要的生态合作伙伴之一。

五、项目的经济效益

基于大数据的网络金融智能交易实时风控系统，在满足系统稳定性、灵活性、交易量突发和快速响应的要求下，注重经济效益和社会效益的统一。随着业务量和承载量的不断提升，所带来的直接和间接经济效益不断体现。

交易监控及反欺诈是一个复杂而棘手的问题，传统的金融风险防控手段通过历史数据回溯的方式来预测与判断交易风险，无法达到主动防御的目的，更无法防御黑产体系的线上线下立体攻击，对新客户的风险缺乏有效识别和判断的能力。构建基于大数据的实时智能风控体系成为银行业风险防控发展趋势，加强新型风控能力和创新运用金融科技已成为银行构建核心竞争力的关键。

通过大数据分析技术为金融产品创新、风险管理赋能，实现金融业务创新发展，银行机构风险管理领域科技能力整体跃升，将有利于金融机构推进普惠金融战略，从而让更多的终端客户或小微企业得到便捷的金融服务。

金融科技已被银行上升至战略考量及核心竞争力所在。本项目有利于深化科技体制机制改革，推进科技与业务部门有效合作和深度融合，提升科技对业务及市场的融合创新能力，推动信息科技从支持保障角色向引领业务发展和促进经营模式转型转变。

六、项目的社会效益

邦盛科技基于大数据的网络金融智能交易实时风控系统是普惠金融的有力执行者，能够实时为银行客户便捷、安全的网络交易保驾护航，进一步扩大了金融服务的广度和深度。通过运用大数据实时智能分析技术，将金融服务延伸到城市和农村的角角落落，使每个人都能便捷地享受到金融服务，推动普惠金融的发展。

没有金融科技的助力，普惠金融很难解决作业成本高和风险识别难的问题。在移动互联、大数据、云计算、人工智能等技术对金融服务的支撑之下，越来越多维的客户数据具有巨大的价值，也给银行等金融机构进行普惠金融创新提供了现实基础。

金融科技的助力，除了让普惠金融具备经济可行性，提升银行的风控效率与精准度，也让银行自身得到了前所未有的效率提升，为未来发展创造了更多的盈利空间与可能性。目前邦盛科技基于大数据的网络金融实时智能风控系统在金融领域的运用愈加成熟，随着大数据、云计算、人工智能等技术的深入应用，数字化监管的日益成熟，以及各类公共数据的整合，金融科技可以在合规的范围之内发挥出更大的能量，也能助力金融风控更加精准，效率进一步提升，最终普惠金融能够惠及更多中小微企业人群和长尾人群，促进中国经济的高质量发展。

七、项目的社会评价

邦盛科技基于大数据的网络金融智能交易实时风控系统是注重经济效益和社会效益的统一，是普惠金融的最佳实践，获得了社会各界一致的好评。服务的兴业银行项目，曾在中国银保监会公布的"2018年度银行业信息科技风险管理课题"评选结果中获得一类成果奖。

除此之外，邦盛科技基于大数据的网络金融实时智能风控系统，还荣膺亚洲银行家"中国最佳反欺诈技术实践"大奖、《银行家》杂志"十佳智能风控创新奖"和金融城"2019融城杯金融科技创新十佳案例"等众多行业重量级奖项。

此次荣获浙江金融业发展促进会"2019年浙江金融科技十大年度案例",即是对邦盛科技在金融领域突出贡献的充分认可,也是邦盛科技技术创新实力的有力印证。

大数据风控已成为金融变革的推动器,引发银行业的一场革命。银行在实现"初心"的道路上,大力推进金融科技战略,让长尾理论成为可能,通过提升大数据风控的科技能力,实现以线上流量为主的获客模式、以场景为主的产品模式、以模型为主的风控模式,从而积极推进小企业业务由线下转为线上为主,让更多人享受到更优质、安全、高效的普惠金融服务。

（项目负责人：郑夏）

浦发银行企业端供应链在线融资业务

实施单位：上海浦东发展银行股份有限公司杭州分行

本业务主要为满足优质核心企业供应链上下游的短期融资需求，通过风控模型和资金闭环管理在线为企业发放信用贷款，可随借随还，高效填补上下游企业流动性缺口。企业在线提交申请，系统自动审核，秒级放款，达到同业先进水平。

一、项目背景及意义

（一）项目背景

随着世界行业分工不断深化和大型央企、国企在全球范围内配置资源，供应链体系不断扩展和创造价值，如何在新一轮全球经济发展大潮中，促进生产链、供应链与价值链的融合与创新发展，通过供应链的牵引和驱动，重塑竞争力，实现追赶和超越，是摆在新兴经济体国家政府、行业和企业面前的现实问题。

党的十八大以来，以习近平同志为核心的党中央高度重视我国供应链的发展，多次提出要推进供应链创新，形成完整高效的产业供应链。国务院做出全面部署安排，要求以提高经济发展质量和效益为中心，以供应链与互联网深度融合为根本路径，以信息化、标准化、信用体系建设和人才培养为支撑，创新发展供应链新理念、新技术、新模式，高效整合各类资源和要素，提升产业集成和协作水平，打造大数据支撑、网络化共享、智能化协作的智慧供应链体系。

当前，我国经济处在"高成本、高增长"向"低成本、中高增长"转变的关键阶段。在稳增长、调结构的新形势下，有别于传统的增加投资、扩大产能老路，供应链通过跨界融合和协同发展，重塑市场经济的血脉和神经，打通从前端设计、生产到最后消费的各个环节，实现供需匹配，促进降本增效，从而成为推进供给侧结构性改革的重要抓手。

（二）项目意义

供应链通过优化企业内部和外部流程，整合各类资源，加强从研发设计、生产制造到售后服务的协同管理，消除信息不对称，提高供应链内各环节和跨供应链的协同效率，可系统性降低企业经营成本和交易成本，提高全要素生产率。

1. 供应链创新与应用可以推动发展方式转换

供应链以现实资源优化配置为主，通过供应链一体化服务平台可以实现企业内部和外部流程优化，整合各类资源，提高协同效率，系统性降低经济运行成本，提高全要素生产率，实现经济形态高级化。

2. 供应链创新与应用可以推动产品结构优化

通过供应链跨界整合、优化、创新，产生新的产业、新的产品与新的服务、新的商业运作模式，实现产业化和产品结构调整，形成新的经济增长点。

3. 供应链创新与应用可以创造竞争新优势

企业依托现代信息技术手段，通过改造传统供应链，实现供应链的可视化、网络化和数字化，可以提升实体零售、连锁经营、物流配送、电子商务等流通业态的发展水平，对接"中国制造2025"，实现优势产业在"微笑曲线"中位置逐步向两端转移，提升"中国制造"的附加价值。

二、项目内容

浦发银行早在2007年就提出供应链金融服务概念，根据在对公业务上的经营经验，尝试基于不同主导企业的业务模式。但是，在不断的尝试中发现，供应链金融存在着普遍的行业痛点：第一，供应链上存在很多信息孤岛，企业间信息的不互通制约了很多融资信息的验证。第二，核心企业信任并不能有效传递，根据《合同法》，核心企业是跟一级供应商签订合同，但是一级供应商和二级供应商签订合同时并没有核心企业参与，并不能传递相关的核心企业的信任到多级供应商。第三，银行缺乏供应链条中的可信数据。在现存的银行风控体系下，中小企业无法证实贸易关系的存在，难以获得银行资金；相对地，银行业无法渗透供应链进行获客和放款。第四，融资难、融资贵现象突出，在目前赊销模式盛行的市场背景下，供应链上游的供应商往往存在较大资金缺口，然而没有核心企业的背书，他们难以获得银行的优质贷款。第五，清算、结算不能自动完成。现在很多约定结算无法自动完成，涉及多级供应商结算时，不确定性因素更多。

针对以上痛点，供应链创新模式主要以核心、第三方供应链服务商及电商平台为主导。

以核心企业为主导的供应链模式最为常见，通常为重资产行业企业，依托自身对产业链上下游较强的控制力度，例如汽车、重工机械，采用"n+1+n"模式。银行出于对核心企业资信的认可，向供应链上下游提供资金支持。

第三方供应链公司随着供应链金融的发展进入供应链生态圈，以第三方供应链服务为主导的模式逐步成熟。一站式供应链金融服务平台整合了供应链中的信息流，为企业提供包括结汇、物流、退税、资金融通等业务。这种模式下，对信用风险的控制主要依赖供应链服务商的业务整合能力及其资信能力。

电商平台供应链金融是一个新的趋势，一些电商平台自有的金融服务公司利用电商平台生态圈中完善的电商销售、物流服务信息，成为一个现金流闭环的体系，能够实现监督交易背景的真实性、资金流向的确定性，实现操作的封闭性和资金的自偿性。这种模式下，没有突出的核心企业，也没有货物的质押过程，银行依据中小企业在整个生态圈的采购体系、资金流体系综合分析，提供资金服务，这是一种较为新型的基于供应链体系拓展的金融服务。

供应链在线融资业务，是指在上述三种场景下，在银行与核心企业、第三方供应链服务商或平台开展合作，为符合准入要求的上下游企业提供信息交互、账户管理、支付结算、在线融资等一揽子供应链金融服务的基础上，实现融资申请、审核、放款、贷后全流程在线的服务功能。（参见图1）

图1 供应链服务平台

三、项目的技术路径

（一）技术重点

供应链在线融资业务充分利用整条供应链的信息流、物流和资金流（以下简称"三流"），采用更丰富的增信手段，增强整条供应链的协同效应，并优化整条供应链的结算和融资成本。因此，技术着重点在"三流""增信""增强协同""优化成本"这四个关键词中。

"三流"整合是"增信"的前提条件之一；"增信"是解决原有供应链金融授信补足的利器，供应链在线融资业务本质上是对核心企业和上下游企业单笔交易增信；"增强协同"是供应链金融达到的效果之一，通过对账期、利率、还款方式等的调整，提升上游企业对核心企业的供货能力，以及下游经销商等渠道商的采购能力，增强整条供应链的协同效应；"优化成本"是最明显的供应链金融结果，主要是资金结算成本和整体融资成本的降低。

（二）切入路径

1. 核心企业切入

核心企业是供应链金融最为典型的参与者，核心企业切入是最为传统的切入方式。与核心企业或核心企业自有的金融持牌子公司绑定，通过给核心企业本身授信，给上下游一定支持，同时由核心企业帮助强依赖的上下游企业规划融资计划，在一定程度上做到了对整条供应链授信。

2. 数据切入

从"三流"中的信息流切入，核心是数据积累，做到对供应链上大数据的积累和掌控，从而完成对供应链的增信。

交易闭环的B2B平台对企业的交易数据、物流信息和资金数据有天然的归集作用，与此类平台合作对整条供应链上下游企业进行增信，不仅可以获得平台交易数据、融资安排，还可以帮助供应链优化结算成本，提高结算效率。平台上聚集了众多同类的上下游企业，可以帮助贷后不良资产在平台上有效处置。

SaaS相比于B2B平台的交易数据和物流信息拥有更多企业内部的数据。通过与企业资源计划、客户关系管理系统对接可以获得企业真实的生产和经营数据，了解企业全部的真实业务往来情况，更有利于增信。

IoT切入一般与SaaS相配合，并与SaaS切入相似，都是依靠对一手经营数据的采集，更准确地判断企业的偿还能力，帮助其增信。通过IoT和SaaS，完成对物流信息的数据全程采集，完成企业画像并应用到授信上，完成供应链金融的切入。（参见图2）

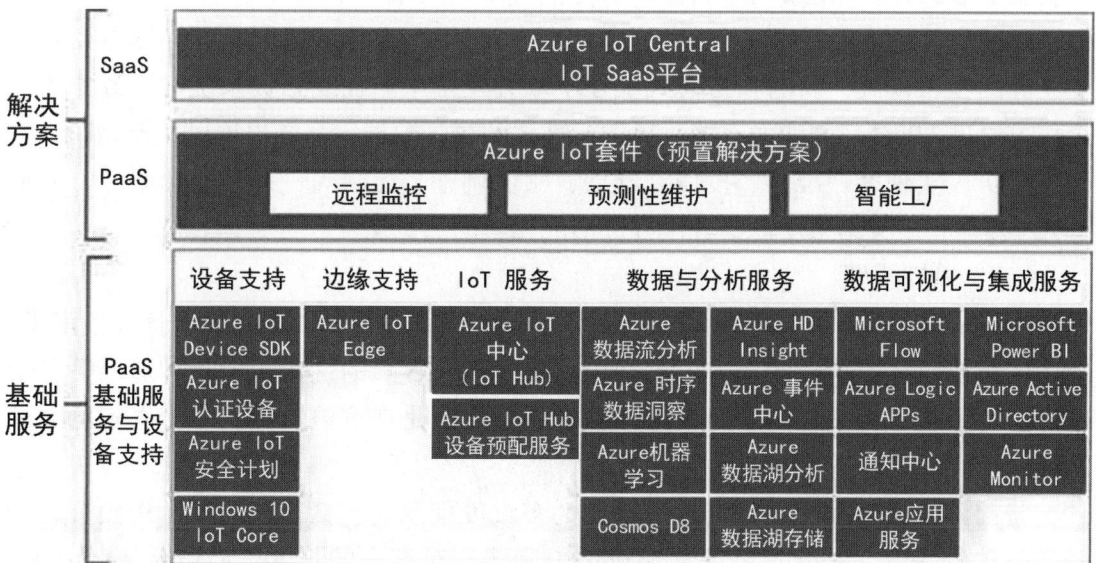

图2　IoT SaaS平台

3. 仓储物流切入

仓储物流切入是供应链金融的传统模式,由于仓储物流企业掌握了准确的物流信息和抵质押物本身,在授信定价和不良处理上都具有优势,尤其在各种流通领域,仓储物流公司更适合开展供应链金融业务。如专注于电商储存的物流企业,很多小电商都合用同一个仓,对供应链上一个整仓而且单个交易或单个公司授信,做到风险可控。(参见图3)

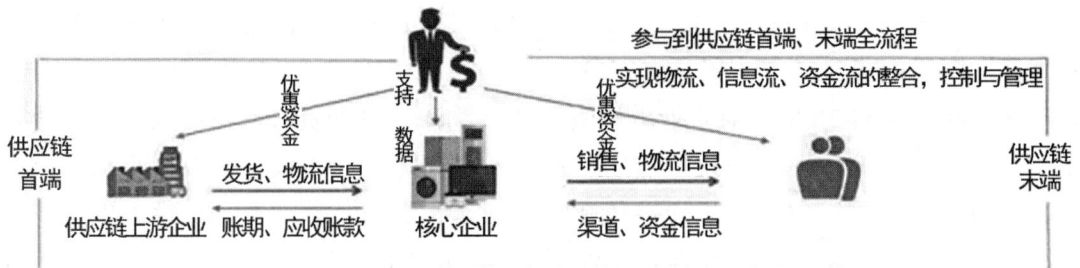

图3 供应链金融的应用场景

四、项目的创新成果

(一)在线融资系统

在线融资系统是专为供应链中的上下游企业量身定制的场景化服务系统,其投放成功标志着浦发银行公司业务步入全流程在线化时代,客户无须前往网点,便可以实现申请、提款、还款等全部或部分融资环节的网络化办理。

目前在线融资系统服务的有以核心企业、以第三方供应链服务商和以电商平台为主导的项目模式,新的项目模式也在不断开发当中。在线融资系统的服务方式是合作方通过API接口与浦发对接,提供标准化的场景数据,系统根据风控模型对数据进行分析,实现客户准入、授信、放款、额度调整、还款等一系列配套服务,并通过API接口将服务结果反馈给合作方,形成完整的数据交互和资金运转。

(二)风控模型

在线融资系统内的核心是风控模型。风控模型利用大数据部署于获客,审批,贷中的维护,客户价值的提升、再利用、深挖以及客户的挽留、催收和退出等各个节点,让金融风控不仅限于简单的放款和回款,而是在完整地维护一个客户的生命周期。

贷前阶段,精准挖掘融资申请企业的多维度信息,包括客户属性、历史交易记录、付款方式等,结合这些信息形成客户画像,对客户的贷款资质以及还款意愿、还款能力进行判断,辅助审核决策。通过准入的客户,根据合作方的交易需求,建立有效的信用模型和评分规则，利用灵活开放的数据导入技术、多维度的信用强弱关系评分项，以及专业的评级模型，对企业还款能力、还款意愿等进行更深入、更全面的解剖和分析，为授信决策做一个整体的评级。不同评级的客户风险系数调整不同，额度设置上下限额。

贷中阶段主要是反欺诈和额度调整。反欺诈贯穿整个客户的业务周期，不仅在信贷环节，在账号登录、注册环节就要进行反欺诈防护。在线融资系统对反欺诈主要的控制是信息验证和行为分析。信息验证主要以客户的 USB-key 验证、手机短信验证等方式进行防控；行为分析依靠风控经验、客户信息验证、部分行为数据预测分析，基于客户行为，通过打标签的方式识别不同的客户群体的风险程度。在额度调整阶段，大部分客户已经有过至少一次的还款行为，在线融资系统根据数据的表现来重新调整客户的额度档次和息费。额度的调整重点在于对客户需求和风险的合理预估。实则可以看成对资金在不同风险回报的分配，使得在一定的风险下，总体风险收益最大化。

贷后主要是账单催收和贷后监控等。在线融资系统放款后，要确保能够收回本息，所以要追踪资金动态，一旦出现逾期则启动催收团队协助完成逾期处理、资产回收的工作。首先，针对不同风险的细分客户群体，指定差异化的催收措施。其次，把握催收时机，因为催收到的资源有限，所以需要按照一定的分配规则来分配催收资源。最后，进入贷后监控环节。在信贷过程中即使前中期的风控到位，也并不意味着信贷交易的万无一失，借款人环境变故、还款能力改变、还款意愿动摇等情况时有发生，而利用大数据技术，可以对借款人进行多维度动态时间及市场信息跟踪与监控，快速觉察、发现贷后借款人的数据异常情况，及时进行贷后预警，有效防范贷款人跑路和信贷机构坏账、死账等情况。

在线融资系统从贷前、贷中、贷后三个阶段全程监控、贯穿始终，能够有效地把控金融风险，结合场景业务，发挥其在供应链金融服务中看家护院的重要作用。（参见图4）

五、项目的经济效益（预期效益）

业务落地的核心企业、合作的第三方供应链服务商和平台已有50余个，后续已列入上线计划的场景项目超100个。从已有落地的项目反馈，通过供应链金融业务加载融资业务的上下游企业共有1000余户，涉及浙江、湖北、辽宁、山东、安徽、山西等18个省和上海、重庆2个直辖市，全行在线融资业务新增授信户数超800户，累计金额超20亿元，贷款逾期0笔，贷款不良率0%。供应链在线融资业务具有较强的可复制性，从银行端可实现跨机构、跨地域，从市场端可实现跨企业、跨行业。2015年来，中国供应链金融市场规模稳健增长，预计2020年将突破25万亿元。（参见图5）这一体量的市场规模将会给资金方、企业等供应链上的参与者带来不可估量的经济效益。

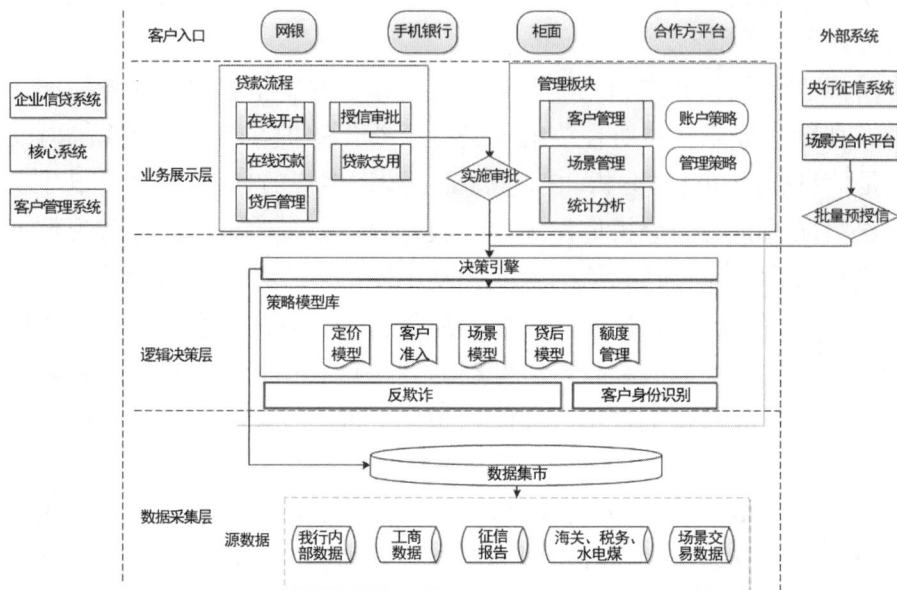

图4　一图看懂在线融资

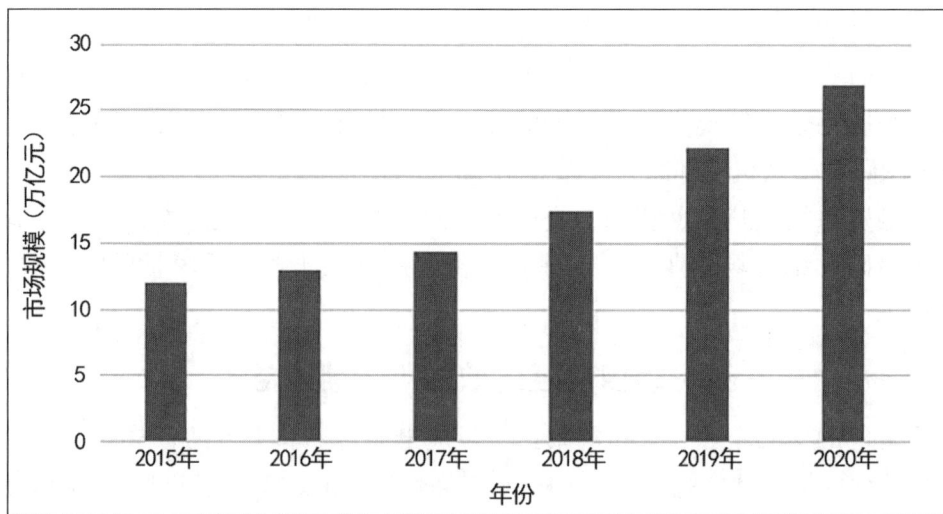

图5　2015—2020年中国供应链金融市场规模及预测

六、项目的社会效益

（一）流程创新

供应链在线融资业务着重于在中小企业互联网在线融资场景下，如何基于大数据分析改变和设定贷前、贷中、贷后风险管理标准，实现自动信贷工厂。与传统融资相比，从贷前销售依靠点对点低效能的人工推荐，升级为系统集成历史数据和即时观测的客户准入模式；从抵押物、收入证明等粗放式的风控，升级为数据自动决策的在线审批额度模式；从贷中依赖人工作业的重人力模式，升级为自动校验秒级放款模式；从贷后依赖定期静态检查，升级为资金跟踪、动态预警和风险再评估。在融资的各个环节对资金安全进行有效控制，进一步提高信贷业务审批和使用效率，降低了获客、管理的变动成本，通过智能化、批量化实现规模化。

（二）信用共享

本质上来说，供应链金融是整个产业链的信用共享，供应链的技术创新对现实信用共享起到了较好的普及和推广作用。如何在不同参与者使用一致的数据来源时，保证供应链的可追溯性，实现供应链透明化从而降低交易成本，是供应链不断在突破的新课题。

实现信用共享的前提是实现信用信息的共享。银行通过第三方接口，接入全国和地方信用信息共享平台中的信用信息，并与人民银行、工商、税务等征信系统实现充分对接，促进供应链上相关企业实现信息共享，形成信息透明对称，使银行等金融机构更为便捷地获取有效信息。

供应链上应收账款的转入和多级流转，实质上转让的是核心企业的信用，每个转让和接手转让的供应商或保理商都共享了核心企业的信用。这种利用供应链盘活核心企业信用，利用互联网信息技术配置信用资源的模式，可以使供应链上的企业爆发出乘数级的能量。

（三）数据标准化

供应链在线融资业务在满足供应链上客户融资需求的同时，对大数据的规范和积累起到了重要的作用。对供应链数据的标准化规范可保障金融工作科学、高效、安全地运行，最终达到准确、及时的最佳社会效果，在促进金融业健康发展、支持实体经济方面发挥积极主动的作用，也有利于金融统计信息化。在当前聚焦的普惠金融方面，供应链在线融资业务对互联网普惠中小金融的反套现、反欺诈等方面有很强的现实意义，不仅降低了获客和人工干预的成本，而且可以根据不同时段的数据制定相关的融资目标和计划，改善运营情况。未来对于供应链在线融资业务风控会更加清晰，甚至可以实现不同渠道间的数据交换，同时也起到督促其他平台间的监控管控作用，改善网络环境。我国的银行业发展和未来消费金融在各种场景的金融线上获客业务，也会因此受益。

（四）法律意义

供应链金融快速和优质发展的重点是要形成良好的供应链金融生态环境，而法律环境是其中非常重要的组成部分。法律环境的重要意义是为资金提供方的权利提供坚强的保障。与供应链金融相关的法律法规有《合同法》《物权法》《动产抵押登记办法》《担保法》《应收账款质押登记办法》等，主要涉及供应链金融的动产质押、应收账款担保和参与方之间的权利与义务等内容。这些法律法规有力地促进了供应链金融的发展。供应链金融法律风险涉及的面很广，变化非常快，风险产生的原因也相对复杂。供应链金融产品的创新和丰富，为后续基于大数据技术并结合数理统计的方法进行法律研究提供了真实的数据支撑，减少研究者主观判断对评价结果的影响，提高了法律研究的准确性。

（五）降低成本

线上供应链金融虽然源于传统的线下供应链金融，但却不是简单的供应链金融的线上版，而是随着互联网技术和大数据应用的日趋成熟诞生出来的一种创新趋势。

对银行来说，在线融资的企业将经营数据提供给银行，银行进行数据分析，已完成对企业直接授信关键信息的核定，配套以现金管理和贸易融资等服务，使得交易流程更加简单、快速，风险预警更加及时。通过在线融资这一服务，银行对企业的动态数据进行了有效收集，实时掌握企业的经营情况，将金融服务渗透到商务活动的各个环节，提高获客、服务响应、决策判断效率，跨地域、全周期地为企业提供最佳金融解决方案支持，从而大大降低了经营成本。

对企业来说，在线供应链融资只需完成一次线下核准流程，在业务周期内，每次借款还款均通过线上完成，手续简便、随借随还，极大地降低了中小企业的融资成本，提高企业资金周转率。

七、项目的社会评价

（一）供应链金融促进中小企业发展

中小企业在活跃经济、稳定社会、创新创业、吸纳就业方面担当中坚力量，政府曾多次出台文件要求金融支持实体经济，扶持中小企业发展。近年来，整体经济环境的严峻，使得国内投资环境变得保守，再加上P2P爆雷、网络高利贷层出不穷的冲击，大量中小企业的生存环境堪忧。经济下行环境下，中小企业风险暴露加大，再加上中小企业普遍存在财务管理不规范、银企信息不对称、有效担保机制缺失等问题，导致中小企业融资难的问题日益严重。虽然国家一再强调加强扶持中小企业，但利润微薄、缺少信用、资金周转时间长等问题使得银行等金融机构仍要顾忌这些风险。而供应链金融可以说是应对这些风险的一大利器，对此银行等金融机构对供应链金融发展高度重视。浦发银行积极响应政府促进经济"脱虚向实"的号召,致力于解决中小企业融资难、融资贵的问题,通过供应链在线融资方案,将金融资源有效精准地输送到真正值得扶持的中小企业手中,助力实体经济向好发展。

供应链是以客户需求为导向,以提高质量和效率为目标,以整合资源为手段,实现产品设计、采购、生产、销售、服务等全过程高效协同的组织形态。随着信息技术的发展,供应链已发展到与互联网、物联网深度融合的智慧供应链新阶段。

(二)打造数字化银行

为加快供应链创新与应用,促进产业组织方式、商业模式和政府治理方式创新,国务院办公厅下发了《关于积极推进供应链创新与应用的指导意见》(国办发〔2017〕84号)。银行等金融机构积极响应号召,认真落实党中央、国务院决策部署,坚持稳中求进的工作总基调,牢固树立和贯彻落实创新、协调、绿色、开放、共享的发展理念,以提高发展质量和效益为中心,以供应链与互联网、物联网深度融合为路径,以信息化、标准化、信用体系建设和人才培养为支撑,创新发展供应链新理念、新技术、新模式,高效整合各类资源和要素,打造大数据支撑、网络共享、智能化协作的数字银行。随着数字化进程加快,商业银行的转型实践将得到更有力的技术支持,5G等技术的应用将大幅提升商业银行的金融科技水平。

随着金融科技的蓬勃发展,金融业的商业模式和格局都在发生跨越式的变化。为了应对未来金融业的数字化变革,提升发展质量,浦发银行积极拥抱科技进步和变革,加快数字化转型步伐并积极探索数字生态新金融。2018年7月12日,浦发银行于北京发布业内首个API Bank(无界开放银行)。API Bank是以API架构驱动的全新银行业务和服务模式,即以开放、共享、高效、直达的API开放平台为承载媒介,将多种能力输出,嵌入各个合作伙伴的平台和业务流程中,实现以客户为中心、以场景为切入,进行产品和服务快速创新,形成跨界金融服务,无界延伸银行服务触点,无限创新服务和产品。

事实上,2018年已经成为国内银行业走向"开放银行"的元年。在浦发银行拉开了开放银行建设的帷幕之后,多家商业银行纷纷明确释放了打造开放银行的信号,并于2018年下半年陆续发布相关产品,开放银行这一全新银行形态方兴未艾。

浦发银行API Bank是服务与技术、开放与生态、能力与场景的有机统一体,将从四方面重构银行业经营模式:

- 全新的银行触点:银行不再只存在于网点和电子渠道,而是存在于所有合作方的门户或APP中。

- 全新的服务模式:用户通过场景化服务获得流畅、个性化的使用体验。

- 全新的发展理念:打破银行服务的门槛和壁垒,将服务以更简单的方式传播。

▪ 全新的生态关系：银行和合作伙伴和谐共生，共同为用户提供最佳服务。

API Bank开放功能既涉及直销银行开户、网贷及点贷、出国金融、跨境电商、缴费支付等传统金融领域，也涉及合作营销、资产能力证明等创新场景。API Bank面世以来，生态场景及对接合作方数量稳步增长。截至2019年1月底，API开放接口共246个，对接中国银联、京东数科等共计88家合作方应用，日峰值交易量超百万。

（项目负责人：盛小玲）

传化支付商贸物流一体化综合支付解决方案

实施单位：传化支付有限公司

"商贸物流一体化综合支付解决方案"是传化智联响应国家为现代供应链培育新增长点、形成新功能的号召，立足于万亿级的商业物流市场，深入物流垂直细分领域，围绕物流企业的需求定制的一款行业支付解决方案。该解决方案以"物流钱包"产品为载体，打通物流企业运输管理系统，实现物流信息的实时查询；对接传化金融的支付系统进行连接，实现运费、货款等资金的实时线上支付；通过与金融机构的连接，满足上下游企业的各类金融服务需求。

传化支付有限公司（下面简称"传化支付"）打造的"商贸物流一体化综合支付解决方案"，是基于传化物流与互联网支付相结合的新一代支付体系，涵盖了会员管理、商户管理、商户接入、消费、充值、转账、提现、结算和风险控制等一系列支付相关功能。在安全性方面，系统采用天威诚信提供的托管型CA证书，对所有会员请求进行加密认证，对外围业务系统的接口调用采用加密传输协议HTTPS。从应用级系统的稳定性和抗压性方面考虑，对应用服务实现负载均衡，同时使用分布式缓存，对用户会话实现共享。在保证系统的健壮性方面，整个支付系统采用SOA分布式架构体系，对系统模块进行多点复制。

一、项目背景及意义

（一）公司基本情况

1. 基本情况

传化支付是一家以物流行业为基础服务对象的支付公司，定位于中国物流行业标杆性的综合支付解决方案提供商，隶属传化物流集团，也是中国500强企业传化集团、上市公司传化智联（股票代码002010）旗下全资子公司，同时也是传化物流生态建设的重要组成部分。传化支付综合服务平台的建设，将立足于传化物流生态："物流+互联网+金融"战略的实施，努力推进实现"涵盖货主、物流企业、货运司机、商户（传化公路港港内和港外）等，提供全场景、全流程的支付闭环服务"。

围绕每年200万亿物资的流动和10万亿物流费用的流转，传化支付将为物流行业及其从业者提供个性化、定制化的支付产品及服务方案。基于收银台、扫码支付、代收代付、账户支付、快捷支付、网关支付等综合类支付产品，传化支付为C端提供移动支付解决方案，通过设计开发传化钱包产品，提供用户交易支付、生态圈消费、衍生金融等一系列服务；同时，根据物流企业差异化需求，为B端定制基于支付产品组合的系统集成，提供各类行业定制化解决方案。

传化支付以服务物流行业生态圈为核心，深耕垂直细分领域，深度挖掘行业需求，为物流业生态圈提供系统的支付服务，涵盖运费、货款、邮费、过路费、司机消费、汽车后市场消费等便捷安全的支付服务，以及账户托管、客户营销、业务运营、物流金融等增值服务。同时，通过各项费用的在线支付，在保证交易安全、保障用户利益的前提下增强用户黏性，积累支付数据，为拓展更多的互联网支付场景提供数据支持。

2017年6月29日，传化支付获得人民银行公示第三方支付牌照，通过"支付+"的创新模式，围绕物流行业的金融需求，传化支付形成"支付+账户/用户+大数据+风控和产品"的新金融生态圈，逐步形成一系列互联金融增值服务。以支付为基础，以金融为延伸，打造辐射全国的物流全新"支付+"金融生态圈。

2. 技术能力

通过从国内知名互联网、金融、第三方支付公司等相关行业的人才引进和自我培养，传化支付建立了一支高素质的支付技术开发团队。

同时，与邦盛金融、同盾科技、支付宝等专业互联网金融公司存在深度合作关系，在技术层面互相交流经验、学习与分享。通过模块化、层次化、组件化的微服务设计，建立了分布式支付平台系统，具有良好的可扩展性和可维护性，在高并发环境下保持高可用性；基于大数据技术建立了第三方支付风险防范控制系统和电信反欺诈系统，并在传化支付产品传化钱包、智能代收付中进行了应用，有效防范互联网支付风险交易。

传化支付的互联网支付平台、移动支付平台、预付卡支付平台等系统已经通过中国人民银行监管的第三方支付系统的检测和认证。

（二）国内外技术发展现状及趋势

20世纪80年代，跨国企业以全球性业务外包等为手段开始了成本控制和降低的探索，逐渐建立了跨国供应链体系。随后，供应链发展出现全球化趋势，并以财务供应链管理的价值挖掘为目的，不断探索供应链管理的创新，以实现整体成本的最小化和利益最大化。而银行由于业务拓展需要，及时根据当时经济发展和产业发展需求，不断创新金融产品和服务，供应链金融自然成为一个具有巨大潜力的领域。一方面，众多知名物流企业不断加强与银行合作或形成以"物流为主、金融为辅"的产业供应链驱动模式；另一方面，众多银行和非银行金融机构不断深入供应链体系，形成以"金融为主、物流为辅"的资本价值链驱动模式。伴随着电子商务的发展及互联网技术水平的不断提高，供应链金融业务在国际市场上呈现出突破性的产品概念创新和运作模式创新的发展趋势。

与美、日等发达国家相比，我国的供应链金融起步较晚，同时在具体业务层面上也存在应用程度浅、种类单一等问题。虽然我国供应链金融相对落后，但受益于互联网行业的快速爆发，已经具备了相应的技术水平实践供应链条的一体化。物流行业作为我国支撑性生产性服务业，正处于稳步增长的阶段。在我国的货物运输市场中，公路物流作为物流运输方式的主力，占比高达79%；但是，我国公路物流行业一直面临"小、散、弱"的窘境，绝大部分中小物流企业位于供应链环节的价值末端，资信较差、担保不足等问题导致融资供需矛盾突出。针对物流行业存在的痛点问题，我国第三方支付机构发挥重要作用，将供应链金融从单纯的以商业银行为核心的零散、低效的融资手段变为聚合互联网金融的高效、快速的多渠道融资方式，从而优化整个供应链金融产业链条。

（三）国内外市场需求分析

传统的物流行业交易方式会产生资金丢失、货物损失无法获赔的现象，尤其是在资金环节，当货主、货运方、收货方因资金风险而互不信任时，物流的质量就受到了原则性的影响，导致物流效率低下。随着网上购物、在线交易成为一股新经济浪潮迅速崛起，作为它们媒介的第三方支付也应运而生，其以基础服务服务于物流行业，解决物流行业传统交易方式所产生的一系列弊端。

2010年以来，社会物流总额逐年递增，从125.4万亿元增长至2017年的252.8万亿元。进入2018年，社会物流总额达257.9万亿元，同比增长6.7%，我国物流产业规模不断发展。其中，在我国的货物运输市场中，公路物流作为物流运输方式的主力，占比高达79%，承担着200万亿吨货值的运输，每年所产生的直接经济费用可达4万亿元，物流支付的交易频次和金额不断攀升。同时，由于我国公路物流整体格局呈现出"小、散、乱、差"的特征，公路物流行业对第三方支付有着越来越大的需求，基于第三方支付平台沉淀的数据一方面用于自身业务的拓展，另一方面也可实现一系列金融增值服务，因此，第三方支付主导的供应链金融商业服务也逐渐在公路物流行业占据着主导市场需求的地位。随着如今公路物流行业生态圈的构建，通过"支付+"的创新模式，围绕公路物流行业的 B、C 两端用户群体的金融需求，逐步形成一系列互联金融增值服务将成为新的经济增长点的局面，从而进一步增强企业核心竞争力。

（四）项目现有基础及竞争力分析

1. 企业自身基础

应用研究能力已经具备。传化支付拥有本领域研究及应用能力，IT技术人才占产业总员工比例超过30%，集团近些年来结合热点方向主持、参与牵头多个国家重点项目，获得良好的社会效益。2015年8月，传化物流获批支付牌照，这意味着监管层对传化物流实力的高度认可，也意味着传化将掌握货运界支付领域的发展先机。

2. 用户规模及用户黏性积累基础

传化具备成为货运细分领域"支付宝"的条件及实力。传化智联智能物流服务平台已覆盖超过30个省区市300多个城市，累计为461.2万个司机及其车辆、17.7万个物流商、26万家商贸物流企业提供了服务，平台沉淀的用户规模为"商贸物流一体化综合支付解决方案"奠定了用户基础，增强产品使用活跃度。

3. 多元化业务需求

传化首次提出"互联网+物流+金融"发展模式，基于传化智联智能物流服务平台构筑的多元化的前端业务场景，衍生一系列面向B端及C端的金融增值服务需求，从而助力"商贸物流一体化综合支付解决方案"功能的创新开发。

二、项目内容

项目以服务物流行业生态圈为核心，依托支付引擎、网关渠道、商户服务平台等基础支付系统支持，深度挖掘商贸物流行业B端与C端用户支付金融服务需求，打造"物流钱包"产品，为制造业企业、商贸流通企业、物流企业构建基于供应链全程的商贸物流一体化解决方案。

（一）商户服务平台

传化支付作为一家成熟的第三方支付公司，深知任何一款支付产品在投放市场之前，都需要一个成熟的配套后台系统来为入驻企业（以下称"商户"）提供管理支付交易及相关资产等服务功能，满足对商户资产的管理、支付账号的日常管理、支付订单的查询及对账等基本需求。传化支付打造的传化商户平台为制造业企业、商贸流通企业、物流企业等企业级用户提供门户网站管理，包括商户登录、商户打款认证、交易中心、付款中心、账务中心、操作管理等主要功能模块，为商户提供资产信息、交易信息、资金交易等集中一体化管理平台，让其随时登录商户平台掌握其交易及资产情况，并通过商户平台来完成业务对账与资金对账，满足平台接入商户的支付交易与管理需求，提升商户处理事务效率，提升商户使用传化支付服务的体验。

1. 商户登录

传化支付商户服务平台提供给商户进入平台的登录功能，商户通过输入登录账号（商户编号、会员名、操作员账户）及对应登录密码进入传化支付商户服务平台，从而实现对商户的身份校验，在身份校验通过后，才可以进入传化支付商户服务平台查看其相关的交易、资产等信息。

2. 商户打款认证

商户打款认证是一种对商户结算银行账户进行核实的认证手段。通过给商户结算银行账户打入一笔随机小额金额，商户通过网银查看到收款金额后，登录传化支付商户服务平台输入随机金额数字来进行验证，验证通过才完成结算银行账户的打款认证；验证失败，则会提示打款认证状态失败，将限制商户的交易额，从而保障传化支付可以更全面地了解核实合作商户的真实性及有效性。

3. 交易中心

主要是提供给商户查询其交易记录。可以按照不同的查询条件查询交易记录，并对查询出来的结果进行预约下载导出，还包含了交易对账单的生成，提供给商户进行交易业务对账。

4. 付款中心

主要是提供给商户申请批量付款，对申请记录进行查询管理的功能。商户通过该功能可以实现对外批量付款到银行卡。

5. 账务中心

主要是提供给商户查询其账号下面支付账户的收支明细、充提明细以及日资金对账单的下载，让商户掌握其支付账户的资金变动情况并完成资金对账。

6. 操作管理

主要是提供给商户对批量付款申请、退款申请、提现申请的复核操作管理，并提供查询复核记录，确保资金出金时可以进行复核操作，进一步保障资金安全。

（二）物流钱包

随着物流行业的迅速发展，资金安全成为人们普遍关注的焦点。物流钱包是一款应用于物流行业场景的第三方移动支付产品，是传化智联响应国家为现代供应链培育新增长点、形成新功能的号召，立足于万亿级的商业物流市场，深入物流垂直细分领域，围绕物流企业的需求定制的行业支付解决方案。

物流钱包项目主要实现了以下功能：打通物流企业运输管理系统，实现物流信息的实时查询；对接传化金融的支付系统，实现运费、货款等资金的实时线上支付；通过与金融机构的连接，满足上下游企业的各类金融服务需求。拟建设移动终端APP、业务运营平台、物流订单中心三大体系平台。对外依托移动端APP形态，以后端服务器做支撑，提供用户注册、用户登录、物流统计、物流运单查询与追踪、运单支付、实名认证、银行卡绑定等功能。

1. 账户服务

（1）充值：用户可以通过绑定银行卡，然后将一部分资金转入物流钱包的余额中，方便消费场景实现快捷支付。

（2）提现：用户可以将物流钱包中的余额转出至用户所绑定的银行卡中。

（3）账单明细：用户可以对通过物流钱包交易的明细进行查询。

（4）我要付款：物流钱包打通银联条码支付，通过线下支付同步订单至线上订单，保证资金流与业务流打通，方便用户查询账单与资金安全。

（5）货款跟踪：可实时追踪发货人货款到账情况与流转过程。

2. 物流行业服务

（1）物流下单：用户在下单时可指定附近物流公司，查询物流公司网点，就近发货。

（2）网点查询：查询物流公司网点，通过距离排序，获得最近的物流网点列表。

（3）扫一扫：用户可以通过扫一扫功能扫描二维码，查询物流订单。

（4）运单统计：从运单量、资金、运费等多个维度统计用户的运单信息，使信息一目了然。

3. 物流钱包安全体系

物流钱包具备可靠的安保措施，它提供了多重安全机制保障用户的账户安全。物流钱包可以通过设置账户安全保护问题、绑定手机短信、申请认证数字证书等操作来保障用户的账户和资金安全。

为了保证账户安全，用户一般会设置密码。但密钥可能会丢失或者被盗，所以除了设置密码也需要其他多重安全保护措施。

（1）绑定手机短信。绑定手机短信是物流钱包的一项安全措施，开通短信提醒后，在手机找回密码、手机支付时，会有余额短信提醒、手机管理数字证书和手机短信支付信息。如果用户发现收到的短信非本人的操作，可以及时检查账户并联系传化支付公司，以保证账户资金安全。

（2）物流钱包实名认证。物流钱包实名认证服务是一项身份识别服务。物流钱包实名认证时会去公安系统查询此人的姓名和身份证号是否匹配，如果匹配则实名认证通过。

（3）安全密码键盘。物流钱包采用安全加密键盘，防止截屏抓取用户的安全支付密码，防止黑客通过非法手段获取用户的明文密码。

（4）数字证书。数字证书相当于开启网上保险箱的钥匙，它以网络数字加密传输电子凭证的方式有效地对账户使用者进行确认，帮助物流钱包确认使用者是否合法，增强账户使用的安全性。与物理钥匙不同的是，数字证书还具有安全、保密、防篡改的特性，可对网上传输的信息进行有效保护，增强传递的安全性。用户安装了数字证书后，即使被黑客窃取了账户和密码，如果黑客没有该用户的数字证书，也无法动用他的账户；即使黑客监控了用户的网络数据传输，也无法破译传输的内容。

（5）设备指纹。设备指纹是互联网反欺诈最关键的维度。设备指纹通过在网站页面或移动端APP中集成设备指纹脚本，收集物理设备和终端环境的多重信息，生成服务，产生唯一的设备识别码，构建客户身份和所使用设备对应关系，实现互联网风险防范自动化，从而准确地定位风险、控制风险，降低可能的损失。

（三）支付引擎系统

支付引擎系统是搭建"商贸物流一体化综合支付解决方案"的重要应用系统，承担着各种支付业务的指令编排、支付相关校验等技术支持，满足客户实时支付的需求，为客户提供全天候的支付服务。整个支付引擎系统主要由收银台系统、订单中心系统、网关支付系统、余额支付系统四部分组成。

收银台系统：对系统的业务参数、系统状态等进行维护，以及业务控制等。

订单中心系统：支付引擎系统的核心运行系统，进行业务逻辑控制、支付指令编排、业务数据处理、事务一致性控制等。

网关支付系统：与银行网关系统对接，处理网银、快捷、银联、网联支付等。

余额支付系统：依据网关支付系统交易结果通知，向余额支付系统发送转账请求，余额支付系统完成账户转账。

（四）网关渠道系统

网关渠道系统是"商贸物流一体化综合支付解决方案"中负责金融支付渠道管理的子系统。网关渠道系统通过和银行的对接，建设起丰富的支付渠道，并对支付渠道进行管理。用户的付款指令到达之后，通过对指令的分析，根据一定规则，选择最优渠道，高效、稳定地完成用户支付动作。网关渠道系统主要包括渠道管理、渠道路由、入金类交易以及出金类交易四大功能模块，实现运营人员可通过界面高效配置渠道信息、渠道对接标准化、完成对渠道流水订单的管理等目标。

渠道管理：支付渠道属性管理，包含收单机构、渠道类型（网银、快捷支付等）、账户类型（储蓄卡、信用卡）等；支付渠道与支持银行的关系管理；支付渠道与可用商户的关系管理。

渠道路由：根据支付信息（账户、银行、商户等）选取合适的支付渠道；根据条件返回所有可用的支付方式。

入金类交易：主要包括代扣、快捷支付、网关支付、退款等功能。

出金类交易：主要包括提现（T0和T1）、代付（T0）等功能。

三、项目的技术路径

（一）整体应用架构

本项目通过对面向商贸物流行业不同用户群体的业务需求进行分析，以及对业务技术的梳理，打造符合传化发展战略定位的"商贸物流一体化综合支付解决方案"。包括商户服务系统、物流钱包系统以及对应用系统进行技术支撑的网关渠道系统和支付引擎系统，确保最终满足所有用户的一揽子金融需求。本项目技术路线图如图1所示。

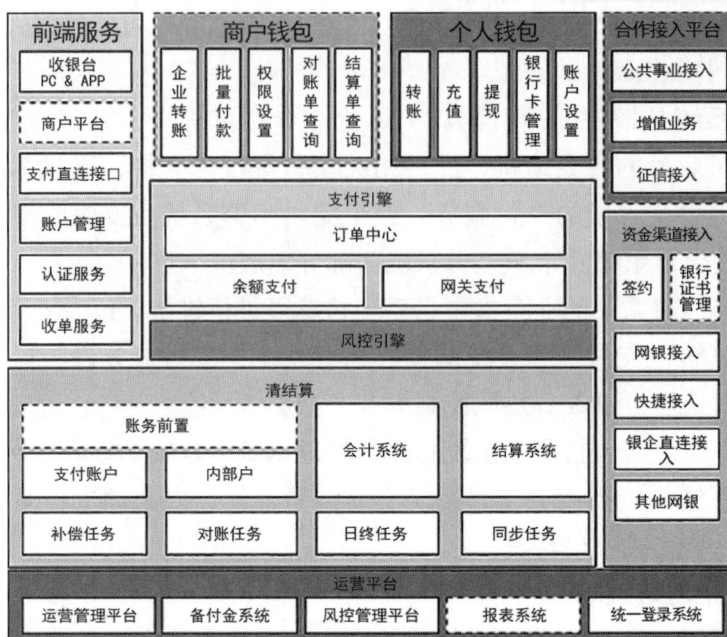

图1　技术路线图

（二）商户服务系统

商户服务系统采用Spring Cloud微服务治理方案、MySQL数据库、Redis缓存数据库、RocketMQ消息中间件等，以满足商户对资产管理的基本需求、对商户支付账户的日常管理基本需求、对支付订单的查询和对账等的基本需求。

（三）物流钱包系统

物流钱包采用CS架构，iOS、Android APP，Spring Cloud微服务治理方案，MySQL数据库，Redis缓存数据库，满足个人客户的日常资金管理需求，并使用设备指纹、密码键盘、数字证书保障客户信息和资金安全。

（四）支付引擎系统

支付引擎系统选用SOFA + Spring + SerfJ + MyBatis + Redis + RocketMQ + MyCat + Nginx + F5框架，通过RocketMQ来保证系统的解耦，Redis提供分布式缓存服务，MyCat实现数据库分库分表、读写分离。F5 + Nginx + KeepAlive提供高可用，负载均衡。最终保证系统的高效、稳定、高扩展和易开发。通过支付指令和消息命令的编排，做到支持业务的多样性。打造一个中台服务，提供各种前置业务的接入。（参见图2）

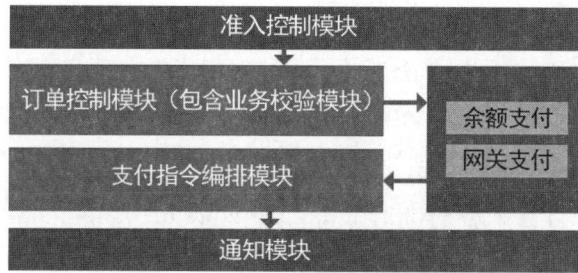

图2　支付引擎系统逻辑框架

（五）网关渠道系统

网关渠道系统基于SerfJ框架，采用基于Nginx的分布式部署方案，并使用Redis缓存进行性能的优化，基于RocketMQ中间件实现异步处理机制和接收模块的存储转发机制，以此高效地处理与银行系统的交易通信，同时支持可配置化、模板化的流程和各个支付通道不同的业务处理流程的实现。（参见图3）

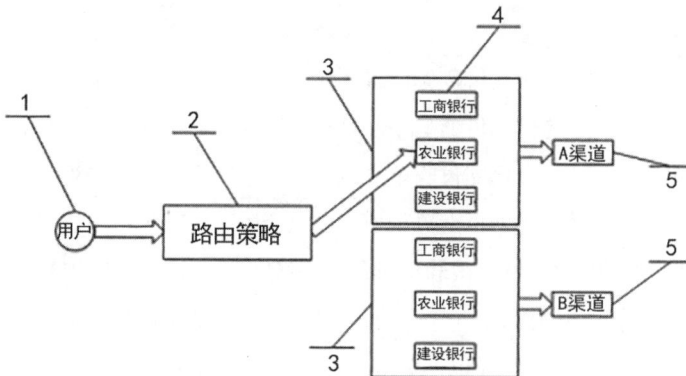

图3　网关渠道业务逻辑框架

四、项目的创新成果

（一）功能全面性

基于传化人生态圈海量的商户支付与交易数据，以及前端丰富的业务场景，传化支付打造的"商贸物流一体化综合支付解决方案"面向制造业、商贸流通业及物流业用户需求，建立相配套的业务应用产品，提供全方位的支持，如商户收付款、商户消费、商户结算等场景，建立商户打款认证、交易中心、付款中心等功能模块，有效支撑商户业务需求。

（二）技术创新

项目围绕平台安全性、应用系统的稳定性和抗压性，以及系统的健壮性等方面实现技术创新。在安全性方面，系统采用天威诚信提供的托管型CA证书，对所有会员请求进行加密认证，对外围业务系统的接口调用采用加密传输协议HTTPS。从应用级系统的稳定性和抗压性方面考虑，对应用服务实现负载均衡，同时使用分布式缓存，对用户会话实现共享。在保证系统的健壮性方面，整个支付系统体系采用SOA分布式架构体系，对系统模块进行多点复制。

项目共产生15项计算机软件著作权，具体如表1所示。

表1 "商贸物流一体化综合支付解决方案"所取得的软件著作权

序号	名称	申请号
1	传化支付商户系统	2018SR255893
2	传化智能代收付系统	2018SR945816
3	物流钱包APP（iOS）	2018SR691556
4	物流钱包APP（Android）	2018SR691546
5	日终系统	2018SR255171
6	清结算对账系统	2018SR258554
7	传化支付支付引擎系统	2018SR522911
8	传化支付账务前置系统	2018SR520893
9	传化支付消息中心软件	2018SR993443
10	传化支付收单系统	2018SR520894
11	传化支付网关渠道系统	2018SR520895
12	传化支付金钱豹支付运营系统	2018SR255177
13	传化钱包APP（Android）	2018SR259403
14	传化钱包APP（iOS）	2018SR258669
15	传化支付备付金系统	2018SR255890

五、项目的经济效益

"商贸物流一体化综合支付解决方案"是为商贸物流行业大生态圈提供的一体化支付及金融解决方案，旨在满足行业内广大商贸物流企业日益增长的业务需求。通过物流业务金融全场景环境分析，打造安全可靠的行业内金融服务环境，为商户应用场景提供全方位的支持。该解决方案为商户提供资本数据转化，通过构建支付体系、完善支付应用，串联整个业务链条和多个商业场景，沉淀广泛的物流行业交易大数据，为传化智联智能物流服务平台金融及其他衍生业务奠定底层数据基础。同时，借助平台优势，公司金融服务业务与外部机构合作持续深化，外部渠道高效拓宽，不仅与银联、网联达成了全面战略合作，而且与120家以上的银行等外部金融机构建立了广泛的合作关系，为产业金融的布局奠定了良好的基础。

"商贸物流一体化综合支付解决方案"自建设实施以来，累计服务2000家物流企业，10万家中小商贸企业，服务商户涵盖零售、化工、电商等多个领域，累计支付流量400余亿元。

基于商贸物流行业金融服务生态需求打造的"商贸物流一体化综合支付解决方案"，内联传化智联智能物流服务平台金融业务系统，外联广大商贸物流行业商户，形成了"供应链＋支付＋金融"的生态系统，为平台生态圈主体提供了一个安全、便捷、多样化的支付环境。

六、项目的社会效益

"商贸物流一体化综合支付解决方案"的实施建设，保障了传化内外部商户业务需求，助推了商贸物流行业资金交易风险的降低，丰富了传化支付系统的结构，形成了完整的支付体系。优质的行业支付场景解决方案，为传化支付带来极大的社会效益。同时，也完善了传化智能物流服务平台大生态体系，健全了服务功能。

其一，满足行业全业务场景交易需求，降低资金交易风险。随着支付便捷化的社会环境影响，商贸物流行业也在寻求安全可靠的行业内全业务场景交易途径。外部金融交易手段与行业内的业务切合度不足，商户与支付公司间资金结算缓慢等问题为传化支付打造"商贸物流一体化综合支付解决方案"提供了广泛的市场。同时，传化支付立足于行业内多年的服务经验，赢得可靠的上下游用户信誉。"商贸物流一体化综合支付解决方案"避免了用户资金丢失、赔付困难的问题，货主、货运方、收货方通过此解决方案实现在线资金交易，各个环节的凭证数据得到实时的记录，有效地降低了资金交易的风险。

其二，丰富企业金融服务系统结构，形成完整供应链金融服务体系。通过"商贸物流一体化综合支付解决方案"的打造，丰富了传化支付金融服务系统的结构；通过提供全业务场景的支付及金融服务，形成完整的供应链金融服务体系。同时，随着"商贸物流一体化综合支付解决方案"的投入使用，其安全可靠的交易环境、可追踪的业务能力将会在行业内得到广泛的宣传，必然带来更多的用户，从而为传化支付创造更大的经济效益。

其三，完善商贸物流生态体系，健全服务功能。"商贸物流一体化综合支付解决方案"的打造，完善了传化支付生态体系，实现集"物流、信息流、资金流"于一体的生态圈，满足了用户业务功能、场景支付能力的提升。作为传化智联智能物流服务平台的重要组成部分，传化支付背后的传化智联拥有超过100万的手机端实体物流用户，"商贸物流一体化综合支付解决方案"的打造是传化支付的必然之路，也是传化支付发展得天独厚的优势。伴随着移动支付市场的逐渐成熟和应用场景的增多，传化支付生态圈已初步形成。

七、项目的社会评价

"商贸物流一体化综合支付解决方案"按照"互联网+物流+金融"模式向企业提供物流供应链服务的闭环，打造属于传化网的金融服务体系。传化支付综合性服务平台通过海量交易信息及数据的分析与处理，基于深度学习等方式建立智能模型，有效识别交易数据价值，提供电子支付、融资租赁、商业保理、保险经纪、信用管理、智能代付等服务。服务对象拓宽至各社会阶层，加强智能物流供应链生态服务能力，推动智慧物流发展。

传化支付"商贸物流一体化综合支付解决方案"已实现了物流钱包、传化支付风控管理平台、传化支付商户平台、传化支付业务平台、传化支付管理平台等功能模块建设。在项目建设过程中，公司认识到对于一款互联网产品来说，技术力量是其发展的基础，在加强自身技术团队力量的基础上，需要强化产学研战略合作模式，不断汲取外界新鲜技术血液，切忌"闭门造车"。同时，传化支付综合服务平台建设是一个互联网金融服务建设项目，在带给客户便捷服务的同时也因为资金聚集产生诸多安全隐患，此时支付系统的安全性成为最重要的问题，需要在安全壁垒方面持续投入研发力量，在获得市场认可与提高客户黏性的同时也肯定公司在安全领域的战略投入。

项目在已取得的成果前提下，会根据市场反馈的客户使用情况，利用大数据分析系统分析市场需求，继续丰富和完善"商贸物流一体化综合支付解决方案"，为客户提供更为优质的金融服务。下一步工作计划如下。

- 创新支付技术：传化支付研发团队积极关注支付领域的最新研究成果，借鉴行业先进友商发展经验，利用大数据、云计算、区块链等新型技术思想创新支付技术。

- 开发业务模式：以物流钱包作为统一入口，增加服务供应链各类业务功能单元，包括城市服务、车辆服务、物流金融服务、理财服务、线上商城等。

- 扩大市场规模：进一步提升系统容量，提高系统可用性和稳定性，为客户提供更为稳定、安全、优质的服务。

在项目建设基础上，后续需要根据用户需求不断衍生出新的应用场景，丰富传化支付综合服务平台产品体系，更好地服务不同阶层客户。但由于项目属于互联网第三方支付系统，涉及大量的线上资金交易，对系统设计和开发的安全性须严格要求。在后续项目实施建设中，须严格按照国家相关安全检测认证要求，对系统设计、开发、运维、运营等各个环节进行加强；定期委托第三方进行安全漏洞扫描、渗透测试，并进行检测认证和安全评估，针对评估结果对系统从硬件部署、运维管理、开发规范、技术质量管理等几方面加以优化，降低系统安全风险。同时，在项目实施过程中，建立交易日志跟踪、审计相关系统，重要交易进行双重、多重验证审核，对交易操作风险进行防范，避免人为的失误或者主观故意造成的操作风险。

（项目负责人：郭翔）

2020 年

杭州银行"阿瓦雷"智能感知决策平台

实施单位：杭州银行股份有限公司

"阿瓦雷"智能感知决策平台（以下简称"阿瓦雷"平台）是一款杭州银行自主设计、自主开发的拥有完整知识产权的数字化运营智能中枢平台。该平台深受人脑思维过程和神经反射弧的启发——接收信息（看、听、摸）、甄别信息（筛选、过滤、提取）、分析思考（经验参考、逻辑推理、综合比较）、决策结论、执行动作、结果反馈，如此循环往复，让平台拥有了生命力，对接周边业务系统后帮助提升数智化水平。"阿瓦雷"平台致力于为用户提供实时事件捕获、智能分析决策和快速数据服务构建的平台服务，帮助业务在精准营销、金融风控、数据化运营等多种场景中进行数据赋能。应用"阿瓦雷"平台，可直观掌握渠道、产品、客户的整体运营情况。"阿瓦雷"平台整合了客户基础信息、业务信息、交易流水、行为数据等，把繁杂的底层数据以可视化的模式呈现在用户面前，便于运营人员掌握运营动态，提高了运营效率。

一、项目背景及意义

（一）项目背景

金融科技的快速发展，丰富了商业银行的客户服务触点。银行从传统的线下网点，发展到了多终端、多媒介的实时在线服务。互联网培养了用户不同以往的消费习惯，银行要做到"以客户为中心"，就必须积极拥抱客户金融服务习惯的变化。数字化创新是银行提高工作效率、提升客户体验、实现"有温度"的智能服务的重要途径。

杭州银行经过二十多年的信息化持续建设，现在除了资管类、金融市场类外，其他大部分核心业务系统都是自主开发的，所有核心技术、数据库管理经验都是自己在实践过程中逐步摸索、积累起来的，应用软件也都是自主开发的。所以，完善的信息化系统成为数字化转型的一大优势，比如在生产经营中沉淀了大量真实的用户交易数据、行为数据、地址数据以及设备信息，这些数据因其体量大、质量高、流转快的特点产生了极高的商业价值。然而，前几年因为大数据人才、技术储备都不足，加上没有充分重视数字化经营、数字化管理的重要性等，让这些数据资产难以发挥有效价值。

杭州银行最新的五年规划里，数字化转型方面的内容占有比较大的篇幅，这说明管理层对数字化转型工作非常重视，且对未来五年的规划与实施目标达成重要共识。那么，数字化转型到底能为杭州银行带来哪些价值呢？笔者认为主要体现在以下三方面：第一，数字化转型能重塑企业文化，由原来的经验式经营管理转变为数字化的精细管理。第二，数字化能带来生产力的提升。银行是信息化系统建设最完善的行业之一，通过数字化建设可以让系统变得更加智能，在风控、营销、运营、管理等场景中大幅提升工作效率。第三，数字化转型能推进业务和技术的融合。因为数据是最直观的工作语言，是解决业务和技术融合的一个非常好的方法和手段，当业务和技术充分融合后将会迸发"1+1>2"的工作效能。数字化转型离不开数据，更离不开优秀的系统平台，那么，在"阿瓦雷"平台建设前，杭州银行遇到了哪些痛点问题呢？

1. 业务痛点

埋点行为数据与业务交易数据割裂；缺乏有效的运营数据分析方法论与系统；缺少营销活动目标客群筛选以及活动规则配置工具；不能实时感知客户的行为轨迹；难以有效洞察客户的金融服务需求；难以挖掘客户与产品的匹配关系。

2. 技术痛点

传统IT技术无法应对海量、非结构化数据处理需求；现有MPP架构数据仓库无法满足高并发、低延时的实时数据服务要求；个性化数据服务的代码逻辑与业务系统高度耦合；缺少数据动态标准，让数据难以流动和分享；缺少技术架构创新性的数据平台，无法保障数据服务的敏捷可持续交付。

3. 行业痛点

银行增量客户市场增长放缓甚至收缩，存量客户存在流失风险；银行业务同质化竞争严重，缺乏以客户为中心的差异化服务；数字化运营人才急缺，银行线上渠道未能有效激活，客户流量基本被互联网渠道挤占，银行服务下沉为底层金融支付管道。

本项目期望通过搭建先进大数据智能运营中台，帮助业务人员实时感知、洞察和分析用户行为数据，提高数据化运营能力；并致力于在产品推荐、服务改进、用户体验提升、风险识别等场景中通过服务配置化方式达到零开发成本快速上线的效果，从而达到加快赋能业务系统数字化转型和提升产品经理运营效率的目标。

（二）项目意义

从"十三五"开始国家全面布局数字中国建设，数字经济发展已经提高到国家战略方向的层面；2020年央行首次推出"数字货币"，这也预示着国民经济中的数字化生产、数字化交易已经发展到一定成熟阶段；再加上疫情和后疫情防控期间，非接触式线上化交易的需求催生与推动，银行数字化转型更应当顺势而为，加快金融科技发展，借助数字化能力打造特色优势并建立专业化、精细化服务能力。

"阿瓦雷"平台就是在这一个背景下立项的，期望通过平台建设释放数据应用价值，帮助杭州银行数字化转型向前迈出一小步。它以大数据技术为支点、数字化运营内核能力为连杆，致力于撬动杭州银行新的盈利空间；平台提供了标签工厂、客户画像、人群筛选、洞察分析、智能决策、API服务等丰富完善的功能，可以帮助客户经理在客户识别、营销推介、业务处理、关系维护的工作流程中提升数据支持和决策效率，也能通过快速对接数据服务API方式提升其他系统的数字化应用水平。

二、项目内容

"阿瓦雷"平台按照"数据中台"的理念建设，借鉴了行业知名公司的数据枢纽建设经验，结合杭州银行自身应用场景而落地。平台对外主要体现七大核心能力——客户画像分析能力、海量数据检索能力、用户自由打标（签）能力、智能决策服务能力、精准圈人推送能力、灵活数据查询能力、API配置化生成能力，不同能力在数字化运营人机协同场景中分别发挥着不可替代的作用。为达到业务方对"阿瓦雷"平台的高标准、高要求的期待，杭州银行在"技术+场景"驱动下实施了以下主要项目工作内容。

（一）工具端

根据项目需求，项目团队自主搭建了30个节点的Hadoop大数据集群，并与其他工具组件有效集成后建成第一代大数据集成开发环境，为"阿瓦雷"平台提供数据采集、标签加工、检索查询等服务。

"阿瓦雷"平台通过合理应用大数据技术工具箱完成了数据的采集、存储、计算、查询、分析等数据开发全部生命周期的工作。例如，在数据采集中使用了开源的异构数据源离线同步工具DataX。该工具致力于实现包括关系型数据库（MySQL、Oracle等）、HDFS、Hive、ODPS、HBase、FTP等各种异构数据源之间稳定高效的数据同步功能，有效解决了"阿瓦雷"平台从汇聚平台采集贴源数据的效率问题。同时，针对非结构化数据采集问题，项目团队应用了Flume/Canal/OGG+Kafka的技术方案。Flume是Cloudera提供的一个高可用、高可靠、分布式的海量日志采集、聚合和传输的系统，Flume支持在日志系统中定制各类数据发送方，用于收集数据；同时，Flume提供对数据进行简单处理并写到各种数据接受方（可定制）的功能，应用Flume能轻易采集到系统日志文件。Canal是一种纯Java开发，基于数据库增量日志解析，提供增量数据订阅和消费的数据库日志采集工具，目前主要支持MySQL，使用Canal解决了平台管理后台数据库MySQL的实时日志采集问题。OGG是一款付费的Oracle数据库同步工具，其基本技术原理是解析源数据库在线日志或归档日志获得数据的增量变化，再将这些变化应用到目标数据库，从而实现源数据库与目标数据库同步。为保证数据消费的实时性，不论是Flume、Canal还是OGG，数据在实时采集后最终都写入了Kafka消息中间件，供给下游订阅与实时消费。

在存储上，"阿瓦雷"平台为满足不同数据生产、消费需求，采用了HDFS分布式文件系统作为离线数据的存储引擎。HDFS是一个高度容错性的系统，适合部署在廉价的机器上，同时HDFS能提供高吞吐量的数据访问，非常适合大规模数据集上的应用。在面向应用系统联机数据查询的业务场景中，平台使用了HBase数据库。HBase是一个分布式的、面向列的开源数据库，为下游业务系统提供了高并发、低延时的单点数据查询服务，同时利用Elasticsearch搜索引擎为HBase补充上了先天不足的二级索引后，也可以为业务提供小批量数据的条件查询功能。此外，"阿瓦雷"平台使用ClickHouse数据库，为具有显著时间顺序索引特点的数据提供存储与查询服务，解决了诸如客户行为轨迹分析的业务问题。

在计算方面，为支撑"阿瓦雷"平台画像标签数据生产更新的场景需求，我们选择了内存式数据计算的Spark框架，使用SparkSQL解决夜间"T+1"的批量标签数据更新问题，以及使用构建在Spark上的Spark Streaming计算框架来满足实时标签数据加工与更新需求。此外，"阿瓦雷"平台也为用户提供了Ad-Hoc统计分析的功能，为保证数据查询结果尽快生成，平台选择了Impala，它是一款既能兼容HDFS、HBase数据又能提供SQL语义的MPP架构交互式查询引擎，在即席查询场景中拥有近乎实时的查询能力。

（二）数据端

以维度建模方法论，指导构建了全行渠道流量运营分析数据集市，包含产品热力图、客户留存漏斗分析、手机银行签约增长模型等32个经典数据分析模型。其中，部分模型采用埋点数据实时采集和Spark Streaming计算技术，实现模型数据实时更新、实时查询功能。

此外，采用金融画像标签设计方法论，融合行内外客户数据，指导开发了全行个人客户画像标签体系，包含9个大类42个小类的1027个标签，标签日均调用量达到75万次，累计调用量达到5.5亿次，满足管理、产品、运营、风控等多方需求。

（三）平台端

"阿瓦雷"平台采用"3+1+1"的架构矩阵共建成八大功能模块，包括平台门户、数据管理、客群管理、分析中心、模型中心、引擎管理、项目服务、系统管理。其中最重要的"3"即平台服务内核：数据+模型+引擎。如果将"阿瓦雷"平台比作一个人，那么数据就是平台流动的气血，贯穿四肢百骸；模型是作为智力中枢的大脑，能针对复杂事件做出精确而迅捷的决策；引擎是强劲有力的心脏，能将气血泵向全身，为大脑提供充足养分。中间的"1"是客户洞察，对应着分析中心功能，在系统中承担着"五感"的作用，满足客户行为感知、画像360°分析、客户需求洞察的业务需求。最后一个"1"是项目服务,包括API管理、渠道管理、服务管理3个子功能,就像人体的四肢灵活参与跨系统的集体协作工作。

(四)应用端

"阿瓦雷"平台上线以来,已成为杭州银行线上渠道数字化营销的统一平台。应用该平台,杭州银行新版手机银行5.0具备了基于客户行为和客户画像实时分析的智能客户体验、智能风控、精准营销、个性化服务的能力。不同客群在安全认证流程上具备了差异化体验,营销推荐也尽可能不干扰到无关用户,不同客群看到的内容和使用的版本也有不同选择。"阿瓦雷"平台的大数据能力支撑的手机银行"收支明细"功能,实现了5年账单的秒级实时检索,让年度账单成了历史。并且,通过整合客户金融产品交易数据,客户能直观获取个人或企业在杭州银行的"资产负债视图"。基于画像标签和埋点数据分析能力,在客服场景中客户呼入的瞬间,"阿瓦雷"平台就可以输出该客户的关键标签信息以及用户最近的行为轨迹信息,赋予智能客服在更多客户咨询场景中"未卜先知"的能力。

此外,基于该平台,杭州银行也逐步探索线上线下融合的客户营销模式。运用线上渠道的优势,借助该平台的数据分析、客群筛选、多渠道决策输出等能力,开展线上推广引流,线下跟进挖掘。目前取得了不错的成效,已累计为信用卡促活、个人贷款推介、产品到期提醒、手机银行拉新等各类营销场景推送逾100万条客户数据。

三、项目的技术路径

(一)系统架构

"阿瓦雷"平台在应用架构上划分成5层:大数据底座、数据资产层、核心引擎层、平台业务层、数据应用层。(参见图1)

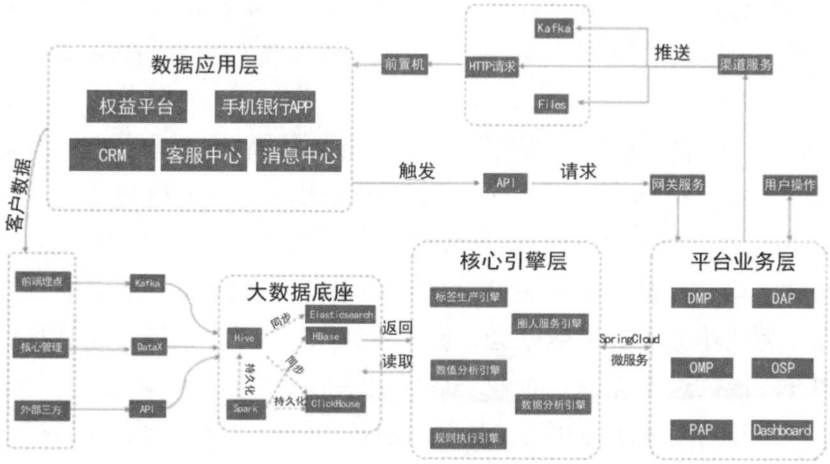

图1 "阿瓦雷"平台的系统架构

1. 大数据底座

采用杭州银行自主搭建的大数据集群，通过集成丰富的开发组件，为"阿瓦雷"平台提供通用数据采集、存储、计算、调度、查询、分析服务的基础功能。当前大数据集群已经接入200+各类业务系统数据，运行着离线DataX同步、实时Flink采集、Hive/Spark等多种代码类型，调度平台日均调用任务数超过6000个。银行的客户数据具有极高业务价值密度，为保护数据安全，大数据底座通过Kerberos+LDAP实现集中的账号、认证及授权服务，以及使用Sentry实现Hive和Impala查询时的字段级更细粒度访问权限控制，通过综合运用这些技术手段更好地保证数据安全工作落实到位。

2. 数据资产层

数据的生命力在于流通和使用，从源系统采集过来的数据如果放任不管，只是找个大数据分布式文件系统存储起来，是无法发挥数据应用的价值的，很显然这不是本项目的目的。在具备了大数据平台技术能力后，最应该思考的是如何切入业务场景，用数据方式解决业务痛点问题。经过跟电子银行部、零售金融部、运营管理部等多个业务部门深入交流讨论后，发现客户的分级分类、行为特征、金融产品偏好这类问题是数字化运营的大难题，所以一致认为基于客户画像标签的数据体系在运营、营销、风控、客户体验等业务场景中将能得到广泛应用，尤其是结合外部数据后更能使刻画的用户信息更加全面和立体。所以，项目团队在该阶段决定通过集成行内外丰富的维度数据，采用主题式业务建模方法构建个人客户画像，并结合金融行业属性设计出更适用于银行经营管理的9个大类42个小类的1027个标签体系数据。此后，平台标签调用量一路走高，当前累计服务调用量达到5.5亿次，由此也证实了画像标签的业务价值。当然，除了画像标签是"阿瓦雷"平台的核心数据资产，项目团队还构建了围绕"感知""洞察""决策"展开的30多个数据分析模型，特别是在渠道流量运营场景中帮助产品经理第一时间掌握业务动态，为产品运营决策提供有效支撑依据；这些模型与标签一同组成了"阿瓦雷"平台的核心数据资产。

3. 核心引擎层

"阿瓦雷"平台抽象封装了多种用于解析和执行特定规则模型的逻辑程序，为平台提供标签开发、指标值域分析、决策和圈人服务的强大执行动力。例如，传统标签加工方式是业务提需求给数据研发部门，由数据开发工程师按照口径编写代码，然后测试、验收，最后发布上线。但受限于开发资源和技术水平，开发周期至少按周计算，为此业务人员可能就会"错失良机"，在行业发展普遍拥抱快速变化的当下，这种开发模式远不能满足企业发展的要求。所以，在"阿瓦雷"平台项目中，我们通过抽象基础标签和封装算法规则以及执行逻辑，开发出了杭州银行首个标签生产引擎，平台普通用户即便不懂SQL代码，也能通过选择基础标签和算法规则配置来实时计算生成一个新的标签,开发效率较传统方式提高逾20倍,同时也极大激励了业务人员开发使用数据标签的主观能动性。类似的核心引擎还有智能值域分析引擎、规则引擎、圈人引擎、统计分析引擎,每一种引擎都对应着一种"阿瓦雷"平台所能输出的核心能力,未来也将在遵循平台服务内核化的宗旨下继续扩展平台服务能力,践行数据中台为业务系统赋能的使命。

4. 平台业务层

"阿瓦雷"平台面向用户操作和输出系统服务的功能都由平台业务层提供,包括平台门户、数据管理、客群管理、分析中心、模型中心、引擎管理、项目服务和系统管理八大功能模块,在交互样式上采用了极简风格的UI界面,并为不同用户角色授予菜单级权限控制。具体来看,平台门户以用户为中心,当用户登录进入系统后能看到其名下的所有资源项目。数据管理模块为平台提供指标管理、标签百科、标签工厂、模型数据管理四个子功能,平台用户可以检索、查看数据详情,了解这些数据资源在平台应用上的血缘链路信息,也能基于基础标签配置化开发用户自己定义的复合标签。客群管理模块集成了客群数据筛选、客群数据查看和名单管理功能,用户可以基于标签规则的组合逻辑任意圈选目标客群数据,并可实时生成和导出客群名单数据,针对特定场景的存量名单方式也可以支持手动上传生成客群。分析中心模块主要以数据分析模型可视化表达方式为用户呈现丰富的图表数据,如电子渠道漏斗分析、产品热力图分析等。模型中心集成了规则执行引擎,用户可在"阿瓦雷"平台上交互式配置模型规则,该模型支持常见的决策集、决策树、决策表、评分卡、决策流等规则类型,后续计划扩展到机器学习算法模型,为平台提供更高级智能的AI数据服务。引擎管理指在该模块可配置启用或停止平台底层执行引擎,并可以实时监控引擎执行健康度和血缘分析,当某个执行引擎出现故障,可快速根据血缘分析评估下游应用系统影响范围并做出应对处理。项目服务是"阿瓦雷"平台最能体现数据中台架构定位的地方。以上所有功能都可以在项目服务中通过配置化构建在线数据服务API,并由统一网关服务开放使用。最后的系统管理模块,主要提供平台用户、权限、菜单、参数、元数据等通用性后台管理功能,保障"阿瓦雷"平台的日常运行和使用。

5. 数据应用层

如上所讲,"阿瓦雷"平台在技术架构定位上是数据中台的重要产品之一,它除了面向个人用户提供服务外,最大价值输出就是面向系统对接。所以,在数据应用层上"阿瓦雷"平台对接了十几个下游应用系统,以统一数据API网关方式提供数据交互服务。例如,手机银行APP的收支查询服务、智能客服行为轨迹分析服务、网点 $1:n$ 人脸识别决策服务、可信收款人模型决策服务、信用卡圈人促活服务以及理财购买推荐人服务等30多种应用场景。有了"阿瓦雷"平台,业务系统在数字化转型道路上犹如插上了双翼，奔流如风。

（二）技术特点

"阿瓦雷"平台涉及技术范围广，开发难度极大。平台建设过程中使用了数据仓库、大数据、Java工程、前端四类技术栈，包括如下关键技术的使用：结构化数据同步、非结构化数据采集、离线批处理、Spark/Flink实时流式计算、NoSQL数据库存储、微服务框架技术、前端VUE、统一网关、规则引擎集成等。其技术特点可用九个词概括：大数据底座的技术特点是"海量存储""批流一体""组件完备"；工程实现上采用分布式架构，具有"模块化""可扩展""高可用"的技术特点；数据中台服务内核体现出了"交互式""自动化""服务化"的技术特点。（参见图2）

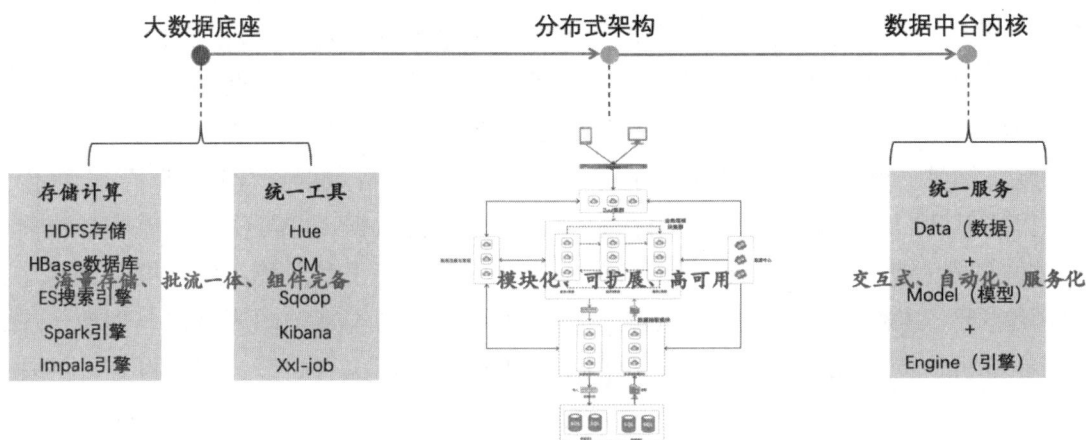

图2 "阿瓦雷"平台的技术特点

四、项目的创新成果

"阿瓦雷"平台通过应用一系列创新技术，实现了用户数据实时感知、洞察和决策。该平台在产品推荐、服务改进、用户体验提升、风险识别等场景落地中屡创佳绩，通过服务配置化方式几乎实现零成本开发、快速上线数据联机服务的效果。

（一）"阿瓦雷"技术创新成果

1. 数据服务创新

衡量数据服务能力模型有一个重要指标是数据业务化程度，也就是数据服务能否深度参与业务交易。传统数据仓库的主题式应用以离线分析为主，开发好的应用数据通常会被搬迁至OLTP系统的关系型数据库中，然后利用报表、看板、可视化大屏等工具为一线业务人员及高管提供运营分析和决策支持。这类数据应用服务表现出来的典型特征是离线计算、报表分析、决策支持，人机协同自动化程度较低。

区别于传统数据服务模式，"阿瓦雷"平台定位于数据中台，最核心的能力就是充分集成了"数据""模型""引擎",通过配置化一键生成多种技术形态的数据API服务接口,为下游系统提供联机数据服务,如资产负债视图查询、客户行为轨迹分析、营销活动圈人、可信收款人决策等,将数据能力充分融入周边生态系统,从而达到数据业务化目的。并且通过实时监控数据服务接口调用效果来衡量数据服务价值,加快数据资产从成本中心向价值中心转变,让"数据资产表"尽快成为企业的第四张财务报表。

2. 技术体系创新

平台采用了最新大数据技术栈和分布式微服务架构以及规则引擎组件,构建了一个高性能、高可用、高稳定的数据中台服务系统。大数据技术栈的综合应用,彻底解决了非结构化数据的实时采集、萃取计算和存储难题,并满足了手机银行渠道实现用户5年账单明细查询的毫秒级响应需求。同时,基于大数据分析引擎技术,保障了平台OLAP场景下的数据分析需求。

3. 系统理念创新

平台采用服务内核化的设计思想,始终遵循"服务内核=数据+模型+引擎"的基本理念,在不断横向扩展、丰富平台功能时做到流程和架构的一致性。平台服务内核深受人脑思维过程和神经反射弧的启发——接收信息(看、听、摸)、甄别信息(筛选、过滤、提取)、分析思考(经验参考、逻辑推理、综合比较)、决策结论、执行动作、结果反馈,如此循环往复,帮助周边对接业务系统提升数智化水平。通过"阿瓦雷"平台建设,数据研发部门能将数据服务效能发挥到极致,做到数据可见、可知、可用、可运营。在效能提升方面,传统数据应用服务模式需要工程师开发代码、测试、验证、投产一系列步骤,平均划分工时为15天,而采用平台的高度自动化服务配置功能,只需10分钟即可完成服务上线。在杭州银行数字化转型如火如荼的关键阶段,因为系统提效节省下来的宝贵资源,就可以投入更多亟须解决的业务需求中,也能为杭州银行抢占数字化转型赛道。

(二)"阿瓦雷"应用创新情况

1. 账单随心查

基于"阿瓦雷"平台大数据底座能力,支撑起个人(企业)手机银行"收支明细"功能,实现了5年账单的秒级实时检索,让年度账单成了历史。此外,基于该平台,杭州银行用户可以选择手机银行APP使用打印收入明细功能,而无须本人亲自前往网点办理。

2. 智能化运营

该平台上线以来,已成为杭州银行线上渠道数字化运营中枢。基于该平台,杭州银行新版手机银行5.0具备了基于客户行为和客户画像实时分析的智能客户体验、智能风控、精准营销、个性化服务的能力。不同客群在安全认证流程上具备了差异化体验，产品推荐也尽可能不干扰到无关用户，不同客群看到的内容和使用的版本也不同。

3. 精细化营销

基于该平台，我们也逐步探索线上线下融合的客户营销模式，运用线上渠道的优势，借助该平台的数据分析、客群筛选、多渠道决策输出等能力，开展线上推广引流，线下跟进挖掘，目前也取得了不错的成效。

五、项目的经济效益（预期效益）

（一）降低开发成本，提升持续交付效能

"阿瓦雷"平台是一个具备高度自动化、配置化能力的系统，用户可以在平台上灵活配置标签开发、圈人模型、分析模型、决策规则以及服务API，让系统如同智能工厂一般，可以根据业务用途随时DIY一个数据服务上线，开发效率同传统模式相比提升至少300倍。在跨系统协作开发的项目中，"阿瓦雷"平台是那个像飓风一样奔跑的少年，从不会因为开发延迟而让其他系统等待对接。这种数据服务生产方式的革新，显著降低了开发成本，并且让数据服务持续交付能力得到有力保障。

（二）为周边系统数字化转型赋能

在企业中，一个平台的成功远远不是终点，"阿瓦雷"平台的使命是在杭州银行数字化转型中为周边IT系统赋能，帮助它们共享"阿瓦雷"平台带来的数据服务红利，加快其他系统的数字化迭代升级。

（三）拓展业务运营管理创新边界

原有很多想做但受限于传统平台技术做不了的业务场景，有了"阿瓦雷"平台后就迎来了新的曙光。例如，传统营销策略上更偏于经验主义，所有流程都是预先设定好的，一旦活动开始就无法更改。而基于"阿瓦雷"平台，运营人员则可以展开探索式营销活动：事前进行客户洞察、目标人群筛选、客户标签探查；事中根据营销效果动态调整活动策略或关键指标参数，及时干预运营活动流程；事后又能在平台上根据分析模型数据，锚定活动客群后自动评估运营效果，让平台用户在探索式营销活动中不断完善模型策略，沉淀出高价值的运营案例，最后被上架到平台，规模化推广给其他机构客户经理，让缺乏经验的平台用户在做类似业务时尽量少走弯路。

六、项目的社会效益

（一）提升客户金融服务公平性

对于有过网点办理银行金融业务体验的用户来讲，工作人员的专业性、公平性几乎毋庸置疑。但也要正视银行是一家金融经营机构，工作人员在几乎任何时候都

是相对紧张的，那么在所谓具有不同"贡献度"的客户之间，服务资源必然会有所倾斜。原本依靠人力无法一一提供管家式金融服务的这部分所谓沉默客户、低资产管理规模客户，在"阿瓦雷"平台推出虚拟客户经理后就能得到更精细的服务。例如，客户生日祝福关怀、借记卡到期提醒、理财新品上线推荐等。

（二）更加方便快捷的线上服务

通过"阿瓦雷"平台建设为其他业务系统赋能，让手机银行具备客户5年账单明细查询与流水打印功能，客户可以用更快捷、更省力的方式办理该业务。"阿瓦雷"平台还可以在欺诈场景中帮助客户减少资金损失，如平台提供的根据用户交易对手建立的信用模型，能让系统自动识别对手方是否可信，在大力防范电信诈骗的当下可有效避免客户资金受损。

七、项目的社会评价

"阿瓦雷"平台参加了由中国电子银行网举办，行业协会、商业银行、科研机构、财经媒体共同评审的"2020中国金融科技创新大赛"，并以金融大数据前沿技术创新应用、线上渠道数字化运营场景落地的双重优势，荣获"技术创新应用金奖"，该奖项是对杭州银行金融科技创新应用的肯定。

另外，"阿瓦雷"平台在杭州银行总行信息技术部荣获2019年度"创新之星"奖项，它是2019年度从杭州银行信息技术部几百个在建系统中评选出的唯一的创新奖项。2020年，"阿瓦雷"平台再次获得杭州银行总行IT项目二等奖，该奖项是对"阿瓦雷"平台项目业务价值、项目管控、应用效果的再次肯定。

金融科技是提高金融服务效率、提升行业竞争力的重要工具，杭州银行将持续进行数字化创新，以金融科技创新支撑业务发展，为客户提供更智能的服务。

（项目负责人：李炯）

农行浙江省分行"小微e贷"

实施单位：中国农业银行股份有限公司浙江省分行

　　小微企业是国民经济发展的重要组成部分，在金融科技蓬勃发展的大背景下，积极探索运用大数据技术服务小微企业的新模式，对小微企业可持续发展具有重要意义。中国农业银行浙江省分行（下面简称"浙江农行"）主动顺应线上化发展趋势，加快数字化转型步伐，创新运用数字化技术，打造"小微e贷"线上融资体系，基本实现业务的全流程线上办理，真正让小微企业"最多跑一次"甚至"零跑腿"，有效提升服务覆盖面、可得性和满意度。

一、项目背景及意义

　　浙江作为沿海开放城市，金融科技发展特别活跃，先后出现了以P2P、众筹、移动支付、大数据金融等为代表的金融服务新模式，以阿里巴巴、蚂蚁金服、网商银行等为代表的企业大肆进军金融领域，并且被用户广泛认可和接受，传统的银行业务正面临强烈的市场冲击。金融科技支持下的新兴金融业态，有着传统金融不可比拟的优质网络平台、透明管理模式和强效风控机制，它的出现和飞速发展，对我国现行金融服务模式形成了巨大的冲击，但同时也为小微企业融资模式更新提供了机遇。在金融体制改革和金融科技的双重背景之下，要在市场中保持战略主导地位，就不得不顺应时代潮流，实施战略转型，因此，走数字化转型道路成为必然选择。

（一）项目背景

　　一是金融科技服务小微企业能够有效缓解信息不对称。小微企业规模小，相比大中型企业而言，生产经营订单相对不够稳定，且财务报表随意，基本没有建立相应的内控机制，法人资产与自然人资产混用现象时有发生，特别在经济下行期，报表造假、企业资金抽逃概率大。据不完全统计，小微企业基本存活率只有2.9年，创业企业超过3年存活率才30%，10年存活率更是不到10%。在企业数据缺乏可信度，且第一还款来源又不稳定的前提下，融资机构更倾向于把看得见的资产及其处置权攥在手中，以保障自身利益不受侵害，因此，抵押贷款自然而然地演变成银行解决信息不对称问题的主要手段。而金融科技的出现，让小微企业的数据可搜集、可分析、可追踪，强大的共享信息数据库能够极大地提高信息透明度，缓解长久存在的银企信息不对称问题，让小微企业的风险更易识别，也更好管控，打消银行顾虑。

二是金融科技服务小微企业能够有效解决担保难问题。小微企业自身规模小、固定资产少，如果需要融资，一般只能用房产和机器设备作为抵押，这些抵押物品的抵押率较低，若由担保公司担保，成本势必进一步上升，小微融资担保门槛进一步提高。金融科技的运用，将小微企业的经营数据作为可融资的资本，根据大数据核定授信额度，甚至可以为小微企业提供信用贷款，让信用成为财富。

三是金融科技服务小微企业能够有效解决融资慢问题。小微企业本身规模有限，资金需求的偶发性和紧迫性非常高，很多时候一笔借款决定其生死存亡。而传统银行等机构对贷款的审核流程相对审慎，导致小微企业从申请到获批，再到放款，往往需要数以周计的时间，无法满足小微企业对于资金的时效性要求。数字化金融独有的大数据搜集能力，可以轻松实现批量化的信息处理，且全程线上操作，信息处理速度快、效率高，真正做到了让"数据多跑路、群众少跑腿"。

（二）项目意义

一是批量获客的需要。浙江是小微企业大省，据最新工商数据显示，截至2020年末，全省共有在册小微企业250.09万家。经过几年来的转型升级，浙江实体经济进入了高质量发展阶段，小微企业中涌现出一大批科技含量高、盈利能力强、发展前景好的"五新"客户，其中有许多将成长为优质大中型企业和上市公司。传统的信贷制度和模式不能完全适应这些新产业、新模式、新业态，尤其是轻资产、知识密集型企业的需要，必须通过数字化融资产品这种全新的服务模式，才能满足这批客户的融资需求，把握住浙江实体经济发展的战略主动权。

二是深度活客的需要。浙江农行是在浙单一法人金融机构中最大的存贷款银行，在全省范围内有3000多个网点，覆盖所有的城市、县域和主要乡镇，员工2.2万余人，服务个人客户2500多万户、中小微企业客户16万户，是机构最多、人员最多、服务客户最广的国有银行。但要满足如此庞大的客户群体需求，单纯依靠线下网点人工去匹配相应服务显然是力不从心的，服务也不可能做到完全合适、及时、有效。因此，通过打造线上化服务平台，深度激活并批量满足长尾客户个性化需求，才能在竞争中真正发挥大行的规模优势。

三是实力留客的需要。随着金融科技的飞速发展，移动终端、信息搜索引擎、第三方支付平台等数字金融产物相继诞生，直接降低了信息获取的成本，供需双方不需要通过金融中介便可直接进行线上交易，选择更多、成本更低、速度更快，大大地弱化了传统银行的金融中介和支付功能。从浙江农行来看，传统业务客源流失相当明显。因此，必须从顺应数字化时代变化趋势、抢占市场竞争制高点的角度出发，增强转型的紧迫感，依托大行经济优势，全力改造传统经营管理模式，优化线上渠道，打造有竞争力的数字化产品，锁定客户需求。

二、项目内容

针对传统金融服务方面申贷难、放贷慢、成本高、手续烦等突出问题，浙江农行以互联网思维创新推出"小微e贷"，运用数字化手段对接客户融资需求。通过与税务信息系统、企业经营管理系统等直联，自动抓取企业财务、税收、结算、资产等大数据，构建专门模型，实现客户自动评价、授信自动核定、贷款自动审批、风险自动预警。小微企业可通过微信、手机银行、网上银行等自助渠道，随时随地申请，随借随还，循环使用，最高额度1000万元，其中信用额度最高可达300万元。"小微e贷"业务主要呈现以下几个特点。

（一）授信数字化

"小微e贷"深度应用金融科技，利用数字化技术和场景流量进行风险识别和合理授信。打通税务、工商、海关等部门的数据链路，实现财务信息实时共享；查询人行、公安、法院等部门的征信系统，开展负面信息排查审核；对接农行业务系统的CMM、PRM模块，进行金融资产挖掘分析；通过与政采云、生意宝等第三方平台合作，将交易流水、采购订单、应收账款等经营流量变为可融资资本。"小微e贷"已汇总形成有1000多个数据指标的普惠数据仓库，建立30多个分析模型和60多项风控策略，对小微企业进行360度精准"数字画像"，从根本上改变了以往依靠抵押、担保才能融资的机理，破解了小微企业融资难问题。

（二）获客批量化

通过互联互通，线上锁定了250万户工商注册登记的小微企业，90万户纳税信用等级A、B类企业，6.5万户纳入政府采购目录的小微企业供应商，很多都是未在农业银行开户的新客户。"小微e贷"重点面向民营和小微企业集聚，而金融供给相对薄弱的城郊、新设立的工业园区等区域，拓宽普惠金融服务范围，让更多生产经营规模相对较小、融资需求在1000万以下甚至500万以下的企业融资成为可能。随着今后"小微e贷"系统的优化升级、标准化程序接口（API）的应用以及政府、企业交易场景的嵌入，普惠金融服务生态圈将持续拓展，业务空间将更加广阔。

（三）运作线上化

成功对接"浙江省统一身份认证平台"，借助人脸识别、电子签名等生物识别技术，在同业中首次实现了线上无介质授权银行查询企业及其法定代表人征信报告的功能。小微企业通过农行电子渠道一键申请，除首次上门开户以外，后续所有流程均线上自助操作，从申请到放款实现了"最多跑一次"甚至"一次都不用跑"，时间从原先的至少一周缩短到"3个1"，即1秒反馈预授信额度、1小时客户经理上门调查、1天就可发放贷款，客户只需输入营业执照号码、纳税密码和手机号码，方便快捷。

（四）操作智能化

自主研发基于动态大数据的线上小微信贷制度、模型、系统，对客户自动评定信用等级、自动测定授信额度、自动发起线上预警，较传统线下贷款减少了工作量，提高了效率。同时，根据小微企业主资产、生产经营和信用等数据，智能化计算出每笔贷款的风险成本，实现逐笔差别定价，贷款利率较低，疫情防控期间利率最低可至3.8%，且随借随还，循环用款，用一天计一天息，实际综合成本更低，有效降低小微企业融资成本。

（五）风控立体化

通过政府、企业、电商、银行等大数据共享和客户经理"跑街"掌握的企业生产经营、违法违规等情况，交叉验证企业"硬数据"和"软信息"，纵向校验企业历史数据，横向对比客户行业地位，并专门开发了贷后预警系统，围绕7项定量指标和13项定性指标，实时监测，做到线上预警，线下核实，及时发现风险苗头，用全新的模式摆脱银行传统模式对企业财务报表、抵押物的依赖。

（六）场景多元化

先后与市场监督管理局签订全面战略合作协议，实现了"小微 e 贷"平台和"小微云平台"的有效对接，与电力局、医保、海关等政府部门实现了数据共享，与生意宝、政采云等第三方平台合作探索情景交易的供应链贷款新模式。上线以来，基于科技数据、海关数据、电力数据、医保信息管理系统结算流水、第三方平台交易数据等，成功构建了科技 e 贷、外贸 e 贷、电费 e 贷、药店 e 贷、政采 e 贷、生意网贷等子模型，不断丰富"小微 e 贷"平台信贷模式，让更多小微企业受益。

三、项目的技术路径

（一）应用架构

前端采用 Thymeleaf+JavaScript，后端采用总行太行框架，与基础服务之间通信采用 HTTP 调用的方式，后台通过 AIR 调用总行相关接口。（参见图1）

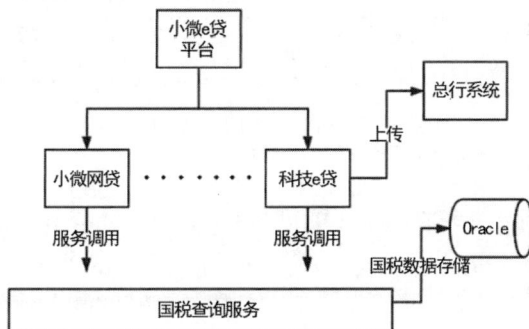

图1 "小微 e 贷"平台架构

（二）数据架构

数据库采用MySQL数据库，数据架构如图2所示。

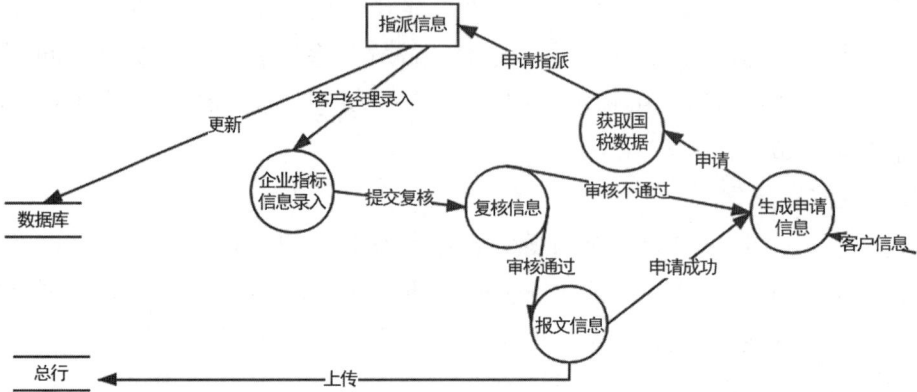

图2　数据架构

（三）基础架构

开发语言采用"Java+JavaScript"；开发框架采用"总行太行框架+jQuery"；开发工具采用IDEA、Eclipse等。

（四）流程图示

整体业务由客户、客户经理、系统三个角色层组成，各角色层分别承担了不同的职能，如图3所示。

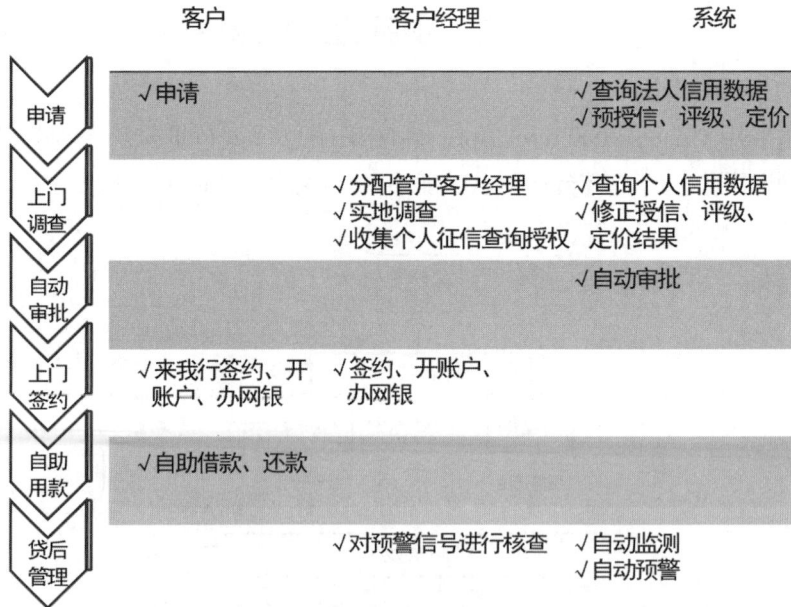

图3　流程示意

四、项目的创新成果

"小微 e 贷"在数据采集、信贷管理、渠道建设、风险控制等方面进行了有益探索，有效运用数字金融破解小微企业融资难、融资贵的难题，成效显著。

（一）创新获客模式

"小微 e 贷"打破了传统模式下零敲碎打的获客局面，依托互联网和大数据等金融科技，打通银政、银企多方渠道，从源头上实现精准批量获客，通过线上化的数据采集，挖掘真正有融资需求的小微企业，有效拓宽普惠金融服务覆盖面。

（二）创新数据应用

对获取的众多数据表进行梳理，挖掘能够真实反映小微企业经营实际的数据字段，综合内外部多方数据源，并对原始数据进行深度清洗、筛选，设计了专门的数据模型和评级、分类、定价模型，实现了自动筛选客户、生成客户评级、核定预授信额度，为企业精准"画像"。

（三）创新客户服务

通过全方位的场景探索，将申请入口加载到行内行外多元渠道，企业不仅可以通过微信、网银、掌银、门户网站等银行自主开发的窗口，还可通过政务、第三方平台等引流，实现在线自助申贷，系统实时反馈预授信额度和利率，多渠道客户触达，给客户带来全新的线上服务体验。

（四）创新自动预警

传统信贷模式下，只能通过客户经理上门调查等形式了解客户经营实际，时效性不强，无法及时发现风险，容易错过处置的最佳时机。"小微 e 贷"通过大数据技术应用，创新风险预警模式，构建起了全过程、立体化的风险防控体系，围绕定量和定性指标，实时评估、动态监测企业经营和信用资质及其变化，线上预警与线下核查相结合，全方位锁定客户风险。

（五）创新多样担保

"小微 e 贷"在深入调研市场的基础上，广泛吸收同业同类产品竞争优势，创新采用信用、抵质押担保、保证担保、政府增信等多种担保方式，产品适用性更广、更灵活，让更多小微企业的融资成为可能。

五、项目的经济效益

"小微 e 贷"自 2018 年 4 月上线运行以来，已受理客户申请 13 万户，发放贷款 1752 亿元，支持小微企业 4.2 万户，带动浙江农行普惠型法人小微企业客户增长 6.4 倍，不良率仅为 0.1%，业务增长良好、系统运行平稳、风险总体可控，极大提升了普惠金融服务的可得性和便利性。

（一）提升人力效率

"小微e贷"依托模型和大数据，系统自动筛选准入客户、自动生成客户评级、自动预授信，贷后管理也以线上实时监测为主，无须人工收集报表、录入信息，将客户经理从繁杂的案头工作中解脱出来。浙江农行客户经理人均小微法人管户已逾50户，最多的管户逾100户，这是传统信贷模式下无法想象也无法驾驭的。"小微e贷"的出现，有效释放了人力资源，降低了人均管户成本，让批量化的高效服务成为可能。

（二）拓宽服务渠道

自上线以来，"小微e贷"不断拓展信用大数据来源，先后联通了税务、工商、海关等数据平台，接入省商务厅、司法厅34个数据接口，实现了数据的实时共享，让客户画像更加便捷。同时，"小微e贷"全面打通省税务"银税互动"平台、银保监金融综合服务平台、浙江省政府最多跑一次办事平台"浙里办"以及多地"企业码"应用，企业在线上办事时，就可以根据纳税、工商年检、政府采购等经营记录一站式向浙江农行申请贷款，既为政务平台赋能了金融元素，又延伸了浙江农行的服务渠道，还紧密了财政资金的合作。

（三）提升服务能力

通过与企业经营管理和财务管理系统直联，能够实时掌握企业情况，不但破解了信息不对称的难题，有效控制了风险，而且可按照企业规模扩张、对外投资、股改上市等重要动态，加大融资支持，提供配套综合金融服务。"小微e贷"在模型设定时，充分考虑客户贡献度，将授信、利率定价与企业资金流、结算流等综合贡献紧密结合，并根据客户需要，为其提供存款理财、交易结算、代发工资等综合金融服务。超过一半的"小微e贷"客户在农行开立了基本结算账户，真正实现银企的共同成长、互利共赢。

六、项目的社会效益

"小微e贷"打破了传统信贷的条条框框，是"线上农业银行"建设的创新实践，也是金融科技时代高效服务小微客户群体、提升普惠金融服务能力的重要平台，对农行、对社会都具有里程碑意义。

（一）有效助力供给侧结构性改革

"小微e贷"的诞生，变"信用数据"为"融资资本"，打破了传统信贷对抵押物的依赖，能够直接为小微企业提供信用贷款，一定程度上解决了长期困扰小微企业的融资担保难题；同时也通过数字化手段，实现了信贷投放的精准化管理，促进信贷结构的优化，切实增加实体经济有效供给，灵活满足更广泛的市场主体需求。

（二）有效助力实施乡村振兴战略

"小微 e 贷"作为浙江农行发展数字经济的重要内容，拥有将金融服务送入广大农村和偏远地区的本能优势。浙江农行充分发挥服务"三农"优势，通过"小微 e 贷"大力支持国家"三区三园一体"建设、"三农"新业态、农产品交易平台、涉农绿色和"乡村建设行动"等项目中的优质小微企业，力促浙江农业高质高效、乡村宜居宜业、农民富裕富足，全面助力乡村振兴。

（三）有效助力企业降低融资成本

"小微 e 贷"的创新，是浙江农行在数字普惠上的有益探索，其本身具备的共享、便捷、低成本、低门槛的特点，有效弥补了原始普惠金融发展效率低、成本高的短板，有助于解决普惠金融"商业可持续""成本可负担"的发展难题，进一步增强了金融服务的韧性。"小微 e 贷"自上线以来，带动浙江农行普惠型小微企业贷款下降 160 基点，特别是在疫情防控期间帮助小微企业经受住了考验，实实在在为企业降成本。

（四）有效助力浙江信用生态建设

"小微 e 贷"以小微企业向工商、税务等政府部门报送的数据为基础，实现对小微企业的整体画像，并为纳税、工商信用良好的小微企业提供小额信用贷款、交易结算等金融服务，在一定程度上正向激励了小微企业守信经营、诚信纳税，让数据更加真实可信，有效助力浙江信用生态建设。

七、项目的社会评价

"小微 e 贷"自推出以来，深受政府肯定、媒体赞誉和客户欢迎，品牌社会影响力持续扩大。

（一）获中央肯定

项目支持小微企业成长的做法被国务院办公厅报送各中央领导参阅。

（二）获浙江省委省政府肯定

以"小微 e 贷"为主题的专报《我省政银合作试点推出融资新工具精准破题小微企业融资难》，获浙江省人民政府副省长的批示肯定。先进做法先后多次被选取在浙江省银保监局座谈、人民银行杭州中心支行座谈、全省"银商合作"推进会等重要场合上作经验介绍。

（三）获主流媒体肯定

项目的创新和发展被新华社、中央电视台、《人民日报》、《人民 e 财经》等多家主流媒体专题报道，其中通过"小微 e 贷"贯彻落实省委"融资畅通工程"的相关做法在《浙江日报》整版刊发。

（四）获农行总行肯定

"小微e贷"先后荣获2018年农业银行科技成果二等奖、2019年总行数字化转型优秀项目团队一等奖和2019年"小微金融"专题创意大赛优秀创意二等奖等高质量奖项，并在农行总行小微金融服务推进会上独家作经验介绍。

（五）获客户肯定

"小微e贷"线上化的便捷操作，吸引了大批优质小微企业，在客户间形成了口口相传的良好评价，客户满意度不断提升。

（项目负责人：冯建龙）

建行杭州分行互联网一键诉讼

实施单位：中国建设银行股份有限公司杭州分行

面对互联网金融新时代，银行纷纷借助互联网思维调整经营模式，以人工智能、区块链、云计算和大数据等金融科技作为技术依托，积极推动"互联网+"产品创新，践行普惠金融政策，通过手机银行、网上银行等多个银行内电子渠道推出了一系列全流程线上化，具有普惠、小额、分散、高频等特征的互联网产品。

当前，银行面临的现状一方面是互联网产品贷款规模快速增长，另一方面是由此产生的大量线上交易纠纷案件，通过传统的司法清收手段面临电子数据的真实性，申诉到判决的时间成本、诉讼成本等诸多壁垒。"互联网一键诉讼"方案是以深化与杭州互联网法院的战略合作，以互联网创新理论为基础，紧抓互联网金融产品小而分散、标准化程度高、复杂性不大等特点，运用电子存证平台，打通银行与司法机构通道，实现互联网金融产品起诉、受理、缴费、证据导入、庭审、判决、执行的全线上的智慧处理，实现互联网金融产品快速高效、规模化、一体化的互联网司法清收，维护社会金融企业资产质量，推进协同创新互联网金融治理。

一、项目背景及意义

（一）项目背景

1. 我国将基本建成"数字法治、智慧司法"信息化体系，形成"大平台共享、大系统共治、大数据慧治"的信息化新格局

随着大数据、云计算、人工智能等技术的不断发展，"数字法治、智慧司法"已成为带动法治惠民转型升级、实现司法行政事业高质量发展的趋势性选择。为推进网络诚信体系建设，为互联网发展提供司法保障，维护网络安全，化解涉网纠纷，2017年8月18日，全国第一家集中审理涉网案件的法院——杭州互联网法院挂牌成立。据了解，该院建院以来，充分贯彻"网上案件网上审"的审理思维，将涉及网络的案件从现有审判体系中剥离出来，充分依托互联网技术，完成起诉、立案、举证、开庭、裁判、执行全流程在线化，实现便民诉讼，节约司法资源。融合机制创新与网络解纷，构建前置性指导化解、在线争端解决、第三方调解、诉讼等多层次和多元化的涉网纠纷解决体系，专业、高效、便捷地处理涉网纠纷。利用大数据分析技术对涉网案件数据进行多模块比对分析，梳理规律和特点，形成结构化、标准

化的互联网司法裁判规则，为营造更安全、更干净、更具人性化的网络司法空间护航。

2. 普惠金融战略的发展对不良贷款的司法催收提出新的课题

（1）普惠金融资产质量风险控制压力较大。普惠金融业务的发展与实体经济息息相关，在经济新常态下，中小微企业及个体工商户经营困难，风险防控难，呈现"贷款难放、不良难控、利息难收"等不利局面。

（2）普惠金融产品具有量大类型化、单个标的小、参与主体多、地域跨度大、催收成本高等特点。银行业在大力发展普惠金融的同时，也遭遇了不良率上升、后期处置效率偏低的困难。

（3）普惠金融类贷款高线上化操作，呈现鲜明的互联网金融特性。互联网拉平了世界，正在改变金融活动的游戏规则。随之而来，互联网金融贷款纠纷数量成倍增长，金融案件互联网化趋势明显，与互联网金融有关的各类纠纷将成为民商审判的热点。

（4）信用数据价值凸显。根据权威机构统计，互联网金融贷款95%以上案件中的借款类型为无抵押、无担保的信用贷款，借款人的信用数据，包括征信记录、消费记录等成为司法诉讼审核的主要内容。

（5）互联网金融贷款证据大多以电子化形式呈现。借款合同的电子化是互联网金融案件与传统金融案件最显著的区别。

3. 当前普惠金融诉讼中面临诸多现实问题和壁垒

如业务管理上的分隔导致诉讼管理上的分隔，全线上产品带来的电子证据如何被法院有效采信，电子证据分布于建设银行各大生产系统，证据的统一管理面临新的挑战，以及普惠金融业务金额小、户数多、诉讼效率不高，需要大量的人力投入，诉讼成本高。

（二）项目意义

"互联网一键诉讼"方案，是为主动适应互联网发展趋势的一项重要创新。得益于杭州互联网法院的创新成果及司法环境的成熟，通过特定案件类型提交杭州互联网法院集中审理的方式，利用杭州互联网法院的全线上诉讼流程，可以大幅提高诉讼效率，缩短诉讼时滞，推动银行互联网金融产品的快速处置。长远来看，利用互联网优势可更好地服务金融企业，提升治理互联网金融环境水平。

二、项目内容

（一）项目原理

"互联网一键诉讼"是以深化与杭州互联网法院战略合作，以互联网创新理论为基础，紧抓互联网金融产品小而分散、标准化程度高、复杂性不大等特点，运用电子存证平台，打通银行与司法机构通道，实现互联网金融产品起诉、受理、缴费、证据导入、庭审、判决、执行的全线上智慧处理，实现维护社会金融企业资产质量，推进协同创新互联网金融治理。

项目的原理是通过要素化来实现对普惠金融诉讼证据的标准化，再基于标准化的诉讼请求与杭州互联网法院对接，实现普惠金融司法诉讼的批量裁决新模式。通过实现诉讼材料的"标准化""要素化"，根据法院要求准备证据清单及相关数据，实现从新一代系统中直接提取数据和证据至普惠金融批量诉讼平台。根据系统数据，自动批量生成起诉状及资产保全申请书等材料，并调取授权书、负责人身份证明书、认证信息、联系方式、代理人信息、证据列表、贷款本息余额等，一同推送至法律电子诉讼平台立案，实现普惠金融不良贷款的单笔或批量起诉。

（二）服务功能

"互联网一键诉讼"服务方案的功能主要为电子证据存储与一键诉讼。电子证据存储是指对银行业互联网金融产品业务系统中产生的电子数据进行收集固定，将电子数据原文根据杭州互联网法院的统一标准、格式存储至电子存证平台，并对符合法院诉讼要素的电子数据进行逻辑运算，制作数据摘要，形成唯一的不可篡改的"数据身份证"（哈希值），同步存证至杭州互联网法院电子证据平台。当银行起诉、举证、质证时，在诉讼平台输入存证编号，诉讼平台通过电子证据平台向自主研发的存证平台调取原文，电子证据平台对电子数据原文与哈希值校验通过后将原文导入法院诉讼平台，作为有效证据采纳。

一键诉讼是指通过资产保全经营平台一键诉讼功能模块批量或单一提交诉讼状、电子证据原文、存证编号等材料至杭州互联网法院电子诉讼平台，实现一键申诉流程。

（三）系统流程

第一，银行的电子存证平台与杭州互联网法院的电子证据平台和电子诉讼平台进行系统直连。

第二，小微快贷生成后，同步存证至电子存证平台形成电子证据档案，并实时同步哈希存证至杭州互联网法院电子证据平台并形成存证编码，存证编码与电子存证平台形成的电子证据档案进行对应。

第三，贷款发生风险事项后，通过资产保全经营平台一键诉讼功能模块发起一键诉讼，批量或单一提交诉讼状、电子证据原文、存证编号至杭州互联网法院的电子诉讼平台。

第四，杭州互联网法院的电子诉讼平台接受起诉申请后，电子证据平台推送存证编号和哈希值，与电子诉讼平台接受的电子证据原文、存证编号进行比对，校验通过后作为有效证据采纳。

第五，法官可以轻松审阅电子诉状和电子证据并轻松审判。未来可实现人工智能自动审判。

三、项目的技术路径

（一）逻辑架构

1. 功能点描述

实时对业务系统在各环节发生的电子证据进行存储固定；直通杭州互联网法院电子证据平台，形成唯一的不可篡改的"数据身份证"；互联网诉讼平台应用，实现全流程在线办理诉讼纠纷；通过证据编号，一键提取有效电子证据。

2. 功能点具体实现方式

用户在办理业务过程中通过电子存证平台，将网银、手机端、柜面系统等业务平台处理中各环节产生的电子证据进行收集固定。

电子存证平台以数据摘要作为电子数据记录的唯一标识，结合时间戳、数据加密算法等先进技术手段对推送数据进行保全，并实时同步备份到电子证据平台。（参见图 1 ）

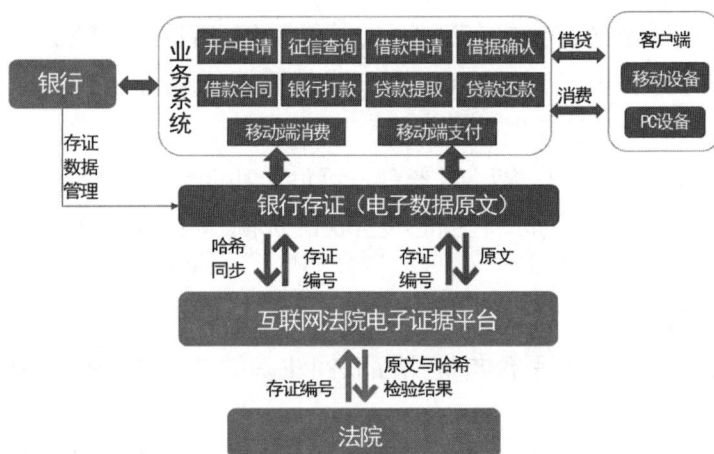

图 1 电子证据采集流程

互联网诉讼平台应用及流程：首先是注册。用户登录"杭州互联网法院诉讼平台"（www.netcourt.gov.cn/portal/main/domain/index），点击首页右上角的"注册"按钮，进入注册页面。其次是实名认证。在杭州互联网法院诉讼平台起诉、应诉必须实名，诉讼平台授权，也可以选择到法院立案窗口线下实名认证。然后是提起诉讼。确认诉前须知，登录杭州互联网法院诉讼平台，点击"我是原告"，进入起诉页面。用户务必在起诉前仔细查看《法院公告须知》《受案范围》《告知书》。阅读后，勾选"我确认阅读以上内容"并点击下一步。在起诉前首先选择纠纷类型，可在"电子商务交易纠纷""著作权侵权纠纷""电子商务小额金融借款诉讼""合同纠纷"等案由中选择并点击下一步。填写起诉状，确认个人信息，完整填写诉讼信息。确认后点击下一步。最后是电子证据抓取。当用户起诉、举证、质证时，在诉讼平台输入存证编号，诉讼平台通过电子证据平台向自主研发存证平台调取原文，电子证据平台对电子数据原文与哈希值进行校验，通过后将原文导入法院诉讼平台，作为有效证据采纳。

（二）技术架构

1. 系统组成

建设银行拟自行研发的电子存证平台将部署在建设银行自建的公有云上，采用分布式架构。系统包括电子证据存储、电子证据管理、外联安全接入、安全审计等模块。（参见图2）

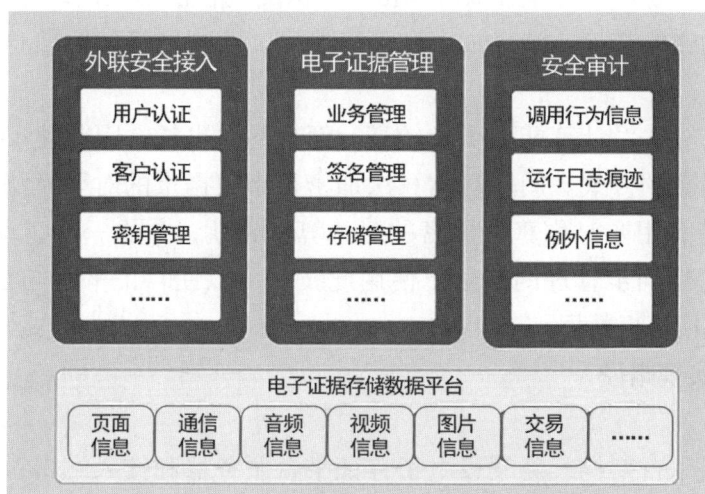

图2　电子存证平台的系统模块构成

电子证据存储是整个系统的核心模块，由于证据的信息形式多样化，大多是非结构化的数据，如：网页、博客、微博、朋友圈、贴吧、网盘等网络平台发布的信息；手机短信、电子邮件、即时通信等网络应用服务的通信信息；用户注册信息、身份认证信息、电子交易记录、通信记录、登录日志等信息；文档、图片、音视频、数字证书、计算机程序等电子文件。存储证据信息具有非结构化、海量化的特点，采用分布式数据和计算框架来实现，如Hadoop。考虑到证据存证后不可修改，存证数据在最终保存上可以建立一份光盘库镜像。

电子证据管理主要是针对不同的存证业务类型，如金融机构贷款类、电商平台交易类等，提供不同的业务服务功能，对存证信息进行信息有效摘要并利用CA证书私钥进行数据签名，对不同存证编号的存证信息的应用管理、证据信息的处理展示、备份管理等。

外联安全接入是系统对外提供接口服务的安全接入，提供用户认证、客户认证、密钥管理、证书管理等功能。根据杭州互联网法院、建设银行核心系统的接口要求提供加密加签的高效接入服务，传输的数据接口格式为HTTP+JSON的文本形式。

安全审计模块独立登记所有电子存证存储的加密签名等运行日志痕迹信息，记录存储信息被调用的使用者信息、时间戳、证据清单，系统运行的其他重要例外信息等。

2. 数字信封技术

《加密消息语法》（RFC 5652 Cryptographic Message Syntax，简称CMS）和《公钥加密标准》（The Public Key Cryptograph Standards #7，简称PKCS#7）是互相兼容的关于数字信封技术的规范文档。由该语法可以对任意消息内容进行数字签名、摘要、鉴别或加密。通过公开密码算法和对称密码算法的混合使用机制，即数字信封机制，实现通信双方的密钥交换、消息加密和消息鉴别，实现网络传输信息的保密、抗抵赖和不可更改。

非对称加密算法对计算能力要求较高，而且耗时也长，因此建议采用非对称算法和对称算法混合的方式。用非对称算法加密很小数据量的对称算法密钥，每次交换的信息中都带有用非对称算法加密的对称算法密钥，一次一密，既降低了消耗，又省去了对称密钥同步管理的麻烦。使用此技术可以使存证平台与任意系统安全、高效、便捷地交换证据数据。

（三）技术实现路径

1. 登录

基于新一代平台架构，新架设电子存证平台服务器和接入端口；电子存证平台服务器须对接行内新一代平台及各业务需求子系统，行外对接杭州互联网法院电子证据平台和电子诉讼平台；用户启动新一代系统后，点击进入其他系统按钮，自动跳转到电子存证平台。系统主要包含三大功能，即电子证据手工录入、查询和一键起诉。

2. 电子证据存储

对建设银行全线上信用快贷、平台快贷业务系统产生的电子数据进行收集固定，将电子数据原文根据杭州互联网法院的统一标准格式存储，并对符合法院诉讼要素的电子数据进行逻辑运算，制作数据摘要，形成唯一的不可篡改的"数据身份证"和证据编号。

3. 电子证据查询

用户登录电子存证平台后，在电子存证平台主页点击查询，进入查询页面，录入证据编号或客户名称等相关筛选条件，再次点击查询，可对已经存储的电子证据进行查阅；点击重置，可对已录入的相关要素及筛选内容进行清空。

电子证据通过小窗口弹出进行查阅，下方有打印、下载、取消按钮可选择。

4. 一键诉讼

在资产保全业务经营管理平台中构建一键诉讼功能模块。

用户起诉时，在一键诉讼功能模块中点击一键诉讼，页面跳转至起诉客户列表，用户通过录入客户名称等相关筛选条件，点击查询，反显出需起诉客户，选择取消则返回上一页。用户可勾选已反显的客户，点击加入诉讼，重复上一步操作，可以加入多笔需要批量起诉的客户。

已加入诉讼的客户汇总在页面下方显示，当用户选择单笔或批量起诉时，对已加入诉讼的客户进行勾选，然后在每笔勾选的客户后增加导入功能键，可手工导入建行要求、法院个性化要求等相关证据材料。点击一键诉讼按钮后，业务流程至领导岗位审批。审批通过后，系统自动从已存取的数据当中生成起诉状、授权书、负责人身份证明书、资产保全申请书、认证信息、联系方式、代理人信息、证据列表、贷款本、利息余额等信息，同时调取建行电子存证平台的电子证据包原文，一同推送至杭州互联网法院电子诉讼平台立案。

一键诉讼功能模块接收杭州互联网法院电子诉讼平台立案是否成功的信息。如果立案成功，系统提示经办人员，并保存杭州互联网法院推送的《电子版受理（应诉）通知书》《举证通知书》《权利义务通知书》《廉政监督卡》《电子缴费通知单》等诉讼文书；如果立案不成功，系统提示经办人员，根据法院所注明的退回原因，开展后续操作，或补充材料，或终止立案申请。该流程中增加下载功能键，可手工导出《电子版受理（应诉）通知书》《举证通知书》《权利义务通知书》《廉政监督卡》《电子缴费通知单》等诉讼文书材料打印。

在资产保全业务经营管理平台待结案诉讼费功能模块中导入《电子立案通知书》《电子缴费通知单》等作为审批材料。

杭州互联网法院电子诉讼平台及配置系统将法院立案、开庭审理、判决、结案、执行等流程数据推送至建行一键诉讼功能模块，用于跟踪诉讼流程进度。

四、项目的创新成果

（一）全流程线上运行

针对银行互联网金融业务申请、审批、放款、贷后管理等一系列全流程线上的业务模式，"互联网一键诉讼"借助电子存证平台，业务生成时即将电子证据进行固化存证，并哈希同步至法院电子证据平台，对传统存证、申诉、举证等流程进行了升级，将流程从线下搬到了线上，足不出户就可以完成举证申诉流程。

（二）一体化诉讼服务

率先对接杭州互联网法院诉讼平台，针对互联网金融产品金额小、规模大、跨地域等特点，通过一键诉讼功能，利用单笔/批量诉讼材料生成技术，由系统后台自动运行，大幅提高诉讼效率，有效解决了银行面临的互联网金融产品案件多、存证举证难、证据可信度低等多个难题。

（三）开发通用数字信封技术

按照《加密消息语法》规范开发一个支持多平台运行、适用各类信息、实时/非实时交易、易于互联网使用的通用加密签名模块，功能包括对交易报文的加密、签名、加密并签名。

（四）执行阶段引入公证

借助公证机构的力量，加快解决法院执行难这一社会各界高度关注的痛点问题，同时提升银行不良资产执行效率，实现不良资产的快速处置。

五、项目的经济效益（预期效益）

（一）提高诉讼效率，缩短诉讼时滞

通过特定案件类型提交杭州互联网法院集中审理的方式，利用杭州互联网法院的全线上诉讼流程，大幅提高诉讼效率，缩短诉讼时滞，推动线上类产品的快速处置。

（二）规范作业流程，实现诉讼集中经营

采用集中经营的模式，对原分散于各支行、跨条线的线上类产品诉讼事务（暂以小微快贷、个人快E贷为试点），集中至二级分行资产保全中心进行管理。资产保全中心设置专业团队，对接杭州互联网法院诉讼事务，专营专注，既提高了专业服务能力，节约诉讼成本，又减少了内部流通环节，并与处置方案申报、核销等后续环节无缝衔接，大幅提高了效率。

（三）举证高效便捷，实现证据获取有通道

在线上类产品的诉讼过程中，如何实现证据的线上存储和传输成为一大痛点。通过电子存证模式，实现数据生成与数据保存、备份的同步，并结合时间戳、数据加密算法等先进技术手段对推送数据进行保全，确保电子证据无篡改，以及证据的有效性和保密性，也解决了调取证据耗时长、效率不高的问题。

通过"互联网一键诉讼"，从银行角度看，实现打官司"像网购一样便捷"，举证高效便捷，诉讼便捷，成本低，效率高；从法院角度看，实现证据有通道，审判有基础，智能校验，使法官轻轻松松核实证据，时效提高百倍。

六、项目的社会效益

（一）实现全流程可溯源，全链路可信举证

对互联网金融产品各环节产生的电子数据进行全流程存证，同时将电子数据原文进行哈希运算，哈希值同步至杭州互联网法院证据平台。诉讼时，法院直接从证据平台提取哈希值与原文进行智能比对，有效防止电子证据灭失和篡改，实现全流程可溯源，全链路可信举证。

（二）一体化诉讼服务，实现诉讼不跑路

银行工作人员可直接在电子存证平台系统中提取起诉所需要素，点击一键诉讼后，系统自动从已存取的数据当中生成起诉状、授权书等要件并加盖电子签章，在电子证据平台中调取证据材料，直接发送至法院诉讼平台。

（三）节约诉讼成本，提高处置时效

打通银行与司法机构通道，从电子数据存证到一键诉讼，全流程线上处置模式大幅提高诉讼效率，缩短诉讼时滞，推动互联网金融产品不良贷款的快速处置，提高催收效力。

部分银行引入强制执行公证机制，通过公证机构签发的执行证书，直接向法院申请强制执行，确实为清收处置不良贷款节约了成本，缩短了时间。但有别于强制执行公证——须对每一笔发生的业务进行事前公证，线上诉讼一键式金融服务只需对要起诉的金融案件进行缴费，精准度高，为银行节省了大量支付费用及平台资源。

七、项目的社会评价

从建行端，该项目的实施有助于担当起国有大行加快普惠发展的使命和为基层减负的责任，为G端链接提供更强有力的金融科技利器。电子存证模式可实现数据生成与保存、备份同步，结合时间戳、数据加密算法等先进技术手段对数据进行保全，大幅提高诉讼效率，缩短诉讼时滞，联合G端，赋能B端，为商业银行和全国各类"互联网+"企业提供诉讼方面的高效专业技术服务，推动银行互联网金融产品的快速处置，从而完善互联网金融治理体系和生态环境，助力社会治理，解决社会痛点，防范金融风险。

从行业端，该项目的实施有助于打造高效司法诉讼模式，融入国家"数字法治、智慧司法"信息化体系建设。"互联网一键诉讼"系统成功上线，不仅为银行业全线上信贷业务展开高效诉讼提供了样板，也为今后更为高端、协同效应更强的司法区块链（智能合约）打通了关键流程。人工智能、区块链、云计算以及大数据等金融科技为银行业的创新和进化提供了新的机遇。银行业未来将不断加强互联网一键诉讼平台运用的深度和广度，对不断创新的金融产品与服务，均可采用电子存证的方式增强信息的安全性、有效性。

从法院端，该项目的实施有助于促进人民法院在智慧法院体系内的智能运行、健康发展，提升诉讼效率，加快执行速度。依托建设银行作为国有大行拥有的公信力、金融科技能力等天然优势，为商业银行甚至全国各类"互联网+"企业提供诉讼方面的高效专业技术服务，加快推进互联网金融产品的完备性，为中国"大征信"体系的建设提供有力支撑，为推进国家治理体系和治理能力现代化贡献经验与智慧。

（项目负责人：叶进）

杭州联合银行小额线上贷款产品"浙里贷"

实施单位：杭州联合农村商业银行股份有限公司

杭州联合农村商业银行股份有限公司（简称"杭州联合银行"）"浙里贷"是一款面向全客群的线上小额信用贷款产品，其通过不断构建更低运营成本、更高经营效率、更优服务体验的数字普惠金融新模式，为杭州市民提供方便快捷的线上信贷服务，受到了广大市民的认可。

一、项目背景及意义

杭州联合银行坚持以服务市民、小微企业、经济组织和地方经济发展为己任，深耕本地，夯实基础，加强创新，与时俱进。为进一步推进普惠金融深入发展，持续提升消费信贷服务的线上化、移动化、简约化、数字化、智能化水平，杭州联合银行持续推进服务理念、流程和技术创新，借助大数据、移动互联、决策引擎、流程引擎等新一代信息技术，打造线上、线下相结合的数字贷款产品"浙里贷"。通过线上、线下双轮驱动获客渠道，有效地控制资产质量水平和贷款综合成本，解决普惠金融"经济可行性"和"技术可行性"问题，助力杭州联合银行转型为"全流程数字化运营""全在线实时风控"的智慧零售银行。

（一）市场背景

随着移动互联技术的不断提升和互联网金融的进一步深化，线上消费金融逐渐成为金融机构，尤其是银行业竞争的焦点。互联网金融是传统金融行业与互联网相结合的新兴领域。互联网金融与传统金融的区别不仅仅在于金融业务所采用的媒介不同，更重要的在于金融参与者深谙互联网"开放、平等、协作、分享"的精髓，通过互联网、移动互联网等工具，使得传统金融业务具备透明度更强、参与度更高、协作性更好、中间成本更低、操作更便捷等一系列特征。

为应对互联网金融时代的激烈竞争，抢占互联网信贷市场，传统金融机构迅速调整发展战略和服务理念，不断推出符合互联网金融特点的个人信贷产品。如建设银行的"快贷"、工商银行的"融e借"、广发银行的"E秒贷"、招商银行的"闪电贷"等，均称无须提交任何纸质贷款申请资料，系统利用移动互联网、大数据、人工智能等技术分析后，即可迅速放款。

（二）政策背景

伴随着云计算、大数据、人工智能等金融科技的突飞猛进，商业银行纷纷发力互联网贷款业务，在满足居民和小微企业融资需求的同时，也有助于提高金融便利度和普惠业务覆盖率。与此同时，互联网贷款业务暴露出风险管理不审慎、金融消费者保护不充分、资金用途监测不到位等问题和风险隐患。2020年7月，中国银保监会正式发布《商业银行互联网贷款管理暂行办法》。该办法从商业银行、助贷平台、借款人等多个层面规范商业银行互联网贷款业务经营行为，以促进互联网贷款业务获客、产品设计、风控、催收等环节合规发展。

《商业银行互联网贷款管理暂行办法》要求，商业银行应当对互联网贷款业务实行统一管理，将互联网贷款业务纳入全面风险管理体系，建立健全适应互联网贷款业务特点的风险治理架构、风险管理政策和程序、内部控制和审计体系，有效识别、评估、监测和控制互联网贷款业务风险，确保互联网贷款业务发展与自身风险偏好、风险管理能力相适应。《商业银行互联网贷款管理暂行办法》的发布将进一步加快互联网贷款业务规范、有序、蓬勃发展。

二、项目内容

（一）"浙里贷"产品项目介绍

杭州联合银行"浙里贷"是一款基于移动互联网、生物识别、大数据建模等技术构建的线上个人纯信用贷款产品。大数据建模主要以各项存量客户信息数据和历年交易行为数据，以及人行征信等具有公信力的信用数据为基础，对接本地住房公积金、社保、税务等政府公共数据作为辅助，挖掘客户的"信用信息"，将其转化为"信用授信"。同时，运用移动互联网、人脸识别等信息技术，采用无面签在线申请签约、零等待实时审批放款、全流程线上办理、自主操作、随借随还的信贷办理模式，为客户提供"足不出户"线上秒贷的更便捷、更高效的互联网金融服务。

杭州联合银行"浙里贷"有两款子产品，分别为客户经理线下尽调类型的"浙里贷·浙里贷"和纯数驱产品"浙里贷·市民贷"。两款产品相互引流，满足客户不同的个性化资金需求。

（二）产品服务对象范围

杭州联合银行"浙里贷"产品是面向个人经营性贷款及消费贷款，涵盖获客、风控、运营全业务流程，覆盖贷前、贷中、贷后全生命周期集约化管理的数字贷款产品。"浙里贷"通过"一个入口"打造多项大零售业务作业能力："既可以做线下，也可以做线上"，"既可以做消费贷款，又可以做经营贷款"，"既可以做信用贷款，又可以做担保贷款"。

（三）客户全生命周期集约化管理体系

杭州联合银行"浙里贷"以线上贷款集约化运营团队为核心，以客户需求为出发点，结合总支联动营销，实现数字贷款集约化运营，初步形成了涵盖获客、活客、留存、退出这一客户生命周期的全流程管理体系。（参见图1）

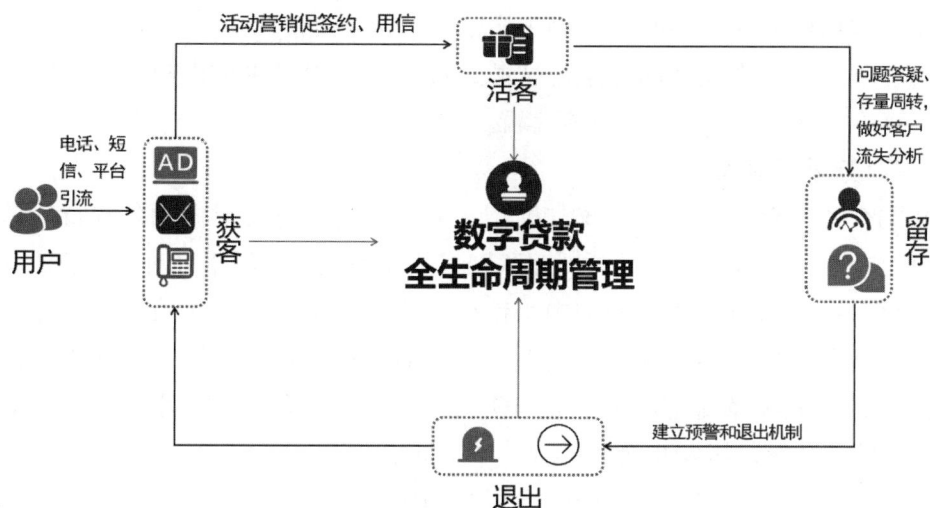

图1　数字贷款全生命周期管理体系

（1）获客：通过线上、线下广告等多渠道触达客户，同时进行存量数据挖掘，配合智能外呼、人工外呼、短信等形式实现获客。

（2）活客：促签约、促用信。以制定多样活动为抓手，配合电话/短信通知，提升签约、用信转化率。

（3）留存：针对存量即将到期客户，实现系统自动续授信。对于存量流失客户，做好流失分析。不断丰富贷中预警模型，根据客户贷中行为赋分，实现存量客户智能化管理，同时为优化数驱准入模型提供数据支撑。

（4）退出：制定客户退出机制，日常预警、贷后管理如触发退出条件，及时采取额度暂停、强制退出措施。建设线上贷款风险化解流程，为客户提供线上贷款多种风险化解方案。

三、项目的技术路径

（一）思考互联网金融对传统业务带来的影响

杭州身处"互联网之都"，互联网技术的运用已遍布民众生活的方方面面。项目组首先思考互联网金融平台的兴起对传统银行的信贷业务所带来的影响。

相较于传统银行通过客户经理面见客户，线下发起贷前调查，填写调查报告，发起审批流程,贷中、贷后跟踪的一整套贷款审批体系,互联网金融平台贷款产品具有客户操作步骤简单、所需填写资料少、办理时间快等特点,更贴近当下快节奏的消费生活习惯。同时,线上申请的便捷性可以吸引更多的客群进件,利用大数据分析技术对用户的消费行为数据进行深度挖掘、分析,提前预测客户贷款需求,配合客户标签体系和流量入口以实现精准营销。一整套流程领先国内绝大多数的商业银行。在客群结构方面,互联网金融平台的贷款客户更为年轻化,将是未来金融业务的主力客群。为顺应互联网金融的变革,杭州联合银行决定也建设互联网金融平台,以更简单、更轻便的方式拥抱新客群。

(二)业务开展模式

互联网金融平台的核心是系统与模型。前期项目组通过对国内各银行零售转型实践的深入考察,认为商业银行开展互联网贷款业务主要有以下几种业务模式。

对于自身技术力量比较薄弱的中小银行来说,无法自建系统或模型,往往采取助贷、联合贷款等形式参与互联网贷款市场,但缺点是银行在这类合作中往往处于被动地位,无论是获客端还是核心信贷模型都掌握在互联网企业手里,议价能力较低,同时受监管政策的影响也会比较大。

对于技术能力非常强、客户样本也很多的银行,可以采用自主研发系统、自行建设模型的方式。但该模式投入巨大,大多数中小银行很难复制。

对于有一定技术实力的银行来说,可采用自行搭建系统、与第三方机构联合建模的形式拓展市场,即由银行负责信贷产品设计、系统建设、获客引流,全信贷生命周期都由银行自主掌控。

结合联合银行实际情况,项目组决定选用第三种模式,即以"自行建设系统+联合建模"的方式开展业务落地,其中建模包含评分卡模型和风控模型两部分。

(三)系统建设方案

整个数字化零售信贷业务,是一项需要具备大流量获客能力、强技术风控能力、重运营服务能力、高并发IT系统支撑能力的业务。数字化零售信贷业务体系的搭建,是一项具有高技术门槛、多条线协同、强规模经济特征的复杂系统工程,必须采用一套具有整装生产力的整体解决方案。"浙里贷"平台系统建设方案如下。

1."浙里贷"平台组织架构

"浙里贷"平台的项目组织架构包括了决策层、领导层、执行层三个层次。其中决策层负责重大问题的决策,领导层负责领导项目实施工作,执行层则包括了项目经理、专家委员会、各项目小组等,负责具体实施工作。

2."浙里贷"平台主要技术选型

"浙里贷"平台系统采用Spring Boot微框架搭建基础服务,提高了应用开发与上线维护的效率。在业务流程中引入流立方实时流计算平台,满足了线上场景中对于热数据指标获取的高实时性需求。为了加快业务流程交互中的响应速度，提升客户体验，引入了Redis作为热点数据缓存方案。此外，为了实现业务流程的高可定制性，在建设过程中，使用了Activiti流程引擎技术。为满足智能决策、大数据风控、模型评分等需求，我们采用了行内已经成熟应用的iLOG决策引擎、非关系型分布式数据库HBase以及Hadoop的基础框架。

3."浙里贷"平台应用架构设计

项目组从业务发展着手，在设计平台应用架构上采用"交互与融合"的方案：系统基于分布式技术平台构建，基础业务功能被设计为可灵活扩展和便捷调用的分布式服务。系统业务分层清晰，相对独立，因此提升了系统横向扩展能力和业务创新能力。

"浙里贷"系统的模块化设计涵盖前后台多项服务："浙里贷"业务服务与决策调度服务是后台调度服务的枢纽，负责与前端进行业务流程交互，同时调用后端的各项服务，从而串联起整个后台业务流程；"浙里贷"管理服务面向业务管理人员，提供了产品、利率配置，客户名单导入，客户申请情况查询等功能；决策规则平台为测算服务核心，提供管理员个性化评分卡配置服务，同时也支撑客户申请过程中实时测算的运行；数据采集服务与流式计算引擎负责对接内外部数据源，并对数据进行实时加工处理，形成决策可用的指标；统一接入平台负责行外各类数据对接，作为客户行为的补充信息；指标数据服务通过对接大数据平台，对各项业务数据进行指标化处理，形成决策指标库；数据模型是大脑，通过业务专家补充以及数据挖掘的不断探索，持续产出营销模型；持久化引擎则负责将各项交易相关数据及日志进行异步入库，以备后续查询。（参见图2）

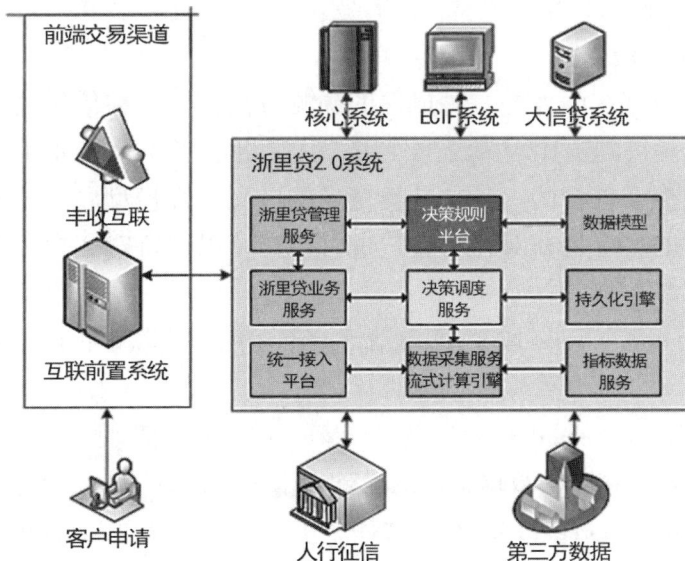

图2 "浙里贷"平台总体应用架构

（四）风控模型方案

通过与业界领先的第三方风控模型公司合作，共同建设在线实时风险控制的全套解决方案，保持模型和策略快速迭代的全生命周期智能风险管理体系，是数据源整合、反欺诈实施、风险策略制定、模型开发的四位一体总集成合作。双方建立联合风控项目小组，由风控机构提供风险相关建议，由杭州联合银行根据行内风险偏好、准入策略等政策进行风险策略、规则的最终制定，风控机构协助进行落地实施。

1. 数据集成体系

风控模型从全网大数据中优选一批具有高区分度、去多重共线性的优质数据源，构建起强大的数据体系，同时具备调用多个外部数据接口的能力。为促进数据的高效集约利用，平台构建了一套包含五个以上梯度层级的智能数据路由体系。

2. 反欺诈技术体系

平台拥有业界领先的反欺诈技术，包括设备指纹、生物探针、模拟器识别等，构建起多维度、矩阵化的反欺诈技术集群，针对欺诈行为能够实现毫秒级反应，结合数据集成体系，可将银行在业务中的欺诈风险降低到百万分之一。

3. 信用风险评估

平台将机器学习技术引入信用风险的评估当中，构建起了丰富的模型集群进行360度客户特征的精准刻画，打造了一套专属的客户全维度画像指数体系，从履约能力指数、消费能力指数、资金需求指数、个人稳定性指数、恶意透支指数、社交活跃性指数、网购倾向指数、游戏沉迷指数等八大维度进行全方位的风险评估。

4. 模型开发与迭代

根据市场情况、客群变化、风险表现等监测情况，随时进行风险策略、模型的高频更新和迭代，确保策略和模型性能有效。

（五）评分卡建设方案

信用评分卡模型在国外是一种成熟的预测方法，尤其在信用风险评估以及金融风险控制领域更是得到了比较广泛的使用。其是将模型变量 WOE 编码方式离散化之后运用逻辑回归模型进行的一种二分类变量的广义线性模型。业界普遍使用信用评分，即根据客户的多个特征对每个客户进行打分，以期待对客户优质与否做一个评判。信用评分卡有三种：

A 卡（application scorecard），即申请评分卡。用于贷款审批前期对借款申请人的量化评估。

B 卡（behavior scorecard），即行为评分卡。用于贷后管理，通过借款人的还款和交易行为，结合其他维度的数据，预测借款人未来的还款能力和意愿。

C 卡（collection scorecard），即催收评分卡。在借款人当前还款状态为逾期的情况下，预测未来该笔贷款变为坏账的概率。

三种评分卡根据使用时间不同，分别侧重贷前、贷中和贷后。本篇主要涉及A卡，即申请评分卡建模。在A卡中常用的有逻辑回归算法、层次分析法等，而在后面两种卡中，常使用多因素逻辑回归、精度等。

项目组与B公司合作，对行内存量信贷客户进行分析后，决定采用逻辑回归算法建设评分卡。逻辑回归算法最终模型的入模变量一般会横跨多个数据板块，覆盖多个不同的数据源。另外，入模变量的共线性较低，模型鲁棒性较强；逻辑回归评分卡生成过程中严格考虑了解释性，很大限度上降低了过拟合风险，使得客群稳定的情况下模型一般长期有效；模型生成过程中，多个机器学习算法变量筛选过程以及最终的循环特征筛选过程保证了模型的准确性。（参见图3）

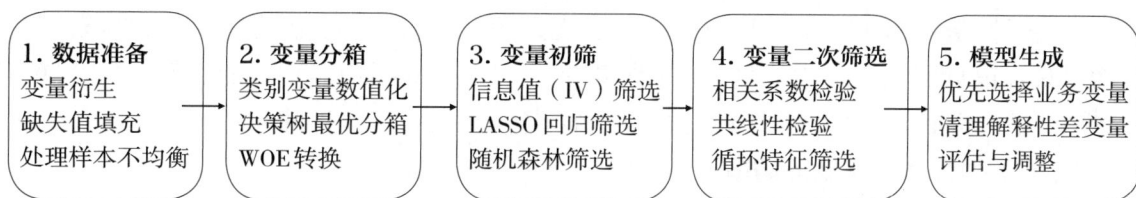

图3　逻辑回归评分卡建模流程

（六）项目实施方案

成立集约化运营团队负责模型开发与项目运营工作，具体人员配备如下。

营销管理团队：主要负责分支行销售团队组建和考核制定、总行营销方案制定和推动、外部渠道对接、营销管理权限制定及激励发放规则等内容。

业务运营团队：主要负责客服事项衔接、处理投诉及消费者舆情、运营各项费用账务核对、公众号运营、头寸管理、数据报表分析等事项。

模型管理团队：主要负责风控模型优化及风险分析报告、风险管理策略及政策调整、风险驾驶舱及反欺诈等运营平台管理。

贷后处理团队：主要负责贷中、贷后各类风险预警信号的处理、逾期催收、风险化解处理等。

四、项目的创新成果

（一）提升金融服务便捷性

借助互联网等现代信息技术手段，"浙里贷"实现24小时全线上申请、放款流程，降低客户金融交易成本，延伸服务半径，打破实体网点界限。实现"无纸化"办理，解决了用户体验问题。客户在办理贷款签约过程中，仅须在"丰收互联"端完成资料提交、征信授权、在线审批、在线放款，无须提交任何纸质资料，整个过程大约1分钟就能完成，操作方便简单。杭州市民只要有杭州联合银行的借记卡，就可实现申请、放款全流程自助操作。2020年疫情防控期间（2月3日—3月1日），客户无法到网点办理业务，借助线上渠道，"浙里贷"新增用户7000余户，新签约合同近5亿元。

（二）拓宽金融服务覆盖率

借助信息处理、大数据分析等数字技术，引入多类客群身份数据，推出多个有定向客群的低利率模型，进一步完善对特殊群体的无障碍金融服务。"人才贷–生活创业启动金"是专门为近期高校毕业生提供的半年无息的小额贷款。针对无上述政府类数据的客户，也可根据其他信息给予一定的授信额度，从市民自证信用转变为使用数据证实信用，"让数据多跑路，让市民不跑路"，显著降低金融服务的边际成本和市民成本，立足本地、回归本源，为杭州联合银行网点覆盖地区具有经营性贷款及消费性贷款需求的市民提供全覆盖、无死角、高可得的普惠金融服务，实现对杭州联合银行网点覆盖地区区域内的C端客户"人人有授信，户户能贷款"的金融触达效果，进而帮助杭州联合银行打造数字零售金融标杆行的目标。

（三）提升金融风险的防范力

一是于2019年11月搭建了线上反欺诈风控模型。通过对申请客户的公安自然人信息、非银小贷申请次数、团伙欺诈可能、涉诉涉黑等信息的识别和筛选，提升对有欺诈风险客户的拦截水平，不断加强产品防范金融风险的能力。二是进一步采用先进的物理反欺诈技术，如设备指纹功能等，在用户签约合同前增加交易侦测，拒绝欺诈风险客户的准入。三是引入智能外呼系统，对逾期欠息客户进行定期催收，对正常客户及时进行还息、欠息提醒，有效提升贷后催收的效率。四是建设开发一个集指标数据和流量报表展示、客户分析、贷款预警信息处理、贷后工单处置和流程跟踪等功能的信贷工厂360度管理平台，实现互联网贷款客户全流程数据跟踪管理。

（四）提高金融服务普惠性

顺应互联网媒体时代，产品结合"营销合伙人""拼团贷"等方式，进行推广营销，有效降低金融服务成本。利用客户朋友圈资源，以客户一拉多、多拉多的模式，产生裂变营销效应，从而降低"浙里贷"的推广成本，将节省的获客成本转化成产品的各项优惠活动，如"首贷首月免息""锦鲤秒杀"等，真正让利于客户，做到普惠金融。

五、项目的经济效益

目前"浙里贷"业务主要分为两种业务模式：白名单式与数据驱动式。截至2020年12月底，"浙里贷"签约合同金额286.97亿元，贷款余额128.6亿元，签约客户数11.3万户。其中，首贷新客户6.88万户，占总签约户数的60.89%；80后客户

8.07万户，占总签约户数的71.36%。

六、项目的社会效益

"浙里贷"是杭州联合银行借助金融科技推动融资业务模式升级而迈出的重要一步。借助金融科技利器，不仅可以解决获客难、风控难、决策慢、欺诈多等商业银行互联网融资发展道路上的一系列问题，还能够更加全面地释放居民的消费潜力，对拉动经济增长、响应乡村振兴、促进自身转型发展等方面都有着重大的意义。

"浙里贷"具有服务对象更普及、资金用途更灵活、金融服务更人性、贷款利率更优惠等优势，实现授信一步到位、资金一贷通用、办贷一次不跑、费用一分不收、风险一键排查。"浙里贷"的推出是杭州联合银行提升数字金融服务能力的积极创新，也是解决客户融资难、融资贵问题的有益探索，更是服务乡村振兴战略和"最多跑一次"改革的有力举措。"浙里贷"是杭州联合银行普惠金融的拳头产品和工作亮点。杭州联合银行将持续优化产品服务体系，加强风险防控，始终以客户为中心，为普惠金融贡献力量。

（项目负责人：张华威）

中国进出口银行"云上口行"浙分智能服务平台

实施单位：中国进出口银行浙江省分行

政策性银行在日常经营管理过程中普遍存在机构网点少、员工少的情况，但经营管理又呈现业务范围广、管理半径大、与商业银行业务同质化的特点。中国进出口银行浙江省分行旨在通过开展数字化转型，提高劳动生产率，解决经营管理和服务客户中的痛点，更好地发挥政策性金融机构服务国家战略的作用。

一、项目背景及意义

中国进出口银行浙江省分行（以下简称"分行"）自2006年成立以来，在总行党委的正确领导下，在浙江省委省政府和各相关职能部门的大力支持下，坚持规模、质量、效益和影响力平衡发展，较好地服务了地方经济，实现了自身长足发展。至2020年末，已累计实现信贷投放7300多亿元，贷款余额从58亿元增长到1713亿元，年均增速24.66%，信贷员人均贷款余额从3.6亿元提高到39亿元。分行仅在杭州地区设有经营场所，机构员工100余人，但贷款业务覆盖浙江省11个地市，以及部分境外国家和地区。因此不管是从内部管理、为员工赋能减压增效，还是服务客户的角度，都亟须开展数字化转型，对内提高工作效率和可持续经营水平，对外提升服务客户和服务国家战略的实效。

因此，针对员工的痛点、管理层的痛点和客户的痛点，分行坚持创新驱动发展战略，自2017年底开始推进了"以客户为中心"综合服务管理改革试点，通过推进构筑"五位一体"综合服务体系、建立保障业务运行"八项机制"、搭建"云上口行"浙分智能服务平台（以下简称"云上口行"）三大工程，形成一套深度契合"以客户为中心"需求、具备较强新时代特征、具有较强差异化竞争力的政策性金融产品与服务体系，充分发挥政策性银行的职能作用，显著增强金融风险防范能力，实现分行高质量可持续发展。

在推进"以客户为中心"综合服务管理试点过程中，分行形成了三方面基本工作方向。

其一，必须"以客户为中心"，构建利益共同体。一是构建银企利益共同体。视客户为价值之源，为客户从事经营活动、践行"走出去"战略、参与国际市场竞争提供服务方案，帮助客户取得商业成功、创造增量价值。二是构建内部利益共同体。

将资源、权利、责任向客户经理倾斜，按集约化、专业化、嵌入式管理要求组建团队，将其从"单兵作战"中解放出来；通过机制优化，将客户经理团队打造成服务、效益、考核支点。三是强调精准服务。对客户精准评价、分层服务，优化政策性金融资源配置，提高要素产出。为重点客户提供综合营销和个性化服务。

其二，必须大胆运用新技术，大力推进数字化转型。新发展格局下出现的各类金融新业态表明，传统银行的网点、人员乃至简单的信息系统已难以满足新发展的需求。合理的新技术运用，基于金融与大数据、人工智能的产业深度融合而打造的新信息平台，可为客户提供有别于传统金融服务的具有新时代特点的创新产品和服务，最终形成差异化的竞争新优势，为换道超车和优劣势转换提供可能。

其三，必须妥善处理好两大关系。一是与总行现行经营管理框架的关系。分行试点工作，要在总行现行管理框架、现有制度和授权下执行，通过内部服务体系改造和业务运行机制优化，实现能力和水平提升。二是与总行现有信息系统的关系。要依托总行信息系统，结合试点工作要求，通过运用新技术，构建智能服务云平台，着力解决业务发展过程中数据支撑不足、考核评价粗放、精细化管理和客户服务手段有限等突出问题，同时保证数据安全。

二、项目内容

基于中国进出口银行以客户为中心综合服务管理试点，"云上口行"是针对对公信贷业务领域的系统，主要解决以下几个痛点：一是客户经理的支撑不足，浙江省分行40个左右客户经理管理着1000多亿资产；二是管理层经营管理的痛点，信贷资产全球分布、管理半径大；三是客户服务的同质化问题，产品同质化竞争激烈。解决客户经理案头工作量过多、开展业务过程中支撑不足的问题，真正让客户经理享受"飞行员"的待遇，就是要让客户经理专心"开飞机"，把"加油、维修、保养"等各类辅助性工作交给系统去解决，让客户经理发挥在外贸外经领域的专业优势，更好地为企业提供差异化的优质服务。

（一）以分行"以客户为中心"综合服务管理创新为依托

分行在推进数字化转型和"云上口行"系统开发运用时，始终基于分行服务国家战略的政策导向和"以客户为中心"的理念，以分行"以客户为中心"综合服务管理创新为依托，遵循以下工作思路。

一是坚持整体规划、分步实施。坚持起点高、落地实，将"以客户为中心"的理念贯穿始终，围绕总行战略部署，从解决分行的突出问题入手，增强整体规划的可操作性，精心统筹、分期推进、逐步实施，并做好和总行相关工作的衔接。

二是坚持以客户为中心、问题为导向。以解决客户发展痛点和分行的优势为业务切入的端点，带动综合业务的发展。

三是坚持创新驱动、数据支撑，大胆引入大数据、云计算、物联网和人工智能等现代科技。以政策性金融特色为基础，借鉴商业银行先进经营理念，引入最新信息科技，向科技创新要生产力。

四是围绕授信客户接入多方公开信息和数据，加大与政府职能部门和监管机构的沟通与对接，尝试通过数据直连等多种方式共享更多维度的数据。

五是坚持银企互信、合作共赢。鼓励企业扩大开放信息来源和数据端口，为接入分行信息平台的客户研究开发具有增值功能的政策性金融服务产品，通过风险与收益的更好匹配，实现政策性金融资源的更高产出，将进出口银行的品牌、专业价值转化为经济效益。

（二）以分行"云上口行"智能服务平台开发应用为载体

"云上口行"包括信贷业务服务平台、信贷业务现场管理平台、综合管理服务平台等三大平台，开发了信贷现场管理机器人、单兵智能终端APP和驾驶舱等200余个系统功能模块，让员工外出有单兵、项目现场有信贷管理机器人、办公室里有"云上口行"驾驶舱。（参见图1）通过利用大数据、物联网和人工智能等现代科技，对内提高员工的工作效率，提升分行资产负债、财务绩效、风险管理和专项工作能力，对外为客户提供各种融智产品，同时让客户经理有更多的时间去研究客户发展的战略，更好地服务客户。系统上线三年来成效明显，以客户经理为例，人均每月可节省案头工作量约2.39个工作日，节省跑签次数4.83次，服务客户水平明显提高。其中，信贷现场管理机器人已实现对多个境内外项目点的远程实时监测和现场数据的智能采集分析，还获得国家知识产权局授权的两项专利证书。

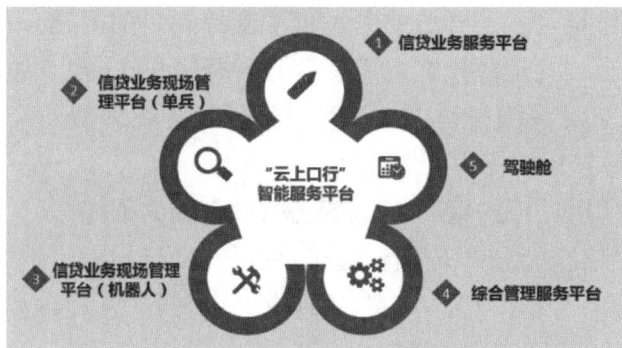

图1 "云上口行"系统组成

1. 信贷业务服务平台的功能

资产管理：可以T+1日掌握分行信贷资产的全球、全省分布等地区分布和处室分布情况，掌握分行每日各项主要经营指标及在全行的资产规模排名情况、分行重要项目储备和进展情况，以及已批未放贷款情况等。

质量管理：对贷款分类及监控类贷款变化情况进行监测，对风险贷款实施挂图作战，实现对客户经理贷款到期、评级授信到期、反洗钱评级到期、大额可疑交易上报、档案移交、审批后落实事项等十余项到期事项的提醒，进行重要贷款条件、财务指标异常波动的监测，以及通过机器人流程自动化（robotic process automation，简称RPA）技术每日批量抓取监测客户舆情信息，定期批量抓取工商、法院、道琼斯黑名单查询下载等信息。

效益及绩效管理：实现对客户的分层管理、差异化定价和综合收益管理，计算贷款利差收入、存款收益、贸金及其他收益等；实现对客户、客户经理、重要客户经理团队和处室等各维度的经济效益考核评价，并对客户补差方案落实情况进行后督；实现对客户经理及其团队多个考核指标和工作量的考核评价。

提升客户经理服务客户的能力：建立各类客户台账，方便客户经理查询；对上市公司财务报表进行智能识别和录入，数据中心自动生成各类统计报表，自动提取生成授信额度测算占用、企业客户财务分析、差异化报价工具、银保监会新增流动资金贷款需求测算工具、评级授信报告、贷前调查报告（含境内外流贷和固贷版本）和贷后检查报告（客户报告）部分内容，以及收集分析各类企业外部信息等，解决客户经理大量案头工作。

提升重点专题工作能力：重大项目推进、中美贸易监测、外贸进出口监测、风险化解攻坚、民营企业专项支持、小微企业转贷款监测等工作的进度情况"一目了然"；完成"档案管理"模块的开发，实现对档案的完成情况和移交进度情况的全面管理；完成浙江省分行和宁波分行与中国人民银行杭州中心支行保证贷款系统的接口开发，实现对监管部门的系统数据报送，减少人工报送工作量；通过系统各种数据的应用，减少员工对外手工统计报送的工作量。

2. 信贷业务现场管理平台的功能

信贷现场管理机器人具备对建设项目"项目进度管理、施工人员管理、项目车辆管理、环境指标监测、重大固定资产监控和现场实时可视"的"5+1"功能和运营项目"生产要素（水电气）管理、库存管理、生产终端管理、生产人员管理、物流车辆管理和现场实时可视"的"5+1"功能。目前已实现对8个境内外项目点（含印度尼西亚、老挝、文莱3个境外项目）的机器人安装布设，实现远程实时监测和部分结构化数据的采集。

开发单兵智能终端APP和后台管理系统，为业务人员配备单兵智能终端，实现信贷现场信息管理、客户经理行为管理、客户经理业务支撑等功能。

整合并不断丰富企业外部公开信息来源，利用RPA工具等科技手段将质押股票信息、企业工商注册信息、对外投资信息、发债信息、企业进出口数据、司法信息、政府部门项目审批信息等进行定期采集和批量更新，方便员工查询使用，同时实现对银行转贷款业务小微企业的贷前核查和贷后非现场检查的管理辅助功能。

3. 综合管理服务平台的功能

主要是借鉴、开发、整合外部相关最新科技和软件，实现智能财务报销、会议管理、考勤管理［含上下班打卡、出差、请休假、因私出国（境）等］、用车申请、教育培训与考试（含试题库建设）、信贷管理系统模拟操作等功能。

4. 驾驶舱的功能

驾驶舱包括客户经理驾驶舱、信贷处长驾驶舱和分行领导驾驶舱。

客户经理驾驶舱定位于客户经理日常工作的"仪表盘"，主要包括：（1）贷前和贷后管理报告一键生成。在贷前和贷后管理报告中自动抓取"云上口行"系统中已存在或批量导入的数据，通过智能分析，一键自动生成评级授信报告、贷前调查报告的部分内容和贷后管理报告（客户报告）的绝大部分内容。（2）到期待办事项提醒和预警。每日要完成和将来要完成的事项（包括评级到期、授信到期、贷款到期、反洗钱评定到期、审批后待落实事项等）提醒和预警；企业相关舆情、工商、司法、对外投资、质押股票、财务数据和指标等信息变化后集中提醒和预警。（3）管户企业全方位展示。为了让客户经理第一时间掌握管户企业信息，平台全方位展示企业基本信息、评级授信台账、表内业务台账、表外业务台账、存款台账、综合收益情况、集团客户台账等。（4）各类自动分析工具支持。利用"云上口行"已有的数据优势和分析能力，提供各类自动计算与分析工具，如财务报表分析、定价测算、资金需求测算、经济资本计量计算器等。（5）常用信息集中展示。集中汇总展示客户经理日常所需的常用表单、FTP资金成本、存贷款基准利率、常用网址等。（6）业务指标情况展示。一目了然地展示客户经理业务指标相关情况。

信贷处长驾驶舱主要集成了业务部门概况、部门客户经理业务情况、部门客户综合收益情况、部门项目储备情况、各类信息提示和日常管理等。

分行领导驾驶舱主要包括经营导航、外部环境、督办事项、组织架构和个人事项五大模块。

三、项目的技术路径

"云上口行"是以总行业务数据及分行补录数据为支撑，以现场抓取数据和外部收集数据为补充，以数据运用为目的，通过构建相互隔离的内外部两个数据平台，充分运用大数据、云计算、人工智能等新技术，实现分行业务管理提升和服务升级、减轻案头工作量和服务产品创新的具有新时代特点的智能化数据运用和服务平台。信息平台集成了信贷业务服务平台、信贷业务现场管理平台、综合管理服务平台、客户互动服务平台和新时代增值服务产品平台。通过协同工作，最终达到推动业务发展、综合服务客户和高效智能管理的目的。（参见图2）

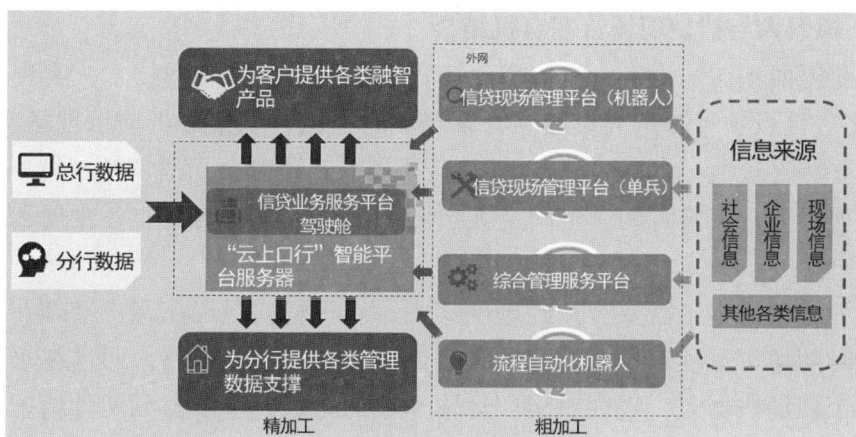

图2 "云上口行"系统技术架构

（一）以先进技术为支撑的数据运用和管理创新

运用大数据技术，实现了贷前、贷中、贷后数据实时动态收集及智能化分析，支撑了"以客户为中心"的五位一体综合服务体系。

通过项目现场、公开采集、单兵采集及总行等渠道的数据来源，收集各方面的业务资料和业务数据；通过人工智能和大数据智能分析提炼出较多的政策或案例，以信息服务产品和战略战术咨询等形式提供给各类企业。（参见图3）

图3 "云上口行"智能服务平台

（二）机器人与信贷现场管理有机结合

基于获得两项国家专利①的信贷现场管理机器人等物联网技术，实现对境内外"一带一路"重点项目和重大投资项目现场实时监测，采集分析项目现场实时影像、项目现场重要数据②。首创将信贷现场管理机器人运用到公司信贷领域境外"一带一路"重点项目上，突破时间、空间及人员限制，有效服务信贷业务发展和服务境内外公司客户。

一般境外项目本来需要客户经理两年去一次现场，但现在客户经理在单兵智能终端上随时随地可见项目现场情况。举个例子，有个境外项目，通过在水泥出厂车道架设一个现场机器人，实现对出厂运输车辆的计数，可以监测两种情况：一是企业生产销售情况是否基本正常；二是大致计算出销售收入，将其和企业提供的报表数据进行对比，由此判断企业报表的真实情况。同时也可以把这个项目境外运营的情况定期反馈给国内的股东企业和高管。

图4—6是当时分行团队制作的机器人设计图，具备远程控制、自动升降、智能监测和自我保护等功能。

图4　团队制作的机器人设计图　　　　图5　团队制作的机器人设计图

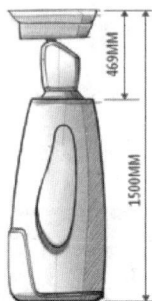

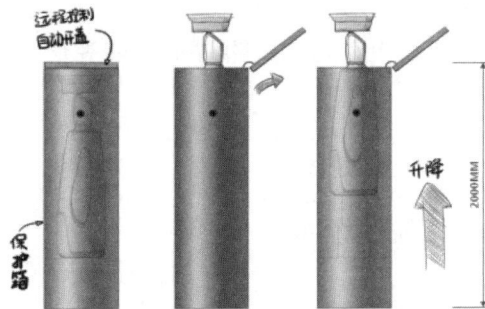

---

① 信贷现场管理机器人于2019年5月和9月分别获得国家知识产权局授权的"立柱式视频机器人"外观设计专利证书（证书号第5185346号）和"一种信贷现场管理装置"实用新型专利证书（证书号第9354279号），专利所有权人：中国进出口银行浙江省分行。

② 主要是建设期项目的项目进度管理、施工人员管理、项目车辆管理、环境指标监测、重大固定资产监控和现场实时可视，以及运营期项目的生产要素（水电气）管理、库存管理、生产终端管理、生产人员管理、物流车辆管理和现场实时可视。

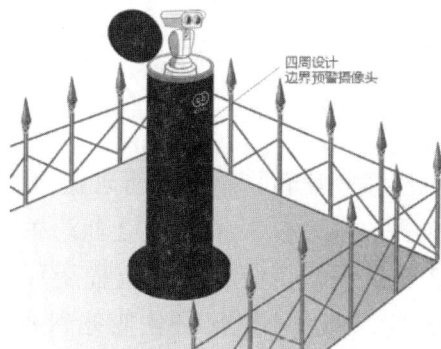

图6　团队制作的机器人设计图

（三）运用RPA技术实现外部数据抓取和监测

运用RPA技术，实现智能监测股票质押价格变动，自动抓取企业客户舆情信息、企业客户财务信息和工商信息，以及批量监测客户涉诉涉纠纷案件和失信被执行人信息。将以上自动抓取的信息运用到日常经营管理，有效减轻了一线员工工作量，有利于提高经营管理水平。图7列举了RPA技术的应用场景。

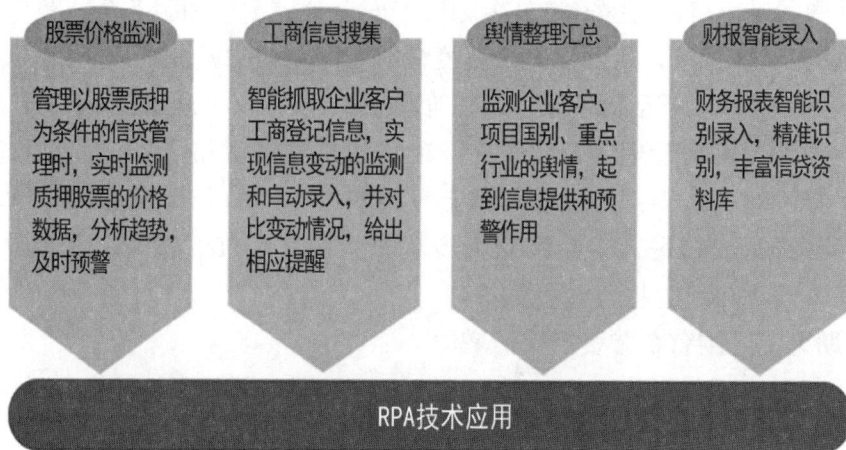

股票价格监测	工商信息搜集	舆情整理汇总	财报智能录入
管理以股票质押为条件的信贷管理时，实时监测质押股票的价格数据，分析趋势，及时预警	智能抓取企业客户工商登记信息，实现信息变动的监测和自动录入，并对比变动情况，给出相应提醒	监测企业客户、项目国别、重点行业的舆情，起到信息提供和预警作用	财务报表智能识别录入，精准识别，丰富信贷资料库

RPA技术应用

图7　RPA技术应用场景

四、项目的创新成果

（一）助力稳外贸工作

拓宽精准对接渠道，推动与省"订单＋清单"监测管理系统数据的互推互认，提升精准服务外贸企业的能力和水平。截至2020年末，分行"订单＋清单"监测管理系统贷款余额372.92亿元，其中"订单＋清单"小微企业转贷款业务余额39.43亿元，定向支持外贸小微企业1170户；实现中美贸易监测、外贸进出口监测工作常态化，有效运用监测结果，适时推出分行稳外贸相关工作举措，有效助力浙江稳外贸相关工作。

（二）助力普惠金融工作

开发"云上口行"系统小微企业转贷款业务管理监测模块，加强对业务的统计、分析、管理，对接外部数据源，实现从贷前提取企业海关编码、贷中自动筛选淘汰"不合格"客户、贷后持续监控用款企业状态的流程闭环，轻松实现"一次都不用跑"的小微企业主体识别管理，助力小微转贷款业务高速发展，全年累计发放小微转贷款195亿元。2020年，支持各类小微主体近2.7万户，户均贷款不到100万元，累计支持小微主体就业人数20余万人。加大产品创新，扎实推进"保理E贷"业务试点，为核心企业上游中小微企业提供直接贷款，实现了分行线上无接触式贷款零的突破。

（三）助力"一带一路"走出去工作

信贷现场管理机器人通过智能数据收集分析和现场视频方式，支持客户经理第一时间了解境外相关企业复工复产情况，及时有效地将境外项目情况反馈给企业国内股东和高管。"云上口行"监控与管理了境内外40余个国家和地区的数百个项目，进一步推动中国进出口银行提升境外金融资产安全管控水平和服务全球客户的能力。

（四）助力实体经济，全面保障分行疫情时期保企业稳就业

在疫情防控期间，"云上口行"驾驶舱紧急上线"150亿元稳外贸稳企业促发展专项贷款"模块，助力管理者及时掌握专项贷款投放进度和给企业降低融资成本的情况；主动梳理政府监管部门及总行抗击疫情政策，助力分行因时制宜升级各项惠企政策；持续推进支持民营企业80亿元专项贷款工作和60亿元稳外贸基本盘工作，有效支持民营经济和制造业高水平发展。

（五）助力提升国有金融资产保值增值

主要体现在通过分行数字化转型实现对客户经理的"严管、赋能、减压、增效、保护"，使客户经理有更多的时间去服务客户和研究客户战略；通过分行数字化转型实现对分行经营管理水平和服务客户能力的提升，增强分行可持续经营能力。其中，客户经理驾驶舱帮助客户经理减轻日常案头工作，提高工作效率；信贷现场管理机器人及时采集项目现场数据，通过横向、纵向比较分析，形成对项目情况的基础分析与判断结果；单兵智能终端的开发运用，使信贷现场信息管理、客户经理行为管理、客户经理业务支撑的全流程管理逐步实现，确保服务企业工作做实做细。

五、项目的经济效益

中国进出口银行作为在全球跨地区运营的国家政策性银行，具有肩负政策性使命神圣和责任巨大、业务服务区域范围广、单个客户和项目的业务金额巨大、机构网点和员工人数相对偏少等特点。随着全行业务的不断扩展，近年来业务发展较快，但也面临着外部环境的日趋复杂和对内精细化管理水平、对外客户服务水平有待进一步提高的状态。为员工赋能、减压、增效，让前台业务人员有更多的精力去研究客户发展的战略、更好地服务客户，让中后台管理人员有更多的精力去服务一线业务部门和人员，成为全行在积极推进的工作。为此，中国进出口银行近年来持续推进"以客户经理为中心"的管理改革和"以客户为中心"的服务改革。作为全行第一家试点推行"以客户为中心"综合管理服务改革的分行，浙江省分行2017年11月正式启动改革试点，推进构筑"五位一体"综合服务体系、建立保障业务运行"八项机制"、搭建"云上口行"浙分智能服务平台三大工程。

（一）推进了以先进技术为支撑的数据运用和管理创新

一是推进信贷管理的数字化转型。将分行重点工作及时"上云"，重大项目推进、中美贸易监测、外贸进出口监测、风险化解攻坚的进度情况一目了然。将信贷项目现场管理行为逐步"上云"，通过信贷项目现场机器人，及时采集项目现场数据，通过横向、纵向的比较分析，形成对项目情况的基础分析与判断结果；通过单兵智能终端的开发运用，逐步实现信贷现场信息管理、客户经理行为管理、客户经理业务支撑的全流程管理，确保信贷信息、数据的真实性、安全性、保密性和及时性。

二是推进经营管理的数字化转型。将分行经营数据全部"上云"，实现从分行总体到处室、到信贷员的资产规模、结构、效益一目了然。将财务可持续功能"上云"，实现收益测算自动化，逐步实现对客户综合收益、客户经理考核的全口径统计，对客户综合收益试点项下的业务报价及收益补差方案逐步审核、持续跟踪、定期督促反馈。

三是推进风险管理的数字化转型。将客户信用风险监测功能"上云"，运用RPA技术批量抓取和监测客户舆情信息，批量抓取企业工商、财务、涉诉信息及企业高管、股东变化情况，及时监测质押股票价格并按警戒线、平仓线进行提醒。将操作风险管理功能"上云"，对客户经理的贷款到期、评级授信到期、反洗钱评级到期、大额可疑交易上报、档案移交、审批后落实等事项录入信息平台，运用多种方式进行提示、提醒、督办。

（二）推进了以金融与科技相融合研究开发的具有新时代特征的产品创新

一是有序推进理论研究。重点抓好"五位一体"团队服务理论研究、科技金融理论研究与实践、政策性金融生态圈模式研究、"信贷大脑"研究等课题，抓紧形成理论成果，加快成果转化，更好指导工作。

二是持续推进重点产品优化。聚焦质量提升，切实抓好支持企业"走出去"战略战术咨询业务发展，近三年来已累计完成30个战略战术咨询项目交付客户。为重要客户境外投资项目提供项目预审批产品与服务，增强客户实施境外投资活动的信心和底气。

三是有序开展内部产品创新。依托信息平台技术，已完成当前金融科技热点、eWTP电子世界贸易平台、银团贷款项目情况、上市公司年度财务情况、客户环境风险情况、电力行业发展情况、非金融企业债务融资工具发行情况、公路铁路行业融资情况等各类主题的专题报告近百篇；依托RPA技术，建立分行客户舆情信息快报机制，每日从自动抓取的公开渠道信息，整理形成针对分行客户相关敏感重要舆情的《客户舆情信息快报》，作为对业务处室客户经理的重要信息参考。

（三）达到了推动业务发展、综合服务客户、高效智能管理的目的，实现了对客户经理的"严管、赋能、减压、增效、保护"

一是为客户经理赋能、减压、增效取得阶段性成果。结合客户经理实际业务工作量测算，"云上口行"的上线使用可以为客户经理人均每月节省案头工作量19.15小时，约2.39个工作日。此外，十余项到期提醒事项给员工赋能，杜绝了以往相关工作到期遗漏未做的情况，操作及合规风险进一步降低；信贷业务现场管理平台中批量收集的各类外部数据，极大提升了客户经理了解相关信息的便利性和针对性；信贷现场管理机器人的上线，使原本每两年一次的境外现场检查和每半年一次的境内现场检查变成可实时登录APP查看现场情况，依托信贷现场管理机器人采集分析项目现场实时影像、项目现场重要数据，突破了贷后管理的空间、时间限制，提升贷后管理信息获取维度；单兵智能终端APP 2019年2月底上线使用以来，后台统计数据显示，上线使用后4个月的客户经理走访企业次数较上线前4个月的走访次数增长幅度为46.41%，现场服务客户和贷后管理的频率明显提升。

二是数字化转型对管理的提质增效取得阶段性成果。通过信息平台的使用以及与日常经营管理的有效融合，分行客户关系、资产负债、财务绩效、风险管理和专项工作能力以及员工行为动态管理等诸多方面都得到了提升。以综合管理服务平台使用情况为例，2019年上半年综合管理服务模块共为全行员工节约2600余次跑签，节约跑签工作时间1043.68小时，缩短审批占用时间11189.83小时，实现全行员工人均每月节约跑签次数4.83次，人均节约各类跑签工作时间1.93小时，人均缩短审批占用时间2.58天，真正实现了"让数据多跑路，让员工少跑腿"。

六、项目的社会效益

"云上口行"的实施上线，推动了以先进技术为支撑的数据运用和管理创新，推进了分行信贷管理、经营管理及风险管理的数字化转型，提升了分行资产负债、财务绩效、风险管理和专项工作能力；有效弥补了分行机构网点少、人员数量不足的短板，有效解决了客户经理忙于应付日常琐碎事务等现实问题，实现了对客户经理的"严管、赋能、减压、增效、保护"；让客户经理有更多的时间去研究客户发展的战略、更好地服务客户，提升了服务"一带一路"重点项目和重大投资项目的能力，提升了服务全球客户的能力和水平，对提升中国进出口银行的客户服务质量和业务竞争能力有积极的意义，具有十分显著的社会效益。

"云上口行"的上线使得员工在办公室里有"云上口行"驾驶舱，在外有单兵智能终端，项目现场有信贷管理机器人，全方位提升服务客户的能力。自2018年7月在分行推广使用以来，"云上口行"监控与管理了40个国家和地区的数百个项目，为中国进出口银行进一步做好服务客户、服务外贸发展、服务民营小微企业及"一带一路"走出去等奠定了坚实的技术基础。

七、项目的社会评价

（一）专家鉴定意见

2020年5月，中国人民银行科技司组织了"中国进出口银行'云上口行'浙分智能服务平台项目"科技成果鉴定。鉴定委员会认为：

一是该项目基于内外部数据整合的大数据平台，充分运用大数据、云计算、物联网、人工智能等新技术，构建了信贷智能服务平台，实现了贷前、贷中、贷后数据实时动态收集及智能化分析，支撑了"以客户为中心"五位一体综合服务体系，达到了对客户经理"严管、赋能、减压、增效、保护"的目标，提升了分行资产管理、绩效管理、财务管理水平，为进出口银行进一步做好服务客户、服务外贸发展、服务民营小微企业及"一带一路"走出去等奠定了坚实的技术基础。

二是该项目首创信贷现场管理机器人，实现对境外"一带一路"重点项目和浙江省内重大投资项目的实时监测，增加贷后管理信息获取维度，获得两项国家专利。自2018年7月投产以来，监控了40个国家和地区的数百个项目。

三是该项目在软件设计上采用了组件化和面向服务的设计思想，基于统一的分布式技术框架实现，具有高度的可扩展性。系统参数化和模块化程度高，能通过参数设置实现对系统的有效控制。系统采用高性能分布式框架设计，通过Nginx分流过载，ZooKeeper实现中心调度，配合Dubbo网络传输，增强对大流量数据涌入的负载能力。该项目基于信贷现场管理机器人技术产品及物联网技术，实现对境外"一带一路"重点项目和重大投资项目现场实时监测，采集分析项目现场实时影像、项目现场重要数据，突破了贷后管理的空间、时间限制。该项目运用RPA技术，实现智能监测信息及数据自动抓取，增强风险防控能力。该项目运用DataV技术实现分行资产、质量、经济效益等全球分布的全方位立体展示，协助分行管理机构实时掌握整体情况。

四是该项目设计了统一的安全架构，根据不同的业务要求和应用处理，设置不同的安全措施，满足了系统安全性要求。

该项目业务创新、实用性强，架构先进、安全可靠，自2018年7月在中国进出口银行浙江省分行推广使用以来，运行稳定、理念先进，达到国内同业领先水平。同意通过技术鉴定。建议进一步扩大应用领域和范围。

（二）获得荣誉情况

2019年12月，"云上口行"浙分智能服务平台项目荣获中国人民银行主管的《金融电子化》杂志社颁发的2019年度金融科技创新突出贡献奖——开发创新贡献奖。

2020年9月，"云上口行"浙分智能服务平台项目荣获中国人民银行颁发的2019年度银行科技发展奖三等奖。

2020年12月，"云上口行"浙分智能服务平台项目荣获中国银保监会主管的《中国银行业》杂志社举办的2020年中国银行业金融科技应用成果大赛最佳应用成果奖二等奖。

2020年12月，"云上口行"浙分智能服务平台项目荣获科技部主管的国家互联网数据中心产业技术创新战略联盟2020年度科技创新特等奖。

（项目负责人：王园园）

永安期货私募基金交易线上化项目

实施单位：永安期货股份有限公司

根据《浙江省金融产业发展规划》当中"大力发展私募金融、创新发展互联网金融"的指导意见，永安期货将"私募基金交易线上化"项目列为数字化转型发展中的一号工程。项目秉承"一切只为客户"的宗旨，以严格把控合规底线为原则，2019年1月启动项目，2020年5月完成上线并投入使用，成为行业内首家实现私募基金交易全流程线上办理的机构。

该项目以自有解决方案为中心，通过自主研发与多家供应商相结合的方式进行建设。从业务模式到技术体系完全以自主创新的方式进行搭建，涵盖了投资者线上适当性开户、线上合格投资者认定、线上交易确认、线上智能双录、线上电子签约等功能，让高净值客户享受从"最多跑一次"到"零次跑"的服务体验，服务常态化，从而提高整体金融服务便捷率。

该项目应用范围以公司财富业务管理部门为中心，覆盖全公司50多个业务单元的所有销售人员，涉及存量客户3000人，100多亿资金规模，后续客户数、资金规模仍在不断增加。自2020年5月中旬系统上线以来，截至2020年12月31日，已完成线上三方电子签约交易1400多笔，涉及客户1000多人，涉及交易总金额超过20亿元人民币。

一、项目背景及意义

（一）项目背景

近几年随着整个私募基金市场不断扩大，整个行业的基金产品数量、客户数量、交易总量都在不断增加，整个交易过程涉及托管人、管理人、募集机构、投资者等多方协作，一本传统纸质合同的打印需要消耗近百页纸张，完成多方流转签约平均需要7到10天，签署模式效率低、成本高，而且存在"萝卜章""阴阳合同"等潜在法律风险。

此外，在传统的私募基金销售过程当中，作为募集机构，参与的人员包括开户人员、销售人员、资料审核人员、视频见证坐席人员、24小时冷静期回访人员等众多工作人员，需要付出大量沟通成本，还容易导致"漏单""错单"等管理风险。

2020年以来，受疫情影响，投资者非现场交易及在线购买基金的意愿更加强烈，对于投资者，在整个交易过程中需要临柜办理提交纸质材料、与业务员现场进行双录、签署大量纸质合同相关文件、安排时间接听24小时冷静期回访电话，整体流程冗长，服务体验欠佳，甚至需要客户往返多次补充材料，也违背了"最多跑一次"的服务宗旨。（参见图1）

为了更好地规避风险、提高运营效率、提升投资者服务体验，私募线上化项目的上线迫在眉睫。

图1　私募基金交易痛点

（二）项目意义

公司建设私募线上化项目，推动了相关管理人机构与托管机构线上签约的应用，也间接推动了与其合作的其他管理人和募集机构线上交易的总体进程，整个行业将通过线上签约云平台将各方以网状连接起来。

通过私募线上化项目应用，募集效率大大提升，为期货行业多元化经营添加了一大助手，为基金行业的电子签约树立标杆，也将为整个社会投融资效率的提升做出极大贡献。

二、项目内容

（一）传统线下业务痛点分析

传统线下业务模式以后台系统为主，前端以业务员为主线，衔接客户、开户部门、财富业务管理部门等各个岗位人员进行线下操作来完成整个私募基金的投资交易。具体过程如下。

1. 销售事前准备

产品发起部门在客户关系管理（customer relationship management，简称CRM）系统中进行产品报备，经公司基金销售业务管理部门财富管理服务中心（以下简称"财富中心"）及相关部门人员审核后，对产品进行准入。

2. 产品销售上架

由财富中心产品项目经理发起CRM销售排期流程，销售管理人员审核后确定销售打款时间、是否上架销售等销售参数，需要上架销售的发布上架销售信息，全公司业务人员可以通过永安管家及OA查看产品在销信息。

3. 客户开户

客户首次在公司购买产品时，需要先办理适当性评级与基金开户。该过程中，客户须通过线下方式提交开户申请材料、资产证明、交易经历证明等纸质材料。

4. 客户交易申请

客户经理与客户进行沟通，了解客户需求，明确交易意向后，协助客户办理交易申请手续。在认申购环节，须办理合格投资者认定工作，要求客户提供资产证明等纸质材料，签署《交易申请表》，并提交身份证、银行卡复印件等材料；普通投资者还需要办理产品匹配、风险揭示等系列线下双录过程。在客户赎回环节，客户需要线下签署《交易申请表》，并提交相关材料。

5. 客户合同签署

完成合格投资者认定、产品匹配、风险揭示等系列过程后，客户进行纸质合同的签署。业务单元开户人员对签署材料进行初审后，通过公司相关系统提交总部管理部门审核。

6. 客户资料审核

财富中心客户资料审核人员对业务单元提交的客户资料进行审核，对审核通过的客户，根据《交易申请单》的交易指令录入在线excel。

7. 系统资金存入

存入操作：销售管理人员根据在线excel中确认的客户交易指令在销售系统中进行资金存入操作。

存入复核：由资金存入复核人员对存入的结果和在线excel进行复核，确认无误后在销售系统中进行标记。

8. 系统交易确认

交易录入：销售管理人员对在线excel中资金存入完成的客户，在销售系统中进行交易录入。

交易复核：销售管理人员根据在线excel对录入的交易指令进行复核。

冷静期回访：销售管理人员对交易复核后的客户进行冷静期回访，回访完成后在销售系统中进行标识。其中冷静期回访计算周期的开始日期以合同签署、客户打款较晚的日期为准，时间以打款时间点为准开始计算。

交易确认：销售管理人员对冷静期回访完成的交易进行确认并在募集期或产品开放日当天通过销售系统推送给TA（tyransfer agent，过户代理）。

9. 销售系统划款

划款操作：销售管理人员根据TA返回的交易确认结果在销售系统中进行划款

操作。

划款复核：销售管理人员对划款操作进行复核并最终发送给TA。

交易确认回执：在TA份额确认后，管理人或托管机构针对每个客户制作一份份额确认单发给产品推介人，产品推介人将份额确认单分发给各个客户经理，最终由客户经理发给客户。

综上所述，在线下交易过程中，客户须签署一系列纸质文件，包括但不限于风险揭示书、基金合同、交易表单等，客户签字近20个，过程烦琐，体验相当差。且公司内部审核参与人员较多，环节复杂，较易发生操作风险事件。

（二）项目难点

作为行业内首家实现私募基金交易全流程线上办理的机构，充分体会到了建设过程的崎岖。该项目的难点在于私募基金的募集对象与交易过程完全不同于公募基金。公募基金的募集对象为广大社会公众，无人数限制，也无投资门槛，而私募基金是通过非公开发售来募集资金的，募集对象为投资门槛在100万以上少数的合格投资者，并且不能像公募基金一样公开宣传基金内容等。因此，让私募基金投资者能够通过移动终端进行线上交易，要严格做好特定对象的认定与合格投资者材料的审核，还要规避交易过程的各种风险，行业内也没有标准、成熟的解决方案，需要独自探索。

（三）建设过程

该项目从立项到上线使用历时1年多，其中1年的时间做调研学习、方案论证、技术选型、需求分析。由于突如其来的疫情，对线上交易的需求更加迫切，系统开发与上线仅有不到3个月的时间。既要客户体验便捷、管理规范，不能触碰合规红线，还要保障数据安全。在自有研发技术人员有限的情况下，引入多家外部供应商共同建设，整个项目涉及业务流程长、交互复杂。该项目并不是一个独立系统，而是通过客户移动终端将多个后台系统串联起来，从而完成整个业务链。整个项目主要分为以下几个阶段。

1. 方案论证

项目初期公司管理层亲自组织并带领10余人团队（包括合规人员、业务人员、技术人员）在全国范围内走访多家公司，进行交流与学习，涉足行业包括券商、期货、公私募基金公司等。

对各家公司相关项目的建设方式进行充分调研与分析后，在电子签约环节总结出如下两种模式。

（1）单方电子签，即客户单方进行电子签约。此模式多数应用于代销机构的自建系统，无须为托管人及管理人提供服务。托管人、管理人通过实体章用印的方式将纸质合同传递到基金代销机构，代销机构将用印后的纸质合同进行电子化上传到

自建系统，由客户单方面在线上进行电子签约。(参见图2)

由于从托管人到管理人、管理人到代销机构，合同的传递都是线下人为操作的，理论上会存在人为篡改、萝卜章用印等风险，最终客户通过电子签章用印后，客户所签署的合同将受法律保护无法篡改，托管人、管理人的利益可能受到侵害。

| 托管人 | → | 管理人 | → | 代销机构 | → | 客户 |

图2 电子签约环节各参与方

（2）两方电子签，即管理人、客户两方的电子签。此模式多数应用于管理人的自建系统，无须为托管人提供服务。同单方电子签模式，托管人通过实体章用印的方式将纸质合同传递给管理人，管理人将用印后的纸质合同进行电子化上传到自建系统，由客户单方面在线上进行电子签约。同单方电子签模式一样，理论上会存在人为篡改、萝卜章用印等风险。

综上两种模式，经公司合规部门、财富业务管理部门以及技术部门共同研讨后，为了将合规风险降到最低，并结合本公司自身业务开展特点，一致决定在电子签约环节采用三方电子签约的模式，初步制订了线上业务开展的总体方案。

2. 技术选型

项目组根据制定的总体线上业务流程联系了多家提供整体解决方案的供应商，经过多次交流后发现各家做法不尽相同。在不影响现有业务开展的基础上，需要与现有各业务系统进行对接与整合，而不能用单一系统解决整体业务问题，提供整体解决方案的各个供应商无法满足需求。至此，项目组制定了自己的技术解决方案，再引入其他供应商来解决各个环节问题，比如人脸识别、智能双录、电子签约等，最终形成了适合自身发展的整体解决方案。

特别是电子签约的选型，公司作为代销机构，需要合作的托管人、管理人等机构统一在一家代销机构的自建平台上进行工作并不现实。若托管人、管理人与不同代销机构合作都去使用各个代销机构自建的系统进行合同流转，市面上的相关系统将层出不穷，托管人、管理人的工作压力将越来越大，整体效率并不会提升，反而不利于行业发展。

从行业角度考虑，需要选择监管认可，托管人、管理人合作范围广的统一平台进行合作。另外，为了保障客户信息的安全，又不能让客户信息与交易信息在外部平台流转，因此，需要通过自建系统与签约平台对接的方式进行建设，使得托管人、管理人在外部平台上使用，永安与投资者在自建系统中使用。(参见图3)

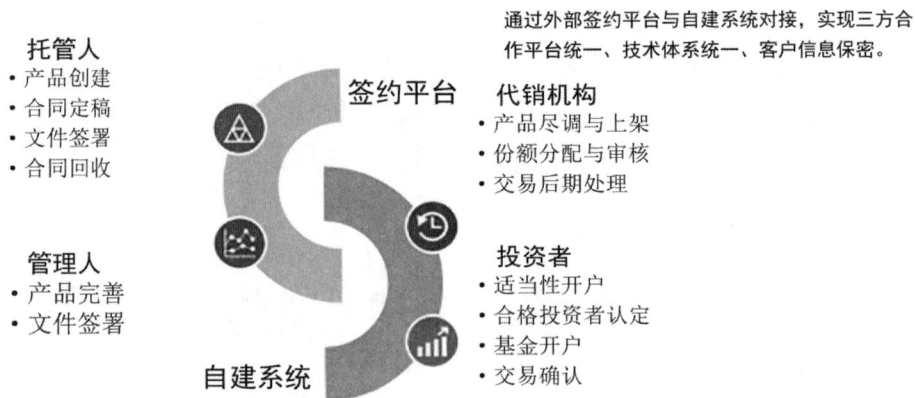

图3 外部签约平台与内部自建系统对接

3. 需求分析

根据制定的整体解决方案以及现有系统情况，需要对各系统涉及的业务进行分析，形成各系统改造的系统需求分析说明，主要涉及已有的员工移动终端、投资者移动终端、统一账户系统、财富管理系统、基金销售系统等。包括适应线上业务的新功能需求、原有功能改造需求、各系统交互接口需求等。

需求分析与确认的过程以开会的形式为主，各个相关部门指定固定的代表参与需求讨论并最终确定需求。需求内容从整体到局部，逐一确认，直至满足系统开发条件。

4. 系统开发

组织自有技术开发人员及外部供应商在疫情控制允许的情况下进行现场封闭开发，遇到问题及时组织合规、业务、技术人员共同讨论确认并解决，每完成一个功能模块就与合规、业务人员共同确认并测试，以敏捷开发、快速迭代的方式推进。

5. 系统上线

在完成所有开发与测试工作后，由业务主导部门牵头组织全公司范围集体培训与试用，并联系合作方部分托管人与管理人进行合作共同使用，从小范围合作方、客户进行逐步推广的方式推进使用。

为确保线上代销业务系统符合电子签名相关法律法规及私募基金销售的相关监管规定，加强公司决策的合法性与可靠性，公司聘请律师事务所就线上代销业务系统的合法合规性进行分析论证并出具法律意见书。

（四）项目成果

整个项目的具体功能穿插在不同的系统中，主要涉及员工移动终端、投资者移动终端、统一账户系统、CRM系统、基金销售系统等众多系统。考虑到线上线下并行的业务场景以及与现有系统的对接，项目整体的业务流程如图4所示。

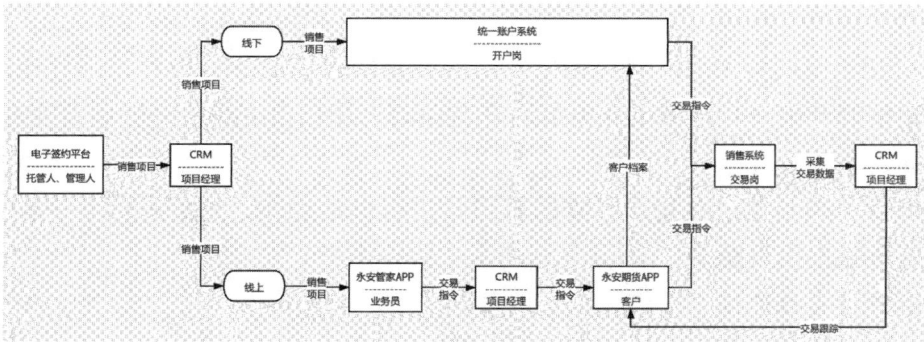

图4　永安期货私募基金交易线上化项目整体业务流程

1. 项目发起

托管人通过电子签约平台发起项目并上传合同、风险揭示书等文件，管理人在该平台上对电子文件进行审核与签署后，相关产品销售项目数据及文件以接口的方式推送给永安CRM系统。

财富中心在销售排期流程审核完成后，设定营销参数、线上交易参数，如该产品是否线上签约、是否允许新增客户等，发起销售项目。

2. 订单创建

财富中心将CRM系统中创建的销售排期项目与电子签约平台推送的产品项目进行关联，推送给"永安管家"APP，使得业务员可以在线创建预约订单。具体创建订单的逻辑如图5。

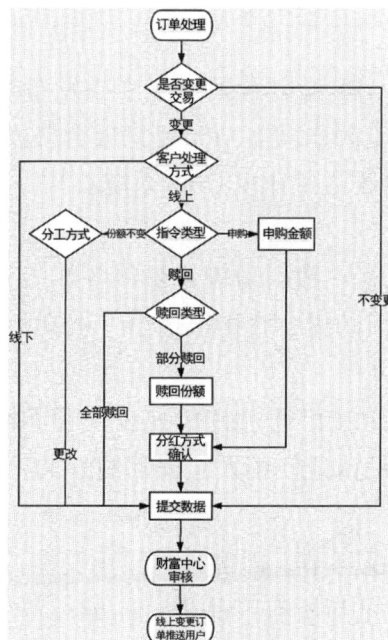

图5　订单创建的逻辑

3. 用户注册

用户在永安期货APP注册过程中，面临两种情况：业务员推荐，用户通过业务员发送邀请码开客户号，绑定业务员所在营业部；用户自主注册，展示营业部列表，用户选择营业部后进行下一步操作。

注册后，须与客户在我司开立的客户号进行绑定操作，方可进行下一步的期货账户、基金账户相关操作。

4. 客户适当性评估

永安期货APP调用保证金监控中心五期SDK接口，实现了普通投资者线上办理投资者适当性评估工作。

5. 合格投资者认定

客户可通过线上方式完成合格投资者认定。客户提供资产证明材料，在线拍摄录入系统，永安各系统同步拉取资产数据，若资料清晰齐全且满足认证，直接线上完成，认证结果通过接口与账户系统同步。

如用户拍摄材料因清晰度不足被审核打回或资产数据不满足认定条件，客户须提供资产证明、收入证明等纸质材料到开户岗，开户岗将认定结果录入账户系统。

6. 管理银行卡

客户通过APP端进行绑定后，可添加银行卡。此时需要调用账户系统校验银行卡接口（四要素校验接口），判断银行卡是否有效。添加后，由账户系统对客户银行卡数据进行管理。注销银行卡时，需要调用账户系统接口，间接调用销售系统基金销户接口。

7. 业务员预登记

业务员在"永安管家"APP可以看到财富中心发布的产品销售项目，选择需要进行创建订单的产品，在线选择事实客户（已完成合格投资者认定），填写预登记指令（认/申/赎等），并将指令推送给永安CRM系统。

8. 总部预登记审核

财富中心根据预约的总客户数、份额总量、各部门分配总量等因素，对上报的预登记进行审核确认，确认后的指令直接推送给"永安期货"APP，供客户查看签约。

9. 接收并查看订单

客户在"永安期货"APP端可通过订单列表查看详情；若需要进一步交易，则需要进行身份认证，此处身份认证使用人脸识别的方式。

10. 客户产品匹配

交易第一步为适当性匹配环节，即客户风险承受能力与产品风险等级是否匹配。若客户评级为专业投资者，可与所有产品进行匹配；若客户评级为普通投资者，将对匹配环节进行双录；若客户持有该产品，并且产品风险等级与客户等级没有变化，则跳过此过程。

11. 客户交易指令确认

客户在完成产品匹配之后，针对"永安期货"APP收到的交易指令进行确认，确认后进行电子合同签署。

12. 电子合同签署

在确认交易指令后可直接进行电子合同签署，在"永安期货"APP中集成电子签约平台提供的SDK或调用其提供的API接口完成电子签约，同时将签约后的电子合同及数据发送给电子签约平台，推送给相应管理人及托管机构。

13. 选择银行卡

客户完成合同签署后，选择打款的银行卡，并提示打款账号与选择的账号要一致。

14. 交易确认

客户确认交易指令、完成电子合同签约并选择银行卡后，确认提交订单。在客户交易指令与资金存入匹配之前，客户仍可以重新变更选择银行卡。

15. 客户基金开户/交易账户变更

APP端与账户系统通过接口的方式进行开户，此处需要间接调用销售系统开户接口。由于TA在T+1日才能返回开户结果，所以无法即时反馈APP端TA是否开户成功，此时系统默认开户成功，若存在异常，由系统维护人员及时解决，无须客户再次操作。

交易账户变更指业务上客户的银行卡由于银行系统升级等，将原来的银行卡号变更为新号码。因为涉及反洗钱的需要，交易账户变更是我们根据客户提供的银行纸质证明材料（加盖印章）进行变更，仍然在"账户系统"中操作。

16. 客户资金存入

客户在开通基金账户绑定银行卡后，随时可使用该卡向永安募集账户进行线下打款。打款后，"销售系统"将通过"银企直连"自动读取客户的交易流水，并在"销售系统"的客户基金账户中体现，无须手工进行资金存入操作。

17. 系统交易匹配

销售系统根据资金存入的可用资金以及客户提交的交易指令，以定时轮询的方式判断两者是否一致：若一致，自动执行交易录入，其中冷静期回访时间的起点以客户提交订单时间与打款最后时间为准；若不一致，将明细数据展示给业务管理人员进行人工判断。

18. 总部交易复核

销售复核人员在销售系统中进行交易复核，确认后自动生成冷静期回访任务。

19. 冷静期回访

冷静期回访支持两种方式：一是客户可以在"永安期货"APP上直接进行电子回访，完成后系统通过销售系统提供的冷静期回访确认接口自动提交完成；二是通过现有的电话方式进行回访，手动确认回访完成。

20. 系统交易确认

冷静期回访完成后，"销售系统"将最终交易确认的数据推送给外部TA。

21. 交易确认回执

最终CRM通过采集"销售系统"中TA返回的交易确认数据推送给"永安期货"APP，完成最终交易。

（五）后续展望

从整个行业角度来看，私募基金线上交易相对公募基金整体技术发展阶段上仍然相对落后，在业务、技术、客户体验等多方面都有待突破，具体如下。

1. 资金存取

公募基金行业有相对较成熟的三方存管体系，投资者的资金存取较为方便；而私募基金需要使用募集账户的方式，由投资者通过自主转账的方式进行资金汇入，并且私募投资涉及的大额资金在存取上通常也有较多限制。因此，私募基金行业亟须建立类似券商、公募基金一样的三方存管体系，从而加强资金流动的效率。

2. 基金超市

由于私募基金的推介相对公募基金较为严格，仍然以线下推介方式为主，投资者被动接收订单进行交易，自主选择的机会不多。未来随着整个行业规模的不断扩大，以及数字化转型的深度拓展，在满足监管合规的前提下，将逐步打造大规模的基金超市，供投资者进行选择与投资，也将更有利于同业竞争。

3. 智能投顾

随着客户数量、产品数量的不断增大，客户的需求与产品类型也层出不穷，对于未来，需要通过大数据技术挖掘特定客户的投资偏好以及与之匹配的产品，从而最大限度满足客户的投资需求，打造智能投顾。

三、项目的技术路径

（一）APP终端代替临柜

投资者通过客户移动终端可进行自主注册开户，并通过客户移动终端进行适当性评测，避免了临柜办理。

投资者通过客户移动终端可进行合格投资者材料拍照上传，无须亲临营业部办理，同时也将一线员工从上传文档等繁杂的工作中解放出来。

（二）智能AI技术的应用

应用活体检测、人脸识别技术并通过公安库校验客户身份的方式确保交易确认等环节系本人操作，避免法律纠纷。

利用远程视频见证、语音视频播报风险揭示、AI交互问答、智能质检等能力，标准化双录业务流程，减少业务人员、质检人员操作，双录业务办理效率得到明显提升，人员投入和运营成本有效下降，同时，投资者满意度也明显提升，既符合政策监管要求，同时为投资者减负增效。

（三）数字证书技术的应用

通过中国金融认证中心数字证书认证，采取托管人、管理人、投资者三方电子签的方式进行电子合同签约，规避了"阴阳合同""萝卜章"等潜在风险，提高了签约效率，降低了以往使用纸质材料签署的签约成本。

（四）精细化流程管理

后台订单管理中心根据产品开放情况为业务员自动推送订单，业务员通过员工移动终端提交客户交易指令并由总部审核后统一推送给客户进行确认，整个项目流程化管理避免了错单、漏单的管理风险。

系统根据客户交易确认时间及打款时间自动生成冷静期回访任务，以电子问卷的方式推送给客户，代替了传统的电话回访，解决了业务办理人员与客户之间时间安排冲突的烦恼。

四、项目的创新成果

采用托管人、管理人、投资者三方电子签方式，实现了真正意义上的全流程电子签、防篡改。

采用AI智能双录，实现自动语音视频播报、AI交互问答、智能质检，减少业务人员、质检人员操作。

采用活体检测、人脸识别作为身份认证方式，相对短信验证码等方式更加严谨。

作为金融机构，需要严格保护投资者个人信息，包括个人联系方式、地址等基本信息以及投资者的交易相关数据。面向投资者的后台系统均为自建系统，避免客户信息流入第三方云平台。

五、项目的经济效益（预期效益）

与本公司一同在该统一电子签约平台中进行合同签署、合同流转工作的托管人包括招商证券、国泰君安证券、海通证券等10余家公司，管理人包括永安国富、敦和等数十家公司，涉及客户近2000人。

传统线下纸质合同用印与签约需要多方相互邮寄，一本传统纸质合同的打印需要消耗近百页纸张，完成多方流转签约平均需要7到10天。通过线上电子签约大大节约了印刷合同的纸张成本、印刷成本与多方邮寄的物流成本，以及多方签约的时间成本。

六、项目的社会效益

永安私募线上化项目秉承"一切只为客户"的宗旨，以严格把控合规底线为原则进行建设。整个项目涵盖了投资者线上适当性开户、线上合格投资者认定、线上交易确认、线上智能双录、线上电子签约等功能，让客户享受从"最多跑一次"到"零次跑"的服务体验，服务常态化，从而提升整体金融服务便捷度。

投资者通过客户移动终端可进行自主注册开户和适当性评测，避免了临柜办理。投资者通过客户移动终端也可进行合格投资者材料拍照上传，无须亲临营业部办理，同时也将一线员工从上传文档等繁杂的工作中解放出来。

应用活体检测、人脸识别技术并通过公安库校验客户身份的方式确保交易确认等环节系本人操作，避免法律纠纷。

利用远程视频见证、语音视频播报风险揭示、AI交互问答、智能质检等能力，标准化双录业务流程，减少业务人员、质检人员的操作，双录业务办理效率得到明显提升，人员投入和运营成本有效下降，同时，投资者满意度也明显提升，既符合政策监管要求，又为投资者减负增效。

通过中国金融认证中心数字证书认证，采取托管人、管理人、投资者三方电子签的方式进行电子合同签约，规避了"阴阳合同""萝卜章"等潜在风险，提高了签约效率，降低了以往使用纸质材料签署的签约成本。

系统根据客户交易确认时间及打款时间自动生成冷静期回访任务，以电子问卷的方式推送给客户，代替了传统的电话回访，消除了业务办理人员与客户之间时间安排冲突的烦恼。

七、项目的社会评价

2020年8月15日，由杭州数字经济综合党委指导，钱塘江金融港湾党建联盟、杭州财富管理联合会、杭州市互联网金融协会、永安期货、农行杭州分行、中行杭州分行、余杭农商行共同主办的第十七期西湖财富大讲堂——"2020数字金融云论坛"在杭州电视台综合频道演播室顺利举行，同时于新华社现场云客户端、央视新闻客户端进行线上直播。永安期货受邀连线"2020数字金融云论坛"，以"数字赋能私募线上化项目创新推出"为主题，分享了永安期货在私募基金交易线上化方面的创新成果。

永安期货财富管理服务中心认为："私募基金交易线上化项目上线以来，私募订单推送、客户线上交易等大大降低了永安财富管理服务中心遗漏订单、审核出错的工作风险，同时也免去了合同邮寄、检查客户签字等工作环节，整体工作流程得到了极大的优化。"

永安国富资产管理有限公司则评价道："永安期货私募线上化项目开启了全新的私募交易模式。作为合作伙伴，我们率先体验到了三方电子签的优势，并且获得了监管部门的认可，也为我们管理人后续在直销中的应用提供了先例。"

（项目负责人：刘冬）

中行浙江省分行茶商 E 贷

实施单位：中国银行股份有限公司浙江省分行

"茶商E贷"是区块链技术运用于线上小微信用普惠贷款的重要创新试点项目，是中国银行浙江省分行（下面简称"浙江中行"）响应金融服务实体经济号召，在普惠金融领域的重大探索与突破，切合当前绿色金融、互联网金融、普惠金融、小微金融、农村金融的发展主题，对提升中行品牌影响力，积累中行线上普惠贷款开发经验，具有重大意义。

一、项目背景及意义

浙江特色市场众多，在全国处于领先地位，部分特色市场全球知名，如义乌小商品市场、柯桥轻纺市场。同时浙江因特色小镇的建立，配套的特色市场也众多，服务于农业、工业等多个领域。但浙江中行缺乏针对在特色市场中经营的个体工商户、小微企业主的贷款产品，且传统的授信方式已经无法充分满足小微企业融资短、小、频、急的特点，所以浙江中行迫切需要在特色市场小微经营贷款市场上发力，同时通过网络融资服务创新提升竞争优势。

浙江是茶叶生产大省，也是茶叶出口大省，每年的茶叶交易量巨大。茶叶质量溯源平台是浙江中行与当地工商局、市场监督管理局合作开发的，对茶产业交易进行实名管理，实现交易上下游监控及茶叶质量溯源管理的相关系统，具备唯一性、权威性。同时，该系统平台的金融功能模块，浙江中行为独家合作开发机构。

鉴于浙江中行与当地工商局已经有了一定的合作基础，双方通过茶叶溯源系统在交易支付等领域已有多年合作，如能进一步加强对接，开发线上贷款功能，加深对茶叶市场经营者服务，增强客户黏性，将有助于进一步提升浙江中行市场竞争力，扩大业务份额。

二、项目内容

（一）发展历程

追溯浙江中行茶产业金融生态场景建设，主要分为三个阶段：单一产品探索阶段、综合平台建立阶段、金融生态圈成形阶段。早在2012年，松阳县政府就开发了茶叶质量溯源交易系统，推出"茶叶溯源卡"，通过交易刷卡建立进销台账，快速锁定"问题茶叶"责任方。但是，当时此卡仅具备市场出入门禁功能，缺少支付功能，使用率并不高。于是2013年，浙江中行主动介入，对溯源系统进行优化，主导开发茶叶质量溯源管理平台，推出了具有支付结算金融功能的溯源交易卡——"浙南茶叶市场交易联名卡"，既满足市场监督管理局质量监管和维护市场秩序的要求，又满足茶叶市场商户货款支付安全性的需求，是集市场监管、质量溯源、金融服务为一体的操作系统。在茶叶质量溯源交易系统成功推广之后，为响应松阳县政府提出的茶叶质量全流程溯源的发展战略，2016年，浙江中行针对茶青收购环节在茶叶质量溯源系统的基础上升级投产了茶青质量溯源系统，并开发了手机APP功能。2017年，当地政府又将质量监管的焦点放在农资产品上，当地农业局牵头农资质量安全管理平台建设。浙江中行凭借多年的系统研发能力和推广能力，在多家银行的竞争角逐中脱颖而出，成功落地"绿色惠农农资交易一卡通平台"。

（二）**系统功能介绍**

茶叶溯源管理系统充分利用进销存管理模式，将茶农、加工商、商铺及采购商有效地关联起来，实现对茶农的有效统计，以及对商铺和采购商销售的管理。系统主要实现过程如下：根据溯源交易卡在商铺或加工商处进行交易；商铺在销售时进行数据录入，包括茶叶的种类、数量、价格；商铺依据系统和采购商进行销售交易，并记录销售额、数量、采购商信息。系统整体记录了从茶青到茶叶的整个交易流程，实现真正的溯源体系。

通过溯源系统，浙江中行充分掌握了这部分客户每年的交易信息，包括交易笔数、交易金额、交易持续性等，为更好地服务茶产业客户群提供了极好的大数据分析基础。利用该系统，浙江中行可获取并整合各类客户信息，建设客户360度视图。在此基础上，茶商E贷应运而生。

三、项目的技术路径

（一）**产品特点**

结合传统的个人经营授信模式＋大数据模型授信＋区块链数据校验的方式，产品模型包含预授信额度模型、信用评分模型、额度审核模型及风控模型。

预授信额度模型用于客户申请授信时，即判断客户是否符合中行授信风险偏好，为符合筛选模型的客户通过外部系统数据实时测算预授信贷款额度，实现精准获客。信用评分模型以行内外客户行为、征信等数据通过机器学习对客户进行全面信用风险画像，供客户准入做判断。额度审核模型为符合筛选模型的客户测算信用贷款额度，调用茶叶溯源系统内关联交易数据，运用总行的SAS模型工具，建立风控模型，通过模型实时测算客户实际额度，提高审批效率，实现线上审批授信，并通过区块链实时且不可篡改的特性，采集客户实时交易数据作为授信额度核算依据，推算客户经营性现金流情况，通过科技手段确保用款及支付账户的唯一性与安全性，受托支付用途清晰明确。最后全程风险监控，借助大数据应用，生成客户动态画像，实时推送经营账户的变动信息与异常信息。系统根据预警信号自动获取、判断借款人违约程度，采取冻结额度、重新计算额度等措施，主动预警，叫停风险。

（二）业务场景

采用总行BOCS-BIIP区块链平台，利用其去中心化的账本分布及不可篡改性，提供客户经营数据信息并实时更新，保证授信模型的数据来源真实有效。以茶叶市场每日线上交易途径为授信介入的有效途径，将茶叶市场内线上销售回笼资金作为终点，利用大数据分析等科技手段，形成信息流与资金流的闭环。

（三）额度复核模式

通过总行RLMS系统，在取得额度激活结果后，将客户分配给系统管理员，然后指派到指定客户经理并发送短信告知，以联系客户进行面谈，同时进行额度复核，并对客户基础信息进行维护。复核生效后方激活额度，以保证基础数据的准确性和贷款的真实性。

（四）提款模式

客户在核准的额度范围内输入借贷金额和账户信息，产品通过设置的规则判断借贷金额是否符合额度要求，并与茶叶溯源系统通过区块链平台对接验证其交易是否真实，确保借贷资金定向支付至交易对手账户，实现贷款资金流向有效受控，解决长期以来信贷资金流向监控的难点。后续可以将该模式推广应用到辖内其他产业链平台。

（五）技术手段

采用区块链技术，结合茶叶溯源系统提供的资金流、货物流等流数据，基于区块链的可信网络金融平台，包括数字身份（用户画像）、可溯源的电子资产、去中心化的信用评级机制等，突破经营类贷款对用户信息核实、资金安全性核实困难的瓶颈，实现经营类贷款秒批秒贷。

四、项目的创新成果

在巨大的茶产业市场、庞大的茶产业受众群体面前，浙江中行积极努力探索创新平台、渠道，整合上下游产业链，进行经营性贷款创新。

（一）渠道创新

为解决网点覆盖率与服务能力的问题，松阳支行特向当地政府报备，向人民银行、银联申请，为溯源交易卡免除ATM跨行取款手续费，让各家银行ATM皆成为中国银行茶商客户的自助服务点，最大限度满足农村客户群体的资金使用便捷性。

（二）推广平台创新

为改变在农村市场拓展上经验不足、办法不多、了解不深的现状，一方面，组织业务精英由分管行领导带队成立"茶乡先锋党员服务队"，主动进乡村宣传金融知识，增强农村客户金融意识。截至2020年底，支行共在茶叶重点乡镇、茶叶种植集聚区开展"送金融知识下乡"活动58场，受众群体逾5000人。另一方面，借助村协管员的力量，让村这一最小单位的行政组织成为最好的宣传与推广力量。

（三）在整合上下游产业链上的创新

通过全流程溯源体系的创建，将茶叶交易的上下游进行有效融合，涵盖了茶产业交易的贸易、加工与种植方。下一阶段，将拓宽产业覆盖面至收购方、物流、包装等相关产业。

（四）经营贷款的线上创新

为了进一步满足茶产业链客户融资需求，2014年，针对茶产业客户开发与定制区域性个人贷款产品，将之命名为"茶艺通宝"。该贷款品种的成功获批，弥补了中国银行在农村市场金融授信的空白。截至2018年12月末，茶艺通宝贷款累计投放368笔，共计15797万元。

基于茶叶市场业务场景，同时为破解线下申请与审批的局限性，上报建立在溯源系统沉淀6年的交易大数据基础上的线上授信方案。通过近一年的产品研发与系统测试，线上经营性贷款"茶商E贷"于2019年8月21日实现了首笔成功投放。

这款产品以茶叶交易场景为授信介入点，在茶叶质量溯源平台内嵌入贷款功能。其中区块链技术的应用，实现了金融交易数据去中心化存储，确保了数据的真实可靠，同时为银行经营性贷款业务提供了真实有效的资金使用途径佐证，免除了经营性贷款须上传经营性用款佐证材料的手续。

茶商E贷额度最高为50万元，用款最长期限为一年。从客户提交贷款申请到审批直到贷款的发放与款项使用，实现了全流程的在线操作。整个系统直接嫁接在茶商日常使用的茶叶质量溯源平台中，操作简单方便，整个流程最快仅30分钟。相较于其他贷款，首先，茶商E贷直接在茶叶质量管理平台中嵌入，包括用款申请与使用全部在平台上实现，给予客户更直观、更便捷的体验。其次，该贷款的授信额度直接依托茶商的交易数据，受众面更精准，茶商的接受度更高，也更容易与自己的日常交易结合起来进行资金使用规划。最后，该贷款产品为茶商客户专属设计，随借随还、灵活提取的设计满足茶叶交易的季节性需求。

浙江中行推出茶商E贷后不过两个月的时间，客户在线上就申请成功27笔，金额378.2万元；未成功而转线下的17笔，金额225万元。线下受理46户，金额795万元；线下接单（非清单内客户）共34笔，金额425万元。在普惠户数的拓展上，浙江中行占据着绝对的优势。茶商E贷的推出大大增强了浙江中行对该客户群体的服务力度，并首次实现了普惠贷款在线上的成功运用。

五、项目的经济效益

（一）贷款投放量

截至2021年7月底，审批通过534笔，累计投放9742.6万元。其中线上审批通过141笔，额度1976.6万元，累计提款732次，累计提款金额2410.06万元，现余额191.45万元；线上获客转线下审批180笔，额度4252万元，现余额2877万元。

（二）存款及结算量

2021年1月—7月底，松阳支行时点存款新增2800万，日均新增3580万元，存款余额为当地四大行第二。自2019年8月茶商E贷投产以来，茶商E贷客户时点存款新增6000万，占支行存款时点新增额的50%左右，日均新增4000万，占支行存款日均新增额的60%左右。

此外，溯源平台带来的当年资金结算量已达23亿元。

（三）其他综合效益

该项目扩大了中行的基础客户范围，带动了系列产品的发展。作为银政合作项目，加强了与政府的合作，并得到了人行的高度认可，浙江卫视科技教育频道专门来中行对该产品进行采访，提升了中行的社会声誉及品牌形象。

六、项目的社会效益

（一）政府端

1.便于市场监管，减少交易纠纷

茶叶溯源系统一改以往通过市场经营户手工记账查找来源的传统模式，通过溯源交易卡采集录入种植户、茶叶加工户、零售商三大群体的完整个人信息，利用电脑PC端、手机APP和POS，实现每笔刷卡交易与溯源信息采集同步进行，系统后台详细记录每笔交易的双方姓名、地址、联系方式、产品名称、交易时间、价格、数量等重要信息。市场监管部门可登录管理员账号，通过溯源系统平台查询相关信息，实时掌握市场交易情况，第一时间追溯问题茶叶的"来龙去脉"。一旦发生纠纷，执法人员通过系统可快速锁定责任人，迅速开展调查并及时调解。据统计，实施溯源系统后，每年茶叶纠纷案件从原先的80件减少至20件，投诉率降低了75%，所有投诉均能高效快速解决。

2.提升茶叶品质，实现社会效益

该项目的成功实施，不仅实现茶叶质量安全的全过程可追溯，一定程度上提升了松阳茶产业的品质和市场竞争力，也为松阳县对茶叶的监管以及茶农的交易提供了便捷。截至2020年底，全县累计办理"茶叶溯源卡"2.7万张，刷卡交易量达160

万笔，刷卡交易额已突破 100 亿元，达 151 亿元；开通"茶青溯源卡"3000 户，收集茶青种植户信息 6000 余份。通过多年的努力，松阳成为全省首个全国绿色食品原料（茶叶）标准化生产基地、全国标准茶园创建示范县，茶产业逐渐走向全省、全国甚至是国外，浙南茶叶市场荣获全国诚信示范市场、浙江省重点市场等称号，茶叶市场交易量连续 16 年、交易额连续 12 年稳居浙江省首位。

（二）银行端

1. 批量获客，扩大客户基础

茶叶市场质量溯源交易系统、茶青质量溯源系统、绿色惠农农资交易一卡通平台三个系统（平台）共同构建了茶叶溯源交易体系，形成松阳农村种植产业溯源链。三大系统（平台）通过专用溯源交易机具和手机 APP，将交易商户和农户的个人信息加载到溯源交易卡里，实现溯源功能与交易支付功能的融合。该系统（平台）的闭环运行，要求农资经销商、茶叶种植农户、茶叶加工商、成品经销商作为溯源链上的环节，均配备溯源交易卡，形成资金在中行系统内的闭环，为银行带来庞大的基础客户群。

从 2013 年正式使用浙南茶叶市场质量溯源交易系统后，该系统年交易额从 2013 年的 0.88 亿元提升至 2020 年的 28 亿元，交易笔数从 2013 年的 1.16 万笔提升至 27.32 万笔，成功提升客户对该系统的依赖性，成功将金融融入该茶产业生态圈当中，抢占下沉市场。2021 年仅 2 月一个月，交易笔数就达 12178 笔，交易金额为 2.09 亿元。截至 2021 年 7 月末，松阳支行对私借记卡总开卡数 15.8 万张，溯源系统累计办理借记卡 2.7 万张，有效客户 2 万余户，开卡占比 17.08%；松阳支行总对私存款余额 6.8 亿元，溯源系统沉淀个人日均存款 3 亿元，占比 44.12%，个人存款业务较 2013 年翻了一番，新增市场份额连年为四大行第一，是浙江中行最大的基础客户与存款增长的源泉。

2. 精准获客，扩大收入来源

溯源系统记录的不仅有客户溯源信息，更有最真实的交易资金数据，能起到对客户经营状况进行画像的作用。为打通松阳县茶产业链金融服务"最后一公里"，让茶农茶商真正"最多跑一次"甚至"一次不用跑"，浙江中行结合当地的茶叶交易模式，通过大数据分析用户交易行为，推出了以满足茶商、茶叶加工户与茶农日常经营为主的茶产业链贷款产品——"茶商贷"。该产品覆盖面广，贷款对象从产业链源头的茶农一直延伸到产业链下游的茶商，可为全链条客户提供便利的融资支持。2019 年 8 月，浙江中行首次运用区块链技术，在茶叶质量溯源平台内嵌入贷款功能，成功上线了"茶商 E 贷"，实现贷款发起、审批、发放全流程在线操作，便捷、高效地满足当地茶叶经营户对生产经营资金的需求，开创了全国中行系统内首个全流程线上操作经营性贷款。截至 2021 年 7 月末，茶产业链贷款累计投放 1014 笔，29850.6

万元。其中茶商E贷累计投放595笔,12887.3万元。

七、项目的社会评价

松阳茶产业生态圈模式已经在浙江安吉、新昌等部分茶产业强县得到了很好的普及推广。同时,该项目在产业溯源业务以及服务"三农"经济方面做出的突出贡献,受到了政府及相关管理部门的高度认可,社会影响广泛。该项目被国家市场监督管理总局列为创建产业溯源标杆在全国表彰推广;被省人行列为农村金融改革先进典型;获邀出席由北京大学农业大数据研究中心、农业农村部信息中心联合主办的第四届"春耕论坛"并分享经验;荣获浙江中行2019年度中银创新奖"管理创新奖"二等奖。《浙江日报》《都市快报》《钱江晚报》以及丽水市县各家媒体也对丽水松阳支行茶产业溯源及农村客户群授信服务进行过专题报道。

(项目负责人:熊飞)

民生银行杭州分行综合金融科技平台

实施单位：中国民生银行股份有限公司杭州分行

为更好地践行中国民生银行"民营企业的银行、敏捷开放的银行、用心服务的银行"的战略定位，杭州分行运用科技赋能打造综合金融科技平台，来实现业务作业中的"知客户、明难点、做诊断"的"知难诊"。平台自上线以来，历经迭代更新三个版本，为战略客户、中小微企业、供应链生态客群提供更加全面、系统、有效的金融服务支持，已成为杭州分行对客服务的重要工具之一。

一、项目背景及意义

按照中国人民银行办公厅的金融科技应用试点工作的发文批复和浙江省银行业协会的通知要求，结合金融科技（FinTech）发展规划，搭建杭州分行综合金融科技平台，以满足杭州分行的实际需求。通过平台化把市场主体的信用信息、需求信息和杭州分行金融产品服务信息深度融合，利用金融科技手段提升金融服务能力，及时高效地获取客户需求信息，为杭州分行的金融发展提供高速引擎，推动杭州分行数字化建设进程。同时也是为了践行浙江省"智慧政务"发展规划，推动智慧应用建设，推动金融与科技深度融合，促进数据资源融合应用，增强金融惠民服务能力。

中国民生银行自1996年成立的前20年，公司业务的开发基本以关系型营销为主，服务模式以单一客户经理、单一项目、单次业务机会的"三个一"模式为主。在这样的模式下，客户营销主要依赖于客户经理的能力与水平，服务模式较为单一，一旦涉及横跨公司、零售、金融市场多条产品线的业务，沟通成本较高，落地时间较长，客户体验度一般，无形中就增加了企业融资时间与融资成本。在实际作业中，不同角色岗位的员工会遇到各类问题。客户经理经常遇到业务多、时间紧、沟通成本高的问题；经营机构负责人会遇到重大项目跟踪难、创新项目落地难的问题；产品经理只能单方面营销产品，无法全面了解客户并依据客户特色做针对性营销突破，对于客户开发缺少系统性、全面性的评估工具等。为有效服务金融需求复杂的客户，急需转变现有的管理作业模式，由原来"单兵作战"模式优化为"五位一体"团队，提供综合金融服务协同作战的模式。

在不断加强金融科技平台建设，推动数字化智能银行建设，推进支持改革转型的科技系统开发，加速新技术布局及其在终点业务领域的应用的大背景下，杭州分行在丛军行长为组长的业务领导小组的指导下，加快推进客户综合服务转型，持续提高服务客户的专业能力和精细化程度，自主设计研发杭州分行综合金融科技平台。该平台主要服务对象为大中小微企业，以客户金融服务为切入点，打造数字化、智能化、移动化、线上化的评价模型和管理服务，提供流程管理的线上协同作业模式及高质量和高效率的综合金融服务。以金融科技创新为手段，整合金融服务场景，把市场主体的信用信息和杭州分行金融产品服务信息深度融合，为小微企业信贷服务"最多跑一次"提供平台支持，并提供纯线上化的纳税网乐贷产品服务，打造智能提醒、智能问答服务，提升风险识别、预警能力，有效解决信息不对称问题，为企业的授信审核、风控提供帮助。

平台以杭州分行客户综合服务体系为基础，通过对客户的服务质量和价值提升，构建服务客户的商业开发模式和机制，全方位融入客户的经济活动，全面提升客户价值。通过强化过程管理与大数据分析，调动全行各层级营销人员，主攻跨部门的重大、创新类项目，大大提升金融服务能力与效率，形成多方共同参与，开放、共享、协作的服务模式，促进企业融资畅通，助力民企在疫情背景下又好又快恢复发展。

二、项目内容

（一）精准服务客户

利用金融科技手段打造精准营销、精准服务、精准对接的平台，规范数据交互与共享，提升金融服务能力。通过平台的数据建模、大数据分析等功能，对获得的客户数据进行筛选，与杭州分行金融产品的使用及准入条件进行关联，便于精准定位、精准营销。

依托民生办公APP打造移动化、线上化服务，便于全行各级别、各岗位人员在移动端查看、维护客群信息，能够实时展现客群的合作历史、最新合作现状及未来开发规划。

（二）高效响应需求，持续优化迭代

通过平台的统一开发管理，实现版本的迭代优化，已具备数据展现、业务概览与过程管理三大功能，主要包含基础信息与业务活动两大板块14个子项，能够实现：（1）业务数据的及时更新与全面展现；（2）企业综合开发、产品使用、业绩评价等业务信息的变化过程与最新情况展现；（3）企业全方位营销过程留痕与工单流转过程管理等。

其中，平台2.0分为移动端与PC端两个版本：移动端便于随时查看数据、录入日志等；PC端便于各团队成员批量作业。内容上，包括客群总览与单一客户中的基本信息和业务活动。客群总览便于随时查看客群存款、贷款、金融资产、创利等客

群数据。基本信息包括工商信息、主要股东、关键人物、授信方案、五位一体团队、集团成员等模块。业务活动包括工单督办、高层会晤、规划方案、星级评定、团队日志、业务诉求、产品运用、业绩核算等模块；其中工单督办、业务诉求、高层会晤、团队日志、业务诉求是客户营销过程管理的重要组成部分，星级评定、业绩核算、产品运用等主要是对营销效果的记录与分析。

2020年6月，开发工作小组全面展开平台3.0系统优化工作。经过3次分行领导指导会议、5次开发工作小组全体会议、15次项目小组讨论会与数次邮件、行内即时通的沟通，历时9个月开发测试，平台3.0版本成功上线。相较于之前版本，木次优化更侧重使用者的用户体验与使用便利度，强调客群开发的过程化管理，增强系统的管理弹性和兼容性。

通过不断讨论研究核心内容板块，配合科技开发力量，在平台前期的基础上对原任务分派流程进行更精准的定位，准确体现层级关系，进行重大优化和改进，并新增配套功能模块，基本建设成为客群覆盖度更高、服务范围更广泛、服务能力更深入的新一代综合金融服务管理平台。

（三）静态展示与动态管理相结合

平台以综合金融服务管理为中心，提供技术支持，完善对公客户经理管理模式，加强过程管理，形成多维可视化，帮助业务成功落地，从而实现自我价值，获得相应收益。可帮助杭州分行提高客户服务工作效率，了解客户的核心需求和发展痛点，也便于高层穿透基层组织、客户经理与客户真实交互，发掘客户需求，从上而下指导各部门配合以完成金融服务产品的制定，提升杭州分行在系统线上化作业的效率，提高金融服务管理水平。

（四）坚持以客户为中心，深化科技赋能金融

平台侧重于改善用户体验，提高系统有效性，增强用户可用性，实现了客户综合开发"一个模式、一个平台、一个团队"的三个统一，充分发挥科技金融的作用，利用数据实现管理精细化，创新金融服务，坚持以客户为中心，真正实现银企双赢。

未来，平台服务会更加完善。一是持续优化制度库、案例库，帮助团队成员及时、全面了解客户开发的相关政策，促进不同团队之间的相互学习与交流，借鉴综合开发经验；二是系统的进一步完善有助于标准作业程序建设，将操作步骤和标准要求用统一的格式展现，形成一套完整的开发动作，可用来指导、规范客户开发的日常工作。

（五）完善配套文件制度，优化推广劳动激励

平台的持续使用需要分行经营机构、管理部室员工的配合，因此每次更新系统前均会同步完善系统操作规程与工作要求（参见表1），同时通过分角色、分批次的形式召开系统使用介绍培训会。

表 1　平台系统部分业务活动工作要求示例

业务活动	维护人	维护时间	维护路径
高层会晤	客户经理	高层会晤结束后三个工作日内	PC端
营销活动	客户经理	营销活动结束后三个工作日内	PC端、APP端
工单督办	客户经理	相关销售会议结束后三个工作日内	PC端、APP端
业务诉求	五位一体	按需提交	PC端、APP端
规划方案	项目经理	规划方案更新后五个工作日内	PC端
产品运用	产品经理	每季度前五个工作日内	PC端
星级评定	项目经理	每季度前五个工作日内	PC端
业绩核算	项目经理	每季度前五个工作日内	PC端

同时，为保障系统信息的持续完善与良性运转，配合文件制度的完善与激励政策的推广，大幅提升员工使用系统的频率与交互效率，进一步放大科技对金融服务能力的赋能效果。

三、项目的技术路径

（一）服务模式创新

平台融合了银行产品组合提供与服务方案流程化实施两个层面内容。所谓产品组合提供模式，是指根据企业核心显性数据，对应出杭州分行可提供的核心金融产品。再根据企业本身经营阶段、股权关系和供应链情况，增加附属金融产品供给，形成针对不同企业、不同经营阶段的"1+n"综合金融服务方案。

在金融服务方案制定后，落地与实施工作同样重要。该项功能纳入综合金融科技平台中，是杭州分行以客户为中心服务理念的具体落实与体现。这一环节在当前银行业相对薄弱，也没有形成系统化标准流程。平台将通过金融服务工单实时化、柔性化、可追溯和关键人员共享模式，实现对客户既定金融服务的高效实施。

通过平台化建设，拟建立主动和精准的服务客户新模式，强化服务落地意识，提高实施效率；根据金融产品数据实施后评估，进一步优化产品和服务。同时，根据数据实时检测，将风控前置化与实时化，改变传统的风险预警和处置方式，增强银行风险控制能力。

通过数据应用，做大做多客户的同时，通过提高自身效率与降低运行成本，使降低实体经济融资成本成为可能。主动灵活的业务市场化引导机制，为数据化驱动（有别于传统评分卡标准）金融产品模式开展提供了制度保障。

（二）平台方案设计

项目以客户综合金融服务为核心，在规范银行内部客户服务流程的同时，最大限度地提升客户服务能力，提高科技系统的运行效率，通过平台发现业务发展中存在的问题，并及时处理解决。主要建设内容如下。

其一，通过平台建设，提升数据应用能力、客户服务能力和综合数据决策能力，建立主动和精准的服务客户新模式，强化服务落地意识，提高实施效率，并根据金融产品数据实施后评估，进一步优化产品和服务，在以金融惠民为前提的市场环境下，为企业提供高质量的金融服务。

其二，搭建移动互联平台，实现全时域客户综合金融服务管理。平台对接政府综合服务平台和行内持续完善的大数据分析平台，实现从客户分析、智能评价到营销管理全流程线上作业模式。

其三，把营销活动以工作流视图的形式呈现在相关负责人及分行决策层面前，不但可以让决策者了解整体营销过程进展，而且可以及时发现营销过程中遇到的问题，及时提出意见和建议；同时，也可以帮助管理者和决策者对营销过程进行预判，及时调整金融服务方案，优化产品和客户服务策略。

其四，效率是业务过程中的关键问题，系统化和线上化是解决这一问题的有效途径。通过本项目的实施，便于金融产品服务过程的顺利落地，实现产品与服务的高质量保障，提高精准服务效率，降低服务成本，提升服务体验。

（三）组织保障

1. 成立项目工作组

由行长担任项目组组长，主管科技的副行长担任副组长，相关部门负责人和主要业务骨干担任项目组成员，具体负责落实平台的建设规划，执行组织战略目标。

2. 组建项目开发团队

组建分行层面的综合金融科技平台开发团队，统筹平台的开发建设，对整个平台所涉及的项目进行开发管理，采用敏捷方法进行项目迭代发布。

3. 数据分级保护

秉持"安全合规、分级分类、用户授权、最小够用"原则，结合杭州分行数据分级管理办法、客户信息安全管理机制，对数据分类、分级管理，分级数据安全防护，防范数据泄露安全隐患。

4. 定期汇报项目进度

根据总分行的相关要求，制订项目迭代计划，按期汇总项目进度，形成完善的汇报机制。

四、项目的创新成果

（一）高效整合数据，优化提升服务

一期完成了综合金融服务平台主体架构搭建。移动端完成了派单流程、任务流程、团队服务日志、客户营销日志、客户画像、信息推送、工单督办、任务转派、任务追加、日志查询、客户查询、高层会晤、规划方案、产品运用等功能。行内PC端对应完成了用户权限配置、操作管理界面配置、客户维护管理、数据维护管理、批量派单、产品维护等功能。

二期于2020年2月开始建设，并于7月上线运行。升级为综合金融科技平台，实现了与行外浙江省金融综合服务平台、不动产等政府平台对接，为小微企业信贷服务"最多跑一次"提供了长期的平台支持。搭建了信息共享接口，新增了中小科创贷评分模型，助力中小业务的批量开发，提供纯线上化的纳税网乐贷产品服务，打造了智能提醒功能，提升风险识别、预警能力，联合总行自然语言处理实验室开发了智能服务机器人。并对项目一期内容进行了重大优化改进，新增了星级评定、业绩核算等子功能；工单督办流程完成重大改造，对工单督办的回复、转派、处理、审核等操作进行优化；把营销日志和团队日志模块功能合并；新增客户与杭州分行合作情况查询功能、统计分析功能、公共发布功能。

截至2021年6月末，平台3.0发布，新增功能模块、客群数据、新闻滚动栏目、业务快报、数据排名五大模块。其中，功能模块包含客群总览、最新政策、通知通告、活动掠影、工单督办、星级评定、销售会议、客群名单、五位一体团队成员管理、统计数据、文件制度等子模块。平台3.0重点优化用户使用体验，除原客群开发数据功能外，增加文件留档、活动留痕、业务综合交流等功能，是服务客群的统一平台，较好地实现对客群的"服务团队化、方案专业化、收益综合化、评价科学化、管理IT化"的"五化"优化，大大提升客群服务效率。

平台系统可穿透基层组织，客户经理与客户交互信息，实现数据实时共享；实行工单督办，统筹协调各产品团队、各支持部门，快速响应客户需求，推动重大项目落地；留痕营销记录，共享开发规划，最大限度地满足头部客户的综合化金融诉求。

真正实现管理的精细化，充分发挥科技金融的作用，改变了原来单一客户经理服务模式，实现了客户"一个优化作业模式，一个科技赋能平台，一个综合服务团队"的三个统一，首席经理、客户经理、项目经理、评审经理、风险经理"五位一体"成员均可以登录系统，进行信息查询、方案录入、工单办理和诉求发起等客户综合服务作业。

（二）坚持攻坚克难，突破重点难点

通过平台建设，提升数据应用能力、客户服务能力和综合数据决策能力，建立主动和精准的服务客户新模式，强化服务落地意识，提高实施效率；根据金融产品数据实施后评估，进一步优化产品和服务，在以金融惠民为前提的市场环境下，为企业提供高质量的金融服务。

通过搭建移动端综合金融平台，实现全时域客户综合金融服务管理。平台对接政府综合服务平台和行内持续完善的大数据分析平台，实现从客户分析、智能评价到营销管理全流程线上作业模式。

将营销活动以工作流视图的形式呈现在相关负责人及分行决策层面前，不但可以让银行决策者了解整体营销过程进展，而且可以及时发现营销过程中遇到的问题，及时提出意见和建议；同时，也可以帮助管理者和决策者对营销过程进行预判，及时调整金融服务方案，优化产品和客户服务策略。

效率是业务过程中的关键问题，系统化和线上化是解决这一问题的有效途径。通过本项目的实施，便于金融产品服务过程的顺利落地，实现产品与服务的高质量保障，提高精准服务效率，降低服务成本，提升服务体验。

五、项目的经济效益（预期效益）

截至2021年6月末，平台相关系统月浏览量高达73161人次，已产生1685条团队日志录入、1122条业务诉求记录，总分行级战略客户覆盖率达100%，产品部门覆盖率达100%。基于此，团队服务效率大幅提升，分行战略客群户数、存款日均、金融资产等指标显著增长，已为64家核心企业提供五位一体的服务，可为1559家关联企业提供金融服务方案，并可触达整个上下游供应链企业。平台处理不动产抵押业务超过6000笔；为超过1万户中小微企业主提供过纳税网乐贷线上服务；为超过300家中小科创型企业客户提供移动端科创贷服务。

六、项目的社会效益

平台融合了银行产品组合提供与服务方案流程化实施两个层面内容。所谓产品组合提供模式，是指根据企业核心显性数据，对应出杭州分行可提供的核心金融产品，并增加附属金融产品供给，形成针对不同企业、不同经营阶段的综合金融服务方案。在金融服务方案制定后，落地与实施工作同样重要，该项功能纳入综合金融平台，是以客户为中心服务理念的具体落实与体现，这一环节在当前银行业相对薄弱，也没有形成系统化标准流程。平台将通过金融服务工单实时化、柔性化、可追溯和信息共享模式，实现对客户既定金融服务的高效实施，体现"服务团队化、方案专业化、收益综合化、评价科学化、管理IT化"，能为核心企业、关联企业及上下游供应链企业提供优质服务。

同时，平台推动了分行数字化建设进程，利用金融科技手段打造精准营销、精准服务的平台，节省人力资源，使降低实体经济融资成本成为可能，同时提高了客户金融服务质量和效率，也能为更多的大中小微企业及相关的供应链上下游企业提供全方位优质的金融服务，从而带来更多的经济效益。

七、项目的社会评价

项目以围绕民营企业、小微企业提供高效综合金融服务为目标，利用金融科技手段提升金融服务能力，通过科技金融赋能客群，助力金融服务实体经济，所取得的阶段性成果可在同业进行复制和推广。

一是以自主研发的移动端办公交互平台为基础，与行内大数据一体化平台，行外金融综合服务平台、不动产等政府平台对接，利用大数据技术，进行跨行业信息融合；利用行内自然语言处理实验室的人工智能自然语言处理平台搭建智能问答服务，将会话交互金融服务模式应用到业务领域；采用安全与便捷的网络身份认证，进行权限校验访问控制，打造数字化、智能化、移动化、线上化的评价模型和管理服务，提供流程管理的线上协同作业模式及高质量和高效率的综合金融服务。

二是搭建行内综合金融科技平台。一方面，联动大数据平台、行内业务处理系统、税务部门、政府单位的服务系统，推进应用场景金融建设，提供金融服务，为小微企业信贷服务"最多跑一次"提供平台支持；另一方面，利用人工智能技术进行智能提醒，提升风险识别、预警能力，特别是对于贷中、贷后的监控提醒，有效解决信息不对称问题，在后端预警并推送前端及时提醒。

2020 年以来，受疫情影响，金融服务的线上化、移动化刻不容缓。民生银行杭州分行综合金融科技平台有助于支持实体经济，支持民营企业、小微企业复商复产，以金融科技创新为手段，整合金融服务场景，把市场主体的信用信息和杭州分行金融产品服务信息深度融合，获取企业全生命周期的数字信用，构建企业画像，提升金融服务能力，在提高精准服务效率、降低服务成本和提升服务体验等方面都进行了创新。

（项目负责人：丛军、林峰、倪朝晖）

兴业银行杭州分行智慧绿色金融业务系统

实施单位：兴业银行股份有限公司杭州分行

兴业银行自2006年在国内首先积极探索绿色金融业务以来，经过十多年潜心发展，不断创新产品与服务，改革商业模式和经营机制，已形成了包含绿色投融资、绿色理财、绿色基金等多个业务类型的集团化绿色金融产品与服务体系，将绿色发展与商业行为有机融合，成为国内银行业发展绿色金融的典范。近年来，央行、银保监会等部门不断完善绿色金融政策体系，对银行绿色金融发展提出了更高的要求。作为中国绿色金融先行者，基于十多年探索实践，兴业银行自主研发绿色金融业务系统。该系统是国内首个由金融机构自主研发的绿色金融IT支持平台，也是目前国内金融机构领先的绿色金融专业系统。

一、项目背景及意义

2006年，兴业银行在国内首先推出能效项目融资产品，开启了兴业银行绿色金融服务之路。2008年，兴业银行公开承诺采纳赤道原则，成为中国首家"赤道银行"。围绕我国实体经济绿色转型发展需求，兴业银行深耕绿色金融十余年，着力于服务实体经济、支持生态文明建设，积极履行社会责任，现已形成了涵盖绿色信贷、绿色信托、绿色租赁和绿色基金等的集团化绿色金融产品服务体系。兴业银行多年来不断创新，获得了业内诸多"第一"——全国首笔落地的排污权抵押贷款、首笔碳资产质押贷款、首张以低碳为主题的信用卡、首笔绿色信贷资产支持证券、首支绿色金融债和首期兴业绿色景气指数（GPI）等等，走出了一条寓义于利、点绿成"金"的特色之路，在绿色金融领域积累了丰富的实践经验，获得了市场与监管机构的高度认可，绿色金融品牌形象深入人心。

兴业银行绿色金融业务虽然起步较早，但在业务发展过程中也面临着以下几大问题与挑战。

客户营销拓展及业务办理效率方面：绿色金融信贷产品主要投向公共环境服务等行业的企业客户，受经济周期波动的影响小、现金流量稳定。由于公益性较强，行业平均盈利水平较低，银行盈利空间较小，如何在推广绿色金融业务理念的同时，保障商业银行的合理利润空间和业务可持续性？从银行内部来说，要通过提高效率和优化流程来降低服务成本；外部则要从营销环节开始深入挖掘客户需求以进行产品的交叉销售，对业务价值和客户综合价值进行全面衡量和把握。

环境效益测算方面：在绿色金融业务的准入上，需要进行环境效益的节能减排测算和认定，用数据来评估环境效益。不同行业的测算模型复杂度高、专业性强，过去手工测算的模式对专业人员的依赖度高且需要投入大量的人力成本。

考核评价方面：各条线、各部门、各分行以及各子公司之间绿色金融业务利润分润机制不清晰，绿色金融业务的业绩认定、分配、计量、考核以及业务资源和财务资源的分配缺乏有效的系统支撑，绿色金融业务业绩不能够准确及时计量，难以科学、有效地激励业务发展。

满足内部管理及监管要求方面：人民银行和银保监会等部门不断完善绿色金融政策体系，对银行绿色金融发展提出了更高的要求。比如，实行客户环境和社会风险分类管理、环保违法违规客户名单制管理及预警管理、环境和社会风险审查以及绿色信贷统计等。传统依赖手工或半手工的业务作业模式无法及时有效地满足集团自身及外部监管的管控要求，迫切需要支撑绿色金融业务的专业系统，实现绿色金融业务的信息化管理。

兴业银行早在2010年即在信贷系统内嵌了绿色业务打标功能，系国内首家主动通过IT系统管理绿色业务的金融机构，初步实现了对绿色金融业务的信息化管理。随着兴业银行绿色金融业务的快速发展，仅以绿色标识作为IT管理手段已经难以满足绿色金融业务发展与管理的需要；同时，经过多年探索，兴业银行积累了大量的绿色金融实操经验，业务体系日益完善，业务流程逐渐明晰，模块化、电子化作业的条件日益成熟，已经具备了自主开发建设绿色金融业务专业系统的能力。因此，为深入支持绿色产业、服务实体经济，并强化环境与社会风险管控，兴业银行于2015年6月立项，启动了绿色金融业务系统一期的开发建设工作，将长期实践中摸索出来的成功经验电子化、流程化和信息化，规范业务操作，提升业务办理效率，为兴业银行绿色金融业务的健康快速发展起到了积极的促进作用。

2017年以来，我国绿色金融体系逐步完善，监管要求日趋严格，对绿色金融系统的功能和性能要求越来越高；同时，随着兴业银行流程银行建设工作的深入推进，绿色金融业务系统所依附的外围系统环境发生了重大变化，绿金系统升级改造迫在眉睫。为全面落实监管要求、积极配合流程银行建设、进一步完善系统功能和使用体验、提升兴业银行绿色金融专业化经营水平、保障业务开展质效，兴业银行于2018年立项启动了绿色金融业务系统二期的开发建设，自主研发了覆盖多个行业的环境效益监测模型，建设了绿色金融业务属性认定、赤道原则项目评审、环境效益监测等专业化模块，便于精准测算环境效益和有效评估环境风险，有助于实现对绿色信贷的精准支持；基于大数据技术开展客户营销分析，筛选潜在客户；基于大数据技术采集企业运转指标数据，进行目标企业的环境与社会风险线上监控及贷后评估。系统功能完备，涵盖客户管理、业务管理、风险管理、运营管理、数据分析等方面，作为兴业银行绿色金融业务线上作业和管理平台，实现了对绿色金融业务全流程的系统支持。

二、项目内容

（一）项目目标

本项目建设的总体目标是结合绿色金融业务集团化发展规划及专业化管理的要求，形成同业领先、功能完备且可扩展的业务系统。具体目标包括以下几个。

1. 满足绿色金融业务集团化管理需要

通过建设绿色金融业务系统，统筹支持绿色金融业务长远发展以及集团化联动发展，特别是在客户管理、业务管理、报表统计、信息管理、综合管理等方面提供系统支持以满足精细化管理要求。

2. 提高绿色金融客户营销管理水平

借助系统，通过客户分级管理、沙盘客户跟踪、业务数据挖掘分析，更加有效地分析、了解并挖掘客户需求，落实沙盘客户营销责任，提升绿色金融客户营销的准确性与有效性。

3. 满足监管要求

近年来，监管机构制定了一系列的绿色信贷管理制度，对于银行绿色信贷发展提出了很高的要求，比如客户的环境和社会风险分类管理、环保违法违规客户名单制管理及预警管理、授信环节内嵌环境和社会风险尽职调查的环节等一系列的全流程管控要求。绿色金融业务系统的建设可有效满足监管的要求。

4. 巩固本行绿色品牌

系统的建设，可更好地支撑绿色金融业务的发展，进一步巩固提升我行在绿色金融领域的品牌地位。

（二）系统功能

兴业银行绿色金融业务系统的建设，基于兴业银行十余年深耕绿色金融领域的实践总结，实现了绿色金融业务识别认定、环境效益评估、赤道原则项目评审等绿色金融核心竞争能力的IT支持，绿色金融专业系统功能完备且可扩展性强。系统实现的主要功能具体如下。

1. 绿色金融客户管理

实现绿色金融客户标识、重大环境风险客户名单制管理，在系统中实现对绿色金融客户的分级管理，实现重点沙盘客户的营销管理。

2. 绿色金融业务管理

在系统中实现绿色金融业务识别与判定、环境效益测算、集团绿色金融资产管理等功能。其中绿色业务识别是绿色金融的基础工作，营销推动、数据统计、业绩计量、资源分配等均须依赖绿色业务的精准识别。环境效益测算可满足国际通行的可测量、可报告、可核查原则，通过开发不同绿色项目的环境效益测算模型，将操作前台简化，录入参数即输出测算结果，可协助准确测算绿色融资带来的环境效益，为金融机构环境信息披露提供了技术支撑。

3. 绿色金融风险管理

在系统中实现环境与社会风险管理、赤道原则项目评审、绿色金融资产质量管理等功能。例如赤道原则项目评审模块可覆盖前期适用性审查和分类、环境与社会尽职调查、环境与社会风险审查、存续期环境与社会风险监测等项目评审全业务流程。海量的风险信息，单纯依靠人力很难及时获取、归类、提炼、分级使用，通过大数据手段可以从不同数据源收集企业和项目的环保、安全、落后产能、职业病防范等违法违规信息，将数据结构化整理入库，按照风险评级模型进行环境与社会风险评级，纳入内部综合评价体系，从而为银行资产投向、资产定价等决策提供有效支撑。

4. 绿色金融数据管理

实现基于大数据的绿色金融客户营销沙盘分析，存续期管理，业务报表、财务报表、风险监测报表的提取，监管报表的制作与提取等功能。通过金融科技手段，可准确识别、标记监管口径数据，从而实现监管数据的及时生成、统计和推送。

5. 绿色金融信息管理

建立环境和社会风险信息库，建立信息周报、信息月报、行业分析报告、产品信息、案例汇编、客户营销动态、品牌宣传素材等信息管理平台。

6. 绿色金融综合管理

总分行绿色金融岗位设置与人员管理；建立绿色金融专项业务资源、财务资源分配管理模块，以及绿色金融业务考核评价模块。实现总分行绿色金融业务的业绩认定、分配、计量和考核，通过业绩计量和绩效分配来科学、有效地激励业务发展。

三、项目的技术路径

该系统基于兴业银行自有开发平台进行研发，拥有自主知识产权，实现了系统的自主掌控。系统具有平台级的缓存管理、异常服务、定时服务、异步处理、安全服务和运维基础框架、管理工具和应用集成支撑环境。通过大数据技术的运用，支持对绿色金融客户开展营销和存续期管理；通过流程梳理与服务集成，支持客户管理、业务管理、风险管理、运营管理、统计分析等方面的业务全流程办理；通过地理信息系统技术将数据可视化，便于为制定决策提供可靠的数据信息。（参见图1、图2）作为绿色金融业务全生命周期的服务和管理平台，技术应用层面主要有以下几点。

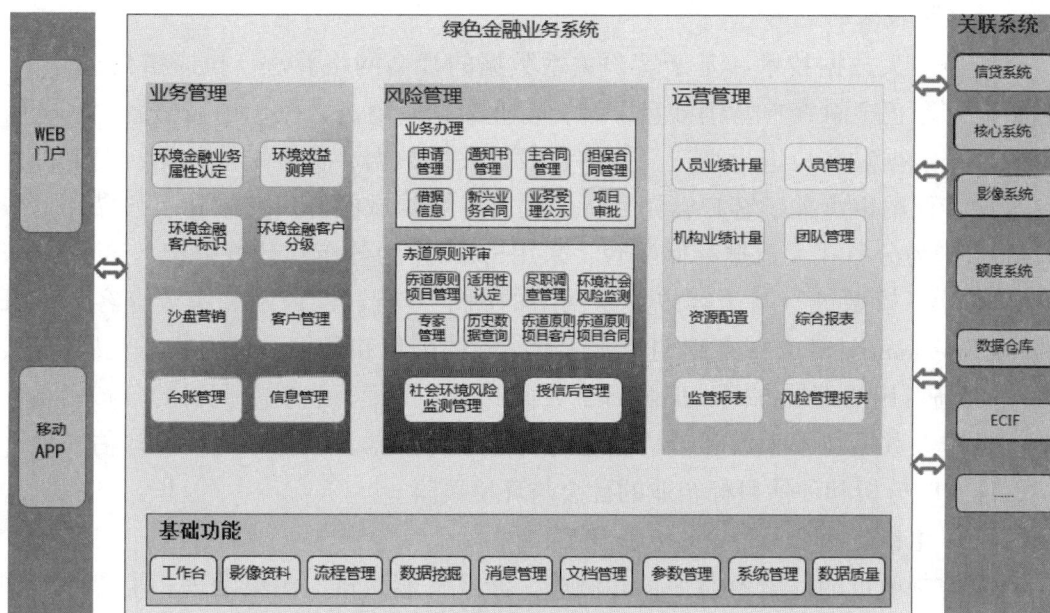

图1　绿色金融业务系统逻辑架构

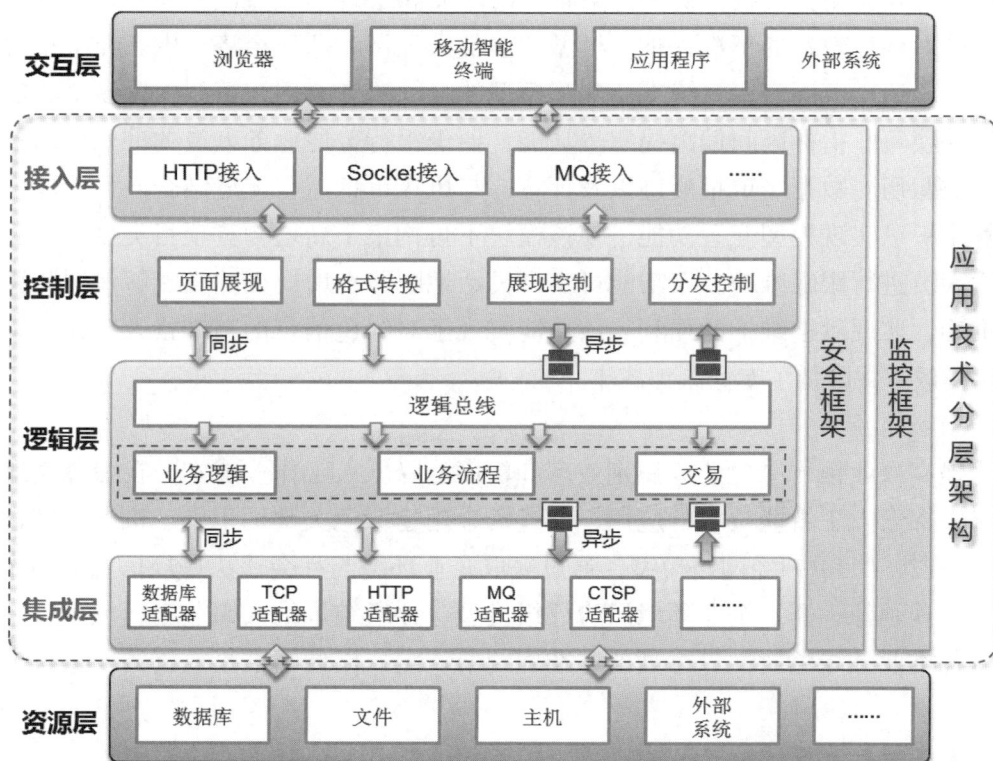

图2　绿色金融业务系统应用架构

1. 大数据技术的运用

系统使用大数据技术和基于客户关系数据的社会网络算法、供应链模型分析，来分析制定绿色金融客户营销沙盘，结合行业数据、财务数据、地域信息、水电信息等内外部数据对客户进行筛选，并结合股权关系数据、资金结算数据，制定符合绿色金融特征的重点关键客户营销目标，提升专业领域的客户基础和客户黏性。采用Hadoop作为分布式大数据存储平台，采用Spark作为分布式计算框架，运用Spark GraphX图计算模型进行基于客户关系网络的图谱分析，以识别关键节点客户。采用Spark Streaming计算支持存续期企业运营指标的采集和分析。采用Yarn集群模式、ZooKeeper高可用的部署方式，保障海量数据的高可用读写、复杂逻辑的分布式高效计算。运用大数据技术采集和分析企业的大量运转数据，结合环境风险评估和预警指标，准实时分析和评估目标企业的社会与环境风险。

2. 跨环境和金融两大领域的专业模型

目前信贷项目的环境效益评估和测算，涉及节能减排、污染治理、生态环境等多个专业领域，存在较高的专业知识和技能门槛，一般的银行从业人员难以掌握。本项目基于业务实践经验的总结和大量参数的反复调整优化，自主研发设计了可配置化的环境效益测算模型，初步自主研发设计了40套环境效益测算模型，实现"自由化"的对环境效益的精准评估。模型覆盖低碳经济、循环经济、生态经济相关几十个行业，适用范围广；系统支持测算模型的自动选择套用，模型内置多个单位和度量自动换算、指标区间偏离提醒等功能，便于银行普通业务人员的准确使用；模型测算保留历史数据、审批痕迹以及计算，与风控审批流程无缝结合。目前环境效益测算模板已实现模型配置功能，使该模块不再拘束于新增测算项目类型，然后投入技术人员进行跟踪维护。该功能可实现灵活地配置新增模板并且能够保证测算结果的准确，实现后期维护的便利。该功能实现了对绿色信贷的精准投入，并大幅提高了工作效率，降低了专业人力成本。

3. AI技术应用

为提高兴业银行绿色业务识别效率和精度、降低人工作业成本，在绿色金融二期项目中探索人工智能技术的应用，通过资金用途绿色关键词识别、机器深度学习等技术手段，如BP神经网络模型，通过获取企业环境与社会违法违规信息，制作企业环境表现画像，开发企业环境风险评级模型，评级结果纳入兴业银行风险管理体系，对各类业务绿色属性进行高效、准确判断认定，以便精准投放资源及进行风险预警。

4. 业务审批流程化和智能化

兴业银行从2008年成为国内首家"赤道银行"以来，积累了赤道原则项目评审的大量案例和数据。为提高评审工作效率和准确性，项目通过引入工作流引擎来支持审批流程的灵活配置、在线部署；通过与影像资料平台对接，实现审批材料的影像管理和全线上的电子化审批；通过对审批数据和流程意见的分析，支持流程流转的智能化。

5. GIS技术应用

使用GIS技术，采用地理模型分析的方法，对收集的数据进行可视化处理，从而实时提供更全面、直观的数据观感。在绿色金融系统中可通过中国地图清晰地浏览国内绿色融资信息并可细化至城市，该功能可根据数据日期、数据展示方式、地图展示方式、资产类型、业务品种显示不同的地图效果。深入挖掘绿色金融业务的地理分布特征，为兴业银行优化业务布局、找准业务重心提供技术支持。

6. 流程引擎

采用流程引擎，支持审批流程和审批要素的可配置化，支持灵活多变的风险管理政策。支持图形化的流程配置，支持在线部署，有极高的业务响应程度。

7. 批处理机制

绿色金融业务系统采用ESP批处理作业调度平台，提高系统批处理效率和稳定性；采用集群定时任务调用服务组件，避免了调度的单点故障；实现了不需要人工干预的故障处理和自动重跑机制，提升了系统自动化能力，减少了人工干预，保障系统业务支持水平。系统回溯处理，支持自动回溯和人工指定回溯两种模式。

四、项目的创新成果

兴业银行绿色金融业务系统，是国内首个由金融机构自主研发的绿色金融IT支持平台，也是目前国内金融机构功能最为完备的绿色金融专业系统，填补了国内金融机构IT系统支持绿色金融业务的空白，对兴业银行开展环境与社会风险管理具有重要意义。

作为绿色金融业务全生命周期的服务和管理平台，其创新点主要有：（1）大数据技术的运用，精准测算环境效益和有效评估环境风险，基于大数据技术开展客户营销分析，筛选潜在客户；（2）自主研发可配置化的环境效益测算模型，40多套环境效益测算模型实现对环境效益的精准评估；（3）AI技术用于绿色金融属性认定，精准投放资源，提供风险预警。

兴业银行绿色金融业务系统的建设，基于兴业银行十余年深耕绿色金融领域的实践总结，实现了绿色金融业务识别认定、环境效益评估、赤道原则项目评审等绿色金融核心竞争能力的IT支持；通过大数据技术的运用，支持对绿色金融客户开展营销和存续期管理；通过流程梳理与服务集成，支持客户管理、业务管理、风险管理、运营管理、统计分析等方面的业务全流程办理。作为绿色金融业务全生命周期的服务和管理平台，其主要特点如下。

一是专业化、智能化。信贷项目的环境效益评估和测算，涉及节能减排、污染治理、生态环境等多个专业领域，存在较高的专业知识和技能门槛，一般的银行从业人员难以掌握；本项目中基于业务实践经验的总结和大量参数的反复调整优化，自主研发设计了多套环境效益测算模型，实现对环境效益的精准评估。模型覆盖低碳经济、循环经济、生态经济等相关几十个行业，适用范围广；系统支持测算模型的自动选择套用，模型内置单位换算、指标区间偏离提醒等功能，便于银行普通业务人员的准确使用；模型测算保留历史数据、审批痕迹，与风控审批流程无缝结合。该功能实现了对绿色信贷的精准投入，并大幅提高了工作效率，降低了专业人力成本。

二是分布式计算。绿色金融客户关系数据的社会网络算法分析、供应链模型分析，需要涉及大量历史数据，计算复杂度高，计算结果要求在数秒内返回；环境与社会风险评估模型，需要采集大量的企业运转数据，并通过环境效益测算模型支持在线评估。针对上述特点，系统引入了Hadoop+Spark的大数据分布式存储和计算的架构，采用Yarn集群模式、ZooKeeper高可用的部署方式，保障海量数据的高可用读写、复杂逻辑的分布式高效计算。

绿色金融业务项目实施严格按照总行项目管理相关制度，从计划、质量、财务等多方面进行规范化管理，项目最终如期完成。从2017年11月开始，完成试点和系统迭代完善，进行全行推广。系统面向全行所有分支机构，主要用户为绿色金融业务管理人员、风险管理人员、客户经理等。系统投入使用以来，极大提高了兴业银行绿色金融业务办理、数据统计等工作效率；有助于优化资源配置，提供差别化信贷支持；借助系统分析，挖掘客户需求，提高服务质效。累计登录用户超过20万人次，系统运行稳定，各项主要功能得到总分行的广泛使用，相关业务流程运转高效，圆满地完成了各项项目目标。

五、项目的经济效益（预期效益）

系统建设大幅提高了绿色金融业务办理效率，增强客户体验；借助系统分析，挖掘客户需求，提高服务质效；极大提高了绿色金融业务办理、数据统计等工作效率，并为后续的数据挖掘、分析与运用提供了坚实基础；环境与社会风险管理、违法违规客户管理等功能，可规避大量业务风险，保障资产质量，同时有助于调整资产结构，提高"绿化率"。以总行为例，每月初和月末各类数据、报表、报告制作平均投入人力6人，人均耗时2~3天，工作烦琐且重复性较高，效率较低；通过本系统，可充分提高工作效率，减少人员消耗，降低作业成本。湖州分行绿色金融服务系统是首批落地的分行系统之一，增强了金融机构绿色信贷管理能力，提升了绿色信贷数据统计的精准性，切实为宏观决策和政策制定提供行业投向、贷款定价、资产质量和环境效益等数据支撑，为顶层制度设计打好基础。

该系统上线，将为兴业银行打造全球领先的绿色金融综合服务商提供强劲科技动力。近年来，兴业银行绿色金融融资余额和客户数均实现了近30%的年均复合增长率，且绿色信贷不良率约为银行平均资产不良率的1/4，保持了较高的资产质量。

六、项目的社会效益

通过该系统的环境与社会风险管理功能，深入践行赤道原则理念，对融资对象进行全面的环境与社会风险评估，主动退出各类环境不友好项目，协助客户提升环境表现，主动披露环境信息，切实履行社会责任。系统上线后，促进银行各项资源向绿色领域倾斜，提高工作效率，向绿色产业提供更好的金融服务，是支持生态文明建设、服务实体经济、推动各项绿色产业发展政策落地的良好实践。

环境效益在线测算，保留测算痕迹，遵循国际通行的"可测量、可报告、可核查"原则，切实履行社会责任。截至2019年12月末，兴业银行已累计为19454家企业提供绿色金融融资22232亿元，融资余额10109亿元，绿色金融客户达14764家。截至2020年6月末，兴业银行已累计为23214家企业提供绿色金融融资25385亿元，融资余额11293亿元。兴业银行所支持的这些项目可实现在我国境内每年节约标准煤3004万吨，年减排二氧化碳8439.13万吨，年减排化学需氧量407.01万吨，年减排氨氮19.11万吨，年减排二氧化硫94.72万吨，年减排氮氧化物9.26万吨，年综合利用固体废弃物4567.82万吨，年节水量41006.16万吨，相当于关闭193座100兆瓦火力发电站，10万辆出租车停驶41年，取得了良好的经济效益与社会环境效益。

七、项目的社会评价

兴业银行绿色金融业务系统，是国内首个由金融机构自主研发的绿色金融IT支持平台，也是目前国内金融机构功能最为完备的绿色金融专业系统，填补了国内金融机构IT系统支持绿色金融业务的空白。该系统大幅提高工作效率、降低作业成本，并实现了业务数据的准确、及时、完整，有助于进一步落实各项绿色金融监管政策，大幅提升环境与社会风险防范管控水平。该系统于2018年4月在中国金融学会绿色金融专业委员会年会上作为重要成果发布，受到市场、监管机构、主流媒体的高度认可。该系统荣获2018年度福建省金融创新项目一等奖、中国人民银行2018年度银行科技发展奖二等奖。该系统的研发与运用，是支持生态文明建设、服务实体经济、推动各项绿色产业发展政策落地的良好实践，具有重要的示范意义与推广价值。

（项目负责人：陈益苏、宗永洲）

中建投智能机器人在信托业的应用探索

实施单位：中建投信托股份有限公司

人工智能技术由来已久。随着"互联网+"热潮的袭来，各行各业对于智能化的需求迈入了新阶段，人工智能更多地作为技术载体来推动不同行业的智能化应用。

现阶段，人工智能的应用场景不断扩展。在金融领域，人工智能与大数据技术相结合，可应用于企业内部财务和法律等管理自动化、风险防控、交易决策等方面，促进金融企业的智能化。

本文主要阐述了人工智能的一些成熟、关键技术在信托行业的应用情况，着重探索了机器人流程自动化结合机器学习和语义识别技术在财务智能化及法律合同生成、审查智能化方面的实践性应用，并提出了若干未来可深入探索的方向，将为信托行业全面迈向智能化提供一定的借鉴意义。

一、项目的背景及意义

（一）人工智能的定义与范畴

人工智能（artificial intelligence，简称AI）是计算机科学或智能科学中涉及研究、设计和应用智能机器的一个分支。人工智能的近期主要目标在于研究用机器来模仿和执行人脑的某些智力功能，而远期目标是用自动机模仿人类的思维活动和智力功能。人工智能的理论研究一直呈现"三足鼎立"的趋势：其一，研究在计算机平台上编制软件来解决诸如定理证明、问题求解、机器博弈和信息检索等复杂问题；其二，针对人工神经网络进行研究；其三，对于感知—动作系统以及多智能体进行研究。由这些主要研究方向可以看出人工智能一直存在两个比较明显的发展方向，也可以将之区分为弱人工智能和强人工智能。所谓弱人工智能，是指通过人类编写好的算法或者软件智能化地去解决某些问题。这样的算法或软件采用一些智能化的工具，例如机器人流程自动化、神经网络、专家系统、模糊逻辑等，其行为需要人为触发或控制。弱人工智能的目标是通过智能化计算或操作更好地解决一些复杂和重复问题。而强人工智能是指通过对生物行为或大脑的研究和模仿，以期达到对意识、情感、理智三位一体的人工智能建模；简单来说就是通过无监督学习、人工生命、神经网络等技术让机器具有人类的感知、思维和情感。目前这两个方向的人工智能研究均存在一定进展和成果，而两个方向的融合也是未来人工智能演进的方向。

（二）人工智能的主要优势

无论是强人工智能还是弱人工智能，都体现出三点优势：一是工作稳定性高。人工智能可以不知疲倦地进行工作，在分析问题时几乎不受环境影响。二是降低操作风险和道德风险。利用人工智能取代传统人工对金融交易、服务信息审查监管，控制业务活动中潜在的非法行为，可更好地避免操作风险和道德风险。三是有效提高决策效率。人工智能可以快速地对大数据进行筛选和分析，帮助人们更高效地决策。

（三）人工智能的国家战略布局

近年来，人工智能已逐步发展并成为国家战略。习近平和李克强都发表过重要讲话，对发展人工智能给予高屋建瓴的指示与支持。

2014年6月9日，习近平在中国科学院第十七次院士大会、中国工程院第十二次院士大会开幕式上发表重要讲话时强调："由于大数据、云计算、移动互联网等新一代信息技术同机器人技术相互融合步伐加快，3D打印、人工智能迅猛发展，制造机器人的软硬件技术日趋成熟，成本不断降低，性能不断提升，军用无人机、自动驾驶汽车、家政服务机器人已经成为现实，有的人工智能机器人已具有相当程度的自主思维和学习能力。……我们要审时度势、全盘考虑、抓紧谋划、扎实推进。"这是党和国家最高领导人首次对人工智能和相关智能技术的高度评价，是对发展人工智能的庄严号召和大力推动。

在2015年第十二届全国人民代表大会第三次会议上，李克强在《政府工作报告》中提出："人工智能技术将为基于互联网和移动互联网等领域的创新应用提供核心基础。未来人工智能技术将进一步推动关联技术和新兴科技、新兴产业的深度融合，推动新一轮的信息技术革命，势必将成为我国经济结构转型升级的新支点。"这是对人工智能技术的重要作用给予的充分肯定，是对人工智能的有力促进。

2015年5月，国务院发布《中国制造2025》，部署全面推进实施制造强国战略。这些战略任务，无论是提高创新能力、使信息化与工业化深度融合、强化工业基础能力、加强质量品牌建设，还是推动重点领域突破发展、全面推行绿色制造、推进制造业结构调整、发展服务型制造和生产性服务业、提高制造业国际化发展水平，都离不开人工智能的参与，都与人工智能的发展密切相关。人工智能是智能制造不可或缺的核心技术。

2016年4月，工业和信息化部、国家发展改革委、财政部等三部门联合印发了《机器人产业发展规划（2016—2020年）》，为"十三五"期间中国机器人产业发展描绘了清晰的蓝图。该发展规划提出的大部分任务，如智能生产、智能物流、智能工业机器人、人机协作机器人、消防救援机器人、手术机器人、智能型公共服务机器人、智能护理机器人等，都需要采用各种人工智能技术。人工智能也是智能机器人产业发展的关键核心技术。

2016 年 5 月，国家发展改革委和科技部等四部门联合印发《"互联网+"人工智能三年行动实施方案》，明确未来三年智能产业的发展重点与具体扶持项目，进一步体现出人工智能已被提升至国家战略高度。根据方案的内容，未来三年将在 3 个大方面、9 个小项推进智能产业发展，为人工智能的发展创造优良的环境。

十九大报告中，习近平也特意强调"加快建设制造强国，加快发展先进制造业，推动互联网、大数据、人工智能和实体经济深度融合，在中高端消费、创新引领、绿色低碳、共享经济、现代供应链、人力资本服务等领域培育新增长点、形成新动能"，赋予人工智能艰巨而光荣的新的历史使命。

当前，人工智能已发展成国家战略，中国已有数以万计的科技人员从事不同层次的人工智能相关领域的研究、学习、开发与应用，人工智能研究与应用已在中国空前开展，硕果累累，必将为促进其他学科的发展和中国的现代化建设做出新的重大贡献。

二、项目内容

信托行业属于典型的智力密集型金融行业，人员架构十分精简，人员劳动力成本较高。但目前行业却普遍存在相当一部分高成本、高智力的精英人才不得不从事大量高重复性、低创造力的简单劳动的情况，造成人力资源的巨大浪费。在这种背景下，将工作中的重复、机械性劳动从高知人员日常工作中剥离出来，交给智能机器人完成，具有革命性意义。

鉴于目前人工智能的成熟度、可推广性、实施成本及效率等因素，信托行业所采用的人工智能技术主要体现在弱人工智能方向，一般是指机器人流程自动化（robotic process automation，简称 RPA），又可以称为数字化劳动力（digital labor）。它是一种智能化软件，通过模拟并增强人类与计算机的交互过程，实现工作流程中的自动化。RPA 具有对企业现有系统影响小、实施周期短、对非技术背景的业务人员友好性高等特性，不仅可以模拟人类，而且可以利用和融合现有各项前沿技术，如规则引擎、光学字符识别、语音识别、虚拟助手、高级分析、机器学习等，来实现其自动化的目标，降低成本并释放员工生产力，成为助力企业智能化转型的重要手段。

（一）智能机器人的适用范围

RPA 适用于解决以下痛点问题：枯燥、重复、频繁、数量大、复杂性低；手工密集型，容易出错；基于可预知的规则，很少需要基于判断的决策；结构化数据输入或跨多个系统数据传输；现有系统改造过于昂贵/复杂，无法在短期内进行。

RPA 的主要适用场景如下：

（1）替代流程中的手工操作。通过机器人自动化执行，降低差错率，提高效率，并且机器人能够全年无休地提供服务，成本更低。

（2）收集整理信息，合并数据，汇总统计。RPA很重要的特性在于可以进行多任务跨平台的操作，包括访问多个系统进行数据收集，将数据在系统之间进行转移，在不同系统中更新同一信息，提高数据操作效率，降低出错率。

（3）管理和监控全流程并实施优化。RPA的所有执行动作在后台都有日志记录，因此一旦出现异常，可以进行追溯，这也使得流程优化成为可能。流程优化和RPA的运行实际上是一个不断循环的过程，在RPA操作记录中，业务人员更有可能发现现有流程中的冗余和规则漏洞，从而进行优化。（参见图1）

图1 智能机器人的主要应用场景

（二）智能机器人的应用优势

RPA非常类似于企业的虚拟员工，而其成本相较人工成本更低（约为后者的1/3），投资回报率更高（实施RPA的典型投资回报率接近300%），错误率更低，更不知疲倦，更容易被培训（只需要将业务逻辑植入），更容易随着业务内容改变（只需要将业务逻辑修改）。同时，它不需要对企业现有系统进行变更，因此实施成本相较一般系统也更低。RPA智能机器人适合替代人类完成高重复、标准化、规则明确、大批量的日常事务操作。

RPA相对于人工进行大量重复操作有着非常明显的优势，体现为以下五点：

（1）效率高：和人相比，RPA可以不间断地处理大量重复工作，准确、高效。

（2）成本低：和人工成本相比，RPA实施成本低，维护成本依赖于运行环境，整体成本比人工成本要低得多。

（3）速度快：和人相比，RPA不间断工作处理大量重复工作速度快，而且RPA实施的速度也比其他软件开发要快，见效快。

（4）质量好：和人相比，RPA处理大量重复工作准确度更高，整个过程有完整、全面的操作审核记录，保证了合规性，并降低了业务风险。

（5）态度优：和人相比，RPA可以7×24小时不间断工作，没有任何负面情绪，态度始终如一。

（三）智能机器人应用场景探索

人工智能技术在前端可以用于服务客户，在中台支持授信、各类金融交易和金融分析中的决策，在后台用于风险防控和监督、审计，使金融服务更加个性化与智能化。智能机器人在信托公司的具体应用探索设想如下。

1. 财务管理

通过整合智能机器人和光学字符识别技术，可以实现增值税专票自动查验、专票自动开票、银行账户到账提醒、财务凭证制单、统计报表自动生成、纳税申报等日常实务操作，提升财务人员的工作效率。

2. 营销管理

通过智能机器人技术，依据各产品情况整理和生成销售日报。通过机器学习算法，按照客户的投资偏好，汇总最新产品资讯并自动发送给对应客户。

3. 客户服务

将语音识别集成到客服语音系统内，实现自动应答并收集客户反馈。还可以通过人工智能技术，对客户回复内容进行深度学习和语义识别，了解不同类型投资人的偏好及诉求，辅助前台部门更好地服务客户。

4. 人力资源

智能机器人可与招聘系统实现联动。机器人自动登录招聘系统，根据HR指定的条件搜索和筛选候选人简历，并向HR发通知，然后根据HR指定规则，自动通知候选人面试。同时，在薪酬管理方面，智能机器人还能够进行个税计算及纳税申报，并定期通过邮件系统发放薪酬通知。

5. 合规内控

智能机器人能够实时进行合规数据采集，通过人工智能和神经网络算法进行大数据分析，自主识别流程中存在的风险点，并通过合规检查结果展开反馈学习，进一步集中监控高风险领域，最后形成可视化报表，辅助合规部门开展检查工作。将智能机器人技术整合在合规检查中，也能大幅提升工作效率。

6. 法务审核

通过智能机器人结合语义识别，自主对合同、申报书等文本文件进行信息提取，结合相应法律条款进行自主学习，一方面核对合同条款是否符合法务要求，另一方面自动追踪可能存在的法务漏洞。

7. 风险管控

通过搭建数据仓库，统筹整合公司各部门数据，并在此基础上建立风控指标，利用智能机器人进行自动追踪和监控并实时预警，在邮件系统中自动推送警告信息给相关责任人。

8. IT运维

将人员入职过程中的系统账户开立操作与入职通知操作自动化。由机器人自动完成账户建立、权限分配，然后以短信和邮件的形式向新员工发送入职通知信息。

三、项目的技术路径

（一）RPA技术

RPA技术主要采用UiPath Studio集成开发组件。UiPath是一家领先的机器人流程自动化方案供应商，被Everest Group（珠穆朗玛集团）评为RPA领域的全球领导者和最佳表现者，以及在《Forrester Wave™：2017年第一季度机器人流程自动化报告》中被誉为RPA行业领导者。UiPath拥有150多位伙伴，包括大型咨询公司德勤（Deloitte）和凯捷（Capgemini），其200多位客户来自全球各地，覆盖银行、金融服务、保险、制造、公共设施、健康医疗行业，还有政府组织。

UiPath能够以业务流程的图表形式，自动组合业务操作过程并基于既定规则执行业务流程。该类型的操作主要模拟人工操作，具备技术无关性、非侵入性、可扩展性、可追溯性的特点，能够处理高度重复的任务，模拟用户的手工操作及交互，以外挂形式部署在现有系统上，能够执行若干预先制定的行动方案，并以更快的速度完成人员操作。

UiPath由三部分组成：UiPath Studio（流程设计工具，用来制作业务流程）；UiPath Robot（用来运行UiPath Studio生成的业务流程）；UiPath Orchestrator（基于UiPath Studio和UiPath Robot的一种网络应用，用来管理多个机器人进行协调工作）。

首先，由开发人员根据业务流程的设定，利用Robot Creators研发机器人程序；其次，通过Orchestrator配置机器人调度程序，可对机器人实例的运行时间、运行次序进行合理安排；再次，运行机器人程序，该程序将按照指定的程序原则完成各项自动化任务；最后，Business Users（员工）可以获取机器人运行结果。（参见图2）

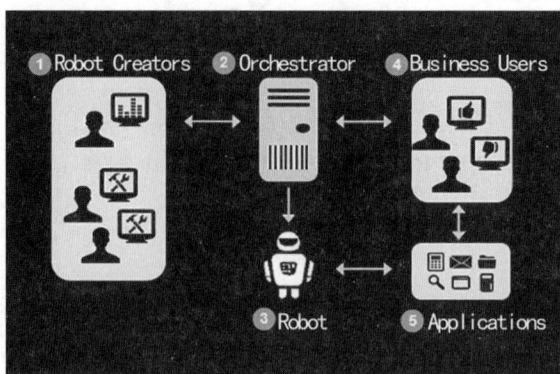

图 2　UiPath 运行原理

（二）OCR技术

光学字符识别（optical character recognition，简称OCR）技术，是通过扫描仪或相机等光学输入设备获取纸张上的文字、图片信息，利用各种模式识别算法，对文字的形态结构进行分析，形成相应的字符特征描述，通过合适的字符匹配方法将图像中的文字转换成文本格式。随着计算机技术的迅猛发展，信息电子化已经成为一个必然趋势。而文字是信息中最重要的一种载体，其电子化程度决定了信息化的程度。OCR技术改变了传统的纸质介质资料输入的概念。通过OCR技术，用户可以将通过摄像机、扫描仪等光学输入方式得到的报刊、书籍、文稿、表格等印刷品的图像信息转化为可以供计算机识别和处理的文本信息。因此，与传统的手工录入方式相比，OCR技术大大提高了人们进行资料存储、检索、加工的效率。

（三）语义识别

语义识别是自然语言处理（natural language processing，简称NLP）技术的重要组成部分之一。语义识别的核心除了理解文本中的各个词语的含义，还要理解这个词语在语句、篇章中所代表的意思，这意味着语义识别从技术上要做到文本、词汇、词法、句法、篇章（段落）层面的语义分析和歧义消除，以及对应的含义重组，以达到识别本身的目的。

语义识别可以分为三层：（1）应用层，包括行业应用和智能语音交互系统/技术应用。（2）NLP技术层，包括以语言学、计算机语言等学科为背景的，对自然语言进行词语解析、信息抽取、时间因果、情绪判断等技术处理，最终达到让计算机"懂"人类语言的自然语言认知，以及把计算机数据转化为自然语言的自然语言生成。（3）底层数据层，词典、数据集、语料库、知识图谱和外部世界常识性知识等都是语义识别算法模型的基础。

语义识别技术可以分析网页、文件、邮件、社交媒体中的大量数据，应用领域广泛。在本项目中，主要探索其在法律机器人所涉及的合同文本处理方面的应用。

主要方向包括：（1）智能合同起草。智能机器人将用于起草大部分的会议纪要、法律合同文件等材料，合规经理的角色将从起草者变成审校者。（2）智能合同审查。对法律文本、合同等条款的基础错误与合法性进行审查、分析，完成初步的合规审查。

四、项目的创新成果

（一）研究方法论

中建投信托开展人工智能应用探索，主要通过如下四个阶段来进行。

1. 管理重塑阶段

机器人擅长处理规则化、模板化的事项，而企业在管理过程中，管理标准化、规范化也是提升管理效率的重要途径。公司近年来不断从管理端着手标准化推广工作，前期已经完成了主要业务文本的模板化普及工作，形成规章制度并取得交易对手方的认可。公司全体已经自上而下形成了按照规定模式制作各类文本的良好文化，为人工智能的介入奠定了坚实的基础。

2. 原型可研阶段

在公司管理高度规范化的基础上，提取日常工作中重复性最高、使用最频繁、人力成本最高的流程和环节，确定目标流程，按照现有流程进行端到端的梳理，识别流程中的可自动化步骤，并通过RPA软件开发及测试，实现机器人原型的交付，获得公司内部的支持。

3. 试点交付阶段

通过小范围的测试和应用，证明RPA战略的可行性。根据可研阶段确定的试点流程进行相应的流程评估，并根据需要进行内部管理优化，开展流程重塑工作；在完成机器人开发的同时，进行机器人管理架构、运营方案、异常处理机制的研究。完善后，交付上线使用并跟踪，持续优化。

4. 全面实施阶段

通过全面定义业务目标，进行流程自动化的重新评估，建立完整的部署路线图，梯次开发机器人，并完善RPA的管理模型，同时培训员工具备RPA的发现、设计、管理及维护能力，将RPA应用推向纵深。

（二）公司需求现状概述

中建投信托严格遵循上述研究方法论，在充分的可行性研究基础上，采取了从试点交付到全面推广的逐步探索路径，优先选取若干规则性强、重复性高、实施成本低的流程进行试点：选取了财务管理中的增值税专票查验，以及信托专户资金到账提醒等流程作为切入点；在法务管理中，选取了信托合同自动生成和审查作为切入点。

1. 智能财务机器人

智能财务机器人在公司的主要应用场景如下。

（1）增值税专票查验。在传统增值税专票的查验环节，需要人工进行发票真伪验证，报销人员需要登录到国税网站，手工输入发票信息，查询到结果、下载保存后上传财务系统，平均每张发票需要耗费人员 3～5 分钟的时间，此外还面临着因录入错误而需要多次查询的风险。公司每年有将近 1 万张增值税专票需要查验，十分耗时耗力。在传统报销流程中加入机器人虚拟员工，协助员工实现发票查验、流程审批的自动化，可解决全体员工发票查验费时费力的痛点。

（2）信托专户资金到账提醒。信托公司不同项目的信托专户开户行较为分散，目前只能通过登录网银查询到账情况。以往财务人员每天不得不每隔一段时间通过人工登录网银的方式去查询，一天可能需要数次登录网银，十分影响工作连续性及效率。而作为项目负责人的信托经理，也会由于财务人员查询不及时而不能在第一时间获取资金到账信息，影响业务运转效率。通过智能机器人实现保管户到账自动查询功能，并通过邮件提醒经办人，可以打通业务流程，提升工作效率。

（3）信托专户财务月末对账。为保证信托财产的独立性，信托公司需要对信托财产单独建账、单独管理，每个项目都会对应一个独立的信托专户。随着信托项目的持续增加，公司有超过 800 个银行账户，财务月末需要完成银行流水与信托业务系统数据的匹配对账，同时要完成对利息收入、手续费支出的凭证制单，巨量账户导致大量的财务对账工作，这是信托行业有别于其他行业财务管理上的典型特征。公司每个月最后一天需要 7～8 名财务经理，人均负责 100 余个账户，每人花费 5～8 小时进行对账和凭证制单，且随着公司银行账户的不断增加，这项对于财务人员原本就十分繁重的工作将变得越来越难以承受，传统处理方式只能是不断增加人工。智能对账机器人引入后，能自动完成上述所有工作且工作能力受账户数量增加的影响不大，始终高效如一。智能对账机器人在夜间统一工作，财务经理次日一早便能获得机器人对账结果报告，只需对极少数不平的账目进行手工处理即可。

（4）资金进账自动审核。现阶段，公司客户购买产品的机制是"先到先得"，客户打款后需要及时了解其到账资金是否被及时审核通过、认购成功。信托募集户资金到账的审核需要人工进入业务系统查找进账流程，然后核对网银到账流水，逐笔进行审核，每月数百笔资金进账情况需要一一手工核对和审核。公司每名财务经理，每天都要定期检查待办进账流程并及时审核，经常会发生因审核不及时而被理财经理催促的情况，财务人员的工作效率被影响的同时，也未能获得更高的服务好评度。智能进账审核机器人引入后，会自动匹配网银资金流水与业务系统中的进账流程信息，一旦完全匹配即可完成全自动化审核，不匹配的情况下也能马上提醒财务经理及时处理，这使得流程的衔接效率大大提高，用户满意度也不断攀升。

2. 智能法律机器人

在合同制作过程中，除根据法律法规、申报书及审批会议要求起草合同外，法务经理还承担着大量在合同中重复填写信息的工作，但信托公司业务类型比较广泛、业务结构设计灵活，法律文本的设计呈现出一定的多样性，并且法律文本模板调整频率较高，通过传统系统开发的形式完成合同文本的自动生成会面临极大的开发成本，且响应效率不高。通过引入RPA机器人，可快速解决以下痛点：相同合同要素往往需要重复录入多次，极大地降低了工作效率，如果实现合同关键信息自动填入合同模板，就可减少经办人录入量，极大节约经办人的时间；法律性文件中经常出现一些基础性条款错误，如单位、大小写填写错误，条款不一致，错别字和标点错误等，人工识别费时费力。

面对当前法律工作痛点，拥有一款能够极大提升合同制作自动化水平，又能自动完成合同条款、要素审查的智能法律机器人就显得非常必要。

从业务重要性方面看，合同是企业交易的最终落脚点，对企业经营至关重要。人工智能技术应用于合同管理业务，可为企业经营管理带来直接效用。

在法律合同的生成和校验方面，公司各类信托贷款合同、资金合同及其他抵质押、保管合同，都由人工逐个进行手工填制和比对审查，每年有近万份合同的工作量，法务人员不得不将大量精力投入这种烦琐而机械的工作。

若整合合同要素的数据源，通过智能机器人自动获取合同要素并生成模板化的法务合同，同时进行要素、条款的校验审查，就可大幅解放法务人员的生产力。

（三）业务逻辑

1. 增值税发票查验机器人

将财务机器人嵌入公司财务报销流程，实现增值税发票查验功能。机器人首先通过二维码结合OCR技术提取发票信息，写入excel进行存档；然后打开国税网站，将存档的发票信息输入查询页面，自动识别验证码，获取查询结果并截图保存；最后将查询的结果自动录入财务系统，从而替代人工完成发票的查验过程。

嵌入增值税发票查验机器人前后总体业务逻辑对比如图3所示。

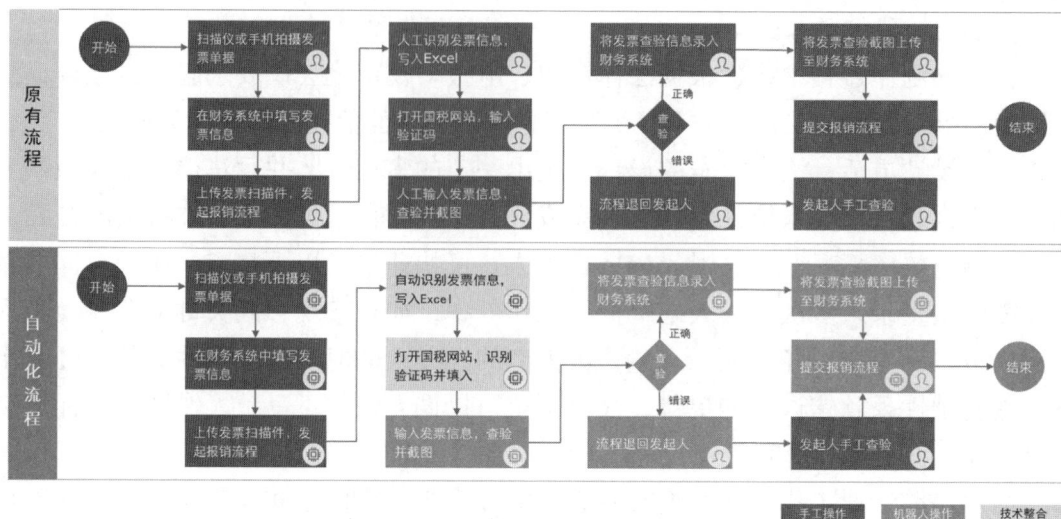

图3　增值税发票查验机器人逻辑对比

由图3的对比可以发现，从自动识别发票信息开始到提交流程审核，机器人替代了原流程中3/4的人工环节，使得报销效率有了质的飞跃。

2. 银行到账提醒机器人

银行到账提醒机器人，主要完成以下工作：

（1）在建设银行和招商银行U盾准备完毕的机器人运行环境下，机器人从邮箱中获取由数据中心提供的需查询的银行账户列表，根据列表信息分别登录建行和招行的银行账户查询界面。

（2）在查询界面中输入账号、收款日期范围，进入对应账户资金流水清单详细页面，获取贷方金额、收（付）方账号、收（付）方名称等信息，判断选择日期内的实际到账金额总额。

（3）根据判断，若为所需应到账流水，则将明细界面进行截图并将相关信息通过邮件发送给该信托项目对应的经办人员；若还未获取应到账流水或实到账金额小于应到账金额，则标记该条账户，在下次轮询时继续查询。

（4）完成当天最后一次查询工作后，形成当天所有需要查询账户的到账情况列表，以邮件方式告知财务经理。

嵌入银行到账提醒机器人前后总体业务逻辑对比如图4所示。

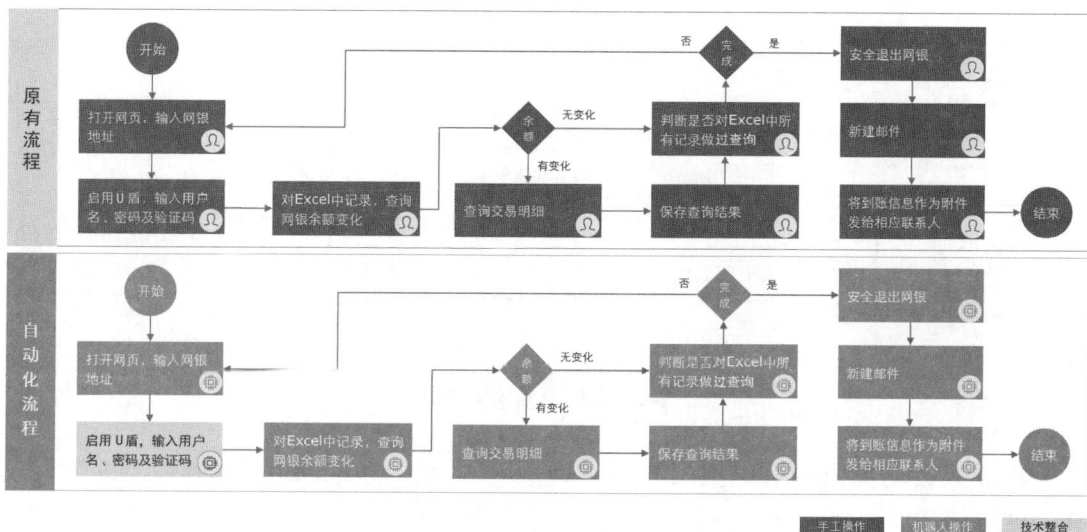

图4　银行到账提醒机器人逻辑对比

由图4可以看出，到账提醒流程通过机器人实现了100%的自动化处理，将财务人员完全从手工操作中解放出来。

3. 法律机器人

法律机器人项目包含两大类功能，即合同自动生成与合同审查校验。合同自动生成是指以信托合同项目申报书与合同要素表为数据来源，由机器人提取目标合同所需的要素并自动填制、生成合同。合同审查校验，是指将合同中的要素与项目申报书、合同要素表中的信息进行比对校验，以检验可能产生的差异并反馈；同时，可以对合同中的基础性错误（例如金额大小写错误等）、条款格式、条款的合规性进行审查并反馈审查报告。

（1）合同自动生成。在合同生成过程中，智能机器人定期自动登录信托综合业务系统，获取业务待办事项，判断是否为合规部制法律性文件用印流程，确认则自动搜寻生成合同所需的数据源（项目申报书、合同要素表），之后进入机器人制作合同环节。

合同的制作需要将合同数据源中的要素与合同模板的相应要素匹配。这里引入合同映射表概念，映射表为excel的形式，记录了每个合同模板的每个字段的数据对应取数来源，对项目申报书、合同要素表以及待生成合同的各个要素字段进行编号，形成映射表。（参见图5）

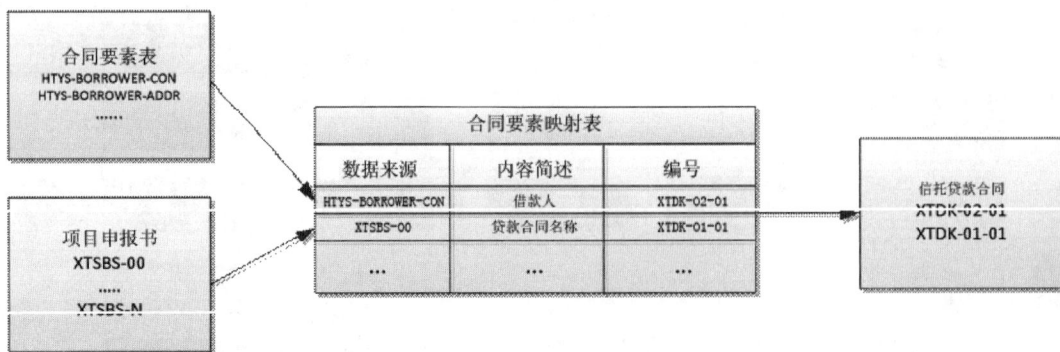

图5 合同要素映射原理

机器人自动提取项目申报书与要素表中的数据要素项，对照映射表，逐个写入合同模板的相应位置，完成合同的生成。（参见图6）

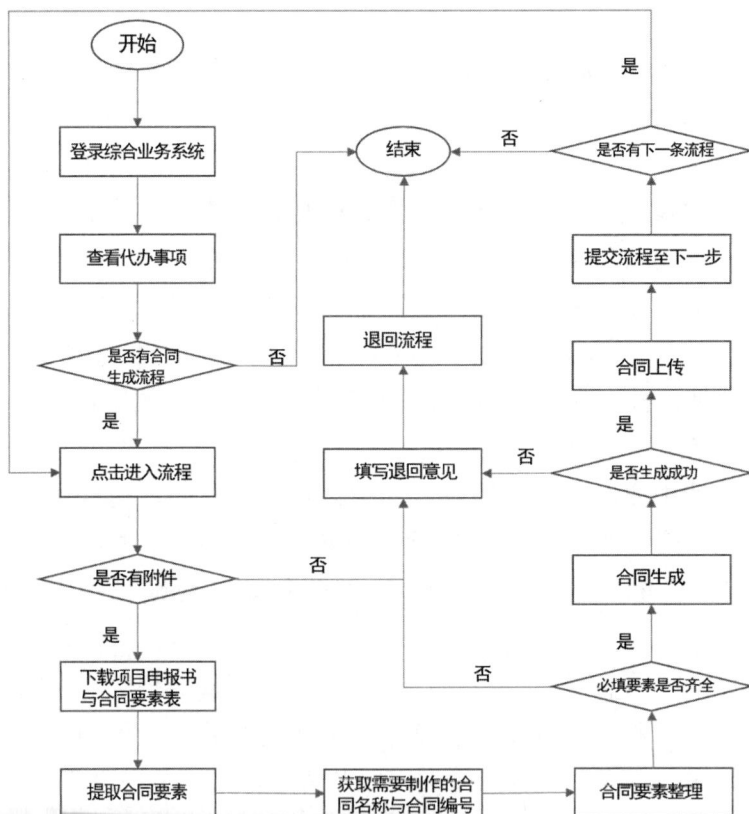

图6 合同自动生成流程

（2）合同审查校验。合同审查校验过程中，合规经理在法律性文件用印的"合规经理复核"环节，可以提交机器人环节进行合同审查校验，合规经理勾选需要校验的合同类型后提交。合规机器人需要根据规则对合同进行自校验和互校验，主要内容涉及基础要素校验与合同条款的合规性语义识别两部分。

其中合同自校验主要包含合同金额大小写、合同文本冗余空格、合同金额单位校验、合同条款格式（字体）是否正确、合同条款描述是否合规、是否存在明显瑕疵和歧义等。

合同的互校验是针对合同在流转过程中可能被其他环节人员修改的风险。合规人员需要借助机器人来识别当前版本合同与前序合同和申报书的差异，大量节省合规人员手工多次反复校验合同的时间，规避项目风险。

上述过程的实现，需要用到RPA技术结合机器学习、语义识别技术，总体实现过程如下。

首先，在系统中完成常用条款和多种常见数据样本的训练学习；通过大量基础法律条款的语料准备，形成语料库；利用分词算法、主干分析、语义联想、语义归一等技术算法完成基础语义分析。进入智能算法预测模块，通过机器学习的SVM、LR、RF等算法进行模型的训练学习，形成一套合同条款的离线模型训练系统库。（参见图7）

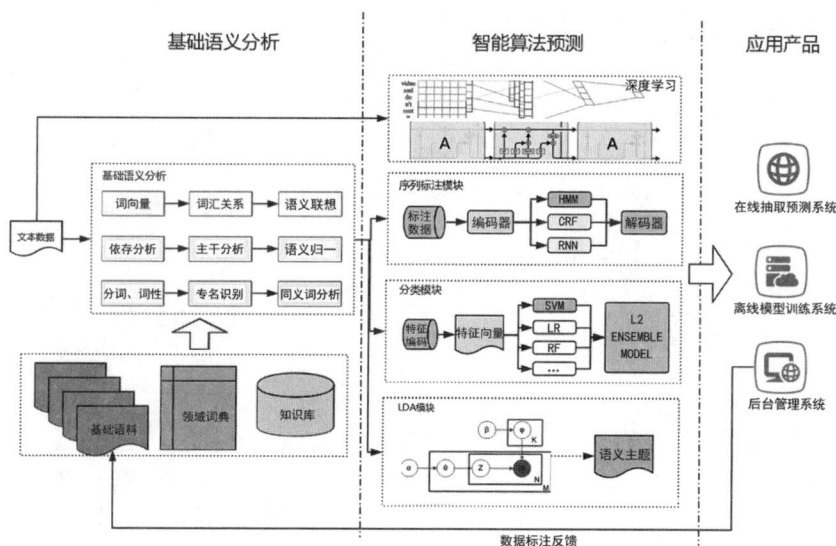

图7　合同审查校验语义识别过程

其次，设置专业管理人员在后续运行过程中不断完善该模型库的语料与数据类型，使机器能够不断学习并理解、认知更多的法律条款语句。

再次，在合同审查过程中，使用RPA技术，对合同关键信息进行抽取和整理，并调用语义分析引擎进行条款匹配和文本的比对。

最后，将审查结果以报告的形式反馈给合规经理。

系统运行总体逻辑如图8所示。

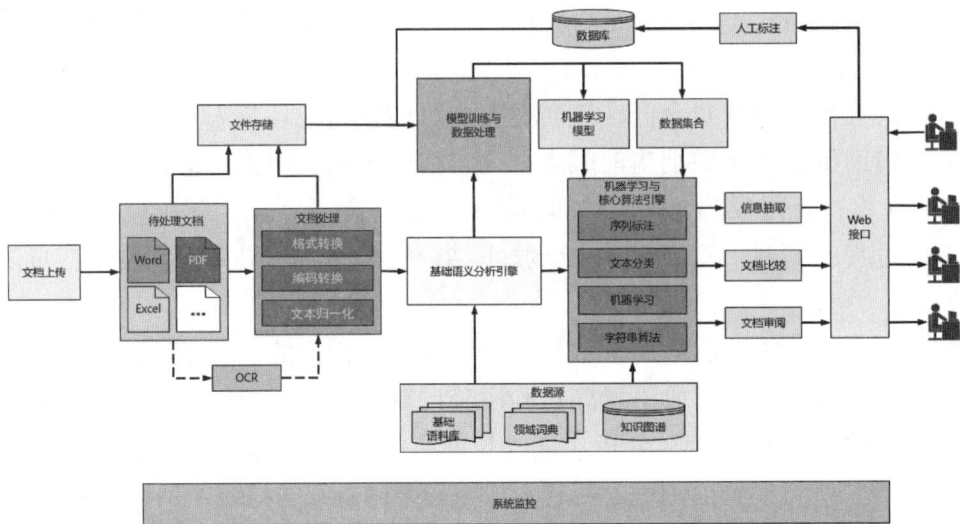

图 8　校验过程总体技术框架

合同校验的总体工作流程如图9所示。

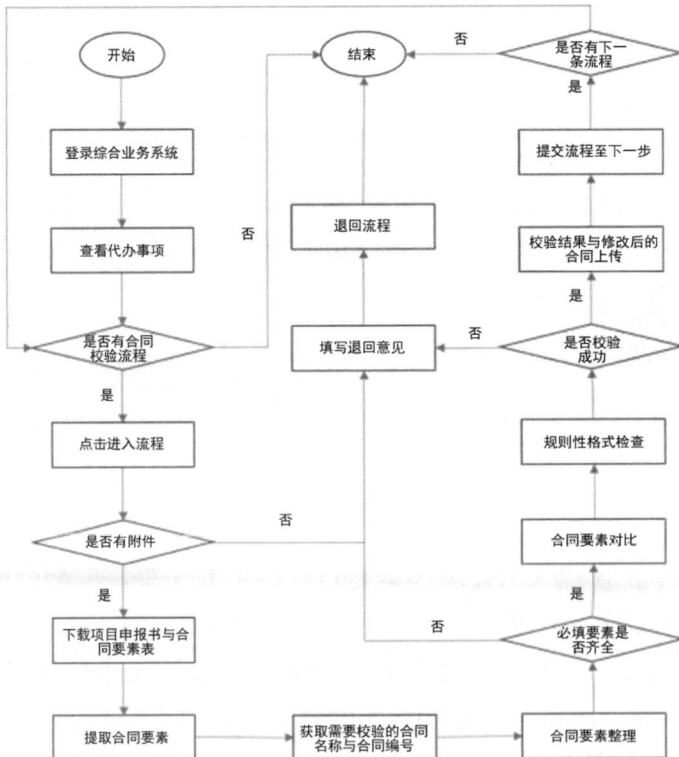

图 9　合同校验流程

五、项目的经济效益

智能财务机器人上线后，对公司的财务报销、到账查询、月末财务对账等多方面带来深远的影响；智能法律机器人的推出，同样解放了合规人员大量的劳动力。智能机器人不仅节约人力成本，也明显提升生产效率、优化管理效能。

（一）节省人力成本

财务报销的发票验证方面，以每张发票3～5分钟查验时间计算，公司每年有近万张发票待查验，并且随着业务与人员的扩充，有逐年增加的势头。发票查验机器人每年可为公司节省3万～5万分钟的人力成本，若以一名员工8小时不间断工作计，仅发票查验一个流程，每年就能为公司节省80～100个工作人日，相当于一名员工近半年的工作时间。

月末对账工作，每个月要花费7～8名专职财务人员人均5～8小时的工作时间，以往到月底都需要财务人员加班加点工作。机器人上线后，完全解放了财务人员的月底时间，每月就可以节省5～8个工作人日，一年可节约3～5个人月的人力成本。

公司每年有8000～10000份法律合同需要制作与审查。传统制作合同需要人员手工逐项目填制，仅制作一份合同就需要15～30分钟；假设人工审查合同文本每分钟阅读300字，每份合同平均8000字，那么进行合同的单次审查就需要平均30分钟。法律机器人的推出，直接节省公司人力成本36万～60万分钟，假设以一名专业法务人员8小时不间断从事上述工作计算，机器人制作合同每年为公司节省250～625个工作人日，合同校验每年节省500～625个工作人日，两项一年可节省34～56个人月，相当于3～5名合规人员的全年工作量。

仅仅以上述3个场景作为试点，即可为公司每年节省4～6名员工的人力成本，在未来机器人不断发掘场景、大规模推广应用的情况下，将产生十分可观的生产效能。

（二）提升生产效率

一方面机器人可以7×24小时不间断工作，极大提升工作效率；另一方面，机器人的推出大大降低了员工主动参与重复劳动的频率，使得员工工作的连续性大幅度提升，进而推动工作效率提升。如：银行到账提醒机器人的定期推送，避免了财务人员的手工定期轮询动作；进账审核机器人使财务人员不必随时审核资金到账情况。

（三）强化管理效能

智能机器人的推出为事后数据统计和行为分析提供了大量的样本数据，通过定期统计机器人所处理的事项，能够有效给管理者提供数据参考。比如，分类统计参与流程的部门及员工的流程被退回率、统计流程中主要出现退回问题的原因等，进一步分析管理中的待优化点，既可以对员工日常工作效能起到监督作用，也能够给管理端的改进优化提供有力的帮助。

六、项目的社会效益

人工智能技术作为新兴技术，将在越来越广泛的领域影响到社会生产。人工智能技术的发展与应用，毫无疑问将给金融活动带来巨大的影响，特别是对生产效率的提高起着重大的意义。人工智能的应用，有利于极大解放人的生产力，提高工作效能，使人能够将有限的精力投入更有价值的工作中；同时，智能化的引入能够产生一定的警示和鞭策效应，激励各个岗位上的工作人员提高忧患意识，不断锤炼自身的核心能力，接受新兴事物，持续取得业务能力进步，降低长期从事重复性劳动而被机器人取代的可能性。

当前人工智能的发展仍然处于起步阶段，各项技术尚不完善，智能化程度也仍然处于相对初级阶段，在金融领域的应用还相对有限，主要探索领域偏向于弱人工智能方向，即通过自动化来解放人类的重复劳动。在本项目中，中建投信托也仅是结合 RPA 技术、OCR 技术及初级的语义识别技术开展了人工智能的初步应用，但已经有了良好的开端，在未来，随着技术的不断进步和场景的持续发掘提炼，人工智能将会在智能企业管理中取得越来越深入的突破，也必将带来生产力水平新的飞跃。

本项目从人工智能发展背景、现状、主要应用领域与场景、应用实践进展和成果等方面对人工智能在信托公司的应用做了详细阐述，对于业内开展人工智能应用具有一定的借鉴意义。

基于本项目的研究基础，中建投信托将继续深入在人工智能领域的多个方向开展创新和实践，通过智能化技术，将企业的非结构化数据资产快速结构化，建立数据之间的关联，形成知识图谱，最终打造一个"人类引导机器，机器助力人类"的智慧型企业，探索一条信托公司全面智能化的可行之路。

七、项目的社会评价

中建投信托是信托行业首个引入 RPA 智能化应用的企业，也是首个探索智能机器人在财务管理领域及法律合规领域应用的企业，项目成果的应用为行业智能化发展起到了积极的推动作用。目前，RPA 机器人已经推广到业内 20 多个公司。此外，本项目获得 2018 年银保监会信息科技风险课题研究二类成果奖，对于智能化应用在行业的推广起到了良好的示范作用。

（项目负责人：孟世欣、邱放）

图书在版编目（CIP）数据

　　浙江数智金融的创新与探索：2018—2020年浙
江省金融科技优秀案例汇编/郭心刚，汪炜主编. —杭
州：浙江大学出版社，2022.12
　　ISBN 978-7-308-23346-0

　　Ⅰ.①浙…　Ⅱ.①郭…　②汪…　Ⅲ.①金融—科学技
术—案例—汇编—浙江—2018-2020　Ⅳ.①F832.755

　　中国版本图书馆CIP数据核字(2022)第232824号

浙江数智金融的创新与探索

——2018—2020年浙江省金融科技优秀案例汇编

郭心刚　　汪　炜　主编

责任编辑	闻晓虹	
责任校对	董齐琪	
封面设计	周　灵	
出版发行	浙江大学出版社	
	（杭州市天目山路148号　　邮政编码　310007）	
	（网址：http://www.zjupress.com）	
排　　版	杭州林智广告有限公司	
印　　刷	浙江全能工艺美术印刷有限公司	
开　　本	787mm×1092mm　1/16	
印　　张	23.25	
字　　数	458千	
版 印 次	2022年12月第1版　2022年12月第1次印刷	
书　　号	ISBN 978-7-308-23346-0	
定　　价	88.00元	